客车电气检修

主　编　孙海莉
副主编　毕恩兴　史　骏　周拉练
主　审　代礼前

西南交通大学出版社
·成　都·

图书在版编目（CIP）数据

客车电气检修 / 孙海莉主编. —成都：西南交通大学出版社，2022.9
ISBN 978-7-5643-8912-3

Ⅰ. ①客… Ⅱ. ①孙… Ⅲ. ①铁路车辆 – 客车 – 电气设备 – 维修 – 高等职业教育 – 教材 Ⅳ. ①U271.038

中国版本图书馆 CIP 数据核字（2022）第 165501 号

Keche Dianqi Jianxiu

客车电气检修

主　编 / 孙海莉

责任编辑 / 李华宇
封面设计 / 何东琳设计工作室

西南交通大学出版社出版发行
（四川省成都市金牛区二环路北一段 111 号西南交通大学创新大厦 21 楼　610031）
发行部电话：028-87600564　028-87600533
网址：http://www.xnjdcbs.com
印刷：四川森林印务有限责任公司

成品尺寸　185 mm × 260 mm
印张　18.75　字数　465 千
版次　2022 年 9 月第 1 版　印次　2022 年 9 月第 1 次

书号　ISBN 978-7-5643-8912-3
定价　48.00 元

课件咨询电话：028-81435775
图书如有印装质量问题　本社负责退换

前言 PREFACE

随着铁路交通运输事业的迅速发展，铁道车辆技术装备水平迅速提高。为满足铁道车辆专业教学和铁路职工培训的需要，本书根据高职铁道车辆技术专业教学需求而编写。

本书设计采用基于工作过程导向的课程开发方法，以职业能力培养为重点，通过专业指导委员会进行行业调查与岗位分析，确定以车辆电工与检车员订单式培养为主线，将车辆检修过程中出现的客车电气故障分析、诊断、排除或修复等工作任务，进行归纳、分类、总结，确定了本课程的 10 个典型工作任务。本书将适度够用的理论知识与必备的专业技能相融合，以任务式教学的方式，完成课程教学目标，培养与提高学生的车辆电气故障分析、判断与处理能力。

本书编者都是来自从事铁道车辆专业职业教育教学的一线教师和铁路客车运营单位现场的工程师。本书由孙海莉担任主编，毕恩兴、史骏、周拉练担任副主编，西安铁路职业技术学院代礼前担任主审。编写分工为：西安铁路职业技术学院孙海莉负责编写项目 1、项目 2、项目 4、项目 9，中国铁路西安局集团有限公司西安客车车辆段周拉练负责编写项目 3，西安铁路职业技术学院毕恩兴负责编写项目 5，西安铁路职业技术学院史骏负责编写项目 6、项目 7，西安铁路职业技术学院王秋鹏负责编写项目 8，西安铁路职业技术学院张宗芳负责编写项目 10。

需要说明的是，本书部分电路图采用国际上广泛使用的电路设计软件绘制，图中某些标注和符号与我国现行标准中的表示方法不完全一致，为便于学生学习实践，对这些电路图未做改动。

本书在编写和出版过程中，得到了相关专家的大力支持，在此对他们的辛勤劳动和无私奉献表示真挚的谢意，同时对本书参考文献中的有关作者致以诚挚的感谢。

由于编者水平有限，不妥之处在所难免，希望使用本书的读者批评指正。

编 者

2022 年 7 月

数字资源索引

序号	资源名称	资源类型	页码
1	TG 型铅酸蓄电池原理	视频+PPT	5
2	GN 型碱性蓄电池原理	视频+PPT	12
3	客车感应子发电机原理	视频+PPT	15
4	KP-2A 型控制箱原理	视频+PPT	23
5	电源控制柜	视频+PPT	36
6	照明控制柜	视频+PPT	38
7	统型应急电源、整流器	视频+PPT	43
8	统型应急电源充电机、统型应急电源应急控制系统	视频+PPT	51
9	综合控制柜概况	视频+PPT	85
10	25T 型客车综合控制柜的工作原理、使用维护与检修	视频+PPT	89
11	三相逆变器	视频+PPT	103
12	充电机	视频+PPT	114
13	单相逆变器	视频+PPT	125
14	KSQ-Ⅵ型电开水炉	视频+PPT	131
15	DR50-16CT2 型电开水炉	视频+PPT	139
16	TCL-12 型电开水炉	视频+PPT	148
17	塞拉门检修	视频+PPT	154
18	380B 塞拉门检修	视频+PPT	170
19	KZS/M-Ⅰ型集中式轴温报警装置的操作与使用	视频+PPT	177
20	KZS/M-Ⅰ型集中式轴温报警装置的故障与处理	视频+PPT	190
21	TFX1 型电子防滑器的功能与操作使用	视频+PPT	198
22	TFX1 型电子防滑器的常见故障与处理	视频+PPT	208
23	KAX-1 型客车行车安全监控系统专项检修	视频+PPT	211
24	主机、列车及双网通信功能故障与处理	视频+PPT	235
25	真空集便器检修	视频+PPT	241
26	习题及参考答案	压缩文件	291

目录 CONTENTS

项目1 客车供配电装置检修

【学习目标】

知识点：

1. TG 型铅蓄电池和 GN 型碱性蓄电池的特性；
2. TG 型铅蓄电池和 GN 型碱性蓄电池的充放电工作原理；
3. 客车感应子发电机工作原理；
4. KP-2A 型控制箱的组成部分及工作原理。

技能点：

1. TG 型铅蓄电池和 GN 型碱性蓄电池检修；
2. 客车感应子发电机检修；
3. KP-2A 型控制箱检修。

【内容概述】

为了满足旅客和乘务人员旅途生活需要和改善车内卫生环境，在客车上设置一些电气装置，这些电气装置需要由供电设备供电并实行电气控制和检测，我们把这一类为电气装置供电和电气控制及检测的设备统称为客车电气装置。这些电气装置按照功能不同分为客车供配电装置、客车用电装置和客车安全监测装置。

我国铁路客车供电装置大致经历三个阶段。第一阶段为 20 世纪 50 年代到 80 年代，是轴驱式发电机供电，是非空调客车（包括 21 型、22 型、25B 型及进口的 24 型车）上的电气装置，为客车的照明、通风、广播、轴温报警等装置供电。轴驱式发电机和蓄电池组并联供电，当发电机停止转动或低速转动时，由蓄电池组供电。随着客车电气设备的不断增加，用电量越来越大，客车供电装置发展到以发电车为代表的第二阶段。第二阶段是柴油发电车供电，为空调客车上的空调等交流负载供电。空调客车研制始于 20 世纪 60 年代，广泛普及于 20 世纪 90 年代，25G 型客车定型于 1992 年，25K 型客车定型于 1998 年，25T 型客车定型于 2004 年。第三阶段是机车 DC 600 V 供电。20 世纪 80 年代，中国铁路开始研究电力机车向客车供电技术，由电力机车或内燃机车提供两路 DC 600 V（2×400 kW）电源给空调旅客列车，在电气化区段，采用由电力机车集中供电、客车分散变流供电方式。非电气化区段，由 DF_{11G} 内燃机车向客车提供 DC 600 V 电源。与发电车相比，机车供电的好处是符合国家能源政策，供电容量充足，能较好地改善客车旅行条件，并具有显著的经济效益和社会效益，是客车电气装置发展的方向。

一、我国铁路客车的供电方式及用电制

客车供电系统用于为车上用电装置提供电能，有单独供电、集中供电和混合供电三种方式。

（一）单独供电

单独供电又称分散式供电。它是在单节客车上安装一套独立的供电装置。当车辆用电量较小时，也可以每两辆或三辆车共用一套独立的供电装置，此时安装有发电设备的客车称为母车，不带发电设备的车称为子车。子母车之间通过车端电力连接器连接车内输电干线。

客车单独供电有下述三种类型。

1. 蓄电池组供电

单独使用蓄电池组供电是根据车内负载的工作电压和功率，把若干个蓄电池结合起来向负载供电。这种供电方式的优点是设备简单，使用方便，可靠性好，电流是纯直流成分；缺点是单位功率所占的体积和质量较大。蓄电池在放电过程中电压逐渐降低，电池放电至终止电压时，必须停止放电并进行充电，否则会因过放电而损坏电池。所以这种供电方式在用电量不大的客车上使用，我国干线运营的客车上已不易见到。

2. 轴驱式发电机供电

采用车轴驱动的发电机与蓄电池组并联供电，是世界各国在普通客车上运用较广泛的一种供电形式。我国旧型普通客车曾采用轴驱式 LK5 型直流发电机，从 20 世纪 70 年代开始，在普通 22 型和 23 型客车上广泛使用三相感应子发电机。轴驱式发电机的工作电压，当功率小于 3 kW 时为 24 V，功率在 3 ~ 10 kW 时为 48 V，功率在 10 kW 以上时为 110 V。

3. 小型柴油发电机组供电

在客车底部装设小型柴油发电机组，并由其向车内的负载供电，这种供电方式称小型柴油发电机组供电。采用这种方式单独供电，可以减少机车牵引动力损失，提高供电电压，减少蓄电池用量，便于长时间停站时利用市电，但要求机组工作可靠，噪声和振动小，使用维修方便。这种供电方式适用于单独或分开连挂且装有空调装置的客车，如长春轨道客车股份有限公司生产的 RW_{22} 型空调软卧车和四方机车车辆股份有限公司生产的 YW_{22} 型宿营车采用的就是这种供电方式。

（二）集中供电

由于我国目前的主型客车已从 22 型转换为 25 型，越来越多的全列空调旅客列车运行在全国铁路干线上，因而集中供电的方式已成为列车供电的主要形式。

对于用电量较大并且是固定编组的列车，采用全列车集中供电的方式。列车集中供电的电源，在非电气化区段，由列车中的发电车柴油发电机组提供；在电气化区段可以由接触网通过电力机车主变压器提供。

1. 柴油发电车供电

由发电车的柴油发电机组集中供电时，供电电压一般为线电压 400 V、相电压 230 V 三相电、50 Hz，通过车端连接器向连挂的客车分二路送电，输电干线的压降应不大于 5%。这种供电制式的优点是用电负载，如异步电动机和日光灯以及控制电器与保护元件等可直接采用民用产品，但输电电流与所需的三相四线制输电干线截面积都较大，干线穿管施工难度较大，对连接器的插头和插座间接触电阻要求非常严格（小于 0.000 8 Ω）。因此，在可能的条件下应将供电干线电压提高。

2. 接触网供电

我国电气化铁路供电的额定电压为单相工频 25 kV，波动范围为 19 ~ 27 kV。我国由接触网供电的旅客列车，通过新型客运电力机车主变压器增设的两个辅助绕组，供给容量为 800 kV · A、串联电压为 3 kV（并联为 1.5 kV）的电能，即通过电力机车主变压器，将受电弓取得的单相工频 25 kV 的电压，转变为单相工频 3 kV 或 1.5 kV 的电压，输送给所牵引的客车。

由接触网供电的客车用电负载的特点是：空调机组电动机为三相异步电机，其三相电源由分散于每辆客车中的三相逆变器供电；采暖电加热器与电开水炉由降压变压器提供电源；照明与通风机由带有充电机的蓄电池组供电并通过变换器变换成交流电，以保证摘挂机车时也能正常工作。

由接触网供电的客车，由于输电电压较高，输电干线与车端电力连接器必须具有良好的绝缘性能，连接器必须带有钥匙，以保证操作安全。

接触网客车供电方式有机车供电、电源车供电和 DC 600 V/AC 380 V 兼容供电三种。

（三）混合供电

鉴于目前铁路牵引动力存在多种类型，客车编组方式也不尽相同，因此，除上述两种供电方式外，还有混合供电方式。混合供电有下列几种情形：

（1）客车照明与通风机由轴驱式发电机与蓄电池并联供电，而车上的采暖电热元件由电气化铁道的接触网供电，这种供电方式适用于电气化区段运行的普通客车。

（2）客车照明和另外一些低压直流用电器由轴驱式发电机与蓄电池并联供电，空调机组由本车小型柴油发电机组或发电车供电。

综上所述，客车的供电系统有多种形式，在运用时应根据车种、用途、编组方式、负载类型、功率、用电要求及供电经济性等条件来具体选择。

二、车体配线

车体配线是客车供电装置的重要组成部分，它的作用是将供电装置、用电设备和控制保护装置连接成一个完善的电气回路，把电能安全、可靠地输送到用电设备中去。客车车体配线，根据供电方式的不同分为分散式和集中式；按用途可以分为电力配线和广播配线两个系统；按车体配线在车辆中所在的部位分为车上配线和车下配线两个部分。车上配线即装在客车地板以上的供电线路，它敷设在车内侧壁或车顶棚的间壁内，将电能通过配电盘分送到各用电设备；车下配线即敷设在地板以下的供电电路，它敷设在贯穿车底的电线管内，通过分线盒和电气连接器沟通车辆间的电力系统。

三、车电装置位置命名方法

为了便于铁路车辆检修，对于车辆及其配件都规定了一定的方位。车辆的方位分为 1 位和 2 位。配件则根据车辆方位再按同类配件的前后左右进行分位。

车辆的分位是以制动缸活塞伸出的方向来决定的，其伸出方向为 1 位或 1 位车端，如图 1-1 所示。为了便于识别，在车体两端脚蹬架外侧用白色油漆喷涂有定位标记“1”和“2”。

根据车端的定位标记，即可对各个车电机具的位置进行命名，具体规定如下：

图 1-1 所示为沿车体长度方向排列的车电装置，按位置称呼法所列的车电机具。沿车体长度方向单行排列，如顶灯、顶扇、床灯及通过台灯，应自 1 位车端顺次数到 2 位车端，称之为第几位某某机具，如图 1-1（a）所示。

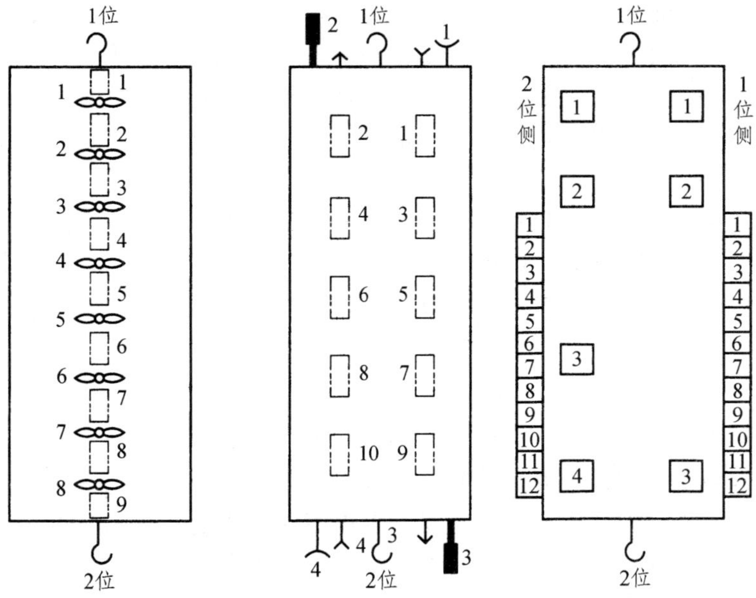

（a）　　（b）　　（c）

图 1-1 车电装置的位置称呼法

任务 1　酸性蓄电池检修

【任务陈述】

技术人员进行 DC 600 V 提速客车 DC 110 V 蓄电池及箱静态检查，维修人员按照维修手册的规范程序进行检查。使用检点锤敲击检查，电池箱外观检查，电池箱内部检查，检查接线、空气开关（简称空开）、保险，确认其工作状态正常，填写维修工单交付检验。工作过程中，应遵循现场工作管理规范。

【知识准备】

TG 型铅酸蓄电池原理

20 世纪 50 年代以前，铁路车辆上使用的蓄电池是酸性铅蓄电池，特点是：规格型号多，电气性能和技术经济指标比较落后，涂膏式极板，体积、质量大，维修保养工作量大，不便于拆装。

20 世纪 60—90 年代，客车上基本使用的是 TG 型蓄电池。这种蓄电池的电气性能和技术经济指标都有了改进和提高。它的极板结构是把阳极板结构做成层状，大大提高了它的使用寿命。但因 TG 型蓄电池仍属酸性铅蓄电池，它的固有缺陷无法克服，如对环境污染等。为了解决酸性电池存在的问题，1986 年铁道部车辆局组织有关部门和单位进行研讨，选择了碱性蓄电池作为客车供电电源。20 世纪 90 年代，客车蓄电池开始使用碱性蓄电池。

目前国际上正积极研制开发用于高速列车供电电源的燃料电池。燃料电池是直接将燃料能源转化为电能的电池设备，燃料电池基于电化学而不是燃烧，因此具有“高效低噪、无辐射”的特点。燃料电池的研究有助于提高能源效率，通过降低对进口石油的依赖性而增强国家能源安全性以及改善环境质量。

客车蓄电池按用途分为供电蓄电池、启动蓄电池两类；按电解液性质分为 TG 型酸性铅蓄电池及 GN 型碱性镉镍蓄电池。

一、供电蓄电池

普通客车及德国进口空调客车，采用轴驱式发电机与蓄电池组并联供电。当车辆停站或低速运行时，轴驱式发电机尚未建立足够电压，车上电灯、电扇、电动水泵以及空调机组均由蓄电池组供电。普通客车采用 48 V 直流电源，蓄电池组由 24 只蓄电池串联而成；空调车采用 110V 直流电源，由 56 只铅蓄电池或 78 只镉镍蓄电池串联而成。

DC 600 V/AC 380 V 兼容集中供电空调客车，为了保证照明、通风及控制电器使用不间断电源，采用 DC 110 V 供电装置。这种装置由充电器、蓄电池组等部件组成。其中，蓄电池组采用 78 节中倍率碱性蓄电池，200 km/h 电力动车组采用镉镍免维护电池，额定电压为 93.6 V，容量为 100 A·h，额定充电电压为 115 V，最大允许充电电流为 25 A。充电器将 DC 600 V 直流电变换成 DC 110 V 直流电，向蓄电池充电的同时，向 DC 110 V 用电负载供电。当摘挂机车或停电时，由蓄电池供给照明、通风及控制电器等用电。

二、启动蓄电池

发电车和带有空调装置的软卧车或公务车中的柴油机发电机组，用启动蓄电池驱动直流电动机启动柴油机，使柴油机转速达 100 r/min 以上。启动蓄电池具有大电流（400 ~ 1 000 A）放电、蒸馏水消耗多、充放电频繁的工作特点。

蓄电池是一种化学电源，它可以把电能转变为化学能储存起来，使用时再把化学能转变为电能释放出去，前者称作充电，后者称作放电。蓄电池的充、放电是可逆的，可以反复使用，这是蓄电池和其他化学电源的主要区别之一。蓄电池根据极板所用材料和电解液性质的不同，一般可分为酸性（铅）蓄电池和碱性（铁镍或镉镍）蓄电池两种。在我国铁路客车上使用的酸性铅蓄电池为TG型（T表示铁路用，G为本型电池采用管式正极板）。

（一）TG型铅蓄电池的构造与电化学反应方程式

TG型铅蓄电池的结构如图1-2所示。

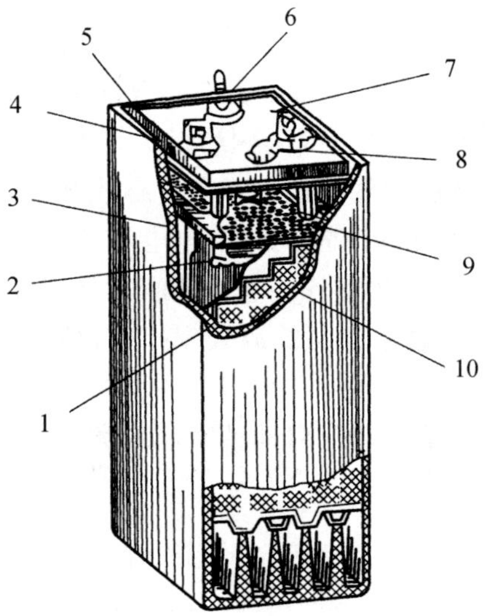

1—负极板群；2—正极板群；3—电池槽；4—极耳卡；5—沥青封口；6—浮标；7—电池盖；8—注液孔盖；9—防护板；10—隔板。

图1-2　TG型蓄电池结构

（1）正极板群：为增大蓄电池的容量，获得较大的放电电流，蓄电池的极板由10片组成。每片正极板又由板栅铅芯、套管和作用物质三部分构成。

（2）负极板群：负极板群是由11片涂膏式负极板组成，每片负极板由栅格状基板和铅膏两部分构成。在蓄电池极板群的制作中，均使负极板片数比正极板片数多一片，这是由于蓄电池在放电时正极板上的二氧化铅要变成硫酸铅，作用物质体积发生膨胀，如果正极板和负极板数量相同，放电时最外侧的一块正极板只有一面发生作用，易产生单面膨胀造成极板弯曲。

新造蓄电池在工厂内要进行化成充电，其目的是要使两极板上的作用物质（此时的极板为生板）电化成有用的作用物质，即正极板上为多孔性的二氧化铅，负极板上为海绵状铅，同时具有疏松适度的结构。经化成后的正、负极板群，在其极板表面不仅积聚了有效的作用物质，而且也构成了电池在充放电过程中的电流通路。

（3）隔板：隔板用来隔离正、负极板，防止它们互相短接。

（4）电池槽：电池槽是盛装极板群和电解液的容器，其底部有支持极板的脚垫，以防止作用物脱落造成极板底部短接。

（5）电池盖及浮标如图1-3所示。

电池盖上有极耳孔、注液孔及浮标孔，浮标孔盖中央处装有浮标套、浮标和浮标孔盖。浮标是指示电解液液面高度的装置，它的上部有三条指示线，中间为蓝色，其他两条为红色。当蓝色指示线与浮标孔盖顶面在同一水平时，表示液面高度合适，当上端或下端红线与浮标孔盖顶面在同一水平线时表示液面高度已达到最低或最高限，遇此情况应对液面高度进行调整。注液孔上旋有注液孔盖，其侧面有排气孔。注液孔盖旋下后可以给电池补液，充电时电池内产生的气体可从排气孔排出。蓄电池全部组装好后，用沥青将盖与槽封固，防止进入灰尘和电解液溢出。

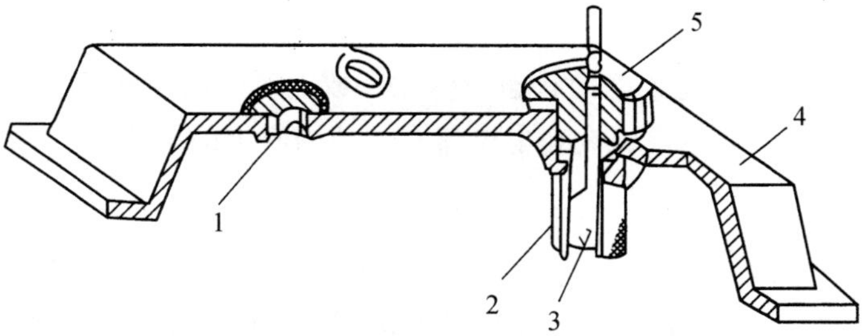

1—注液孔；2—浮标套；3—浮标；4—电池盖；5—浮标孔盖。

图 1-3　电池盖及浮标结构

（6）铅蓄电池的电化学反应方程式：

$$PbO_2 + 2H_2SO_4 + Pb \underset{\text{充电}}{\overset{\text{放电}}{\rightleftharpoons}} PbSO_4 + 2H_2O + PbSO_4$$

（正极板）（电解液）（负极板）（正极板）（电解液）（负极板）

当蓄电池放电时，蓄电池的放电应放到规定的终止电压即停止，即蓄电池不宜过度放电（简称“过放电”）。蓄电池过放电时，容易使与有效作用物质混在一起的微小硫酸铅结晶形成较大的晶粒，增大极板电阻，再充电时就很难还原，甚至结晶到一定程度后导致蓄电池容量严重下降。

当蓄电池充电终期时，由于正负极板上的硫酸铅（$PbSO_4$）大部分已被还原成二氧化铅（PbO_2）和海绵状铅（Pb），若再继续充电，充电电流只能起到分解水的作用，结果在负极板上有氢气（H_2）逸出，在正极板上则有氧气（O_2）逸出，造成强烈的冒气现象。因此，蓄电池充电终期应注意充电电流不宜过大，否则会产生强烈气泡，造成极板上的作用物质脱落，影响蓄电池的寿命。

（二）电解液

电解液是电池进行电化学反应的参加物和内部导电的条件。铅蓄电池的电解液是用浓硫酸和纯水按一定比重调制而成的稀硫酸。所用的浓硫酸是一种无色、无臭的透明油状体，在 15 °C 时的比重为 1.835，含纯硫酸 93.2%，所用的水必是经过净化的水（如蒸馏水），不能用自来水和其他天然水代替。其中蒸馏水中氯离子含量不得大于 5.5 mg/L，铁离子含量不得大于 5.0 mg/L，蓄电池用蒸馏水做电导实验时，其绝缘值应大于或等于 0.3 MΩ。

（三）铅蓄电池的特性

1. 电动势

在实际运用中，铅蓄电池的电动势可按 $E=0.85+d$（V）计算，式中 d 是电解液在极板有效物质细孔中的比重值（15 °C）。在充电或放电终了后的一段不长的时间内，蓄电池的电动势在充电后略有降低，在放电后则略有升高。

蓄电池的电动势在静态时均为 2.00 ~ 2.06 V，一般按 2 V 左右计算。

2. 端电压

蓄电池的端电压随电池充放电的状态而变化。放电时端电压降低，充电时端电压要比电动势高，相差的数值等于放电电流或充电电流在电池内阻上的电压降。

3. 容量

蓄电池由充电充足状态放电至规定终止电压时，所放出的总电量为蓄电池的容量，它表现出蓄电池的蓄电能力。当蓄电池以恒定电流放电时，它的容量 C 等于放电电流值 $I_{放}$ 和放电时间 $T_{放}$ 的乘积，单位为 A · h，即：$C=I_{放}T_{放}$。蓄电池的容量大小与很多条件有关，如蓄电池的充电程度、放电电流、放电时间；电解液的比重、温度；电池的效率和新旧程度以及蓄电池极板表面进行电化反应时参加反应的作用物质的多少等。影响运行中蓄电池容量的主要因素有以下两个方面。

（1）放电率：蓄电池放电至终了电压的快慢叫作放电率。放电率可以用放电流的大小或者放电至终了电压的时间长短来表示。例如一只 315 A ·h 容量的蓄电池，以 52.5 A 电流放电，6 h 后达到终了电压。此时，如用电流表示放电率为 52.5 A 率；如以时间表示则为 6 h 率。一般放电率多用时间表示。

（2）电解液温度：电解液温度高时，蓄电池容量增大；反之容量下降。

为了统一考察蓄电池的容量，根据检修规程的规定，TG 型蓄电池的额定容量是以电解液平均温度为 30 °C 时 6 h 率的放电容量为标准。

4. 内阻

蓄电池的内阻包括极板的电阻、电解液的电阻以及作用物质细孔内所含电解液的电阻等，其中主要是作用物质的电阻和电解液的电阻。蓄电池的内阻与电解液的温度成反比，温度高时内阻小，温度低时内阻大。此外，电池的内阻还随电池充放电程度而变化，充电时内阻逐渐减小，放电时内阻逐渐增大。

5. 自放电

蓄电池在外电路开路时其容量的无益消耗称为自放电。造成铅蓄电池自放电的因素很多，如负极板海绵状铅的自动溶解、正极板二氧化铅的自动还原和电解液中混有有害杂质等，都能引起自放电的产生。

6. 效率

表示蓄电池电量或能量利用程度的百分数称为蓄电池的效率。蓄电池的效率的表示方法有两种，即安时效率和瓦时效率。

$$安时效率=\frac{I_{放}T_{放}}{I_{充}T_{充}}\times100\%=\frac{Q_{放}}{Q_{充}}\times100\%$$

$$瓦时效率=\frac{I_{放}T_{放}V_{放}}{I_{充}T_{充}V_{充}}\times100\%=\frac{W_{放}}{W_{充}}\times100\%$$

蓄电池的安时效率一般能达到 85% ~ 90%，瓦时效率能达到 70%。

（四）铅蓄电池充放电工作

蓄电池的充放电工作是蓄电池检修过程中的重要环节。通过它可以检查蓄电池定检后的技术状态，同时恢复电池的容量。充、放电工作的质量对蓄电池的运用性能和使用寿命影响很大。蓄电池的充电方法有定电流充电法、定电压充电法和分级定电流充电法几种，客车电池定检中的充电均采用分级定电流充电法。几种经常进行的充放电工作的意义分述如下：

1. 初充电

初充电是指新造电池使用前的第一次充电。目的是恢复新造电池在化成后的部分放电和极板作用物质未被化成的部分充分化成。

2. 普通充电

普通充电是指运用电池因放电或经过检修后为恢复容量而进行的充电。

在上述两种充电过程中，如遇到电池温度接近 45 °C 时应适当减小电流或采取降温措施，通常采用强通风冷却或事先将电池放在水槽中用循环水降温。充电时电解液的温度不得超过 45 °C。

3. 放电试验

（1）容量放电：经过定期检修的蓄电池，为了检查第一次充电后的容量，应进行全容量的放电称容量放电。根据试验结果，可以了解充电的质量和运用电池自上次定检以后的使用情况。当测得的实际容量低于标称容量的 70%时，一般不再装车使用。容量放电以 6 h 率电流进行放电，终止电压为 1.75 V。同车蓄电池的容量差不超过 10%。

（2）准放电：凡实行定期检修并需分解的蓄电池，应首先进行一次部分容量的放电称准放电。准放电以 6 h 率电流进行放电，终了电压为 1.9 V。

4. 补充电

在列车上运用的电池，当遇到某些特殊情况，如列车中途意外停车或列车编组母车不足，以及长期停用的母车电池自放电严重等，造成电池容量过少时，可在车库内进行补充电。补充电所用电流的大小，根据电池的具体情况而定，一般以 10 h 率为宜。

【任务实施】

DC 600 V 提速客车 DC 110 V 蓄电池及箱静态技术检查指导书	
作业步骤及质量标准	图示
1. 使用检点锤敲击蓄电池箱体固定螺丝及吊架、接地线	
▲（1）吊架零部件齐全，安装螺栓紧固、无松动； （2）接地线无松动、无抗磨	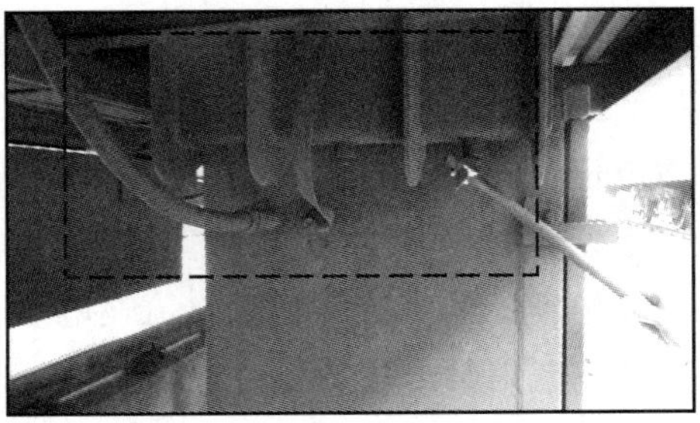
2. 目视检查电池箱外观	
▲（1）门、锁、搭扣、合页齐全，作用良好； （2）各引线套管连接良好，外观无破损； （3）箱体表面清洁，无腐蚀、破损，接地保护线作用良好； （4）定检标记容量、检修时间等正确、清晰，无破损，安装良好	
3. 打开电池箱，目视检查内部密封胶条、托盘小车及滑道	
▲（1）密封胶条平滑完整，密封性能良好； （2）蓄电池托盘小车运动灵活，滑道安装良好，锁紧装置可靠，轴承或轮轴润滑，损坏时更新，托盘无破损	

作业步骤及质量标准	图示
4. 目视检查蓄电池	
▲（1）蓄电池表面清洁，无变形破损，排气良好，绝缘良好； （2）蓄电池组内电池容量、型号一致，数量正确，安装紧固，排列整齐，无松动； （3）蓄电池液面高度、比重符合规定（1.19～1.21 g/cm^3，15 °C）； （4）单块电池电压符合规定； ★注意电池箱夹伤、划伤。 ■旅客列车在库内无地面电源和外接电源供电时，须采取限电措施，防止蓄电池亏电。DC 600 V供电客车当全列DC 110 V蓄电池电压低于92 V时，须切断所有负载	
5. 目视检查接线、空开、保险	
▲电池接续线正、负极连接正确，紧固、无松动，无磨损，过桥线套管齐全，无挤压、破损、脱落，接线端子无烧损、氧化、松动，保险空开容量符合图纸规定	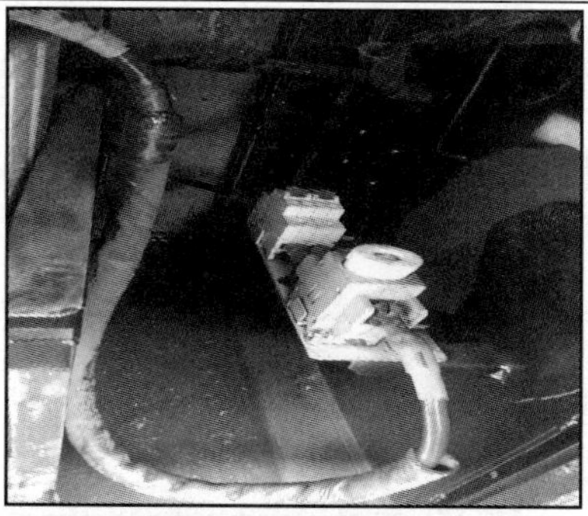 
6. 检查排水、排气孔作用良好，无堵塞	

续表

作业步骤及质量标准	图示
7. 检查完毕后，确认电池箱锁闭良好	
▲防断脱处用铁丝捆绑固定	

任务 2　碱性蓄电池检修

【任务陈述】

本任务主要是镉镍蓄电池的段修。维修人员按照维修手册的规范程序进行检查。检修过程主要是检查电解液、电池容量、装车前准备等，确认其工作状态正常，填写维修工单交付检验。工作过程中，应遵循现场工作管理规范。

【知识准备】

GN 型碱性蓄电池原理

一、镉镍蓄电池的构造与电化学反应方程式

1. GN 型碱性蓄电池的结构（见图 1-4）

客车用的镉镍蓄电池是方形开口袋式，它主要由正极板、负极板、隔离物（隔膜）、壳体和电解液五大部分组成。

2. 电化学反应方程式

$$\underset{（正极板）}{2Ni(OH)_2} + \underset{（电解液）}{2KOH} + \underset{（负极板）}{Cd(OH)_2} \underset{充电}{\overset{放电}{\rightleftharpoons}} \underset{（正极板）}{2NiOOH} + \underset{（电解液）}{2KOH + 2H_2O} + \underset{（负极板）}{Cd}$$

二、主要性能参数及技术要求

1. 电压

（1）充电电压：指电池在充电时两极的电位差，即 $U_{充} = E_0 + I_{充}R_{内}$。

（2）放电电压：指电池在放电时两极的电位差，即 $U_{放} = E_0 - I_{放}R_{内}$。

（3）额定电压：指放电过程中的平均电压。目前国际电工委员会（IEC）标准规定，镉镍系列电池单只额定电压为 1.2 V。

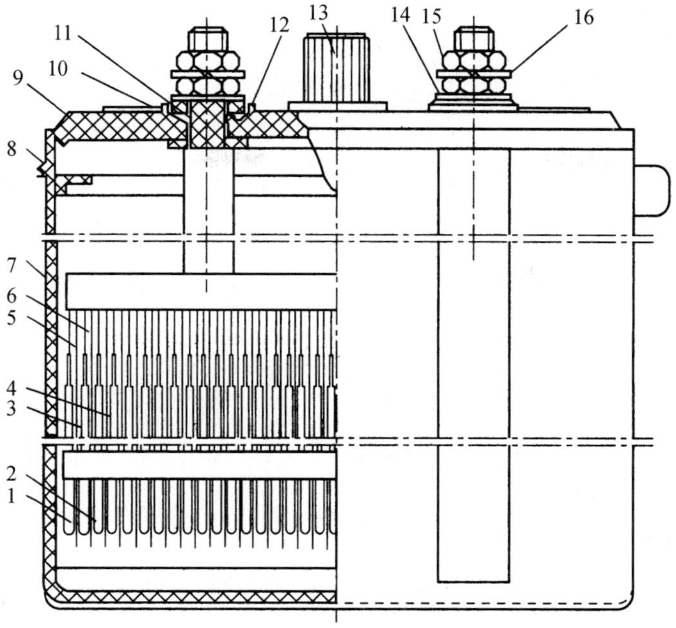

1，2—负极板组；3，4—正极板组；5，6—隔膜；7—壳体；8—塑料内盖；9—塑料盖；10—极柱密封；11—极柱套管；12—金属垫圈；13—装配气塞；14—金属垫圈；15—六角螺母；16—波形弹簧垫。

图 1-4 GN 蓄电池结构

2. 容量

容量定义与铅蓄电池相同。

3. 放电率

放电率即放电速率，碱性电池通常分为“时率”和“倍率”。时率即按规定小时数放完额定所需的电流强度值，如 GN300 电池，额定容量为 300 A · h。按 5 h 率放电的电流强度值为

$$I=\frac{C_{额}}{5}=\frac{300(\mathrm{A\cdot h})}{5(\mathrm{h})}=60\ (\mathrm{A})$$

倍率即为以额定容量值的若干倍电流（数值）放电的电流强度。如 GN300 电池以 0.2 倍率放电的电流强度为 0.2×300=60（A），可表示为

$$0.2\,C^{5}=60\ \mathrm{A}$$

式中，C^5 为以 5 h 率放电的容量，一般以额定容量计算。

4. 自放电率

自放电率的定义与铅蓄电池相同。镉镍蓄电池在室温下充电后，在（20±5）°C 环境中搁置一个月，电池的剩余容量不低于额定容量的 90%，其放电率不大于 25%；搁置 1.5 ~ 2 个月就完全停止自放电，容量一直在额定容量的 75%左右。

5. 寿命

蓄电池每充、放电一次叫一次循环，按 IEC 标准进行寿命实验，循环次数不小于 500 次，一般在 1 000 次以上。

6. 保存期

蓄电池的保存期为 4 年，其性能应符合上述主要电气性能要求。

7. 外观要求

蓄电池塑料外壳应整洁，所有金属零件应镀镍，极柱、螺母、金属垫圈应涂一层凡士林油。

8. 气塞密闭性要求

将电解液放入蓄电池中，使液面高出极板 50 ~ 60 mm，拧上气塞，蓄电池倾斜 30°不漏液。

【任务实施】

1. 检查电解液（见表 1-1）

（1）用浮标测试电解液的比重（一般测试 3 ~ 5 只电池），如不符合要求应进行调整。

（2）测电解液的碳酸根含量。

（3）蓄电池以 1/5 额定电流恒流放电至 1.0 V/只，倒出电解液，在确保电池内部清洁后注入所需的新电解液进行充电。放电时电解液的温度不得超过 45 °C。

2. 检查电池容量

当电池容量低于 70%时，视为寿命终止，三次循环一次符合要求即可。同车蓄电池的容量差不超过 10%。

3. 电池按容量分类

段修时，同一客车蓄电池容量相差不大于 10%；大修时，酸性蓄电池容量差不超过 5%，碱性蓄电池不超过 8%。

4. 装车前的充电

按容量分类后，注入电解液，静置 2 h 后，调整液面，然后用 1/5 额定电流恒流充电，当充入的电量为 160%时停止充电，静置 2 h 后，拧上气塞并用棉纱将蓄电池外表擦干净，待装车运用。

表 1-1　镉镍蓄电池用电解液技术要求

项目	标准			
	新电解液		使用的极限值	
外观	无色、透明、无悬浮物			
比重（15 °C）	1.19 ~ 1.21		1.19 ~ 1.21	
含量	KOH	240 ~ 270 g/L	KOH	240 ~ 270 g/L
	NaOH	215 ~ 240 g/L	NaOH	215 ~ 240 g/L
Cl^-	小于 0.1 g/L		0.2 g/L	
CO_3^{2-}	小于 4 g/L		30 g/L	
Ca　Mg	0.1 g/L		0.3 g/L	
氨沉淀物（以 Al 计） Al/KOH Al/NaOH	小于 0.02 g/L		0.02 g/L	
Fe/KOH Fe/NaOH	小于 0.03 g/L		0.03 g/L	

任务 3　客车感应子发电机检修

【任务陈述】

本任务主要让学生掌握感应子发电机如何进行日常维护、定期检修、发电机高低速试验、三相电压不平衡度检查、空载特性试验、负载特性试验及运用试验。

【知识准备】

客车感应子发电机原理

轴驱式发动机供电装置是我国在 20 世纪 60 年代引进设计的用于铁路客车的供电装置，采用轴驱式交流感应子发电机和蓄电池组并联供电。列车运行时，车辆的轮轴通过皮带或万向轴传动装置带动三相感应子发电机工作，发电机输出的三相变频交流电经硅整流后，供车上的电气负载使用，并向蓄电池组充电，列车停站时，由蓄电池组向车上的电气负载供电。由于这种供电装置中的发电机是由车轴驱动的，所以称之为轴驱式发电机供电装置。

轴驱式发电机供电装置分为轴端皮带轮带动的 J_5 型感应子发电机，输出电压为 48 V 和万向轴带动的 110 V 发电机两种。本任务主要介绍 J_5 型感应子发电机的结构和原理以及 KP-2A 型可控硅电压自动调整装置。

目前，22 型普通客车普遍采用车轴驱动交流发电机供电装置，其电气系统主要由蓄电池、J_5 感应子发电机、KP-2A 型控制箱、客车电扇、客车照明与逆变器及车体配线等组成。其供电系统的基本组成和原理如图 1-5 所示。它主要向车轴制动装置、三相交流感应子发电机、整流器、逆变器、荧光灯、稳压装置、蓄电池、电灯、电扇等用电器供电。

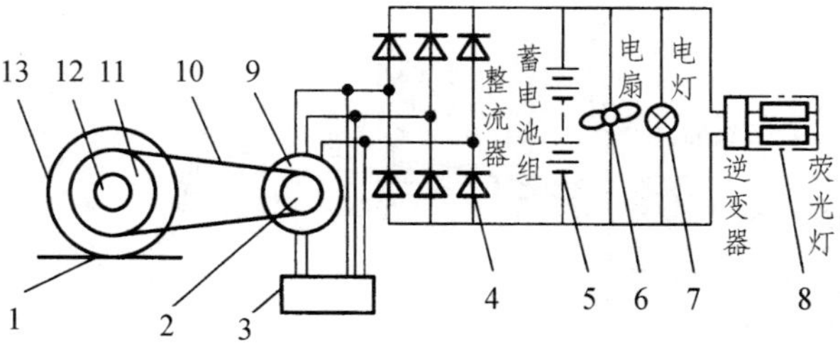

1—钢轨；2—发电机皮带轮；3—控制箱；4—主整流管；5—蓄电池组；6—电扇；7—电灯；8—灯具；9—发电机；10—传动皮带；11—轴皮带轮；12—车轴；13—车轮。

图 1-5　22 型客车轴驱式发动机供电系统

行车时，发电机输出的三相交流电首先经过桥式整流电路整流，然后通过车体配线送给车上各种负载，包括直流负载和交流负载。向交流负载（荧光灯）供电时必须经逆变器将直流电变换成交流电后方可使用。除了向车上负载供电外，还须向蓄电池充电。发电机输出电压的稳定及蓄电池充电电流的大小由控制箱来控制。列车停车或低速运行时改由蓄电池供电。

在客车车轴式交流发电机供电装置中，主要采用了感应子发电机。它属于同步交流发电机的一种，具有结构简单、维护方便、重量轻、功率大等优点。客车感应子发电机按功率可分三种，即 3 kW（J_3 型）、5 kW（J_5 型）、7 kW（J_7 型），分别适用于用电量不同的客车。目前用得最多的是 J_5 型。感应子发电机的主要技术数据见表 1-2。

表 1-2　感应子发电机的技术数据

项目	额定功率/kW	额定电压/V	额定转速/（r/min）	频率/Hz	相数
参数	5	60（整流后）	850～3 700	85～370	3

一、感应子发电机的构造

它由机座、端盖、轴承及轴承盖、定子铁心、励磁绕组及电枢绕组和转子等部分组成。外形如图 1-6 所示，其结构如图 1-7 所示。

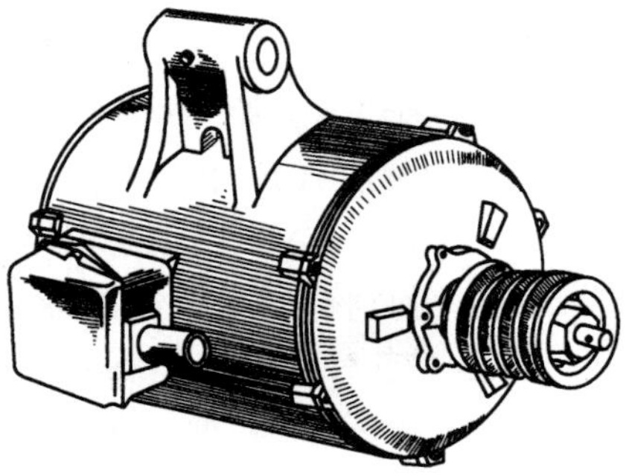

图 1-6　J_5 型感应子发电机外形图

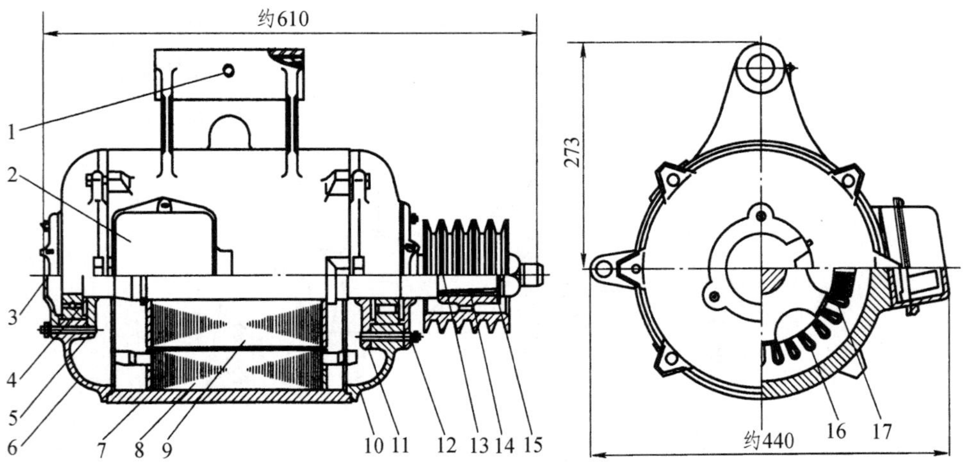

1—吊耳；2—接线盒；3—后轴承外盖；4—后轴承内盖油封圈；5—后轴承内盖；6—后端盖；7—机座；8—定子；9—转子；10—前端盖；11—前轴承内盖；12—前轴承外盖；13—三角皮带轮；14—键；15—三角皮带轮挡圈；16—小楔槽；17 大楔槽。

图 1-7　J_5 型感应子发电机结构

1. 机座

机座是整个发电机的支持架，承受着定子和转子的全部重量，用 QT450-10 球墨铸铁铸造。机座上有一吊耳，用以将电机悬挂在吊架上。吊耳孔内镶有表面硬化钢套或尼龙套，套孔径为 ϕ（32.2±0.1）mm，套壁厚为 4 mm。吊耳上有一注油孔。机座上在发电机引出线端装有线盒。

2. 定子铁心

定子铁心压装在机座内腔，用以嵌放电枢绕组和励磁绕组，同时也是电机磁路的组成部分，由硅钢片冲片叠压而成。它的内圆周上有两个大槽用来嵌放励磁绕组，22 个小槽用来嵌放电枢绕组（见图 1-8）。它的外周上有 6 个鸠尾槽，两端有定子端板和定子压圈各一块。它是将定子冲片（见图 1-9）、端板及压圈叠压紧密后在鸠尾槽上插入夹片，夹牢后焊固成一个整体。

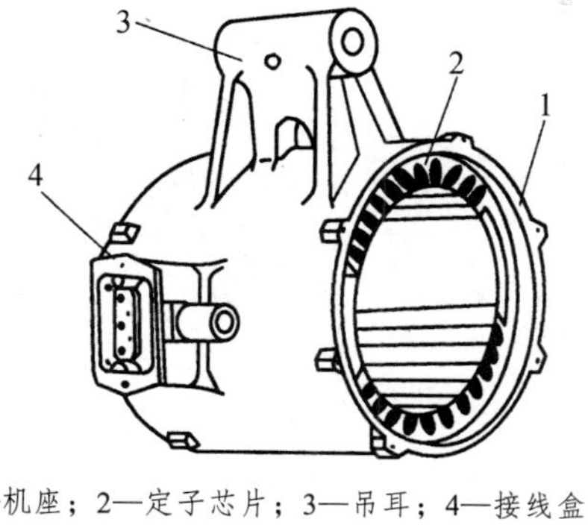

1—机座；2—定子芯片；3—吊耳；4—接线盒。

图 1-8　机座及定子铁心

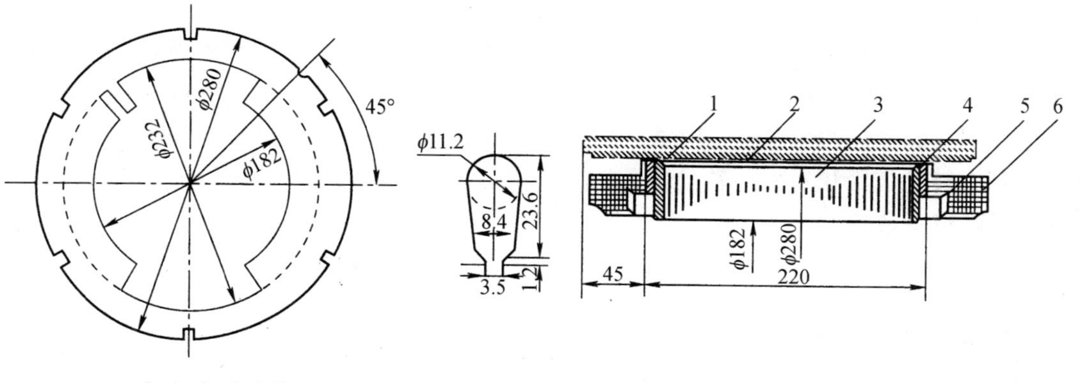

（a）定子冲片　　（b）定子组成

1—定子端板；2—定子夹片；3—定子冲片；4—定子压圈；5—励磁线圈；6—电枢线圈。

图 1-9　定子冲片及定子组成（单位：mm）

3. 转子

转子的作用是旋转时改变了发电机气隙中的磁通密度，使电枢绕组中产生感应电势。转子由转轴和转子铁心组成。转子铁心也采用硅钢片冲片叠压而成，目的是减少涡流损失。转子冲片的外圆周上均布有 6 个凸齿和凹槽。转子的轴用 45 号钢镟制而成，轴上开有一个沿轴向倾斜 1°10′的斜键槽。转子组装时冲片沿斜键套装在轴上，使转子的凸齿成为斜齿，其目的是改善电机输出电势的波形，同时也减少电机的附加损耗和噪声。转轴上具有 1∶10 锥度的一端供安装皮带轮用，如图 1-10 所示。

4. 励磁绕组和电枢绕组

励磁绕组用以产生发电机的主磁场，由两个线圈串联组成，每个线圈用 ϕ1.25 mm 的高强度漆包线两根并绕 150 匝。励磁绕组中通入直流电产生发电机工作主磁通。常温下励磁绕组的总电阻为 2.3 Ω，允许长时间通过的最大励磁电流为 9 A。

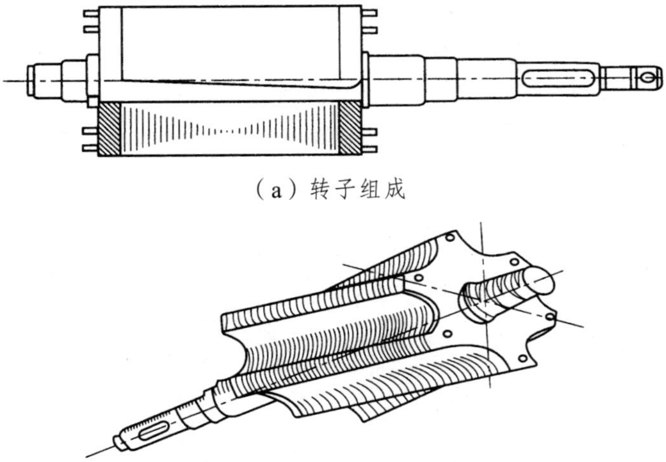

（a）转子组成

（b）转子斜齿

图 1-10　转子组成及转子斜齿

电枢绕组（又称工作绕组）的作用是产生感应电势并向外输出电能。它共有 12 个线圈，每 4 个接成一相。24 V 供电时每 4 个线圈并联，48 V 供电时每 2 个线圈先串联再并联。

励磁绕组的 2 个线圈放在定子铁心的两个大槽内，嵌好用铝制的槽楔楔紧。两线圈采用顺向串接，通入电流后它们产生的磁通方向相同。电枢绕组的 12 个线圈嵌放在定子铁心的小槽内，并用石蜡煮过的竹制槽楔楔紧。在 J_5 型发电机中，每一励磁线圈所包围的定子铁心部分都与两个转子齿距相对应，转子转至任一位置时，与励磁线圈所包围的定子铁心部分相对应的转子凸齿总数始终是两个。

5. 端盖、轴承盖及轴承

发电机有前后端盖各一个，每一盖上装有轴承及轴承内外盖。端盖及轴承内外盖都由灰铸铁铸造而成，内外轴承用螺钉固定在端盖上，前后轴承盖上均设有注油孔。前轴承用 32311 型滚柱轴承，后轴承采用 309 型滚珠轴承。端盖是电机轴和轴承的支座，同时对电机具有密封和散热作用。

二、J_5 型发电机的工作原理

J_5 型发电机属于交流感应子发电机，其基本工作原理是：当励磁绕组内通过直流电流时，电机内产生主磁通，磁力线经过定子齿→气隙→转子齿→气隙→定子齿而构成磁路。发电机工作时，转子不断旋转，通过电枢绕组的主磁通发生变化，磁通随着转子凸齿的旋转而运动，因此电枢绕组切割磁力线而产生交流感应电动势。转子旋转一周，电枢绕组的感应电动势就变化 6 周，发电机就相当于有 6 对磁极，所以该电机电势的变化频率 f 可按下式计算，即

$$f=\frac{zn}{60}\text{（Hz）}$$

式中，z 为转子凸齿数；n 为发电机的转数。

由于各电枢绕组的两有效边轮流被感应，而且极性和运动方向相同，结果每个工作绕组都感生交变电势。由于三相绕组嵌线相差 120°机械角，故发电机感生相位差互为 120°的三相对称交流电。

三、J_5型感应子发电机的工作特性

影响发电机端电压的因素有：发电机的励磁电流 $I_{激}$、发电机的转速 n 及发电机的负载电流 $I_{负}$。

转速变化时，单位时间内通过电枢绕组的磁通量也要变化。电枢绕组上有负载电流通过时，由于电枢反应，将使主磁通削弱。另外，内阻的存在还会引起内部电压降。调节励磁电流，则发电机的磁通量就发生变化，因而使发电机端电压变化。

这四个参数间的相互变化关系称为发电机的特性，如用一组曲线来表示，就得到发电机的特性曲线。

1. 空、负载特性

在图 1-11 中，使 $I_{负}=0$，令发电机转速 n 为常数，改变励磁电流 $I_{激}$，测量发电机的端电压（即电动势 E）便可得到发电机电动势随励磁电流变化的关系曲线，此曲线就是空载特性曲线，如图 1-12 所示，曲线的特点是，当 $I_{激}$ 很大时，发电机电动势明显下降，这一现象是由磁饱和现象引起的。

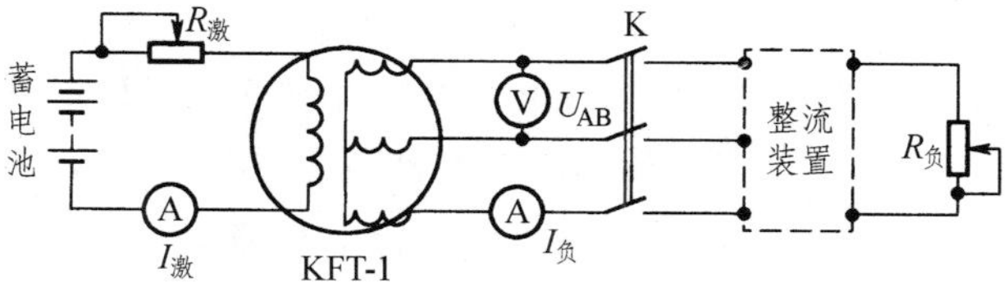

图 1-11　特性试验电路图

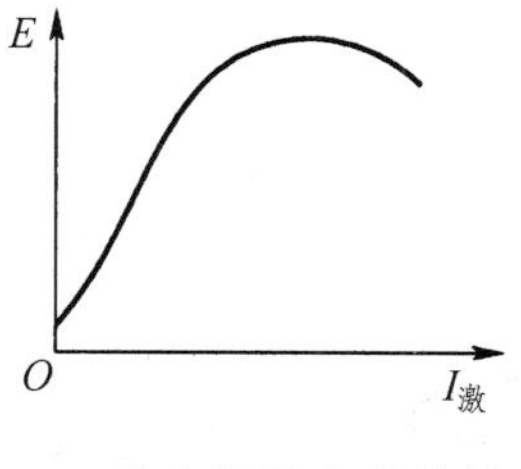

图 1-12　发电机的空载特性曲线

图 1-13 为 J_5型发电机的空、负载特性曲线。图中有两组曲线为空载曲线。这两组曲线均由上升曲线和下降曲线所组成，下边的一条为上升曲线，是随 $I_{激}$ 的逐步增加得到的；上边的一条为下降曲线，是随 $I_{激}$ 的逐渐减小得到的。这两条曲线之差异是由磁滞现象造成的。由图示的两条曲线可以看出，在 $I_{激}$ 一定的情况下，转速高时，电机端电压高；转速低时，电机端电压则比较低。当合上开关 K 并加上一定的负载后，可得到图中右边的一条电阻性的负载特性曲线。由图中可以看出，在转子转速 n 一定的条件下，当输出电压相同时，有负载比空载时所需要的励磁电流要大。

2. 外特性

发电机的外特性是指转速 n、$I_{激}$、$\cos\phi$ 均为常数的情况下，发电机端电压随负载电流而变化的关系。J_5 型感应子发电机的外特性曲线如图 1-14 所示。从图中可以看出，当负载电阻逐渐减小，负载电流逐渐上升时，发电机电压下降比较明显，这种外特性称为软特性。感应子发电机的外特性之所以比较软，主要是由于发电机的电枢反应较强和内阻压降较大造成的。

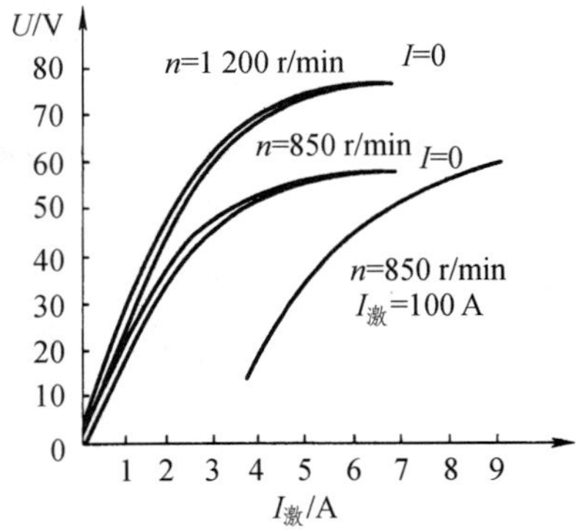

图 1-13　空、负载特性曲线

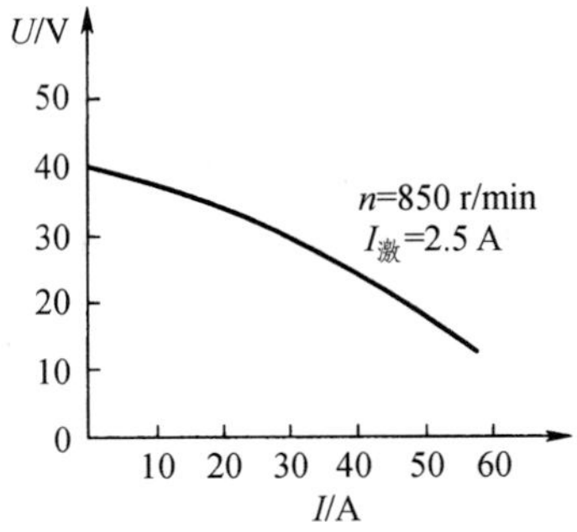

图 1-14　外特性曲线

3. 调节特性

一般发电机的调节特性曲线，是指为了保证发电机的输出电压不变，在转速等于常数的情况下，励磁电流随负载电流而变化的关系曲线。但对于轴驱式发电机，转速在运行过程中变化很大，其调节特性曲线如图 1-15 所示，它表明为保持发电机电压不变，在负载电流一定的情况下，励磁电流与转速之间的变化关系。由两条曲线比较可以清楚地看出发电机在空载高速时需要的励磁电流 $I_{激}$ 最小，在重载低速时需要的励磁电流 $I_{激}$ 最大。因此，当发电机的负载和转速在较大范围内变化时，欲将发电机电压稳定在额定值，励磁电流也必须能在较大范围内进行调节。

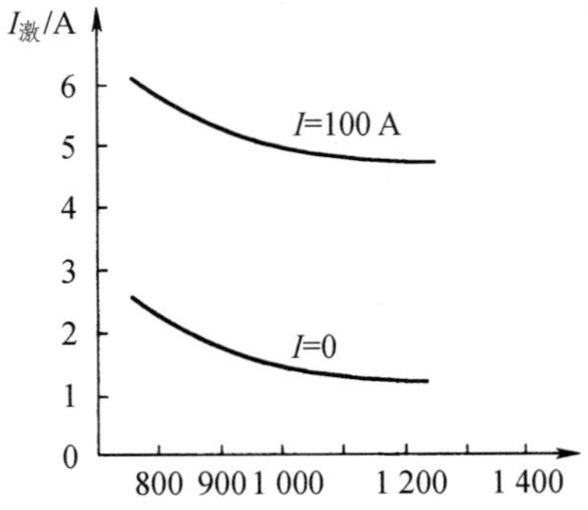

图 1-15　调节特性曲线

四、发电机传动装置

在客车车轴式供电装置中，一般以三角皮带传动，在三角皮带传动装置中，每根三角皮带都是环形无接头的，为了便于皮带的装卸，均将车轴皮带轮装在车轴端部，故又称为轴端三角皮带传动装置（J_5型发电机轴端传动装置采用标准长轴斜套型）。整个传动装置一般安装在 1 位转向架的 3 位角，该装置主要由发电机吊架、皮带拉紧装置、轴端连接装置等组成。

发电机通过吊轴悬挂在吊架上。吊架为 π 型铸钢构件，焊固于 1 位转向架的 3 位角。组焊时要求吊孔中心线与车轴中心线应平行，并要求吊架中心线与构架中心线（见图 1-16）的不平行度在 500 mm 长度内偏差量应不大于 1 mm。

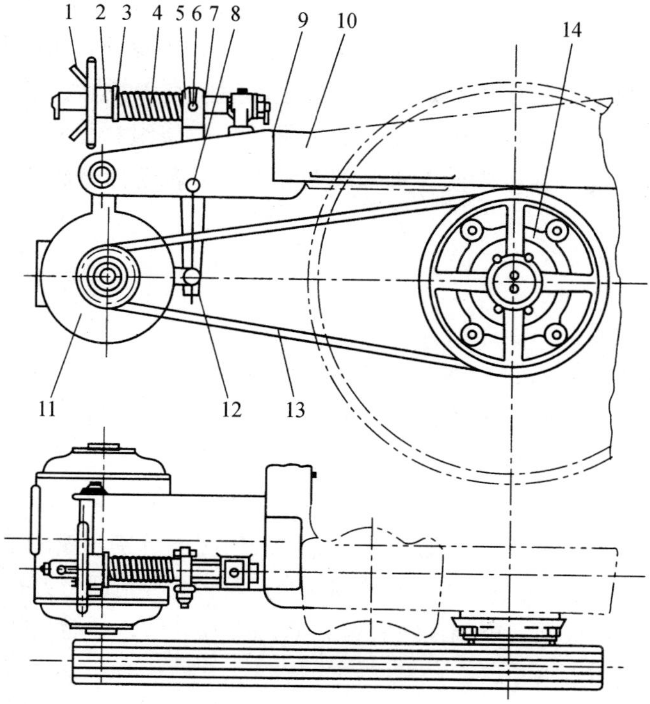

1—锁母；2—调整手轮；3—弹簧座；4—调整弹簧；5—调整杠杆；6—活动弹簧座；7—调整丝杠；8—杠杆固定销轴；9—发电机吊架；10—转向架构架；11—发电机；12—发电机滑块托；13—B 型三角皮带；14—三角皮带轮。

图 1-16　轴端三角皮带传动装置

传动装置的段修要求：

（1）RC_4、RD_4型轴端传动装置的顶套与轴承挡圈及皮带轮接触须紧密；不装皮带轮时，轴端应更换保护套并顶紧顶套；密封圈作用良好；轴端压盖及组装螺栓不得松动，防松件齐全良好；退卸套须给油。

（2）皮带轮组装前须在组合面涂变压油，组装后不得有圆周方向的移动。

（3）皮带轮裂损或因磨耗至使新皮带与槽底面间隙小于 3 mm 时更换皮带轮。

【任务实施】

1. 日常维护

（1）检查发电机转子和定子间有无摩擦，卸下皮带转动小皮带轮，听轴承的声音是否正常。每 9 个月给轴承注油一次。

（2）发电机的绝缘是否良好，各接线是否正确、牢固。

（3）发电机的悬吊装置良好，吊销磨耗不大于 1 mm，销孔间隙磨耗不大于 2 mm。

2. 定期检修

发电机做定检时应将其分解，并检查各零件是否完整齐全，吊孔或吊孔套的磨耗是否超过规定。当电枢绕组的绝缘电阻达不到规定要求时，应做浸漆烘干处理。测量三相绕组的阻值或电感量的不平衡情况，以判明线圈有无短路或接线松脱的情况。电机分解时还应注意检查前后轴承，轴承的径向间隙应不大于 0.25 mm。电机经分解检查并将不良处修理或更换损坏零件后进行组装。电机组装后应检查定子铁心的止动螺丝是否拧紧，皮带轮是否安装好，转子转动是否灵活，气隙是否符合标准（0.5 mm）；测量电枢绕组和励磁绕组与电机机壳之间以及各绕组之间的绝缘情况。在确定发电机各部安装牢固，转动部分灵活，绝缘情况良好后，就可以进行试验。

3. 发电机试验

（1）空载高低速试验。

发电机装上试验台后，以额定范围内的不同转速进行空载试验，检查发电机的机械状态是否良好。检查时，应特别注意电机定、转子间有无相互摩擦，轴承转动的声音是否正常。

（2）三相电压不平衡度检查。

令发电机采用他激方式，并在励磁回路中串接可调电阻和电流表。将发电机转速调至 850 r/min，合上励磁回路的开关，在输出额定电压的情况下分别测量发电机电压 U_{AB}、U_{BC}、U_{CA}，检查它们的不平衡度。接 DC 48 V 运用时，在正反转两种情况下，上述三个电压的差值应小于 4 V，如果电压相差很大，可能接线有错，如果没有电压，可能是励磁绕组两线圈接反。

（3）空载和负载特性试验。

令发电机采用他激方式励磁，在不同转速时，分别测出空载和满载情况下发电机的励磁电流 $I_{激}$ 和端电压 U，根据测量的结果画出特性曲线，并与状况良好的发电机空、负载特性曲线相比较，从而判定发电机的工作性能是否良好。

（4）运用试验。

将状态良好的待试电机与控制箱配套连接，进行运用试验，观察发电机的起激、调压和承载情况，最后带上额定负载运行一段时间，当电机温度达到稳定状态后，停车检查电机的温升（用点温计或水银温度计测量时，温升不大于 80 °C）。

任务 4　KP-2A 型控制箱更换修

【任务陈述】

本任务为 KP-2A 型控制箱更换修。维修人员按照维修手册的规范程序进行更换修，确认新控制箱状态良好，拆除旧控制箱（切断控制箱车辆电源，拆除接线端子），安装新控制箱，测试（包括静态测量、J_5发电机拖动试验），恢复本车状态（包括安装电机皮带，连接电力连接线等）。在工作过程中，应遵循现场工作管理规范。

KP-2A 型控制箱原理

【知识准备】

由感应子发电机的特性可知，要维持输出电压不变，必须使励磁电流随负载增减和转速的改变而改变，以达到自动控制发电机端电压的目的。KP-2A 型控制箱就是和 J_5 型发电机配套使用的一种自动控制装置。其型号的含义是：K 表示客车用；P 表示配电箱，即控制箱；2 为设计序号；A 为第一次改进设计。

一、KP-2A 型控制箱的组成及原理方框图

KP-2A 型控制箱由 7 个回路组成，即主整流回路、励磁回路、测量回路、触发器回路、限流充电回路、起激回路、过压保护回路。其原理框图如图 1-17 所示，电气原理如图 1-18 所示。

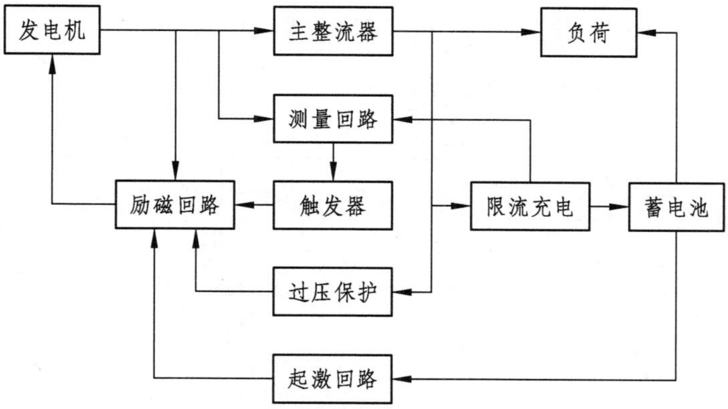

图 1-17　KP-2A 型控制箱原理框图

其工作过程概括如下：

发电机由车轴驱动后，利用助磁开始发电，发电机输出电压的高低，由测量回路测量并输出一个相应的锯齿波电压，锯齿波电压与基准电压比较后，触发器回路根据此电压信号，在一个周期中提前或错后向可控硅提供控制极电流，使可控硅的控制角得到改变。这样，励磁回路输出的励磁电流便得到了调整，从而保证了发电机在干扰因素（转速 n 和负载电流 $I_{负}$）作用下的输出电压保持恒定。

二、KP-2A 型控制箱的主要技术参数（见表 1-3）

表 1-3　KP-2A 型控制箱的主要技术参数

项目	三相交流输入线电压/V	输出直流电压/V	输出直流电流/A	最大充电电流/A	过压保护整定值/V	交流电频率/Hz
参数	44	58±2	85	40±5	64±10	85～370

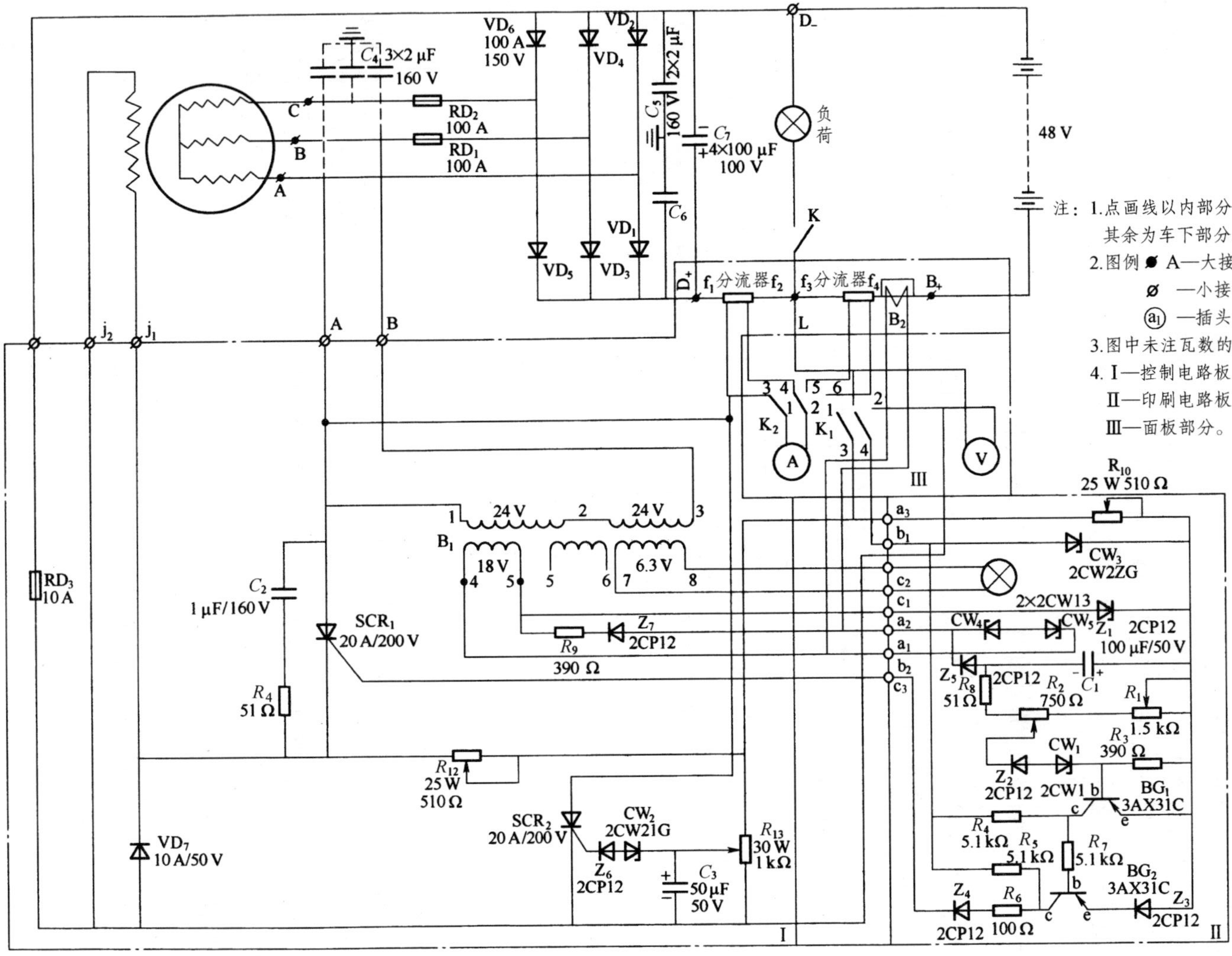

注：1.点画线以内部分为车上部分，其余为车下部分。

2.图例 ● A—大接线桩头；

ø —小接线桩头；

ⓐ₁ —插头座接线端。

3.图中未注瓦数的电阻为$\frac{1}{4}$W。

4. Ⅰ—控制电路板；

Ⅱ—印刷电路板；

Ⅲ—面板部分。

图 1-18　KP-2A 型控制箱电气原理

三、各回路作用原理

1. 主整流回路

主整流回路原理如图 1-19 所示。

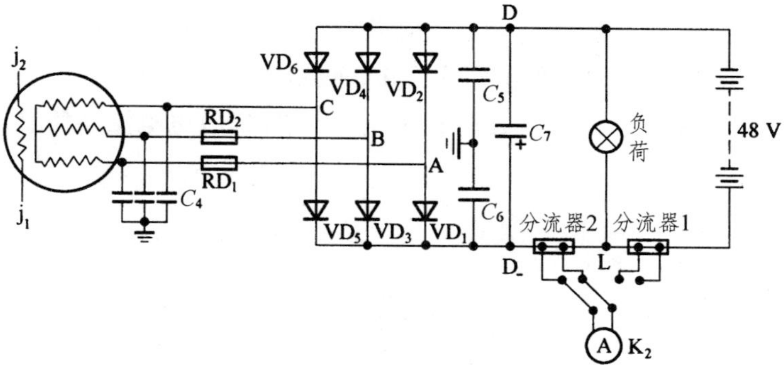

图 1-19　主整流回路

主整流回路的作用是，将发电机输出的三相交流电变换成脉动直流电供给车上负载并向蓄电池充电。

回路中主要元件的作用为：$VD_1 \sim VD_6$ 构成三相桥式整流电路；任意一只二极管在交流电一个周期中只导通 1/3 周期。C_4 为三只星形连接的纸介电容，装在发电机的接线盒内，它是交流侧高频滤波器，用以改善交流电压波形并消除高次谐波；C_5、C_6 为直流侧高频滤波器，用来改进直流脉动波形，消除高次谐波，减少对列车广播的干扰；C_7 为平滑滤波器，可使直流输出更加平稳。

2. 励磁回路

励磁回路原理如图 1-20 所示。

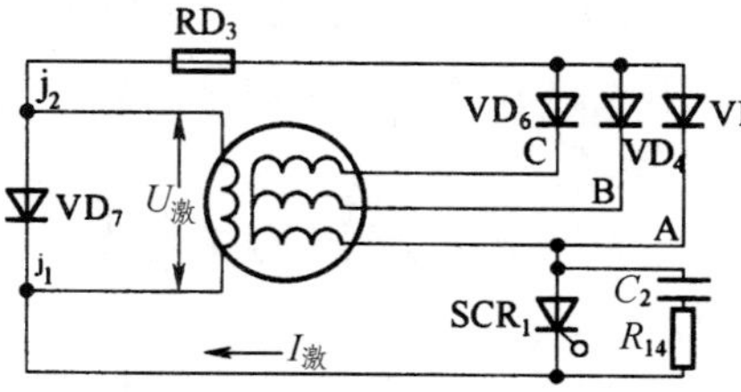

图 1-20　励磁回路原理

励磁回路就是在发电机自激发电后向发电机提供励磁电流的回路。

其电流通路：从发电机 A 相引出经 SCR_1→励磁绕组→RD_3→VD_4 或 VD_6→发电机 B 相或 C 相，形成闭合回路。

励磁回路主要元件的作用如下：

（1）SCR_1：励磁电流自动调节器执行元件。当可控硅 SCR_1 的外加电压过零时，SCR_1 截止，直至再次被触发才进入导通状态。导通时间的长短可以引入控制角和导通角的概念来解释，即在有正向电压的情况下，可控硅 SCR_1 不导通的范围（相位角）称为控制角，导通的范围（相位角）称为导通角。

可以看出，改变可控硅 SCR_1 的控制角（或导通角）就可以改变励磁电压的大小，励磁电流也相应变化，进而达到调压的目的。

（2）VD_4、VD_6、SCR_1：构成二相式整流电路。

（3）VD_7：续流二极管，一是给 $I_{激}$ 的绕组在 $I_{激}$ 下降时所产生的自感电动势提供放电回路，使 SCR_1 在 $U_{激}$ 过零点时能可靠关断；二是构成能量释放回路，使 $I_{激}$ 在感应电动势的作用下经 VD_7 继续流动，从而使 $I_{激}$ 变得更加平稳，发电机端电压波形得以改善。

（4）C_2、R_{14}：是 SCR_1 的阻容保护回路，并能限制 SCR_1 的电压上升，防止其误导通。C_2 能吸收电压高波，防止突升电压击穿 SCR_1；R_{14} 是为限制 C_2 放电电流并耗散其能量而设定的。

3. 测量回路

测量回路原理如图 1-21 所示。

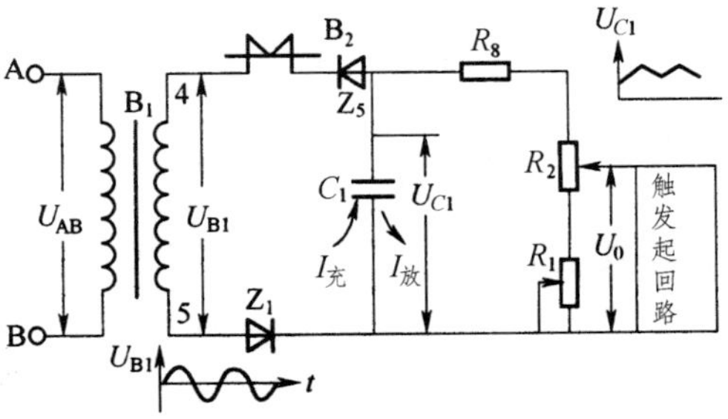

图 1-21　测量回路原理

测量回路的作用是测量发电机输出电压的高低，并输出相应的锯齿波电压信号送给电压比较回路。

测量回路主要元件的作用如下：

（1）B_1：测量变电压。

（2）Z_1：把测量变压器输出的电流整流成单相半波直流电并向 RC 电路供电。

（3）C_1、R_1、R_2、R_8：构成锯齿波电压发生器，即 RC 回路，输出锯齿波电压信号。

（4）R_1：振荡调节电位器，用来调节 C_1 的放电时间，以改变锯齿波电压的波形，提高控制箱的调压精度和消除发电机电压振荡。

（5）R_2：电压调节电位器，用来调节触发器，改变锯齿波电压的高低，以决定触发器的工作状态。

（6）R_8：是防止 R_2 调到低电位端后，过大地增加 CW_1 两端电压，避免 BG_1 承受过大的 U_{eb}。

（7）Z_5：起隔离作用。

4. 触发器回路

触发器回路原理如图 1-22 所示。

触发器回路根据电压比较电路中分压与稳压的比值来控制三极管开关电路，从而改变发电机励磁回路中可控硅的导通角，使之调节励磁电流，恒定端电压。触发器回路的电路组成如下：

（1）稳压电路：由 R_{10} 和 CW_3 组成，为触发器提供一个稳定的电源电压。

（2）取样比较电路：由 CW_1、Z_2、R_3 串联组成，用以控制 BG_1 的工作状态。

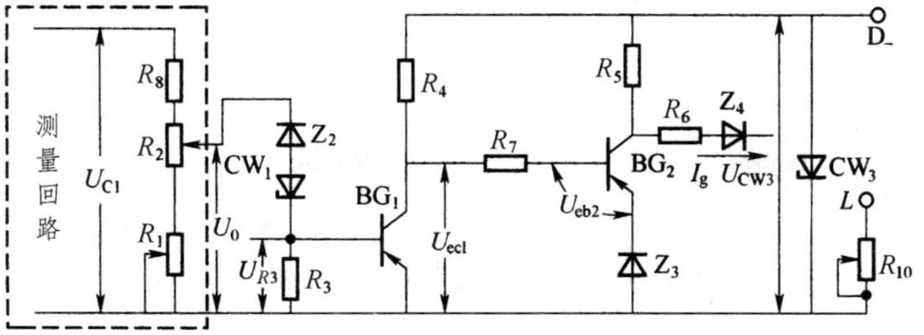

图 1-22　触发器回路电路图

（3）共发射极开关电路：主要由 BG_1、BG_2 组成，其作用是根据 $U_{锯}$ 的变化相应改变 SCR_1 输出触发信号的时间。

触发器回路主要元件的作用如下：

（1）CW_1：在电路中起电压比较作用。

（2）BG_1、BG_2：在电路中起开关作用。

（3）Z_3：保证在 BG_1 导通时，BG_2 能可靠截止。

（4）Z_2：CW_1 的温度补偿二极管。

（5）R_3：CW_1 的限流电阻，并具有提高 BG_1 的 e 与 c 极间耐压性能。

5. 限流充电回路

限流充电回路原理如图 1-23 所示。

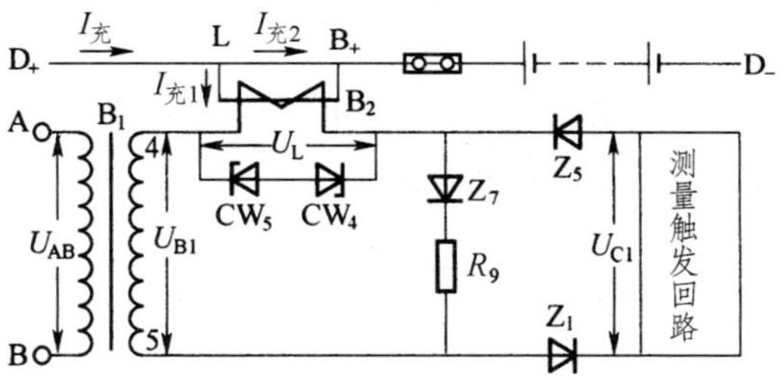

图 1-23　限流充电回路原理

当蓄电池组的充电电流过大时，该回路将发出信号以改变锯齿波电压，使触发回路进一步控制可控硅的导通，降低发电机输出功率，将充电电流限制在一定范围内。限流充电回路主要元件的作用如下：

（1）B_2：直流互感器，在其控制绕组 W_1 的充电电流 $I_{充}$ 的作用下，通过铁心磁导率的变化而改变交流工作绕组 W_2 的感抗大小，进而改变测量回路输出锯齿波电压的高低以实现控制充电电流的目的。

（2）CW_4、CW_5：保持 B_2 的 W_2 两端端电压稳定，并防止充电电流过小时，W_2 两端电压的升高而导致发电机电压的上升。

（3）Z_7：在电路中起隔离作用，防止 B_1 的 5 端为正时，电流经 B_2 的 W_2 直接回到 B_1 的 4 端，造成测量回路无输入。同时，它与 R_9 共同构成（B_1 的 4 端为正时）控制半周的电流通路。

（4）R_9：是 B_2 的 W_2、CW_4、CW_5 及 Z_7 的限流电阻。

6. 起激回路

起激回路原理如图 1-24 所示。

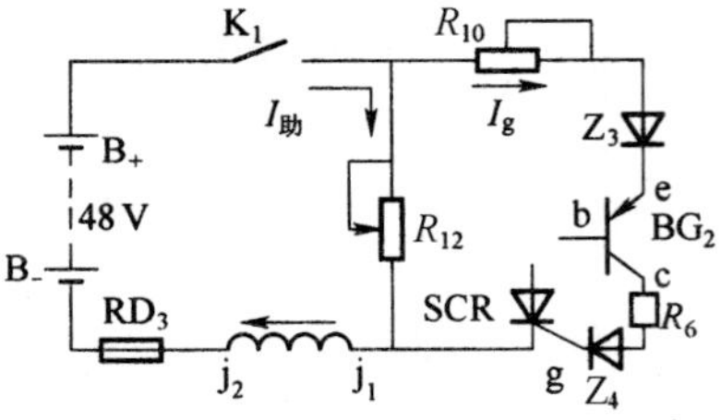

图 1-24 起激回路电路图

当发电机剩磁极小甚至消失时，由蓄电池向发电机励磁绕组提供助磁电流，使发电机能在低速下尽快自激发电。KP-2A 型控制箱输出的起激电流由两路提供：一路由 R_{12} 抽头提供约 100 mA；另一路由触发回路经 SCR_1 提供为 60 ~ 70 mA（因停车时 BG_2 导通）。

7. 过压保护回路

过压保护回路原理如图 1-25 所示。

过压保护回路的作用是当发电机失控造成电压过高时，自动切断励磁回路，使发电机停止供电，以保护发电机及用电器。过压保护回路主要元件的作用如下：

（1）SCR_2：过压保护回路的执行开关元件。

（2）R_{13}：过压保护回路的取样电阻。

（3）CW_2：电路的电压比较元件。

（4）Z_6：防止 SCR_1 控制极承受反向电压，同时又是 CW_2 的温度补偿二极管。

（5）C_3：防止过压保护回路过敏性的误动作。

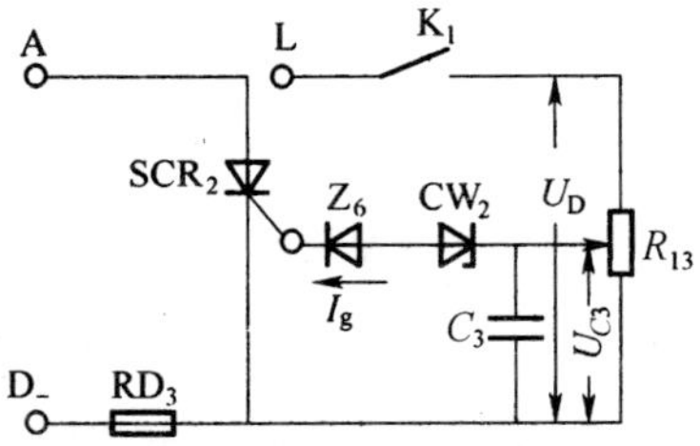

图 1-25 过压保护回路电路图

四、KP-2A 箱的综合工作过程

1. 停车时

蓄电池经控制箱的分流器（检测放电量）给负载供电，并向发电机励磁绕组 $W_{激}$ 输出 170 mA 左右的起激电流以提高磁场强度，便于开车后提前自激发电。

2. 自激发电

由于发电机内有剩磁和助磁电流共同建立的单方向磁场，所以当转子在外力带动下开始旋转时即引起电枢绕组 $W_{工}$ 周围磁通密度的变化，$W_{工}$ 上就产生感应电动势并建立电压。随着转速的提高，电压上升，当感应电压超过励磁电路各元件的压降之和时，就有电流 $I_{激}$ 经可控硅进入 $W_{激}$，于是磁场继续增强，$W_{工}$ 中产生的自感电流增大，自激过程开始（500 r/min）。随着转速的提高，电压的上升，$I_{激}$ 增大，磁场增强，发电机端电压继续上升，如此循环，发电机端电压将很快上升到整定值而进入调压阶段（850 r/min 以上）。

3. 正常供电

随着发电机端电压 $U_{线}$ 的上升，当经整流器整流后的直流整定电压 U_{dc} 大于蓄电池电压后，即可由发电机经整流器向负载供电，并向蓄电池充电。

4. 恒压控制

当车速或负载电流发生变化时，将引起 $U_{线}$ 变化，在 $U_{线}$ 上升时，励磁调节器将发生下列动作：$U_{线}\uparrow\rightarrow U_{B1}\uparrow\rightarrow U_{C1}\uparrow\rightarrow U_0\uparrow\rightarrow$ BG_1 导通时间↑→ BG_2 导通时间↓→ SCR_1 导通时间↓→ $I_{激}\downarrow\rightarrow U_{线}\downarrow$，电压回到整定值。

在 $U_{线}$ 下降时：$U_{线}\downarrow\rightarrow U_{B1}\downarrow\rightarrow U_{C1}\downarrow\rightarrow U_0\downarrow\rightarrow$ BG_1 导通时间↓→ BG_2 导通时间↑→ SCR_1 导通时间↑→ $I_{激}\uparrow\rightarrow U_{线}\uparrow$，电压回到整定值。

5. 限流充电作用

当充电电流 $I_{充}$ 达到整定值 40 A 左右时，限流充电回路及励磁调节器将发生下列动作：$I_{充}\uparrow\rightarrow I_{充1}\uparrow\rightarrow$ B_2 铁心磁饱和，磁导率 $\mu\downarrow\rightarrow$ B_2 的感抗 $X_L\downarrow\rightarrow U_L\downarrow\rightarrow U_{C1}\uparrow\rightarrow U_0\uparrow\rightarrow$ BG_1 导通时间↑→ BG_2 和 SCR_1 导通时间↓→ $I_{激}\downarrow\rightarrow U_{线}\downarrow\rightarrow I_{充}\downarrow$，电流回到整定值。当蓄电池的 $I_{充}$ 逐渐减少时，$U_{线}$ 将随着 $I_{充}$ 的减少而升回整定值。

6. 过压保护作用

当电机因某种故障造成电压失控，直流输出电压 U_{dc} 上升到过压保护回路动作值（63±1）V 时，过压保护回路将发生下列动作：$U_{dc}\uparrow\rightarrow R_{13}$ 抽头分压↑→ $U_{CW2}\uparrow\rightarrow$ CW_2 击穿导通→ SCR_2 导通→ RD_3 熔断→发电机停止发电。这时本车由其他并联母车供电，直到排除故障，重新装好保险 RD_3 后发电机才能恢复发电。

五、KP-2A 控制箱五大部分连接

KP-2A 控制箱五大部分连接如图 1-26 所示。发电机三相线 A、B、C 引入整流箱，整流箱输出正线 D_+ 与控制箱 D_+ 相接。蓄电池正极与控制箱 B_+ 相接，正线 L 则从控制箱引接到配电盘主回路开关的上方。整流箱输出 D_- 端接于车下负主干线，并将 D_- 引入车上配电盘，再由配电盘将 D_- 引入控制箱，以沟通回路。电机 A、B 两相接入上部控制箱，供励磁及测量之用。控制箱上的 j_1、j_2 与发电机 j_1、j_2 相接。

为防止连线错接，在各接线端都打有明显标记，如在励磁线组两线上就打有 j_1、j_2 字样。

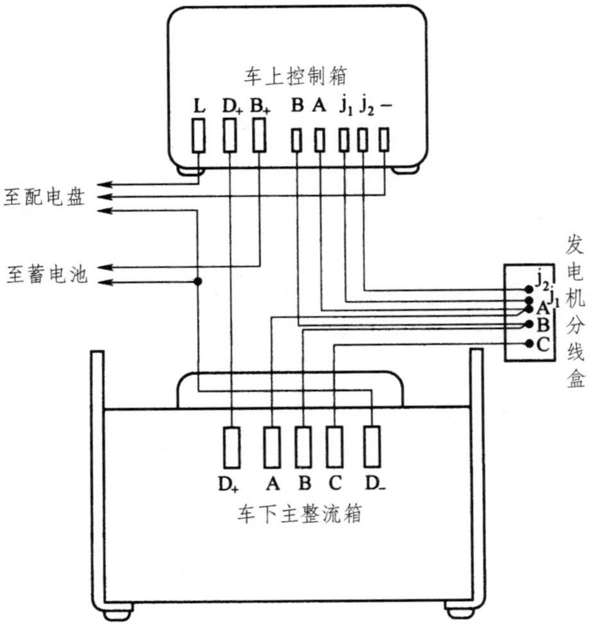

图 1-26　控制箱接线

【任务实施】

更换控制箱作业指导书	
作业步骤及质量标准	图示
1. 工长接到值班员作业通知后，组织作业人员做好更换控制箱准备	
（1）设置防护信号	
到号志值班室刷卡上脱，并用对讲机通知值班室作业班组、作业股道等信息，然后通知班组到作业股道作业。 ▲ ① 脱轨器设置在来车方向的左侧。 ② 脱轨器表面为有反光材料的红色警示牌，夜间还须同时设置频闪红色灯光	

续表

作业步骤及质量标准	图示
（2）作业准备	
红旗（红灯）、电机拖车、钢丝刷、毛刷、活扳手、手电筒、对讲机、“车统-15”、万用表、兆欧表、电钳工具、常用工具等	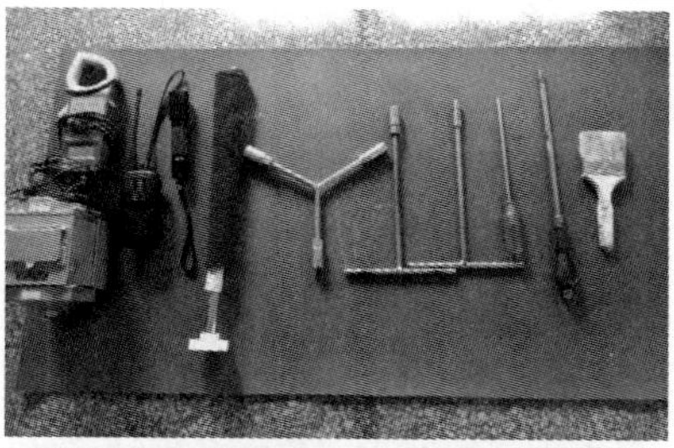 
（3）新控制箱确认与运输	
① 确认控制箱状态良好。 ▲ a. 箱体内外及部件清洁。箱体前盖及合页破损变形须修整，脱漆处除锈补原色漆。门锁良好。 b. 盘面的指示灯、开关及指示牌齐全完好，电流表、电压表计量有效期应能使用到临近修程。 c. PCB 板铜箔无翘脱、腐蚀，各元器件无脱焊、虚焊、损坏。 d. 配线（线束）无老化；端子线标套管清晰齐全；接插件完好，插针、插孔无锈蚀；控制面板至元器件安装底板的线束须加防护	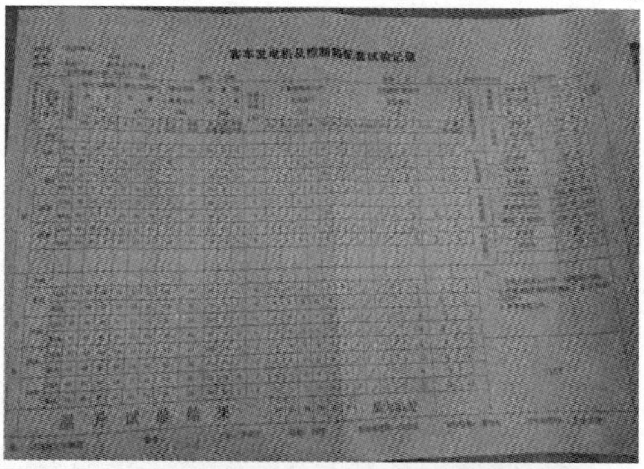 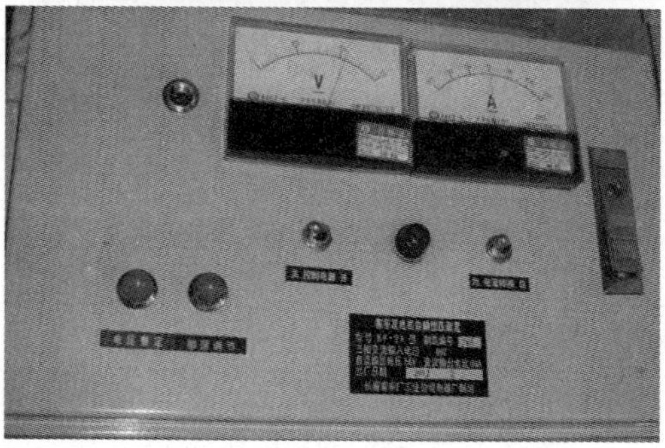
②使用电瓶车或三轮车将控制箱及工具配件运送至故障车作业地点。 ▲ a. 运送期间，须减速慢行，避免磕碰对控制箱各部件造成损伤。 b. 使用卷尺，测量控制箱安装孔距与车辆安装座、孔是否匹配	

作业步骤及质量标准	图示
2. 拆除旧控制箱	
（1）切断控制箱车辆电源	
① 摘除车辆两端的电力连接线	
② 拆除本车蓄电池保险，确保本车配线电源切除	
（2）拆除接线端子	
打开控制箱面板，依次拆除 L、D+、B+、B、A、J_2、J_1、-接线端子。 ■ 接线端子拆除后须使用绝缘胶布包扎牢固，并标记线标	
（3）用套筒及扳手拆下控制箱安装螺栓，取下控制箱	
3. 安装新控制箱	
（1）安装控制箱固定螺栓。 ▲ 确认螺栓紧固后涂打防松标记	
（2）打开整流箱盖板依次将 L、D+、B+、B、A、J_2、J_1、-接线端子安装紧固。 ▲ 确认各接线端子螺栓紧固后涂打防松标识。 控制箱下方引线口处须安装有防火板	

作业步骤及质量标准	图示
（3）将 KP-2A 控制箱盖板盖紧，并将控制箱箱门锁锁闭	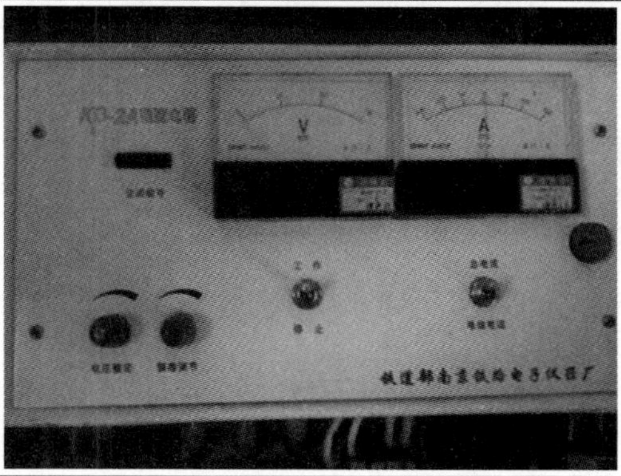
4. 测试	
（1）静态测量。 ▲ ① 将拆除的蓄电池保险恢复。 ② 开启控制箱 K_1 开关后，用指针万用表测量 J_1 与 J_2 间直流励磁电压，电压值在 0.3～0.6 V。 ③ 测量漏电情况。用 48 V 试灯分别测量 B+对地（壳体接地线）、负线对地，测试灯丝是否不亮	
（2）J_5 发电机拖动试验。 ▲ 将 J_5 发电机拖动试验电机的皮带安装在 J_5 发电机皮带轮和拖动试验电机皮带轮上。开启 J_5 发电机拖动试验电机，检查整定电压、电流是否符合要求（发电机转速调整为 1 500 r/min 运转，当充电电流降低到 10±2 A 范围时，调整电压整定电位器，整定值为 59±1 V）	 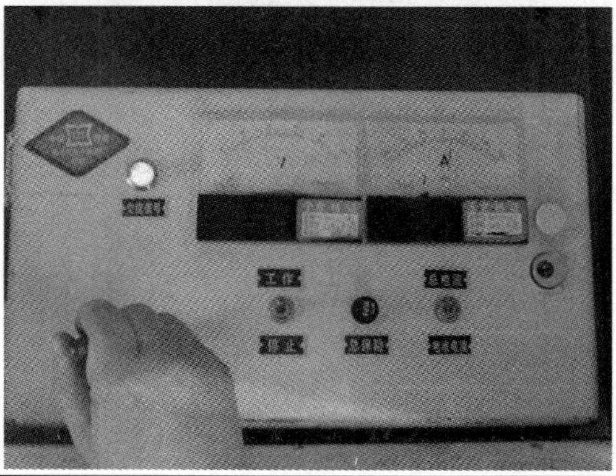

作业步骤及质量标准	图示
5. 恢复本车状态	
（1）安装电机皮带。 ▲ 紧固手轮、防松螺母将电机调整至合适位置，确保电机皮带安装紧固，拉紧后皮带中部下压值为 8～12 mm（压力为 49～68 N）	
（2）连接两端 DC 48 V 电力连接线	
6. 清理工作场地，整理工具，切断电源	
▲ 收集作业过程中更换的废旧材料、配件，清理工作场地，做到“工完、料净、场地清”	
7. 撤除防护信号	
作业完毕后到号志值班室刷卡下脱，并通知值班室作业完毕班组、股道。 ★ 确认作业完毕，撤除防护信号	

项目2

25G、25K型客车电气系统检修

【学习目标】

知识点：

1. 电源控制柜与照明控制柜工作原理；
2. 统型应急电源概况与整流器；
3. 统型应急电源充电机工作原理；
4. 统型应急电源应急控制系统。

技能点：

1. 电源控制柜与照明控制柜静态、动态技术检查；
2. AC 380 V 快速客车应急电源静态、动态技术检查；
3. 统型应急电源的故障与维修；
4. 分解组装 KC20 型电力连接器。

【内容概述】

早期制造目前仍在运用中的 25G、25K 型空调客车均采用集中供电方式，通过车端电力连接器和车下主干线，将发电车的电源传输到列车中的各辆客车。双路主干线供电采用 AC 380 V/220 V，频率 50 Hz 三相四线制供电模式，每车应急电源箱与蓄电池共同构成本车直流 DC 48 V 供电系统。

25G、25K 型空调客车电气装置基本相同，按电气装置在车辆上的不同位置，可分为车底电气装置，如敷设于内绝缘线管的两路供电干线与接线箱、轴报传感器及其配线、防滑速度传感器与防滑阀及其配线、蓄电池及其配线；车端电气装置，如 KC20A 电力连接器、KTL-15G 集控连接器、播音连接器、车端的 1 位和 4 位各设一个尾灯插座；车内电气装置与控制系统，主要包括照明系统、播音系统的主干线和分支线等，还包括照明、轴报控制单元、电源控制单元、应急电源和空调控制单元等。

任务 1　电源控制柜与照明控制柜检修

【任务陈述】

（1）进行电源控制柜与照明控制柜静态技术检查。维修人员按照维修手册的规范程序进行检查，包括：检查电源控制柜与照明控制柜外观；检查转换开关、按钮、表示灯；检查柜内电气状态；检查示标牌、图纸；检查柜内配线。

（2）进行电源控制柜与照明控制柜动态技术检查。维修人员按照维修手册的规范程序进行检查，包括：接通外接电源；接通照明配电柜电源；试验转换开关；断开照明配电柜电源；断开外接电源。检查完后填写维修工单交付检验。工作过程中，应遵循现场工作管理规范。

【知识准备】

一、电源控制柜

电源控制柜

客车电源控制柜的主要作用是对来自发电车的Ⅰ路和Ⅱ路供电进行选择，并分配输出交流电供空调控制柜、应急电源箱、照明控制箱、电热、电开水炉、排风扇、电插座等用电负载使用。具有过载、短路、机械互锁保护以及电流和电压指示功能。为防止短路，输入切换采用 KM1、KM2 主接触器辅助触头互锁和 KA1 转换开关互锁，同时对两路输入分别加入空气开关加以隔离和保护。电源控制柜主回路电源为三相交流 380 V/50 Hz，控制回路电源为单相交流 220 V/50 Hz，其组成与原理（长春轨道客车股份有限公司 YZ_{25K} 型客车）如图 2-1 所示，柜内各主要电气元件的型号规格见表 2-1。

使用时按以下方法操作：

（1）闭合空气开关 Q1、Q2，将Ⅰ、Ⅱ路供电选择开关 KA1 置Ⅰ路供电位或Ⅱ路供电位。Ⅰ路供电时，接触器 KM1 得电吸合，指示灯 HL1 点亮；Ⅱ路供电时，接触器 KM2 得电吸合，指示灯 HL2 点亮。

（2）当选择Ⅰ或Ⅱ路供电时，将电压测量选择开关 KA2 打到相应位置，可实现对Ⅰ路或Ⅱ路的电压测量。

（3）闭合空气开关 Q3，Ⅰ路电热器工作；闭合空气开关 Q4，Ⅱ路电热器工作，Q3、Q4 同时闭合，Ⅰ、Ⅱ路电热器同时工作。配属北方路局的客车另外增加了一路电热器即Ⅲ路电热器，闭合空气开关 Q9，Ⅲ路电热器工作。

（4）闭合空气开关 Q5，排风机工作；闭合空气开关 Q6，给应急电源提供交流电源；闭合空气开关 Q7，向开水炉供电。

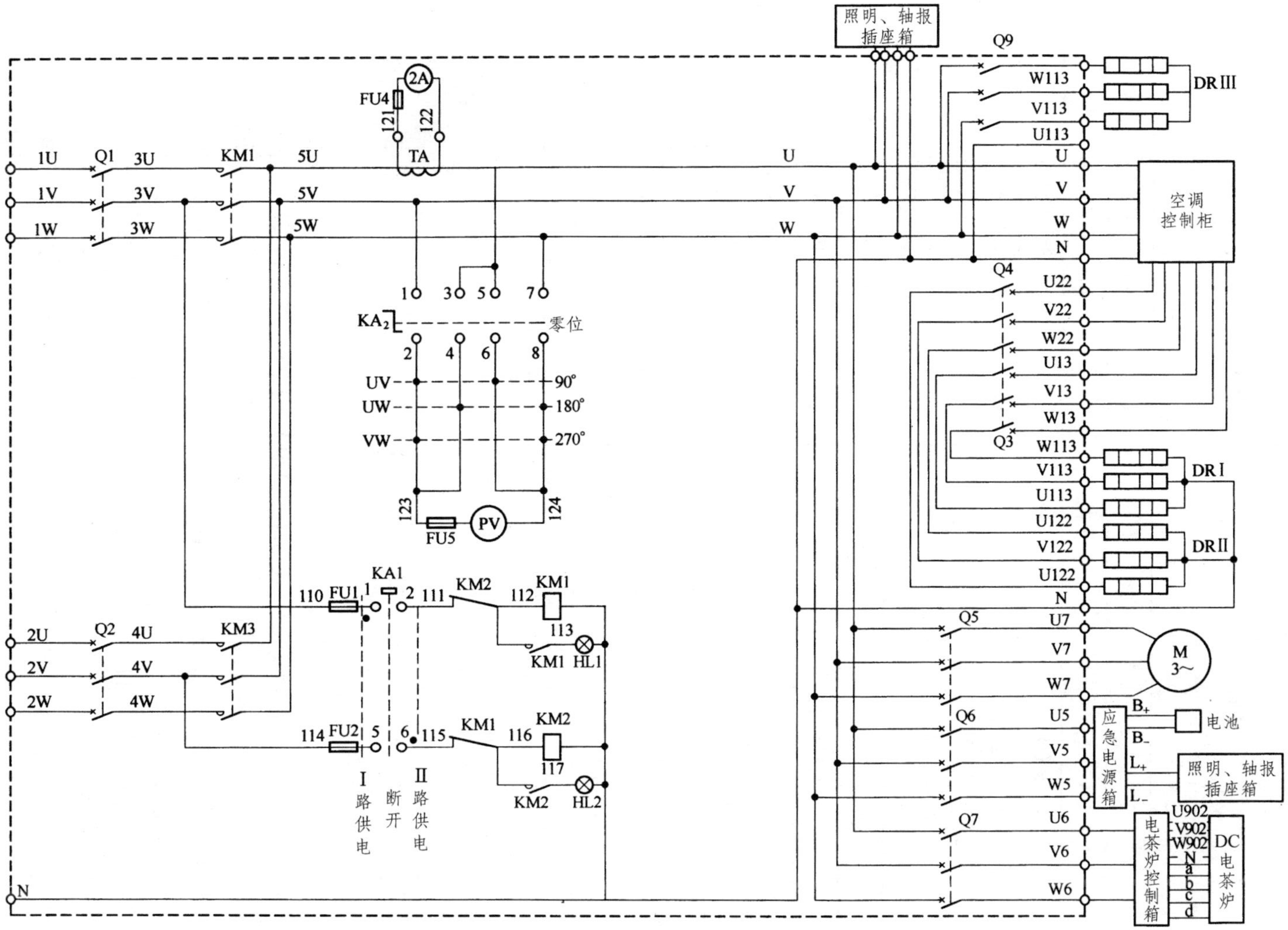

图 2-1　电源控制柜原理图

表 2-1　电源控制柜主要电气元件的型号和规格

顺号	代号	名称	数量	型号规格	备注
1	KA1	万能转换开关	1	LW12	
2	KA2	万能转换开关	1	LW12	
3	PA	交流电流表	1	441-A　0-100 A	
4	PV	交流电压表	1	441-V　0-100 V	
5	TA	电流互感器	1	1N1-05　100/5 A	
6	KM1、KM2	交流接触器	2	3TF50　AC 220 V	无水 213 厂
7	FU1、FU2、FU4、FU5	熔断器	4	熔断体 1 A　RT18 型	
8	HL1、HL2	指示灯	2	AD11，220 V	绿色
9	Q9	空气开关	1	C45N3P　25 A	
10	Q1、Q2	空气开关	2	NC100H3P　100 A	
11	Q3、Q4	空气开关	2	C45N3P　16 A	
12	Q5	空气开关	1	C45AD3P　1 A	
13	Q6	空气开关	1	C45N3P　10 A	
14	Q7	空气开关	1	C45N3P　16 A	
15	DC	电开水炉	1	5 kW	
16	DRⅠ、DRⅡ	客室电热器Ⅰ、Ⅱ		各 6.05 kW	
17	M	排风异步电动机	1	90 W	

二、照明控制柜

照明控制柜

长春轨道客车股份有限公司生产的 YZ_{25K} 型客车，其照明控制柜的组成与原理如图 2-2 所示，主要电气元件的型号和规格见表 2-2。

照明控制箱电路主要包括交流（AC 380 V/220 V）照明、温水箱用电负载电路和直流 DC 48 V 轴报、水位检测、显示屏等用电负载电路两大部分。操作与控制原理如下：

（1）照明电路。闭合空气开关 Q1，三相干线有电，电源指示灯 H1 亮。照明转换开关 KA 置断开位，照明灯无电熄灭；KA 置半灯 1 位时，交流接触器 KM1 及应急电路接通，通过台、走廊、乘务员室、配电室、洗脸间、厕所等处灯亮，客室 8 盏 40 W 荧光灯亮，本工作位适于深夜行车使用；KA 置半灯 2 位时，交流接触器 KM1、KM2 及应急电路接通，通过台、走廊、乘务员室、配电室、洗脸室、厕所等处灯亮，客室 14 盏 40 W 荧光灯亮；KA 置全灯位时，KM1、KM2、KM3 及应急电路都接通，全部照明灯亮，本位适于夜间正常照明使用。当正常照明电源有故障间断供电，且非白天运行（这时照明转换开关 KA 不在断开位）时，应急照明灯保持继续点亮，以保持客室最低照明。

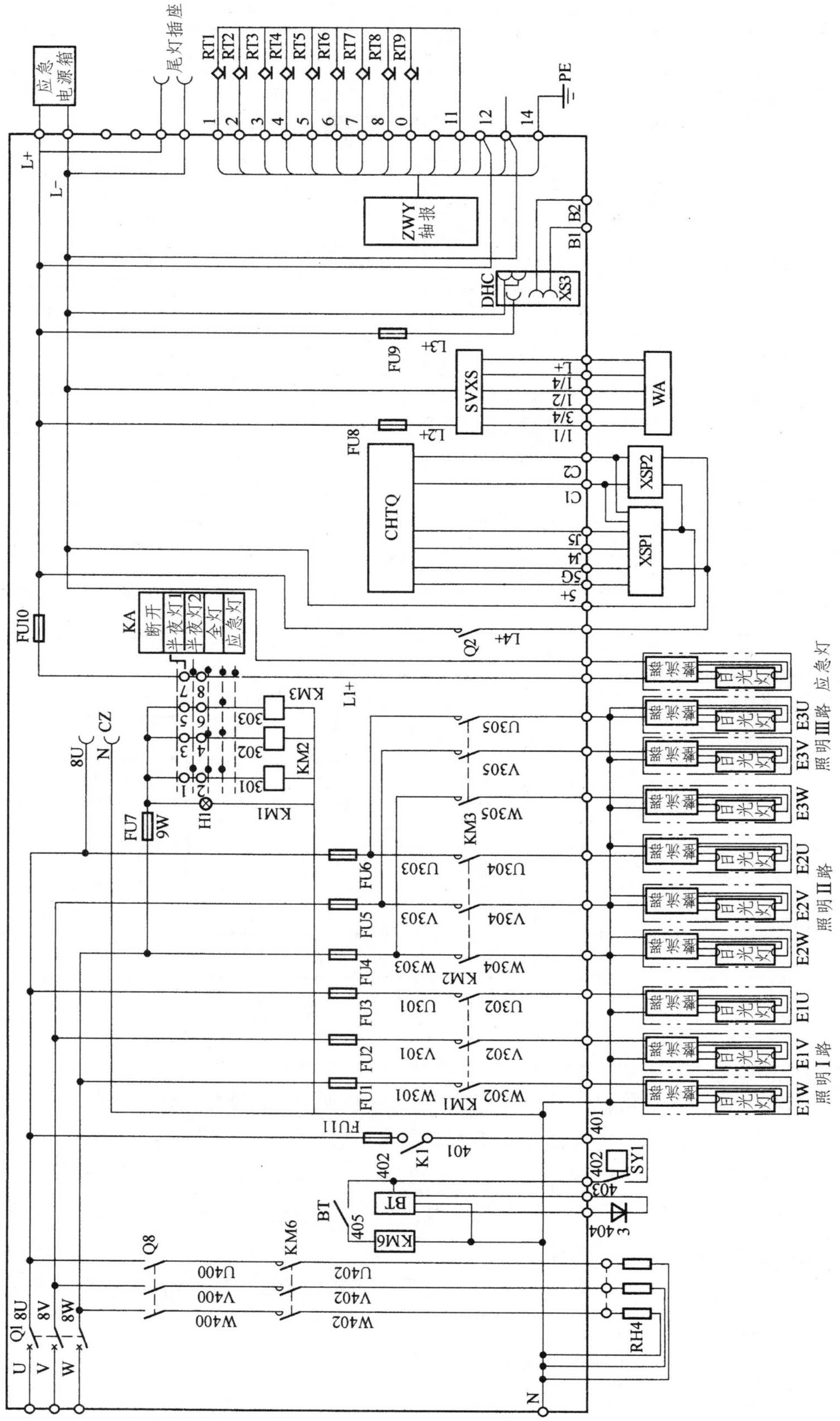

图 2-2 照明控制箱原理图

表 2-2　照明控制箱主要电气元件的型号和规格

顺号	代号	名称	型号	数量	备注
1	KM1、KM2、KM3	交流接触器	LC1-LC12	3	
2	Q1	自动空气开关	C45N-3P（16 A）	1	
3	Q2	自动空气开关	C45N-C-1P（3 A）	1	
4	BT	温水器温度调节器		1	
5	FU1～FU9	保险器	RT18 系列（3 A）	10	
6	B	温度传感器		1	与 BT 配套
7	KA	照明控制开关	LW12 系列	1	
8	HL1	指示灯	AD11	1	绿色
9	SVXS	水位检测装置		1	
10	Q8	空气开关	C45N3P（3A）	1	
11	KM6	交流接触器 3TF50	AC 220 V	1	
12	ZWY	轴温报警器		1	
13	RI1～RI9	感温头		9	
14	CZ	单相插座		1	
15	RH4	温水电热元件	共 900 W	3	
16	DHC	电话插座		1	
17	XSR1	1 位端信息显示屏		1	
18	XSP2	2 位端信息显示屏		1	
19	CHTQ	车厢号调节器		1	
20	K1	钮子开关	KN3-3	1	
21	SY1	液位继电器	JYF-01	1	
22	FU11	熔断器	熔断体 1 A　RT18 型	1	
23	FU10	熔断器	熔断体 10 A　RT18 型	1	

（2）温水箱电路。主电路由空气开关 Q8、交流接触 KM6 主触点和温水电热元件 RH4 组成；控制电路由钮子开关 K1、液位继电器 SY1、温水箱温度调节器 BT 和接触器 KM6（线圈）组成。当温水箱内有水时，水位开关 SY1 闭合。在水温低于设定值时，温控器 BT 触头闭合。此时，闭合 Q8、K1，KM6 线圈得电，其常开触头闭合，电热元件 RH4 得电工作，温水箱开始加热。调节温控器 BT 可设置水温。

（3）直流负载电路。由应急电源箱供电。闭合空气开关 Q2，显示屏得电工作，其他直流负载均直接连在直流主电路上。

（4）各用电负载均设有过载或短路保护。

【任务实施】

电源控制柜与照明控制柜静态技术检查指导书	
作业步骤及质量标准	图示
1. 外观检查	
▲ 照明配电柜配件齐全，安装牢固，作用良好。盘内外部清洁	
2. 检查转换开关、按钮、表示灯	
▲转换开关、按钮、表示灯安装紧固，作用良好，无破损	
3. 检查柜内电器状态	
柜内电器配件齐全，作用良好，安装牢固。笼式端子压接牢固可靠	
4. 检查示标牌、图纸	
▲ 指示标牌、图纸清晰、齐全、正确	
5. 检查柜内配线	
▲（1）配线线号清晰、排列整齐；绝缘层良好，无老化、烧损，引线口有护套；接地线齐全，接地标记清晰，线槽完整，各部接线牢固。（2）出线口胶圈良好，无破损	

电源控制柜与照明控制柜动态技术检查指导书

作业步骤及质量标准	图示
1. 接通外接电源	
▲ 控制正确，供电良好	
2. 接通照明配电柜电源	
▲ 控制正确，作用良好	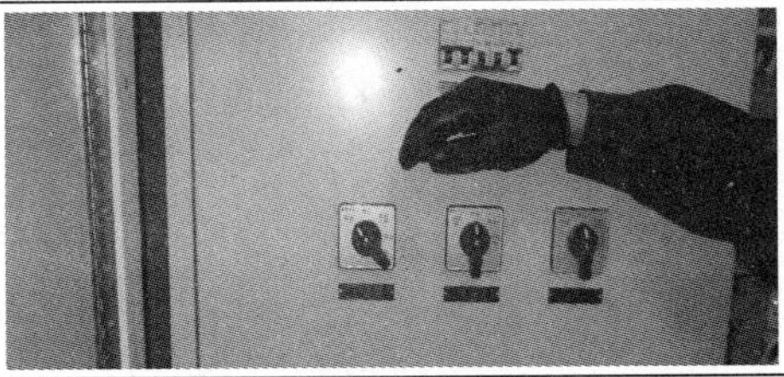
3. 试验转换开关	
▲ 照明配电柜转换开关控制作用良好、正确	
4. 断开照明配电柜电源	
▲ 控制正确，作用良好	
5. 断开外接电源	
▲ 关闭可靠	 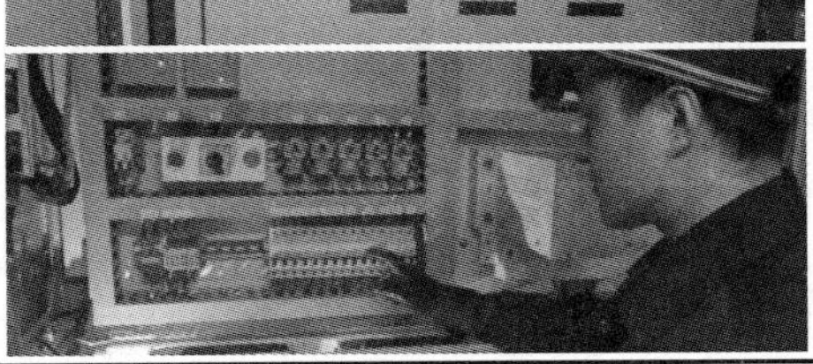

任务 2　统型应急电源概况与整流器检修

【任务陈述】

（1）进行 AC 380 V 快速客车应急电源静态技术检查。维修人员按照维修手册的规范程序进行检查，包括：目视检查控制箱安装螺丝、各按钮固定螺丝及按钮、充电机安装螺丝及把手、整流箱安装螺丝及把手；目视、拨动检查电压表、电流表；各空开检查。检查完后填写维修工单交付检验。工作过程中，应遵循现场工作管理规范。

（2）进行 AC 380 V 快速客车应急电源（含蓄电池）动态技术检查。维修人员按照维修手册的规范程序进行检查。断开交流电源空气开关，闭合蓄电池开关，目视电压表检查蓄电池电压；按下“应急通”按钮，检查应急电源应急输出功能；闭合交流电源开关，检查应急输出自动向整流输出转换功能，应急电源由应急输出状态自动转换到整流输出状态；断开交流电源开关，应急电源由整流输出状态自动转换到应急输出状态，按“应急断”按钮，应急输出切断；闭合交流电源开关，面板上正常指示灯亮，观察电压表、电流表显示，检查应急电源充电状态，扳动整流充电功能转换开关，检查充电电压、整流电压。检查完后填写维修工单交付检验。工作过程中，应遵循现场工作管理规范。

【知识准备】

一、统型应急电源概况

在全列空调客车中，直流负载可分为一般负载和应急负载两类。一般负载是指在本车交流断电后不再用电的 DC 48 V 用电器，如厕所有无人显示器、水位显示器等；应急负载是指在本车断电后仍需用电的 DC 48 V 用电器，如应急灯、轴温报警装置、尾灯插座等。

统型应急电源、整流器

应急电源由应急电源箱和蓄电池组两部分组成。客车运行中，当本车交流有电时，应急电源可以将交流电整流成 48 V 直流电，并向一般直流负载和应急负载供电，同时还能向蓄电池充电。当本车交流断电时，由蓄电池向应急负载供电。

目前，在 25G、25K 等空调客车中装备的多为统型应急电源。统型应急电源控制箱与外部蓄电池组构成空调客车 DC 48 V 供电系统。统型应急电源中的蓄电池采用的是全密闭免维护型铅酸电池，控制箱则由整流器、充电机和应急控制系统三部分组成。控制箱的外形有立式和卧式两种结构。

统型应急电源的结构原理如图 2-3 所示，其电气原理如图 2-4 所示。当本车 AC 380 V/220 V 正常时，由整流器将 AC 380 V 转换成 DC 48 V 向所有直流负载供电，同时充电机将 AC 220 V

转换为直流电向 DC 48 V 蓄电池充电；当交流断电时，电池在应急控制系统的控制下向轴温报警装置、应急灯、尾灯插座等需应急工作的直流负载供电。统型应急电源主要技术指标见表 2-3。

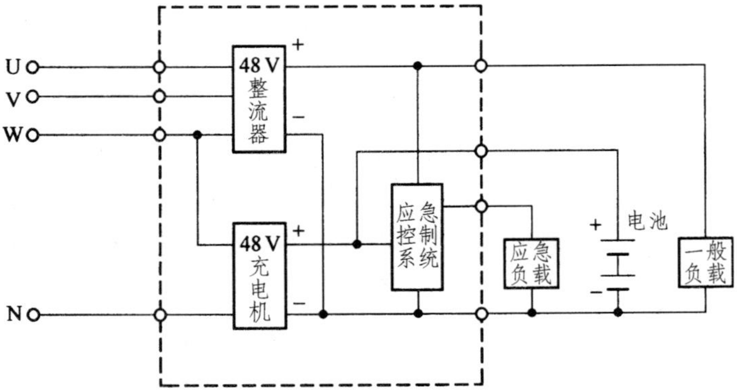

图 2-3　统型应急电源箱结构原理图

二、整流器

统型应急电源控制箱中的整流器采用抽屉式的结构，主要元器件有空气开关 Q2、降压变压器 B2、整流模块 U2、电感器 *L*2 和电容器 *C*101 等。整流器的工作原理如图 2-5 所示。

三相 380 V 交流电源从接线端子排 JX1 的 1、2、3 号接线柱经整流器插座、插头 CZ2、CT2 的 1-2、4-5、11-12 输入，通过空气断路器 Q2 加到△/Y 连接的三相降压变压器 B2，三相变压器的次级接到整流模块 U2。整流模块 U2 内部为三相桥式整流电路，低压交流电源经 U2 整流后输出 DC 48 V 直流电。DC 48 V 直流电源经电感器 *L*2、电容器 *C*101 滤波，然后由整流器插头、插座 CT2、CZ2 的 7-10 和 16-18 向外输出 DC48V 电源。

如图 2-4（a）所示，整流器输出的 48 V 直流电源可向一般直流负载、应急负载及控制箱面板上的正常指示灯供电。其中：

向一般直流负载供电的通路为：整流器插座 CZ2 的 7-10→熔断器 RD7→接线端子排 JX1 的 11 号接线端子→一般直流负载→接线端子排 JX1 的 8 号接线端子→接线端子排 JX1 的 7 号接线端子→整流器插座 CZ2 的 16-18。

向应急直流负载供电的通路为：整流器插座 CZ2 的 7-10→接触器 KM2 常开触点→熔断器 RD6→接线端子排 JX1 的 10 号接线端子→应急负载→接线端子排 JX1 的 8 号接线端子→接线端子排 JX1 的 7 号接线端子→整流器插座 CZ2 的 16-18。

向正常指示灯供电的通路为：整流器插座 CZ2 的 7-10→接触器 KM2 常开触点→熔断器 RD6→接触器 KM2 常开触点→正常指示灯 D104→电阻 R43→应急控制系统电路板插座 CZ3 的 B19、B20→整流器插座 CZ2 的 16-18。

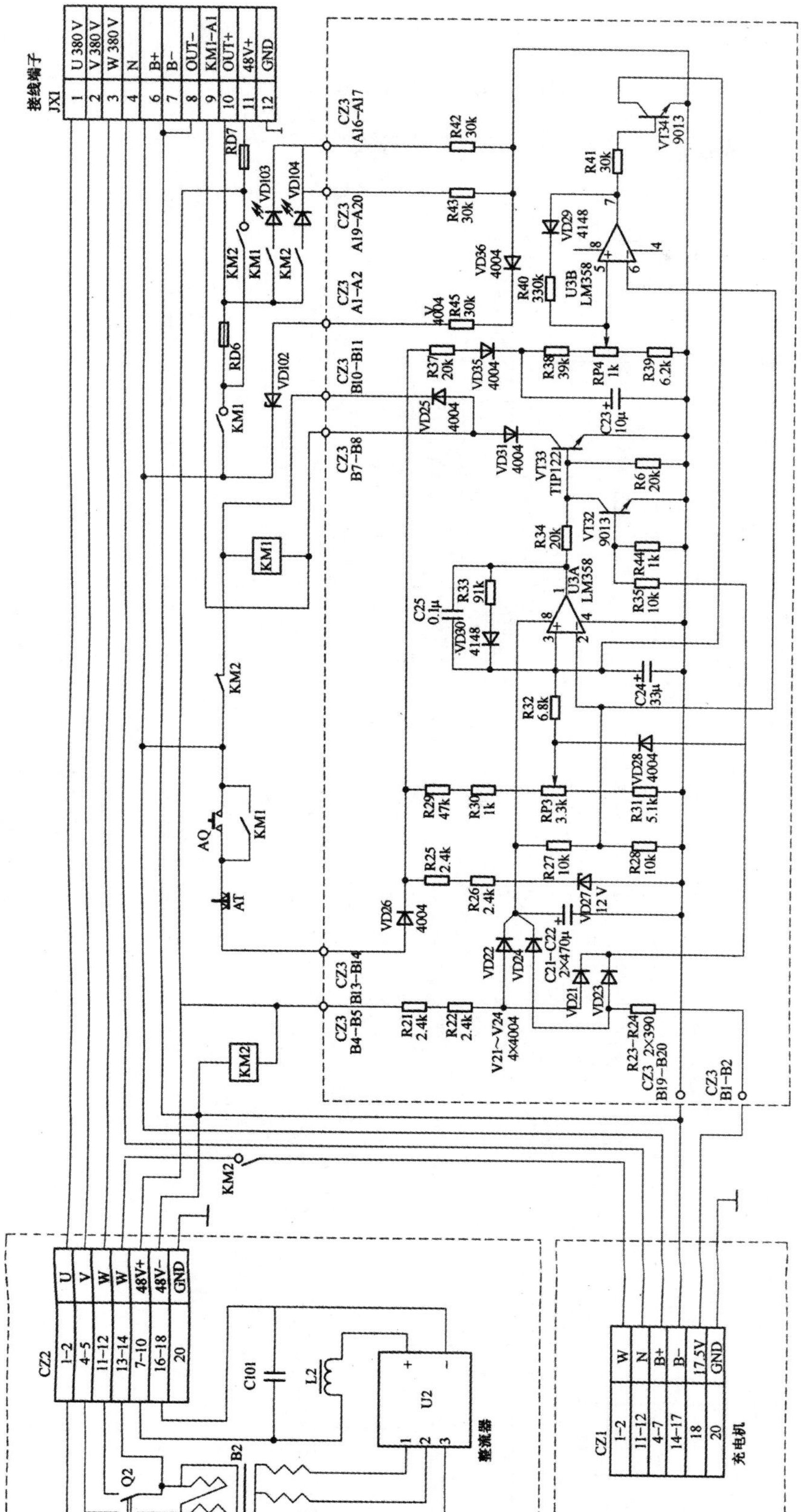

（a）统型应急电源应急控制与整流电气图

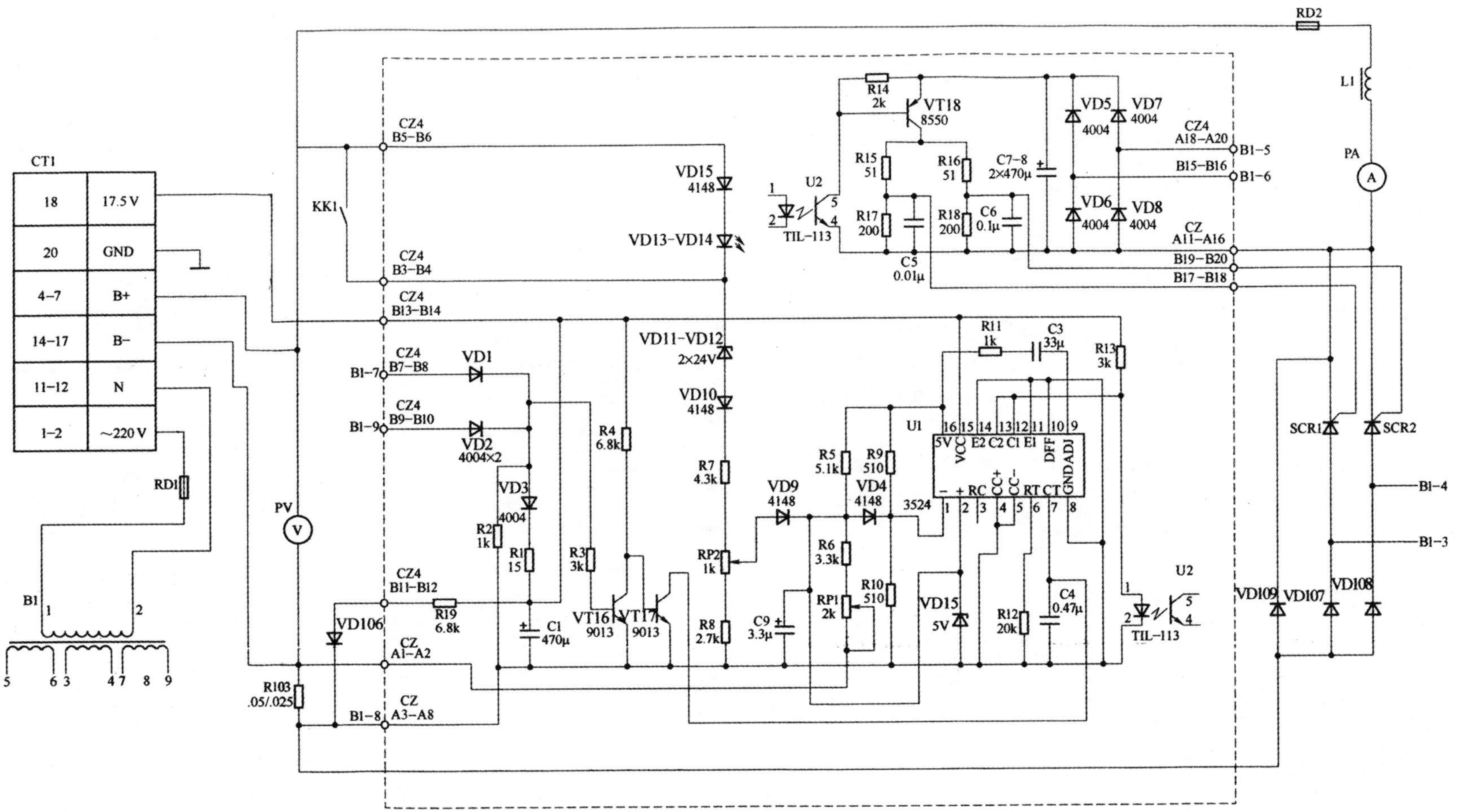

（b）统型应急电源充电机电路图

图 2-4　统型应急电源的电气原理

表 2-3　统型应急电源的主要技术指标

设备	项目	技术指数
整流器	输入电源	三相 AC 380 V 50 Hz
	额定输出电压	DC 48 V
	额定输出电流	5 A（961 型、981 型）/10 A（962 型、982 型）
充电机	输入电压	AC 220 V 50 Hz
	充电电流	5 A（961 型、981 型）/10 A（962 型、982 型）
	过充保护	55 V/59 V 两挡（54 ~ 56 V/58 ~ 60 V）
应急控制系统	欠压保护	（42±1）V
	过高压保护	（64±1）V

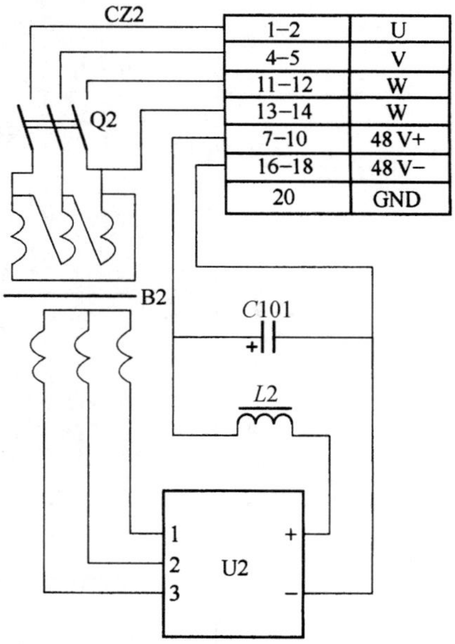

图 2-5　统型应急电源整流器原理图

【任务实施】

AC 380 V 快速客车应急电源静态技术检查指导书	
作业步骤及质量标准	图示
1. 目视检查控制箱安装螺丝、各按钮固定螺丝及按钮、充电机安装螺丝及把手、整流箱安装螺丝及把手	
（1）控制箱： ▲① 安装螺丝紧固。 ② 各按钮固定螺丝紧固，按钮无破损	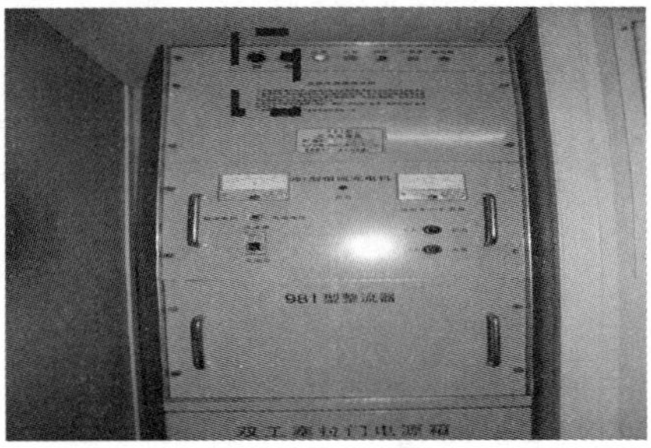
（2）充电机： ▲安装螺丝及把手紧固	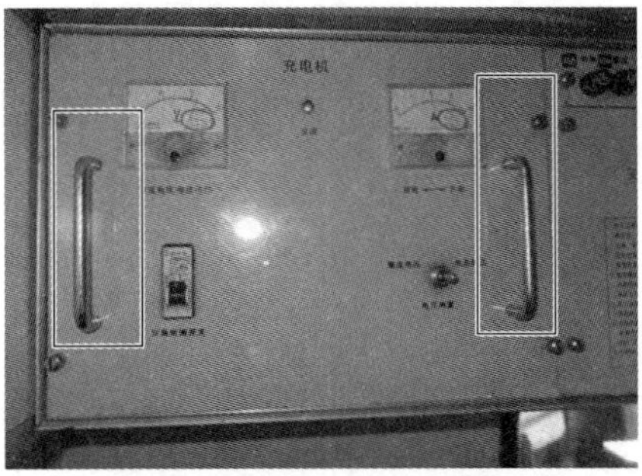
（3）整流箱： ▲安装螺丝及把手紧固	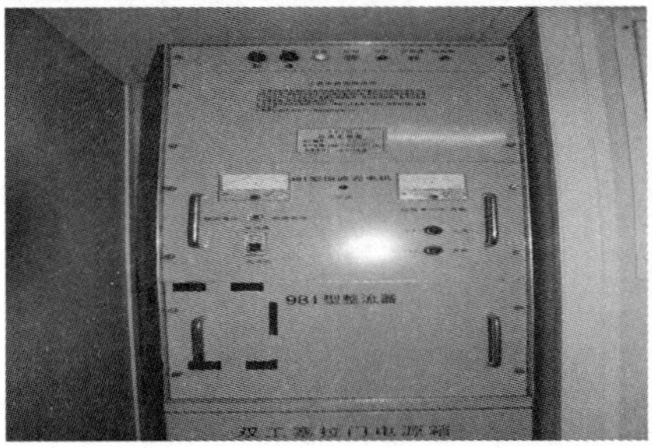
2. 目视、拨动检查电压表、电流表	
（1）电压表： ▲① 安装牢固。 ② 配件及校验标记齐全。 ③ 表盘无裂纹，表针无弯曲	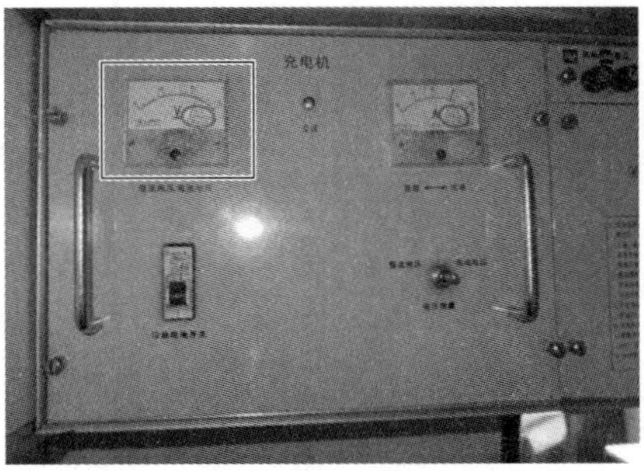

续表

作业步骤及质量标准	图示
（2）电流表： ▲① 安装牢固。 ② 配件及校验标记齐全。 ③ 表盘无裂纹，表针无弯曲	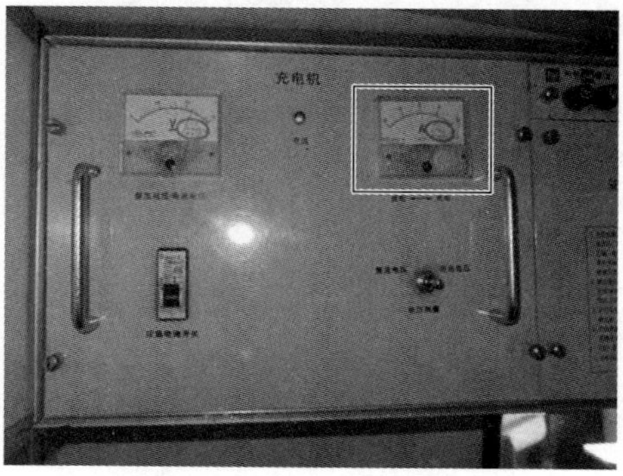
3. 各空开检查	
（1）整流、充电功能转换开关： ▲① 作用灵活。 ② 安装牢固。 ③ 不反位	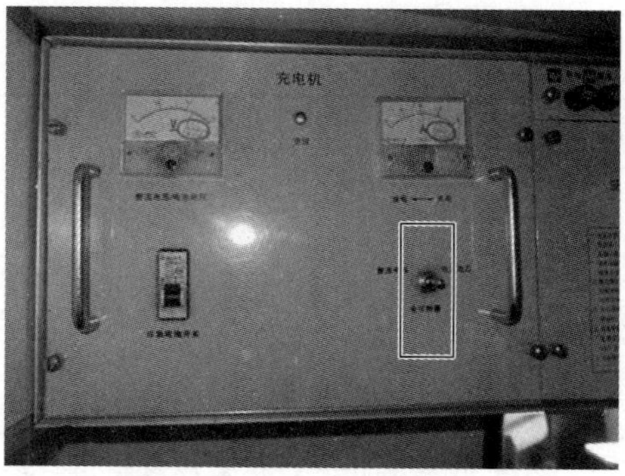
（2）电池空开： ▲① 开闭灵活。 ② 安装牢固	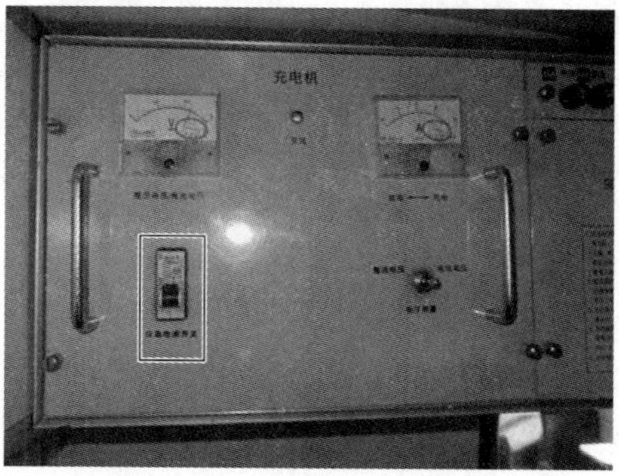
（3）充电保险： ▲保险容量与标识一致	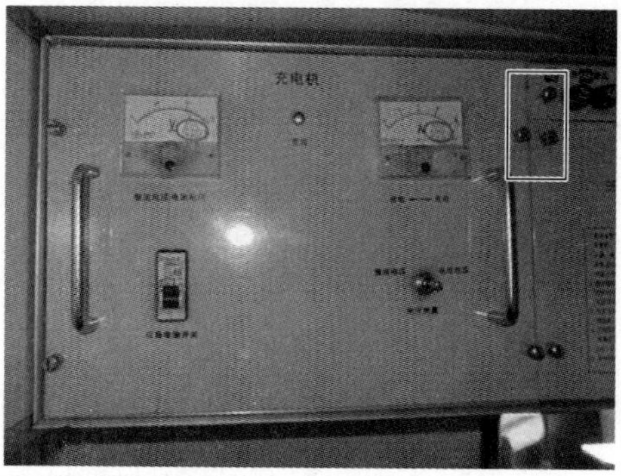

AC 380 V 空调客车应急电源（含蓄电池）动态技术检查指导书

作业步骤及质量标准	图示
1. 断开交流电源空气开关，闭合蓄电池开关，目视电压表检查蓄电池电压	
（1）蓄电池电压： ▲电压正常，电池电压大于 48 V	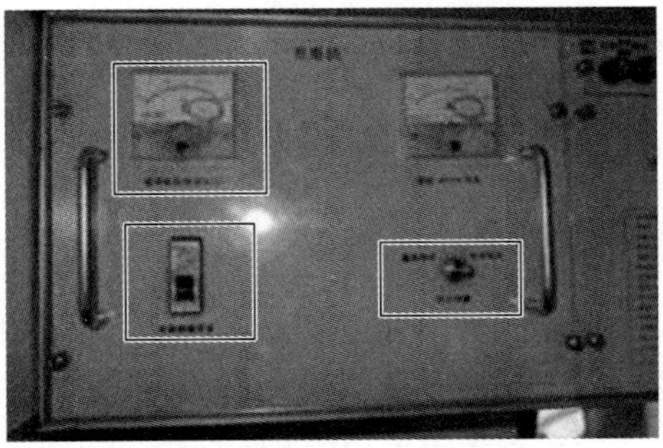
2. 按下“应急通”按钮，检查应急电源应急输出功能	
▲应急指示灯亮，应急电源输出正常	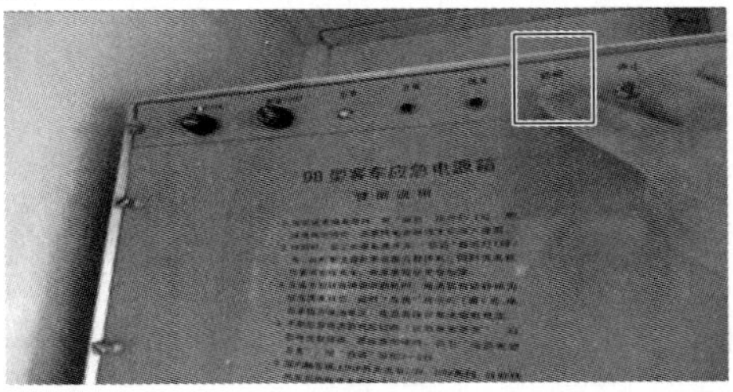
3. 闭合交流电源开关，检查应急输出自动向整流输出转换功能，应急电源由应急输出状态自动转换到整流输出状态	
▲（1）交流指示灯亮。 （2）整流输出指示灯亮。 （3）98、98-1 型整流电压 50±2 V，充电电压小于 55±1 V，充电电流小于 5 A；96 型整流电压 50±2 V，充电电压小于 60 V，充电电流小于 10 A	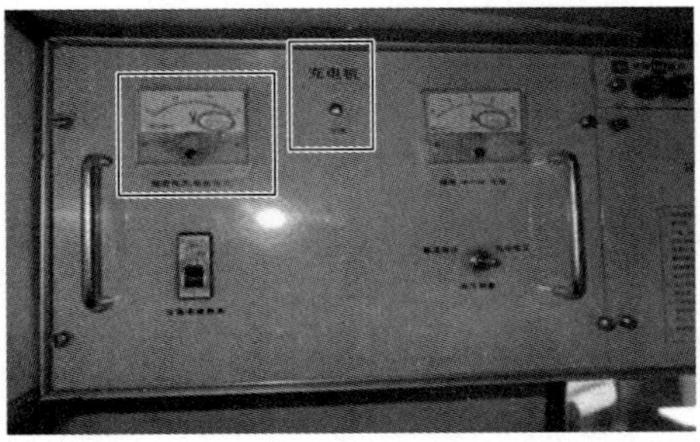
4. 断开交流电源开关，应急电源由整流输出状态自动转换到应急输出状态，按“应急断”按钮，应急输出切断	
（1）断开交流电源开关： ▲应急输出指示灯亮	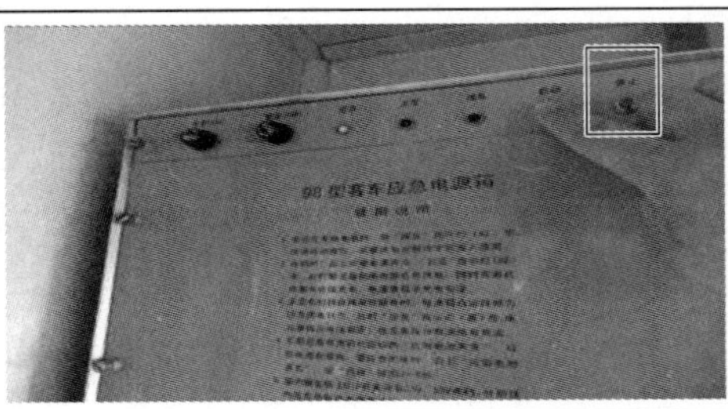

续表

作业步骤及质量标准	图示
（2）按“应急断”按钮： ▲① 应急输出指示灯灭。 ② 过放欠压值符合（45±1）V。 ③ 应急电池放电，当电压低于（45±1）V 时，过放保护须起作用	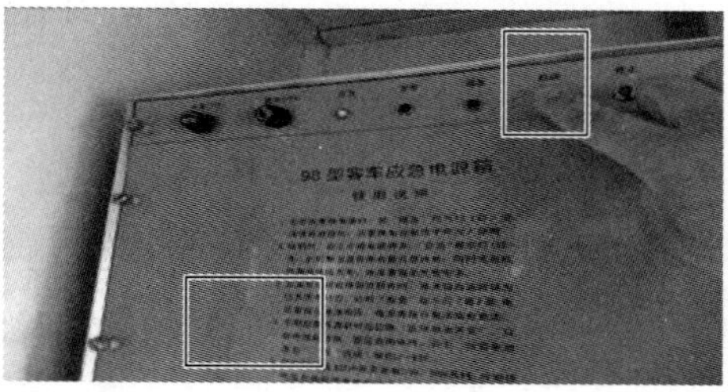
5. 闭合交流电源开关，面板上正常指示灯亮，观察电压表、电流表显示，检查应急电源充电状态，扳动整流充电功能转换开关，检查充电电压、整流电压	
▲（1）充电电流随电池电压上升而下降，电池电压达 56 V 时，充电电流为零。 （2）过充保护作用正常	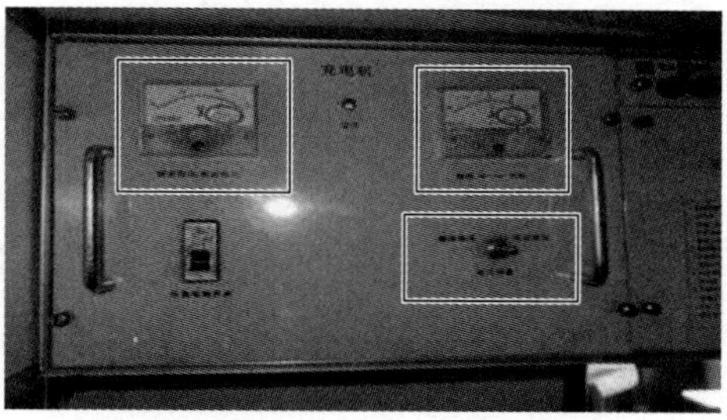

任务 3　统型应急电源的故障与检修

【任务陈述】

统型应急电源主要由整流器、充电机以及应急控制系统三大部分构成。本任务就这三部分常见故障分别进行分析以及提出处理方法。

【知识准备】

统型应急电源箱中的整流器已经在前面做过详细介绍，以下介绍充电机和统型应急电源的控制系统。

统型应急电源充电机、统型应急电源应急控制系统

一、充电机主电路

统型应急电源控制箱中的充电机采用的是一种抽屉式结构，主要元器件有变压器 B1、熔断器 RD1、电压表 PV、过充保护选择开关 KK1、充电电流检测电阻 R103、充电机有电指示灯 VD106、半控整流桥（由晶闸管 SCR1、SCR2 和二极管 VD107、VD108 组成）、续流二极

管 VD109、电流表 PA、电感器 L1、熔断器 RD2 和充电机印刷电路板等。

充电机是一种单相半控桥式整流充电装置，其主电路如图 2-6 所示。

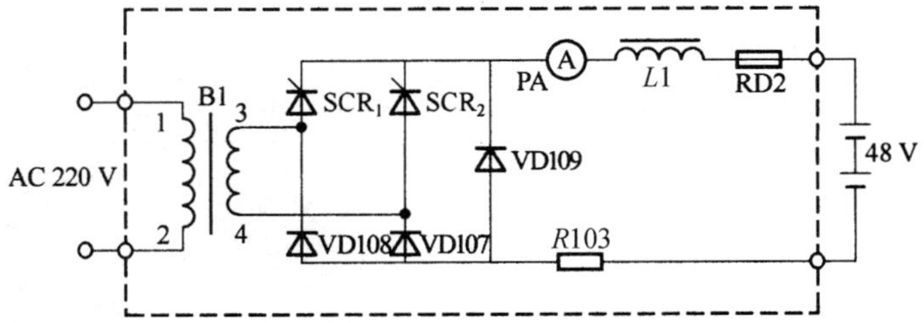

图 2-6　充电机主电路图

在充电机主电路中，变压器 B1 次级的 3-4 绕组输出低压交流电，经晶闸管整流器的 SCR1 和 SCR2、电流表（PA）、阻流圈（L1）、熔断器（RD2）至 48 V 电池正极。充电电流从电池负极经电流检测电阻 R103、二极管 VD107 和 VD108 回到变压器次级。图 2-6 中，VD109 为续流二极管。在充电主电路中，单相半控桥式整流电路输出电压、电流的平均值，

即充电电压为 $U_{充}=0.9U_{次}\dfrac{1+\cos\alpha}{2}$

充电电流为 $I_{充}=\dfrac{U_{充}}{R_{L}}=0.9\dfrac{U_{次}}{R_{L}}\dfrac{1+\cos\alpha}{2}$

式中，R_L 为充电回路的负载电阻；α 为晶闸管的控制角。

控制晶闸管 SCR 控制角 α 的大小，便可实现对输出充电电流的大小及输出电压的高低控制，加上反馈控制便可实现恒压恒流充电。

二、光电耦合控制触发脉冲电路

光电耦合控制触发电路[图 2-4（b）右上角]主要由光电耦合器 TIL-113、三极管 VT18、电阻 $R14\sim R18$、电容器 $C5\sim C8$ 和二极管 VD5～VD8 等组成。TIL-113 作用之一是传递触发信号，光耦合器件得电导通时，VT18 通过电阻 $R15$、$R16$ 给晶闸管 SCR 提供同步移相触发脉冲；作用之二是电位隔离，因控制电路电压与晶闸管控制极电压（可控整流输出电压+电阻 $R17$ 或 $R18$ 上的分压）之间电位差可达 80～90 V，所以必须用电位隔离的耦合电路来传递触发信号。当光耦合器件截止时，VT18 也截止就没有触发脉冲产生。总之，TIL-113 导通时间↑→SCR 导通角↑→充电电压和电流↑，反之亦然。变压器次级绕组 5～6、二极管 VD5～VD8、电容器 $C7\sim C8$ 组成本电路的辅助电源（约 7 V）。

三、同步移相控制触发信号电路

正常供电时，充电机能根据蓄电池的工况，自动控制恒压恒流充电过程。其控制电路主要包括电压基准电路、误差放大器、电压电流反馈电路、电网同步的锯齿波产生电路、移相比较电路、光电耦合控制 SCR 触发脉冲电路和控制电路用低压辅助电源电路等。其中，电压基准电路、误差放大器、锯齿波产生电路和移相比较电路的电路功能主要由开关集成电路 U1（LM3524）完成。

（一）开关集成电路 LM3524

该集成电路内部包含 5 V 基准电压稳压器、误差放大器、振荡器、脉冲宽度调制比较器（PWM）、相位分离触发器（T 触发器）、交变输出晶体管对、限流电路（CL）和关闭控制电路等。在目前的晶闸管整流充电机中，相位分离、限流电路和关闭控制等功能没有用到。当把输出晶体管对的集电极、发射极分别并联，等效成一个晶体管，将限流电路和关闭电路的输入端（4、5、10）接参考地，上述没有用到的功能即消失。

LM3524 内部振荡器，其振荡频率由外接定时电阻（RT）和定时电容（CT）确定，并在定时电容上形成一个锯齿波电压。在目前的应用中，该振荡器的作用是作为锯齿波发生器，RT、CT 仍用以控制锯齿波频率，同时在电网电压过零时强迫 CT 放电来控制锯齿波起点，以保证锯齿波与电网同步。

当前使用中，LM3524 内部框图如图 2-7 所示。

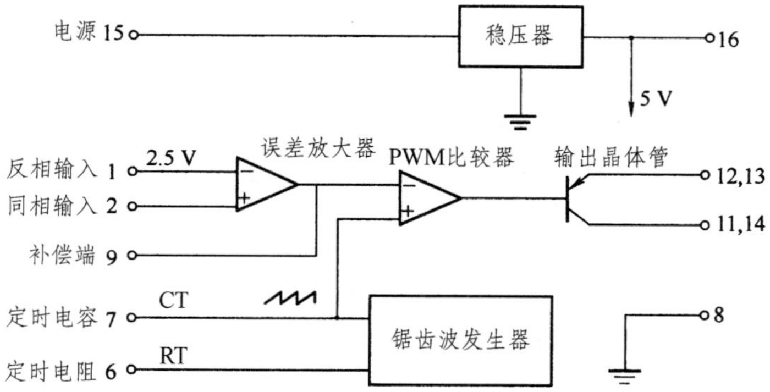

图 2-7　1M3524 内部框图

（二）同步与移相

同步移相触发是晶闸管整流器正常工作的必须条件。同步是保证当正弦交流电过零点时，晶闸管可靠关断，移相是控制晶闸管在半个周期内导通的起始时间，如此才能达到控制输出电压、电流大小的目的。移相多少通常用移相角 α 表示，即加到晶闸管整流器控制极的触发脉冲的前沿至电网电压过零点的电角度称为移相角（也称控制角），当负载为纯电阻时，晶闸管整流器的导通角 $\beta=180°-\alpha$，波形如图 2-8 所示。

原理分析：如图 2-8 和图 2-4（b）所示，B1 变压器次级辅助绕组 7-8-9 与二极管 VD1、VD2 组成单相全波整流电路，输出 100 Hz 正弦半波电压，如图 2-8（a）所示，此电压经过电阻 $R3$ 加到三极管 VT16 发射极上，VT16 导通，其基极形成梯形波电压，如图 2-8（b）所示。VT16 集电极接三管 VT17 基极，当半波电压瞬时值小于 0.7 V 时，VT16 截止 VT17 导通，故在 VT17 基极形成与电网过零同步的窄脉冲，如图 2-8（c）所示，该脉冲期间 VD17 导通，强迫定时电容 $C4$ 放电，得到与电网同步的锯齿波电压，如图 2-8（d）所示。PWM 比较器将锯齿波参考电压与误差放大器输出信号电平（即 9 端电平）相比较，当 $U_9>U_{锯}$时，输出低电平，PNP 型晶体管对导通，反之截止，如此可得到输出晶体管的 U_{eb} 波形，如图 2-8（e）所示。因 LM3524 内部输出晶体管接成集电极输出并与外部 TIL-113 光耦合器的发光二极管并联，所以晶体管对导通时，发光二极管截止，没有触发信号产生，晶体管对截止时，发光二极管导通，产生触发信号，即得到触发脉冲波形如图 2-8（f）所示，此脉冲通常称为移相触发脉冲，其宽度依 9 端电平而变。电阻负载时，SCR 导通波形如图 2-8（g）所示。

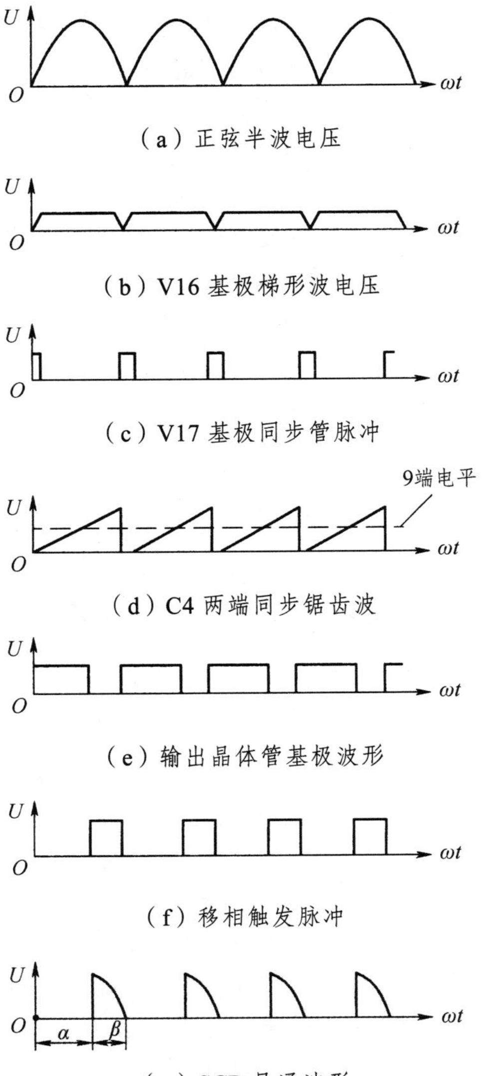

（a）正弦半波电压

（b）V16 基极梯形波电压

（c）V17 基极同步管脉冲

（d）C4 两端同步锯齿波

（e）输出晶体管基极波形

（f）移相触发脉冲

（g）SCR 导通波形

图 2-8　同步与移相电路波形图

四、恒流恒压充电控制电路

（一）电流反馈与恒流

电流信号从串联在充电回路中的电阻 *R*103 获取。电阻 *R*103 上的压降很小，为了使反馈端（LM3524-2）与基准端电压差不致过大，该信号通过接到 5 V 电压的分压器 *R*5、*R*6、*R*P1 加到 LM3524 的 2 端。*R*P1 用来调整 LM3524 的 1-2 端之间的压差，从而调整充电电流的大小。

充电电流由于电池电压或电网电压的影响变大时，电阻 *R*103 的压降升高 LM3524 的 2 端电位高于 1 端，放大器输出电平增高，触发脉冲相移增大，SCR 导通角减小，充电电流减小。反之亦然，这样系统就达到了恒流充电的目的。

（二）电压反馈与恒压

电池电压经 VD15～VD10、*R*7、*R*P2、*R*8 接至参考地。电池电压取样信号从 *R*P2 滑动臂经二极管 VD9 加至误差放大器反馈端。电池电压低时，VD9 不导通，不影响恒流充电特性。电池电压升到某一定值时，VD9 正偏，电压信号加到反馈端使充电电流开始减小。随着电池电压进一步升高，充电电流最终将减至零，从而获得恒压性能。

调试时，通过闭合开关 KK1，将 VD13～VD15 短路，当电池电压为 55 V 时，调整 *R*P2 使充电电流下降为零。在充电过程中，电池电压升到约 53 V 时，充电电流开始减小，电池电压达到 55 V 时，充电电流下降为零，由于 VD13～VD15 的压降为 4V，故 KK1 断开时，电池电压的最高值将增加 4 V，即 59 V。

如图 2-4（b）中，二极管 VD4、稳压管 VD15 用以保护误差放大器。

五、辅助电路

（一）辅助电源

VD1、VD2 整流后的脉动电压经 VD3、*R*1 给电容器 *C*1 充电，*C*1 即得到脉动极小的 17.5 V 直流电压，该电压作为供给控制电路的辅助电源。同时，该电压经电阻 *R*19 给控制箱面板上的充电机有电指示灯 D106 供电。另外，17.5 V 辅助电源还通过充电机插头插座向应急控制系统供电。

（二）基准电压

LM3524 第 16 脚输出稳定的 5 V 标准电压，经电阻 *R*9、*R*10 分压后加到误差放大器反相输入端（LM3524-1），形成反馈系统基准电压，电压值约为 2.5 V。

（三）缓启动电路

LM3524-16 的 5 V 标准电压通过电阻 *R*11、电容器 *C*3 接至补偿端 9，这样开机时 9 端电平将抬高，触发脉冲消失，随着电容 *C*3 充电，9 端电平慢慢降低，移相角从 180°逐渐减小，SCR 导通角从零缓慢增大，实现充电电流缓启动。此外，*R*11、*C*3 降低了误差放大器交流增益，使系统工作稳定。

【任务实施】

一、整流器维修

1. 合闸时空气断路器跳闸

（1）有短路现象：检查负载，整流模块 U2，输出电容是否短路。

（2）瞬态冲击电流引起跳闸：合闸时要轻推，多合几次。

2. 接通负载时输出电压低

（1）电网电压低。

（2）超载。

（3）缺相。配电箱熔断器熔断、引线脱落、变压器接线脱焊等。

（4）整流模块内部损坏。若变压器次级电压正常，而整流电压低，可能是整流模块内部个别二极管开路，应断开 U2 至变压器次级连线后对 U2 进行测量判断。

3. 三相整流变压器参数（线电压）

初级：380 V。

次级：空载 40.3 V；满载 38 V。

二、充电机维修

充电机维修时，首先检查判断 220 V 电源及电池的连接线状况、电池是否损坏、熔断器是否熔断等。当充电电流不正常时，首选采取更换电路印制板的方法，其次是更换备用充电机，判断故障大致处所后再做进一步的检修。

1. 电池状态的检查

电池是易损器材，当 4 只电池串联使用，若有 1 只损坏，即表现为 4 只电池都损坏。电池变质后，往往表现为充不进放不出。以下情况应更换免维护密封铅酸电池。

（1）电池漏液。

（2）电池组各电池端电压异常。

（3）停止充电时，电池电压很快下降。

（4）充电时，电池电压很快升至限压值，放电时其容量大于对应环境温度下应有的容量。

（5）充、放电时，电池温升异常。

（6）电池外壳机械损坏如变形、裂纹等。

2. 无充电电流

（1）检查熔断器是否熔断。

（2）检查电池是否变质。

（3）检查 AC 220 V 输入是否正常；拔出充电机，测量 CZ1 的 1-2 与 11-12 之间有无 220 V 电压。

（4）检查电路印制板上辅助电源是否正常，测量 $C1$ 及 $C7$，$C8$ 两端电压，正常值分别为（17.5±1.5）V 和 6～10 V。

（5）检查其他元件是否故障或脱焊，特别是电路印制板上 $R1$、$RP1$、$RP2$、VD11、VD12、VD8 等元件。

（6）检测 LM3524 各引出端正常时的电压：除 5 V 基准电压端（16）是由内部电路决定外，其他端电压均与外部元件或充电机工作状态，包括充电电流大小、电池电压及交流 220 V 电压的高低有关。如 $RP1$、$RP2$ 损坏可使 2 端电压升高或降低；VD11、VD12 短路可使 1、2 端电压升高等。

在不接电池（空载）情况下，检测 LM3524 各引出端电压，正常电压值可参考表 2-4。

表 2-4　LM3524 各引脚电压

管脚号	1	2	6	7	9	11、13	15	16
接有 *C*9 时	2.5 V	2.5 V	3.8 V	1.7 V	3.2 V	0.4 V	17.5 V	5 V
未接 *C*9 时	3.4 V	3.8 V	3.8 V	1.7 V	0.15 V	1 V	17.5 V	5 V

注：部分印制板未接 *C*9，充电机空载时电压表指示大于 60 V，接有 *C*9 时，电压表指示小于 20 V。

（7）主回路故障引起无充电电流。

① 测量变压器电压是否正常，正常值见表 2-5。

② 检查变压器 5-6 端电压是否加到主整流桥。

表 2-5　测量变压器正常电压值

引出头编号	1-2	3-4	5-6	7-8-9
空载电压	220 V	76 V	7 V	2×14 V
负载电压	220 V	72 V	6.8 V	2×12.5 V

③ 检查整流桥正、负端至插座 CZ1 有关连线是否断开，包括电感 *L*1、电流表 PA、电阻 *R*103 等是否开路。

④ 检查电流表是否损坏。当电流表开路时将无充电电流；当电流表偏转线圈开路时，有充电电流，但指针不动。

3. 充电电流抖动

（1）同步电路故障：当锯齿波与电源频率不同步时，SCR 导通角忽大忽小，造成充电电流不稳。检查相关电路元件（*R*3、*R*4、*R*12、*C*4、VD16、VD17 等）。

（2）缓冲电路损坏：检查 *R*11、*C*3 是否变质或脱焊。

（3）SCR 变质：SCR 一好一坏，会造成充电电流减小且不稳定。

4. 充电电流过大

电流过大，是指充电电流大于技术指标规定的额定值且不受控制。造成充电电流过大的主要原因有 *R*103、*R*P1、*R*P2、U1、U2 或 VD16 损坏等，下述方法可快速判断故障部件。

将充电机取出，测量 VD18 各电极之间，光电耦合器 U2 与 4-5-6 之间是否短路，在确认未短路的情况下，将充电机空载通电，这时电流表指示为零，电压表指示在 20 V 以内（或 60 V 以上，未接 *C*9 时），以该电压为初始电压值，依下列次序分别短路相应元件使 SCR 触发脉冲消失，电压表应指示为零，否则可判断该元件损坏。

（1）短路 VD18 的 B、E 极，使之截止。

（2）短路 VT2 的 1、2 脚，发光二极管部分被短路，VT2 三极管部分截止，VD18 截止。

（3）将 VT1 的 9 脚接 16 脚，VT1 的 9 脚接 5 V 电源后，PWM 比较器的比较端电压高于锯齿波峰值，VT1 内部输出三极管饱和导通，SCR 无触发脉冲。

（4）用一个电阻值为 2 kΩ 的电阻，并联到 *R*5 上，使 VT1 误差放大器 2 端电压高于 1 端电压。

以上短路应仔细进行，不能短错。短路线去除后，电压表指示经过一个暂态（往往是电压表指示很大）再回到其初始值。

5. 熔断器熔断

（1）RD1（交流）：变压器短路或 SCR1-2、D107-D109 短路。

（2）RD2（直流）：

① 电池接反。

② VT1 及其周围元件损坏，造成电流过大。

③ 熔断器座氧化，接触电阻大，造成温升过高，现象是充电机工作一段时间后 RD2 熔断，且现象可重复。

6. 充电机简易判断和调校

（1）充电电流调校：将充电机输出端子短路，调整 RP1 使电流表指示为规定值（5 A 或 10 A）。

（2）过充保护调校：用一只电容（其耐压不小于 100 V，容量不小于 100 μF）和一个电阻（3 kΩ/2 W）并联代替电池接在充电输出端，通电后，调整 RP2 使电容上电压等于所需的数值，该电压值即为充电电流下降为零时，电池可能充到的最大值。

三、应急控制系统维修

应急控制系统的故障主要表现在：应急无输出、按键通断不起作用、不能自动转换、指示灯不亮等。

1. 按键通断不起作用

（1）电池电压过低：检查电池好坏，及时更换电池。

（2）按键 AQ、AT 损坏。

（3）串联在 KM1 线圈中的 KM2 常闭触点接触不良。

（4）达林顿三极管 VT33 损坏。

（5）VD27 损坏，12 V 电源不正常。

（6）U3A 损坏。

（7）接触器 KM1 损坏。

（8）C24 漏电严重，U3A 第 3 脚电压变低（正常值约为 6 V）。

2. 应急不能自动转换

整流器供电或电池供电不能自动转换的原因，除上述按键通断不起作用中所述的原因外，由 $R21$、$R22$、VD22、$R23$、$C22$ 组成的暂态电源因元件损坏、焊接不好等原因不能建立或维持时间过短使 U3A 不正常，从而使 KM1 不能闭合。VT34 损坏，影响过放比较器工作不正常也是原因之一。

3. 应急无输出

（1）KM1 合不上，造成应急无输出。

（2）熔断器 RD6 熔断。

4. 指示灯不亮

（1）KM1、KM2 常开触点接触不良。

（2）有关引线脱开。

（3）发光二极管损坏。

5. 控制电路板调校

调校控制电路板，需有可调电源（可调范围至少为 40 ~ 65 V）万用表等，将可调电源的正端接 CZ3-B13、B14 负端接 CZ3-B19、B20。接通电源后检查以下数据：

（1）稳压管 VD27 两端电压（12 V）。

（2）U3-2、6 端电压（6 V）。

（3）在外加电源为 48 V 时，U3 好坏的检查：U3-3 端电压高于 6 V，U3-1 大于 10 V，U3-5 低于 6 V，U3-7 小于 0.7 V；短路 *R*31，U3-1 电压将小于 0.7 V，短路 *R*28，U3-7 电压将升高且大于 10 V。

以上试验可检查 U3 是否完好。

（4）电压表接 U3-1，然后将电源电压从 48 V 调低，观察 U3-1 变为低电位时对应的电源电压值，该电压应为（42±1）V，否则可调整 *R*P3 以满足过放保护要求，U3-1 输出为低电平后，再升高外接电源电压，在电压恢复至 47 V 左右时，U3-1 输出高电平，过放整定完成。若恢复高电平电压误差太大，应检查 *R*32、*R*33、*C*24 是否有问题。

（5）继续升高可调电压，检查 U3-7 输出高电平对应的外接电压，该电压正常为（64±1）V，恢复低电平电压为（60±1）V，超出保护范围可调整 *R*P4。

任务 4　客车车端连接器检修

【任务陈述】

本任务主要进行客车车端连接器检查。维修人员按照维修手册的规范程序进行检查。先进行静态检查。静态检查先目视检查连接器外观；目视检查连接器各部位状态；打开配电室（乘务间）门，闭合电池空气开关，观察电池电压是否为 48 V 左右，按压应急电源通位按钮，应急电源指示灯亮。进入乘务间，在照明控制柜闭合侧灯空气开关。进入乘务间、配电室，依次断开侧灯、电池空气开关，锁闭相应柜门，作业结束。检查后填写维修工单交付检验。工作过程中，应遵循现场工作管理规范。

【知识准备】

目前我国 25G、25K 型空调客车集中供电系统多采用在车列前端或尾端加挂一辆柴油发电车，车上安装柴油发电机组，通过电力电缆和车端电力连接器，将电能输送到各节客车上。有的车辆具有遥测遥控电缆，以便将各车的测温信号以及空调机组故障显示信号传送至乘务发电车，并将值班人员发出的控制指令传送到各节客车上。这种供电方式输送的是 380 V/220 V 三相交流电，电压较高，因此，对于这类客车的车体配线在绝缘、配线工艺等方面都有较高的要求。下面以长春轨道客车股份有限公司生产的 YZ_{25K} 型空调客车的车体配线为例，介绍车体配线情况。

我国长春轨道客车股份有限公司生产的 YZ_{25K} 型空调客车的车体配线，包括车下配线、车上配线和连接器三大部分。下面重点介绍车下配线和连接器。

一、车下配线

车下配线包括输送三相交流电的主线、电力连接器及车下各负载支线等。车下主线用来沟通发电车与各车辆间的电力系统，同时供给本车用电。由于空调客车用电量较大，每辆车耗电约为 30 kW，为了使远离发电车的车辆的输入电压保持恒定，故要求车下正、负主线应有足够的截面积，以减小主线上的电压损失，保证各辆车都得到较均衡的输入电压。

在满足导线截面积的条件下，车下主线采用两路并联的方法，同时每路中的三相导线各用三根 DCYH-1-750 V 的电线并联组成，并将它们敷设在钢管内，以增加强度。

图 2-9 所示为车下配线图，其一路三相主线敷设在 1 位侧，而另一路三相主线则敷设在 2 位侧。这两路主线可以将三相交流电同时送至车上的配电盘，以保证各负载的用电。车下有 $J_1 \sim J_4$ 4 个干线接线箱、$J_5 \sim J_7$ 3 个电空制动线接线箱，另还有 $J_8 \sim J_{19}$ 共 12 个接线盒，其中轴温传感器 4 个感温头的导线引至 $J_8 \sim J_{11}$，制动系统中 4 个轴上的速度传感器的引线接至 $J_{12} \sim J_{15}$，轴温传感器的导线与速度传感器的导线均由 1 位端 1 位侧引上车，制动电子防滑器的引线接至 $J_{16} \sim J_{19}$。1 位侧的零线横跨车底架，引至 1 位侧与 2 位端零线连接后直接接地。供本车用电的两路三相导线共 6 根都是由 1 位端 2 位侧引上车。

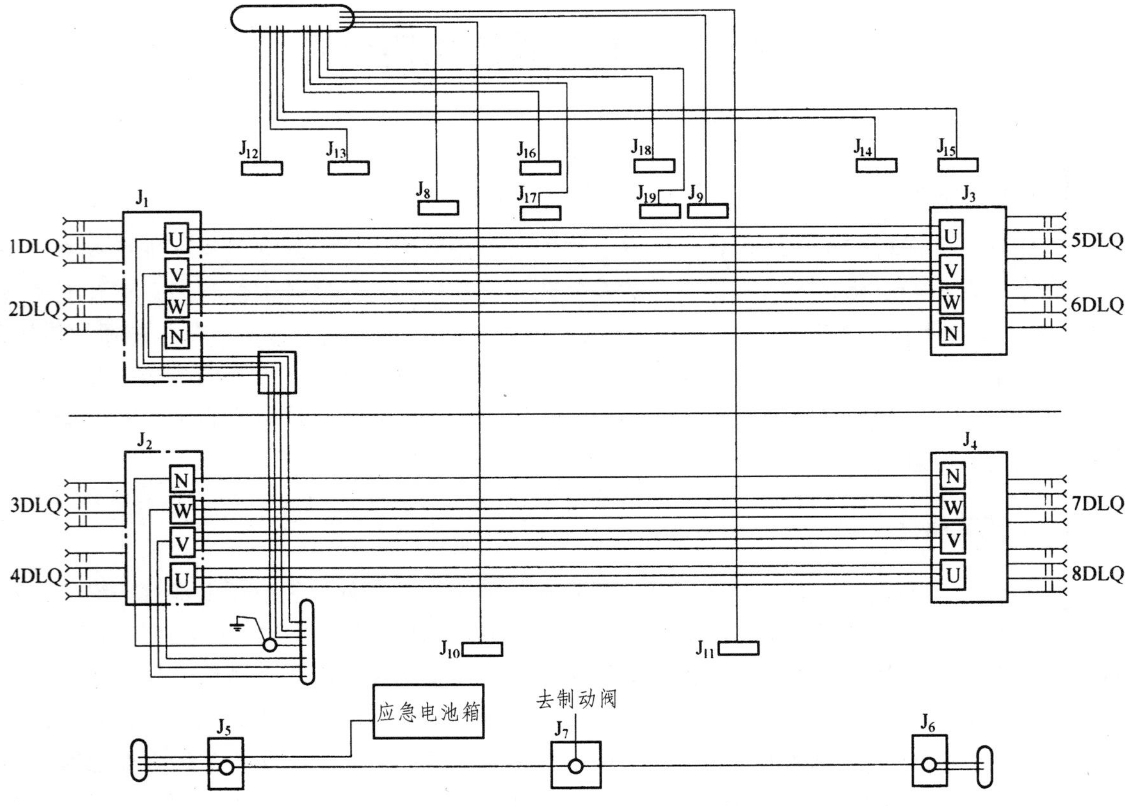

图 2-9　长春轨道客车股份有限公司 YZ25K 型空调客车车下配线图

二、车上配线

由车下主线输入的三相交流电，由 1 位端接线板 JXH1 引至控制柜，经电源控制柜引向空调机组控制柜、照明控制箱等电气设备。

车内的负载按电压可分下列三种。

（1）三相 380 V 交流对称负载：空调机组各种电机、废气排风机、新风机、容室电热器、电茶炉。

（2）单相 220 V 交流负载：车内照明、各种控制回路。

（3）DC 48 V 直流负载：轴温报警器、侧灯、应急灯、电话插座、广播、水位显示、温水箱加热、信息显示等。

按负载的性质及用途，车上配线包括动力配线、照明配线、播音配线、电话配线及遥测控制线等。各种配线均敷设在顶棚或侧墙内。

（一）动力配线

空调机组的动力干线由空调控制柜 KTG 引出，一路在配电室引至 1 位端走廊顶棚上与 1 位机组插头 1KTCT 连接；另一路从 1 位端引至 1 位侧，分布在 1 位侧交流线槽内，沿着 1 位侧至 2 位端后，在 2 位端引至 2 位侧分别与 2 位空调机组插头 2KTCT 及排风扇电机 PFS 连接，电开水炉 DCL 的动力干线由电开水炉控制箱引出，在 1 位端 1 位侧引至 2 位侧，与电开水炉 DCL 连接。空调控制柜与电开水炉控制箱的电源均由电源控制柜提供。

（二）照明配线

客室内由 30 盏 40 W 荧光灯组成两条光带作为客室主照明：每条光带中设一根 40 W 荧光灯（12EGD 和 29EGD）用于应急照明。通过台脚蹬上方各设一个 2×15 W 吸顶灯；两端走廊、乘务员室各设一个部统型 2×15 W 吸顶灯；洗脸室、配电室、厕所各设一个 15 W 部统型壁灯；配电室、乘务员室走廊各设一个 15 W 灯用于应急照明。另外，客室 1、2 位端头上设信息显示屏。照明干线从乘务员室的照明控制箱引出，自 1 位端引向 2 位侧，分布在 2 位侧交流线槽内。

（三）播音配线

沿着车体长度方向在客室顶部均布四个扬声器 1FQ-4YQ。播音干线布置在客室 2 位侧直流线槽内，两端分别引至接线板，然后与车端播音连接器的插头和插座相连。扬声器的支线上不设开关，均由广播室控制。

三、电力连接器

25K 型空调客车采用 KC20 型电力连接器和 JL1 型集控连接器。

（一）KC20 型电力连接器

KC20 型电力连接器的结构如图 2-10 所示。它主要由插头、插座和操作机构（防护盖，摇臂）组成。插头与插座相应安装有 4 套自锁紧锥形接触对，每个插销都可以自由浮动。每个插套都设置一个圆柱压缩弹簧，因此在插合时，能保证接触对准确、稳定、牢靠地连接。

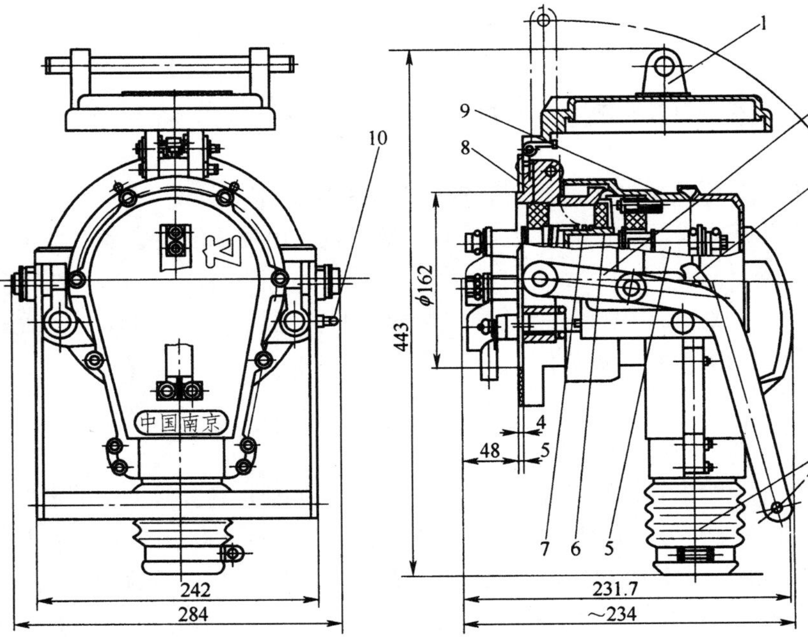

1—插座防护盖；2—摇臂；3—拉钩；4—防护套；5—插销；6—插套；7—圆柱压缩弹簧；8—插座；9—插头；10—保险钩。

图 2-10　KC20 型电力连接器

使用方法

（1）插入：掀起插座防护盖将摇臂上推至极限位置，把插头放入两侧拉钩上，压下摇臂至下极限位置，各接触对可同时获得可靠、稳定的接触状态，保险钩 10 可自动钩住摇臂。

（2）拔出：掀起并扣住插座防护盖，脱开保险钩，将摇臂向上推的同时稍加冲击至上极限位置，解除接触对自锁状态后，插头、插座即可轻易分离。

注意事项：

（1）严禁带电操作。

（2）电缆与插头或插座连接之前，应检查电缆接头端子的贴接平面是否平整，若有碰伤等造成的突起或毛刺，应修平后再连接。

（3）严禁在插头插座处于结合状态下，紧固或松开插销或插套连接电缆的铜螺母。

（4）压紧电缆端子的铜螺母应使用专用扳手，控制扭矩在 50 N · m 左右。

（5）必须分别按插头、插座胶木安装板上所示接线标记，正确连接电缆。三相电极标记分别为 R1、S2、T3（对应于原有标记 U、V、W），中性极标记为 N。

（6）严格防止碰伤插销、插套的结合面，结合面上不允许有沙尘、油污等杂物。接触对结合前，必须用干净棉纱等软织物仔细清洁销、孔表面。

（7）连接好电缆套管的橡胶防护套，并用喉箍扎紧。

（二）JL1 型集控连接器

JL1 型集控连接器用来沟通各客车的空调机组集控电源，以便于在发电车上实现集中控制。它由插头和插座两部分组成，其结构如图 2-11 所示，是一种防水、直插、机械锁紧的插头和插座，质量约 2.6 kg。

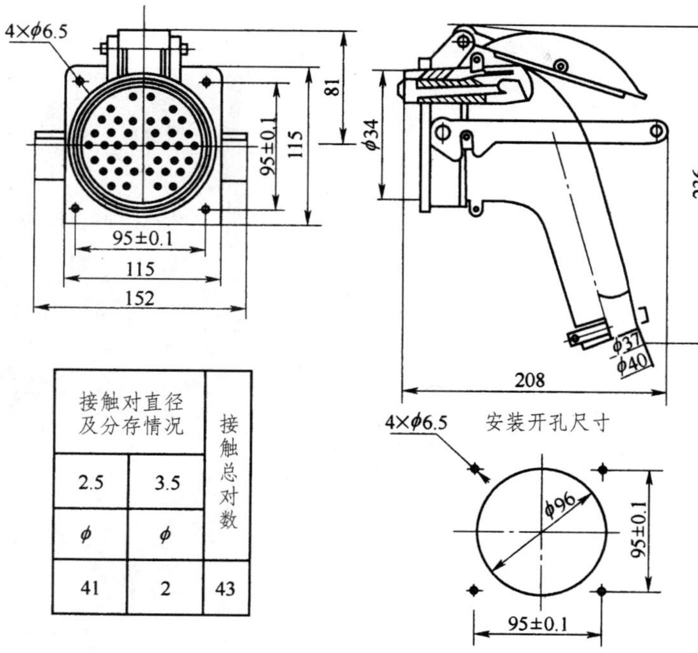

接触对直径及分存情况		接触总对数
2.5	3.5	
φ	φ	
41	2	43

图 2-11　JL1 型集控连接器

连接器的主要技术参数见表 2-6。

表 2-6　连接器的主要技术参数

项目	工作电压	工作电流	接触电阻	常温下绝缘电阻	试验电压
参数	500 V	接触对直径为 2.5 mm，25 A；接触对直径为 3.5 mm，40 A	φ 2.5 mm，≤0.002 Ω φ 3.5 mm，≤0.001 Ω	≥500 MΩ	常态下 AC 1 500 V/50 Hz（1 min）； 温湿试验后 AC 1 000 V/50 Hz（1 min）
项目	使用环境温度	相对湿度	振动实验	碰撞试验	寿命
参数	−50 ~ +50 °C	93%（40 °C）	振频 10 ~ 33 Hz， 振幅 3 mm； 振频 30 ~ 55 Hz， 振幅 1 mm； 扫描 2 h， 瞬断时间≤1 ms	25 g 1 min 10 ~ 40 次， 碰撞 4 000 次， 瞬断时间 ≤1 ms	500 次

【任务实施】

DC 600 V 提速客车车端连接器检查指导书	
作业步骤及质量标准	图示
1. 静态检查	
（1）检查通信连接器各部位状态。 ① 目视检查通信连接器外观。 ▲ a. 连接器表面油漆齐全，无鼓泡，无脱落。 b. 通信连接器螺栓、螺母、弹簧垫、平垫片齐全，无缺失，压接紧固（防松标记不移位或弹簧垫压平）。 c. 通信连接器与固定底座间密封良好，密封胶垫无缺失；连接器主体无裂损。 d. 防护盖无裂损。 ■连接器与固定底座间密封不好易造成绝缘故障	
② 首车打开防护盖，目视检查连接器端面。 ▲ a. 摇臂及压杆等不锈钢件不变形，摇臂连接处活动灵活。 b. 防护盖簧作用良好。 c. 连接器插针端子表面清洁、无烧损、无变形、无氧化变色。 d. 连接器绝缘板无裂损、无变色。 e. 连接器密封圈未老化、无开裂	
（2）目视检查 AC 380 V 电力连接器各部位状态。 ① 目视检查连接器外观，向上轻推压杆，观察保险钩状态。 ▲a. 连接器表面油漆齐全，无鼓泡，无脱落。 b. AC 380 V 电力连接器固定螺栓、螺母、弹簧垫、平垫片齐全，无缺失，压接紧固（防松标记不移位或弹簧垫压平）。 c. AC 380 V 电力连接器座与固定底座间密封良好，密封胶垫无缺失；连接器主体无裂损。 d. 防护盖无裂损。 e. 保险钩锁闭良好。 ■连接器与固定底座间密封不好易造成绝缘故障	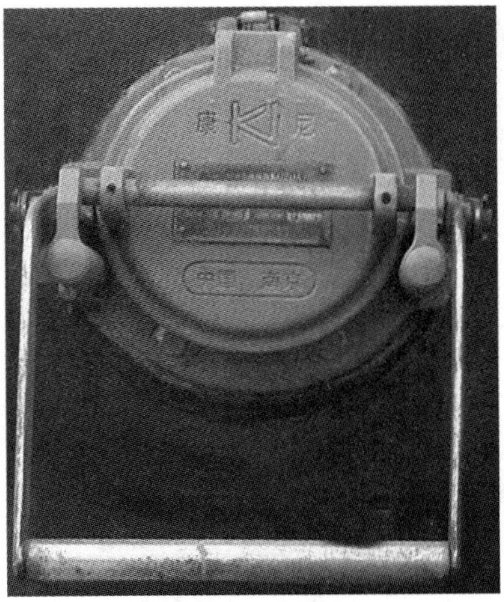

作业步骤及质量标准	图示
② 首车打开防护盖，目视检查连接器端面。 ▲a. 导柱表面润滑，不变形；左右拉钩无裂损；防尘堵齐全。 b. 摇臂及压杆等不锈钢件不变形；摇臂各连接平垫片及开口销齐全，连接处活动灵活；保险钩能够正常开闭。 c. 防护盖簧作用良好。 d. 连接器端子表面清洁、无烧损、无氧化变色，插孔内无异物。 e. 连接器绝缘板无裂损、无变色；绝缘板固定螺栓、弹簧垫、平垫片齐全，固定良好（弹簧垫压平）。 f. 连接器密封圈未老化、无开裂。 ■保险钩失效易造成AC 380 V电力线与连接器分离	
（3）目视检查侧灯插座各部位状态。 ① 目视检查侧灯插座外观。 ▲ a. 侧灯插座表面油漆齐全，无鼓泡，无脱落。 b. 侧灯插座固定螺栓、螺母、弹簧垫、平垫片齐全，无缺失，压接紧固（防松标记不移位或弹簧垫压平）。 c. 侧灯插座与固定底座间密封良好，密封胶垫无缺失；插座主体无裂损。 d. 防护盖无裂损	
② 首车打开防护盖，目视检查侧灯插座端面。 ▲ a. 防护盖簧作用良好。 b. 侧灯插座内部清洁，无异物；正负极柱表面清洁，无氧化烧损，无变形，无折断，无缺损脱落。 c. 插座内绝缘板无裂损，无变色；插座内部卡簧作用良好，绝缘板固定良好。 ■ 已发生过侧灯极柱接触不良，造成侧灯不亮	

作业步骤及质量标准	图示
（4）目视检查电空制动连接器各部位状态。 ① 目视检查电空制动连接器外观。 ▲ a. 电空制动连接器标记清晰、正确。 b. 连接器表面油漆齐全，无鼓泡，无脱落。 c. 电空制动连接器固定螺栓、螺母、弹簧垫、平垫片齐全，无缺失，压接紧固（防松标记不移位或弹簧垫压平）。 d. 电空制动连接器与固定底座间密封良好，密封胶垫无缺失；连接器主体无裂损。 e. 防护盖无裂损	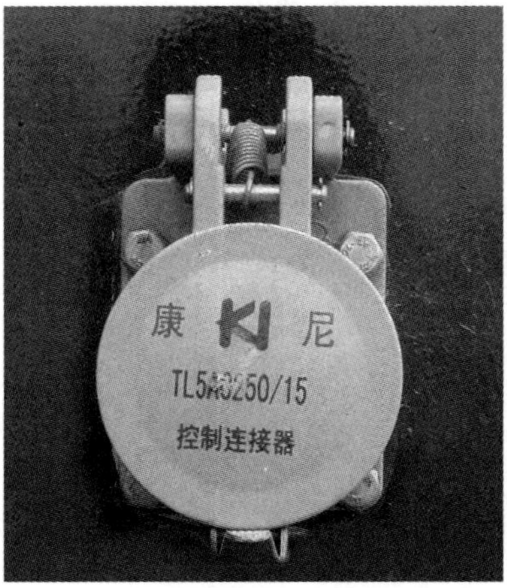
② 首车打开防护盖，目视检查连接器端面。 ▲ a. 防护盖簧作用良好。 b. 电空制动连接器插座内部清洁，无异物；插针表面清洁，无氧化、变形、脱落。 c. 连接器绝缘板无松动，无裂损，无变色。 d. 搭扣无锈蚀，无变形，开闭正常	
（5）使用手电筒照射，目视检查集控连接器各部位状态。 ① 目视检查集控连接器外观。 ▲ a. 连接器表面油漆齐全，无鼓泡，无脱落。 b. 集控连接器固定螺栓、螺母、弹簧垫、平垫片齐全，无缺失，压接紧固（防松标记不移位或弹簧垫压平）。 c. 集控连接器座与固定底座间密封良好，密封胶垫无缺失；连接器主体无裂损。 d. 防护盖无破损	

作业步骤及质量标准	图示
② 首车打开防护盖，目视检查连接器端面。 ▲a. 摇臂及压杆等不锈钢件不变形，摇臂各连接处活动灵活。 b. 防护盖簧作用良好。 c. 连接器插孔端子表面清洁、无氧化变色，插孔内无异物。 d. 连接器绝缘板无裂损，无变色。 e. 连接器密封圈未老化、无开裂	
2. 打开配电室（乘务间）门，闭合电池空气开关，观察电池电压为 48 V 左右，按压应急电源通位按钮，应急电源指示灯亮。进入乘务间，在照明控制柜闭合侧灯空气开关	
到车端用 48 V、8 W 测试灯测试侧灯插座正负极，灯亮。 ★ 打开柜门前须确认无“严禁供电”牌，避免触电伤害。 ★ 测试车端侧灯插座时注意防护	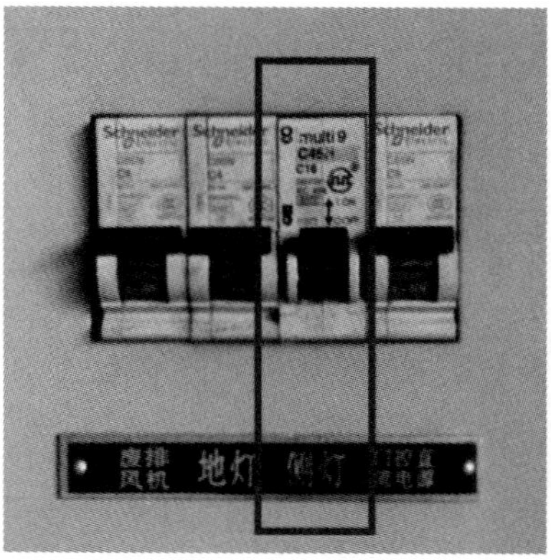
3. 进入乘务间、配电室，依次断开侧灯、电池空气开关，锁闭相应柜门，作业结束	

【质量标准】

（1）电力连接器及电力连接线清洁。连接线橡胶防护套、波形护套完好，无裂纹、破损，喉箍无松动。

（2）电力连接器插头、插座配件齐全、完整、无缺损，插拔作用良好，开闭灵活。

（3）电力连接器插头、插座密封圈、密封垫齐全、完好，密封、防水作用良好。

（4）电力连接器插销、插孔的贴界面清洁、平整，无烧损、锈蚀，若有碰伤造成凸起或毛刺，应修复后再连接。

（5）电力连接器插座安装螺栓紧固。电力连接器插头、插座关闭严密。

（6）定期对电力连接器插座的摩擦滑道和活动部件进行给油。

项目3

时速 160 公里动力集中动车组电气系统检修

【学习目标】

知识点：

1. 时速 160 公里动力集中动车组供配电组成；
2. 时速 160 公里动力集中动车组重要部件认知；
3. 时速 160 公里动力集中动车组电气综合控制柜配置。

技能点：

1. 时速 160 公里动力集中动车组日常检查维修；
2. 时速 160 公里动力集中动车组 C1 维修。

【内容概述】

时速 160 公里动力集中动车组电气系统由供配电、旅客信息服务、照明、控制检测与诊断、与动力车的接口、线槽与布线 6 个子系统组成，如图 3-1 所示。

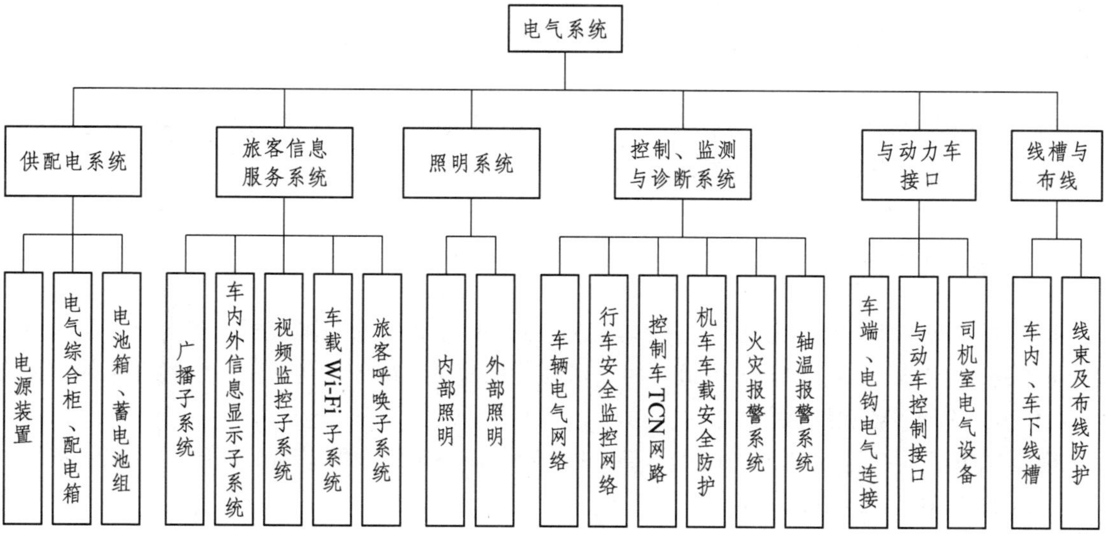

图 3-1　时速 160 公里动力集中动车组电气系统结构框图

任务 1　时速 160 公里动力集中动车组日常检查维修

【任务陈述】

技术人员进行时速 160 公里动力集中动车组日常检查维修。维修人员按照维修手册的规范程序进行检查，包括：TED13 控制电源柜检查、TGY32A 型电源柜检查、蓄电池柜检查、列车供电柜检查。检查时确认其工作状态正常，填写维修工单交付检验。工作过程中，应遵循现场工作管理规范。

【知识准备】

一、供配电系统

供配电系统供电模式分为以下两种：

DC 600 V 电源：短编组及重联编组采用动力车双路 DC 600 V 独立供电；长编组每个动力车采用 DC 600 V 单路供电；拖车采用 DC 600 V 两路独立干线传输方式。

DC 110 V 电源：动力车、拖车互相独立，拖车全列贯通，各车厢蓄电池及充电器通过逆流二极管与 DC 110 V 干线并联，重联时两短编组之间 DC 110 V 不贯通。

二、供电容量及减载方案

动力车采用 DC 600 V 列车供电装置给拖车供电，供电功率为 2×200 kW。长编组模式为两路输出。当某组模块故障时，另一路模块可单独输出 300 kW。

当某个动车有一个供电装置故障时，该回路输出容量为 300 kW，动车应给出该回路的减载信号，该回路供电的拖车减载运行。

当某个动车两个装置同时故障时，该回路输出容量为 0，该回路拖车转换到有电回路供电，全列车减载。

当一个动车两个供电装置均故障时，另一个动车供电装置一个故障时，全列车选择有电回路供电，全列车空调和电热减半载。

三、漏电保护

拖车每节车厢电气综合控制柜内设本车 DC 600 V 在线绝缘检测装置，在本车直流漏电电流超过保护设定值（6 ~ 150 mA 可调）时，可切除本车 DC 600 V 供电。编组时机械师室所在车设 DC 600 V 干线绝缘检测装置。

拖车每节车厢综合控制柜内设本车 DC 110 V 在线漏电流检测装置；编组时机械师室所在车设干线 DC 110 V 漏电报警器。

四、电气综合控制柜配置

每车乘务员室设置照明配电箱，集轴温声光报警、车下 DC 110 V 声光报警、照明控制、烟火报警、集便控制等功能单元于一体。

播音车配电箱还设 PIS（乘客信息系统）集中控制功能。

餐车机械师室内设中央配电箱，集成网络集中监视功能和行车安全列车监控功能，箱内设轴报记录仪。

二等座车/餐车（厨房式）设餐饮配电箱，对厨房餐饮设备进行控制及保护。

五、PIS

PIS 在既有高速动车组及 25T 客车成熟 PIS 的基础上，结合动力集中动车组需求进行设计：通过语音广播和视觉信息向旅客提供列车运行相关信息；通过车厢视频监控实时采集车厢内公共区域视频图像；播音车设置 Wi-Fi 中心服务器，车厢内设置 Wi-Fi 的 AP 天线，实现 Wi-Fi 覆盖；餐车厕所及无障碍座椅处设置紧急呼叫装置（SOS）。

按照功能划分成四个子系统：广播子系统、车内外信息显示子系统、视频监控子系统和 Wi-Fi 旅客信息服务子系统。

1. 广播子系统

广播部分取消原有 25T 型车播音车的播音主机，在播音车设置 PIS 列车主机、广播控制盒及集中功放单元，PIS 列车控制器可代替原有 25T 型车主控站。广播控制盒上设置手持话柄，工作人员通过手持话柄进行人工广播，如图 3-2 所示。

图 3-2　广播控制盒

广播包含人工广播和自动广播，人工广播具有最高的优先级。优先级见表 3-1。

表 3-1　广播优先级

优先级	通信方式	备注
1（高）	全列人工广播	任何时刻只能一种通信形式存在。优先级高的通信可以将正在进行的优先级低的通信强行停止
2	手动触发 全列服务信息广播	
3	自动触发 全列服务信息广播	
4（低）	娱乐音频（FM）	

2. 车内外信息显示系统

显示子系统由 PIS 列车主机（见图 3-3）、PIS 操作屏、PIS 车厢控制器、车内信息显示屏、车外信息显示屏、GPS（全球定位系统）天线和 FM（调频）天线等组成。在每个厕所对应的车内信息显示屏处设置有无人提示图标。

图 3-3　PIS 列车主机

控制器在收到 PIS 列车主机发出的 485 内外显数据进行解析并转发至车内外信息显示屏。

3. 视频监控子系统

视频监控系统采用既有 25T 客车视频监控系统，由视频服务器和摄像头组成，单车成网，单车采用以太网线下载存储数据。视频服务器设在电气综合控制柜内，客室区域设置长焦摄像头，通过台设置广角摄像头，实现对全车公共区域的监控。

4. Wi-Fi 旅客信息服务子系统

动车组播音车配电箱设置 Wi-Fi 中心服务器，所有控制柜内设置 Wi-Fi 交换机及单车服务器，车厢内设置 Wi-Fi 的 AP 天线，实现 Wi-Fi 覆盖。

六、照明系统

车厢内部照明全部采用 LED（发光二极管）照明，各车厢乘务员室设置照明控制开关，控制本车厢照明，包间卧车包间内部设置单独照明控制开关。也可选择由播音车通过全列集控对照明进行控制。主灯带可通过调光开关进行调光。

照明系统由 DC 110 V 电源进行供电。在列车供电正常状态时，照明系统由 DC 600/DC 110 V 提供电源。在列车供电故障状态时，照明系统处于应急照明工作状态下，由蓄电池提供电源，应急照明可持续工作 5 h。

普通座车、控制车及餐车行李架辅助灯带为应急照明。

各车通过台、卫生间、洗脸间、包间、乘务员室、机械师室、走廊等位置均设置应急照明。

照明单车逻辑：普通座车、控制车、餐车分为集控、停止、半灯、全灯四挡。普通卧车、包间卧车分集控、停止、半灯（优化后）、包间灯、全灯五挡。

照明集控逻辑：所有车的集控挡位有三挡，分别为停止、半灯、全灯。其中集控停止挡位和单车停止挡位相同，均为关闭全部照明。

普通座车主灯带亮度可调，行李架设辅助灯带。

普通卧车走廊上部使用隐形灯带照明，走廊茶桌下方设置地灯，包间内部使用包间顶灯照明，客室内设置带 USB 接口的阅读灯。

包间卧车走廊上部使用隐形灯带照明。包间内部使用包间顶灯照明。

七、控制、监测与诊断系统

车辆电气监控系统由车辆控制单元、供电系统、电源装置、轴温、烟火、塞拉门、防滑器、车厢监控屏、列车级电气监控系统主机及显示屏（仅餐车）和两级 LonWorks 网络（列车级、车辆级）等组成。

车辆的控制、监测与诊断系统可监视所有拖车的供电、空调、轴温、烟火、塞拉门、制动、转向架、防滑器等运行状态，并可控制所有拖车的供电、空调等工况。

所有拖车的烟火、塞拉门、防滑、轴温、空调、供电信息通过网关传送至 TCDS（客车运行安全监控系统）主机，TCDS 主机将信息传递给动力车和控制车的 MVB（多功能车辆总线束）/LON 网关，并通过无线通信方式与 TCDS 地面系统进行数据传输。

火灾报警系统是在 25T 型客车火灾报警系统的基础上增加感温电缆火灾探测器，升级现有的探测器的结构，升级火灾报警控制器及列车网关程序，升级通信协议。电气综合控制柜内线缆设置感温贴，用于辅助监测线缆温度。

轴温报警系统使用数模混合冗余式传感器。温度检测单元设计增加冗余量，采用双备份机制（检测芯片、传输配线双备份），有效防止或减少误报、漏报。

动车组设置四个安全环路，通过安全环路实现对列车的自动控制。为保证列车运行的安全，列车总共设置四个安全环路，分别是车门安全环路、制动安全环路、轴报安全环路及火灾报警安全环路。

1. 车门安全环路控制逻辑

拖车采集全列拖车塞拉门全关闭信号，任一一门未关闭，输出低电平（可单门隔离）。

动力车/控制车收到低电平信号后，自动执行牵引封锁（含静止、运行状态），显示屏显示门未关闭；低电平恢复高电平时，动力车取消牵引封锁，司机操作牵引手柄回零确认后允许牵引。

隔离功能：在司机室显示单元设置整列车门环路隔离功能。

2. 制动安全环路控制逻辑

当任一拖车发生“严重缓解不良”或“严重异常制动”或“严重自然制动”报警时，安全环路输出低电平，其他状态输出高电平（可在拖车隔离）。

收到低电平后，显示屏报警，微机网络控制系统通过 MVB 给制动机安全环路状态信号“1”，制动机结合列车速度信号，自动实施制动至停车；安全环路恢复高电平后，微机网络控制系统向制动机发送“0”，制动机实施缓解。

隔离功能：在司机室显示单元设置整列制动环路隔离功能。

3. 轴报安全环路控制逻辑

当任一拖车轴箱轴温绝对轴温超过 90 °C，安全环路输出低电平，其他状态输出高电平（可单车隔离）。

动力车收到低电平自动实施最大常用制动至停车，显示屏显示轴温报警；低电平恢复高电平时，司机操作手柄缓解制动。

隔离功能：在司机室显示单元设置整列轴报环路隔离功能。

4. 火灾报警安全环路控制逻辑

当任一拖车火灾报警时，安全环路输出低电平（可单车消音）。

动力车收到低电平，指示灯闪烁、蜂鸣器响；低电平恢复高电平时，指示灯停止闪烁，蜂鸣器停止鸣响。

隔离功能：在司机室显示单元设置整列火警环路隔离功能（消音及消除闪光）。

任一安全环路节点触发后的报警逻辑如图 3-4 所示。

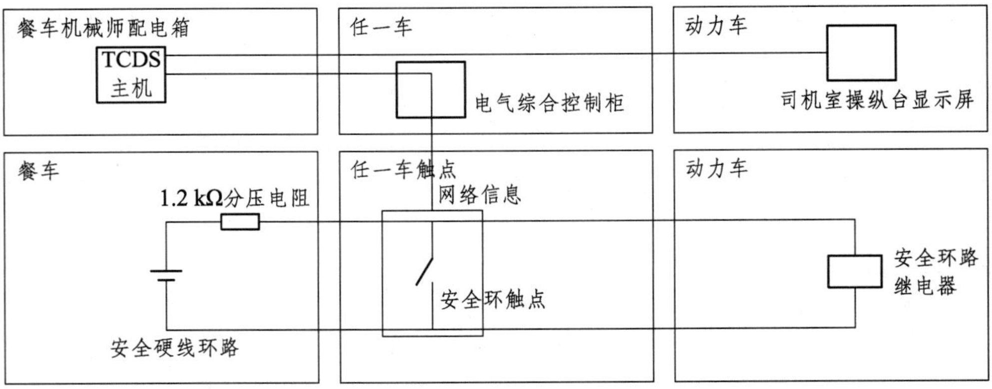

图 3-4　任一安全环路节点触发后的报警逻辑

安全环路信号为硬线信号，与列车网络通信互相独立。

司机在发生安全环路报警时，需结合司机室操纵台显示屏的二级网络界面确认具体故障点。

当车门正常打开时，车门安全环路同样会触发。只要车门在全部关闭状态下，车门安全环路能够恢复正常，即表示车门安全环路正常工作。

当四个安全环路全部恢复正常，无报警信息时，列车即达到发车条件。即使部分网络信息因网络延时发生离线等情况，也不影响列车正常行驶。

八、与动力车接口

1. DC 600 V 供电

DC 600 V 电力连接器采用 25T 型客车统型结构。

2. 通信控制

通信控制采用 54+3 芯的新型通信（控制）连接器，集成列车通信，包括门控、火警、轴温、列车网络、安全环、照明集控、PIS 及电空制动控制等功能。

3. 重联控制

将动力车与控制车或动力车与动力车之间的重联信号布置于车端的 54+3 芯的重联连接器，拖车重联线仅通过。

九、线槽与布线

采用符合 TJ/CL 254—2013《铁道客车用电线电缆技术条件》或 TB/T 1484.1—2017《机车车辆电缆 第 1 部分：动力和控制电缆》规定的电缆，供电干线贯通电缆的选型参考 25T 型车。

车下中部线槽和客室线槽均采用模块化结构，布线后整体吊装。

十、关键零部件介绍

每车设电气综合控制柜，分别实现供电控制、空调机组控制、交流负载配电控制和电气系统监控、视频监控、行车安全、照明供电、直流配电以及网络通信等功能。

电气综合控制柜采用镀锌钢板材质，下部采用双层回转架结构，有效利用了柜内空间。

乘务员室（播音室）内设置配电箱，配电箱集轴温声光报警、车下 DC 110 V 声光报警、乘客呼唤[包间卧车及餐座合造车、普通座车（带餐吧）设置]、照明控制、烟火报警、集便控制等功能单元于一体。

播音车配电箱还设 PIS 集中控制功能。

餐车机械师室内设中央配电箱，集成网络集中监视功能和行车安全列车监控功能，箱内设轴报记录仪。

乘务员室设插座（带 USB 口），洗脸间设二、三芯带保护门的防水插座；座车、餐车、控制车的客室，在两排座椅之间设置插座（带 USB 口）（长编组将插座改至座椅背后）；卧车在卧铺之间设置插座，为旅客手提式计算机、手机充电提供电源。插座电压为 AC 220 V，由单相逆变器供电。

车端设有 DC 600 V 电力连接器、DC 110 V 电力连接器、重联连接器、通信（控制）连接器四种。两侧的插座相互冗余，确保信息传输的可靠性。DC 600 V 电力连接器、DC 110 V 电力连接器采用 25T 型车统型结构。

控制车设备间设置低压电器柜、制动柜、控制电源柜、通信信号柜、空调柜、6 A 及 CMD 柜、照明设备，以及 6 A 系统的感温探头、感烟探头、摄像头。

控制电源柜、低压电气柜、空调柜从底部接线、前面维修，6 A 及 CMD 柜从顶部接线、前面维修，通信信号柜从底部接线、后面维修，制动柜从背部接线。

【任务实施】

检修指导书

序号	部件名称	检修内容及要求	检修设备	润滑剂、清洗剂或其他	备注
1	TED13控制电源柜	（1）模块电容器的放电时间可能要持续 8 min 以上			
		（2）检查外观：检查电源柜的外观是否有油漆损坏			
		（3）检查各指示灯、开关的状态：检查模块、过压保护器的指示灯状态和断路器的开关状态，看是否处于正常状态			
2	TGY32A型电源柜	（1）整柜外观油漆检查：检查电源柜的外观，是否有油漆损坏。			
		（2）部件状态检查：检查模块、过压保护器的指示灯状态和断路器的开关状态，看是否处于正常状态。			
3	蓄电池柜	检查外观： ① 目测检查电池壳体是否有污物及积尘，有则用绝缘物清扫、清洁。 ② 看电池壳体是否有破裂、鼓胀、漏液、烧痕等异常，有则更换			
4	列车供电柜	⚠危险： 在进行列供检查作业前，必须切断接触网电源并接地，防止未经许可接通接触网电源！必须采用坠落保护安全装置（如安全带）。此外，必须遵守当地相关规定。			

任务 2　时速 160 公里动力集中动车组 C1 维修

【任务陈述】

技术人员进行时速 160 公里动力集中动车组 C1 维修。维修人员按照维修手册的规范程序进行检查，包括：TED13 控制电源柜检查、TGY32A 型电源柜检查、蓄电池柜检查、列车供电柜检查、tPower-AS10 型列车供电装置检查、TDPS06 型列车供电装置检查、低压电器柜检查。检查时确认其工作状态正常，填写维修工单交付检验。工作过程中，应遵循现场工作管理规范。

【任务实施】

检修指导书

序号	部件名称	检修内容及要求	检修设备	润滑剂、清洗剂或其他	备注
1	TED13 控制电源柜	（1）检查外观：检查电源柜的外观，是否有油漆损坏			
		（2）检查各指示灯、开关的状态：检查模块、过压保护器的指示灯状态和断路器的开关状态，看是否处于正常状态			
		（3）检查紧固螺栓：检查各紧固螺栓是否有松动、生锈、放电发黑现象，松动螺栓必须使用力矩扳手按相应力矩标准紧固；生锈、放电发黑的螺栓进行更换	力矩扳手		
		（4）清理柜内灰尘和异物：用高压气枪清理柜体内的灰尘和异物	高压气枪		
2	TGY32A 型电源柜	（1）整柜外观油漆检查：检查电源柜的外观，是否有油漆损坏			
		（2）部件状态检查：检查模块、过压保护器的指示灯状态和断路器的开关状态，看是否处于正常状态			
		（3）柜内清洁：用高压气枪清理柜体内的灰尘和异物			
		（4）紧固件检查和维护：检查各紧固螺栓是否有松动、生锈、放电发黑现象，松动螺栓必须使用力矩扳手按相应力矩标准紧固；生锈、放电发黑的螺栓进行更换			
3	蓄电池柜	（1）检查外观： ① 目测检查电池壳体是否有污物及积尘，有则用绝缘物清扫、清洁； ② 看电池壳体是否有破裂、鼓胀、漏液、烧痕等异常，有则更换			
		（2）检查柜内接线状态：使电池组与负载断开呈开路状态，然后戴上防护绝缘手套，检查各连接线是否连接紧固、畅通，是否有发热熔化、破裂剥落、烧痕割口等，有则查明原因并更换			

续表

序号	部件名称	检修内容及要求	检修设备	润滑剂、清洗剂或其他	备注
3	蓄电池柜	（3）检查紧固螺栓：戴上防护绝缘手套，检查螺栓是否松动，有则用扳手拧紧，但扭矩不应大于 15 N·m			
		（4）检查蓄电池柜是否干燥、通风			
		（5）检查蓄电池柜有无异物，如有异物则清理干净			
4	tPower-AS 10 型列车供电装置	危险： 在进行列供检查作业前，必须切断接触网电源并接地，防止未经许可接通接触网电源！必须采用坠落保护安全装置（如安全带）。此外，必须遵守当地相关规定。 机车必须和接触网隔离，切断机车电源。 如有可能，应在没有接触网的情况下进行维护和修理。如不可能，必须按照铁路公司的规程首先进行车头前后的电气间隙和接地情况的检查。 仅接受过指导且合格的人员才允许对列供柜进行检修及维护作业工作。作业人员必须具备相关的安全和处理程序知识			
		（1）外观检查：检查柜门表面无脏物、变形、脱漆现象，检查柜门是否能正常开合，有无变形，检查柜门门锁无卡壳、损坏			
		（2）检查接触器：检查接触器线圈表面无过热、变形、烧损现象	手电筒、万用表、110 V 电源		
		（3）检查同步变压器：检查同步变压器表面无鼓包、开裂、汽包等异常现象			
		（4）检查电阻器件：检查电阻器表面无过热、烧损现象	万用表		
		（5）检查变流器模块： ① 检查变流器模块表面无脏物、破损、放电现象。 ② 检查门极驱动板触发线是否破损	高压风枪、万用表		

续表

序号	部件名称		检修内容及要求	检修设备	润滑剂、清洗剂或其他	备注
5	TDPS06 型列车供电装置		（1）检查外观，检查柜门密封，检查门锁，检查柜门表面无脏物、变形、脱漆现象；检查柜门是否能正常开合，有无变形；检查柜门门锁无卡壳、损坏			
			（2）检查交流输入接触器： ① 检查接触器线圈表面无过热、变形、烧损现象。 ② 检测接触器辅助联锁常开、常闭点接触是否可靠。 ③ 检测接触器主触头接触是否良好			
			（3）检查电阻器件：检查电阻器表面无过热、烧损现象			
			（4）功能试验：按照调试步骤完成列供柜低压、保护、高压试验			
6	低压电器柜	门、屏柜、内部	（1）检查所有门、骨架、设备安装板、内部区域是否有灰尘，如有必要，适当清扫。 注意： 不能使用清洁剂，只能干清扫			
			（2）检查所有螺栓连接：检查所有螺栓连接是否紧固，如有必要，用规定的拧紧力矩重新紧固螺栓连接			
			（3）检查油漆表面：检查油漆表面是否有损坏或缺少面漆，如有必要，根据制造厂家的文件修整损坏的面漆			
			（4）检查所有密封件：检查所有密封件是否紧密、是否有损坏，如有必要，应重新紧固或更换			
			（5）检查接地线：检查接地线是否有损坏、是否紧密，如有必要，应重新紧固或更换			
			（6）检查所有电缆和电缆连接： ① 检查所有电缆和电缆连接是否有损坏、是否紧固，如有必要，应请更换或重新紧固。 ② 检查所有电缆和电缆连接是否有变色或灼痕，如有必要，应更换或修理			

续表

<table>
<tr><th>序号</th><th colspan="2">部件名称</th><th>检修内容及要求</th><th>检修设备</th><th>润滑剂、清洗剂或其他</th><th>备注</th></tr>
<tr><td rowspan="10">6</td><td rowspan="10">低压电器柜</td><td rowspan="4">断路器安装板组成：三相自动开关、断路器</td><td>（1）目视检查：
① 检查部件是否损坏或变色，如有必要，应更换。
② 开关元件颜色变黑、变粗糙属正常现象，既无须更新也无须涂脂</td><td></td><td></td><td></td></tr>
<tr><td>（2）检查部件是否紧固到位：检查部件是否紧固到位，如有必要，应重新紧固</td><td></td><td></td><td></td></tr>
<tr><td>（3）检查开关组件触头：
① 如果接触被灼伤到可以看见接触板材料，则必须更换开关元件。
② 发生短路后，焊接的主要开关元件必须用螺丝刀分离，更换损坏的电弧隔板</td><td></td><td></td><td></td></tr>
<tr><td>（4）检查连接电缆：检查连接电缆，如有必要，应重新紧固</td><td></td><td></td><td></td></tr>
<tr><td rowspan="4">设备安装板3组成：继电器、中间继电器、电阻、二极管</td><td>（1）检查外观：
① 检查部件是否损坏或变色，如有必要，应更换。
② 开关组件颜色变黑、变粗糙属正常现象，既无须更新也无须涂脂</td><td></td><td></td><td></td></tr>
<tr><td>（2）检查部件是否紧固到位：检查部件是否紧固到位，如有必要，应重新紧固</td><td></td><td></td><td></td></tr>
<tr><td>（3）检查开关组件触头：
① 如果接触被灼伤到可以看见接触板材料，则必须更换开关组件。
② 发生短路后，焊接的主要开关组件必须用螺丝刀分离，更换损坏的电弧隔板</td><td></td><td></td><td></td></tr>
<tr><td>（4）检查连接电缆：检查连接电缆，如有必要，应重新紧固</td><td></td><td></td><td></td></tr>
<tr><td rowspan="2">设备安装板2组成：接触器</td><td>（1）目视检查：
① 检查部件是否损坏或变色，如有必要，应更换。
② 开关元件颜色变黑、变粗糙属正常现象，既无须更新也无须涂脂</td><td></td><td></td><td></td></tr>
<tr><td>（2）检查部件是否紧固到位：检查部件是否紧固到位，如有必要，应重新紧固</td><td></td><td></td><td></td></tr>
</table>

续表

序号	部件名称		检修内容及要求	检修设备	润滑剂、清洗剂或其他	备注
6	低压电器柜	设备安装板2组成：接触器	（3）检查开关元件触头： ① 如果接触被灼伤到可以看见接触板材料，则必须更换开关元件。 ② 发生短路后，焊接的主要开关元件必须用螺丝刀分离，更换损坏的电弧隔板			
			（4）检查连接电缆：检查连接电缆，如有必要，应重新紧固			
		设备安装板4组成、端子安装板组成1、端子安装板组成2：接线端子	（1）检查外观：检查部件是否损坏或变色，如有必要，应更换			
			（2）检查部件是否紧固到位：检查部件是否紧固到位，如有必要，应重新紧固			
			（3）检查连接电缆：检查连接电缆，如有必要，应重新紧固			
		设备安装板5组成、设备安装板6组成：接触器、接线端子	（1）检查外观：检查部件是否损坏或变色，如有必要，应更换			
			（2）检查部件是否紧固到位：检查部件是否紧固到位，如有必要，应重新紧固			
			（3）检查开关组件触头： ① 如果接触被灼伤到可以看见接触板材料，则必须更换开关组件。 ② 发生短路后，焊接的主要开关组件必须用螺丝刀分离，更换损坏的电弧隔板			
			（4）检查连接电缆：检查连接电缆，如有必要，应重新紧固			
		设备安装板1组成：电容、接地检测继电器、端子	（1）检查外观： ① 检查部件是否损坏或变色，如有必要，应更换。 ② 开关组件颜色变黑、变粗糙属正常现象，既无须更新也无须涂脂			
			（2）检查部件是否紧固到位：检查部件是否紧固到位，如有必要，应重新紧固			

续表

序号	部件名称		检修内容及要求	检修设备	润滑剂、清洗剂或其他	备注
6	低压电器柜	设备安装板1组成：电容、接地检测继电器、端子	（3）检查开关组件触头： ① 如果接触被灼伤到可以看见接触板材料，则必须更换开关组件。 ② 发生短路后，焊接的主要开关组件必须用螺丝刀分离，更换损坏的电弧隔板			
			（4）检查连接电缆：检查连接电缆，如有必要，应重新紧固			
		模块安装板组成：模块	（1）检查外观：检查部件是否损坏或变色，如有必要，应更换			
			（2）检查部件是否紧固到位：检查部件是否紧固到位，如有必要，应重新紧固			
			（3）检查连接电缆：检查连接电缆，如有必要，应重新紧固			
		滤尘板	检查滤尘板外观：检查部件的滤芯是否堵塞，是否影响通风，如有必要，应更换			
		DC 110 V插座	（1）检查外观：检查部件是否损坏或变色，如有必要，应更换			
			（2）检查部件是否紧固到位：检查部件是否紧固到位，如有必要，应重新紧固			
			（3）检查连接电缆：检查连接电缆，如有必要，应重新紧固			
		滤波电容	（1）检查外观：检查部件是否损坏或变色，如有必要，应更换			
			（2）检查部件是否紧固到位：检查部件是否紧固到位，如有必要，应重新紧固			
			（3）检查连接电缆：检查连接电缆，如有必要，应重新紧固			
		变压器	（1）检查线圈： ① 检查绕组有无变形，整个绕组应无倾斜，如有变形应及时修理。 ② 检查气隙是否被杂物堵塞，若堵塞须用经许可的清洁剂清理			
			（2）检查引线的连接情况： ① 每根引出线必须与变压器本身的引线一一对应，即接到同一个接线端子上。 ② 检查引线与接线端子的接触情况			

续表

序号	部件名称		检修内容及要求	检修设备	润滑剂、清洗剂或其他	备注
6	低压电器柜	变压器	（3）检查铁心变压器运行时情况： ① 检查铁心接地线 2N 需可靠接地。接地处的接地螺母为 M6。 ② 检查铁心夹件的紧固程度			
			（4）检查所有螺栓连接是否紧固到位：检查接线端子 M5 螺栓连接情况，检查变压器与控制柜连接螺栓连接情况，拧紧转矩 25 N · m。			
		预充电电阻	（1）检查外观：检查部件是否损坏或变色，如有必要，应更换			
			（2）检查部件是否紧固到位：检查部件是否紧固到位，如有必要，应重新紧固			
			（3）检查连接电缆：检查连接电缆，如有必要，应重新紧固			
		单相隔离逆变器	（1）检查外观：检查部件是否损坏或变色，如有必要，应更换			
			（2）检查部件是否紧固到位：检查部件是否紧固到位，如有必要，应重新紧固			
			（3）检查连接电缆：检查连接电缆，如有必要，应重新紧固			

项目4 25T型客车电气系统检修

【学习目标】

知识点：

1. 综合控制柜的工作原理；
2. 逆变器的组成、参数与原理；
3. 充电器概况与基本原理；
4. 充电机的工作原理；
5. 单相逆变器的工作原理。

技能点：

1. 综合控制柜的使用、维护和检修；
2. 逆变器的检修；
3. 充电器的检修；
4. 充电机的检修；
5. 单相逆变器的检修。

【内容概述】

25T型客车为AC 380 V/DC 600 V兼容供电客车。客车DC 600 V供电时，供电系统采用电力机车集中供电，客车分散变流的方式。

25T型客车采用2×35 kW逆变器，主要从两方面考虑：一是25T型客车由于新增加了许多设备，单车负载容量较大；另一方面是为适应新的运行方式，增加供电系统的可靠性和安全性。两个逆变器其中一个主要给空调机组供电，另一个给开水炉、伴热器等交流负载供电，正常情况下，两个逆变器相互独立，互为热备份。当其中一个发生故障时，由另一个负责继续向负载供电，但部分负载要减载运行（如空调机组转入半冷或半热工况）。客室电热器、温水器等电阻性负载，采用DC 600 V直接加热的方式，一方面减轻了逆变器的冬季负载，另一方面减轻了电阻性负载引起的漏电流。

由于电气化区段每隔50 km左右便有一个分相区（不同变压器之间换相）即无电区，DC 600 V电源装置在过分相区时停止输出，因此逆变器也没有三相交流输出。为了避免照明负载的频繁断电，照明采用 DC 100 V 供电，在牵引区段，由充电器向照明负载供电，而过无电区时则由安装在车下的蓄电池供电。同样，为了保证空调等控制电路的控制电器不频繁吸合和释放，控制电路也采用 DC 110 V 供电。

为了防止本车蓄电池过放电或故障，保证重要负载（如轴温报警器等）的供电，全列蓄电池通过阻断二极管并联。尾灯、电话等设施从延续性的角度考虑仍采用 DC 48 V 供电。

任务 1　综合控制柜的使用、维护和检修

【任务陈述】

（1）综合控制柜的使用：综合控制柜系统参数设定；供电人工转换；空调人工转换；供电、空调、车下电源运行参数、当前故障查询；运行记录、故障记录、故障历史查询；监视全列其他车厢状态，控制全列其他车厢；更改系统时间。

（2）综合控制柜静态技术检查：维修人员按照维修手册的规范程序进行检查，包括：电气综合控制柜外观检查；静态检查电气综合控制柜上柜；静态检查电气综合控制柜下柜；填写维修工单交付检验。工作过程中，应遵循现场工作管理规范。

（3）综合控制柜动态技术检查：维修人员按照维修手册的规范程序进行检查。打开综合电气控制柜，依次闭合 Q20、Q30、Q19、Q35、Q36、Q1、Q2、Q3 空气开关进行相应检查；旋转组合控制柜面板“照明选择”转换开关，分别置“半灯”“全灯位”位进行相应检查；旋转 SA1 转换开关置“试验Ⅰ路”进行相应检查，进行Ⅰ路供电试验进行相应检查；旋转 SA1 转换开关置“试验Ⅱ路”进行相应检查，进行Ⅱ路供电试验进行相应检查；旋转 SA1 转换开关置“自动”位，进行自动供电试验，确认供电选择情况。检查完后填写维修工单交付检验。工作过程中，应遵循现场工作管理规范。

【知识准备】

一、综合控制柜概况

综合控制柜概况

国产 25T 型客车采用 TKDT 型铁路客车电气综合控制柜，简称综合控制柜。综合控制柜是集电源转换与控制、空调机组控制、照明控制、蓄电池欠压保护等功能单元于一体的智能型综合控制柜。综合控制柜的控制单元由可编程序控制器（以下简称 PLC）、CPU 单元及其扩展 I/O 单元和触摸屏组成。

综合控制柜的控制核心采用 PLC 通过微型可编程序终端（以下简称显示触摸屏）接收各种指令并自动执行相应的操作步骤，对电气系统运行中出现的各种故障及时进行诊断、指示并保护。综合控制柜具有检测、控制、诊断保护、信息提示、联网通信功能，实现供电及控制系统的综合控制，可进行车对车通信，并逐步实现车对地、地对车的计算机联网通信。在触摸屏上可以设置车厢号、车辆编号，设置电源和空调机组的保护值，设置制冷、采暖的转换温度，显示逆变器充电器的工作状态、输入输出参数和故障诊断信息；可以记录电源的运

行状态和参数、空调机组的工况和运行参数，记录压缩机、电热器的运行时间和电流参数，可以根据温度传感器自动控制空调装置的工况转换；可以记录电气系统内出现的故障；可以通过触摸屏控制其他车辆的电源和空调状态。

AC 380 V/DC 600 V 兼容供电客车，除具备 DC 600 V 供电系统的功能外，还增加了直流、交流电源的自动转换、识别和手动选择，通过电压传感器、频率传感器的采样，区分直流供电和交流供电，并自动进行转换和运行参数的记录等。

（一）主要特点

（1）综合控制柜实现了客车电气控制系统的小型化、智能化、集成化和系统化。

（2）综合控制柜根据预设参数实现自动控制，减轻了操作人员的工作强度，避免了人为操作引起的事故，便于操作和维护。

（3）综合控制柜对整车电气系统参数进行实时监测，出现故障时及时进行保护动作，避免了由于保护不及时而引起的严重后果。

（4）综合控制柜可对轴温、防滑器、烟火报警器、车门的状态进行监视和显示。

（5）综合控制柜充分考虑了整车各个电气功能部件的协调工作，整个电气系统工作更加安全可靠。

（6）根据《铁道客车配线布线规则》和实际存在的问题，不同系统、不同电压等级、不同电流类别的导线尽量相互隔离，减少相互间的电磁干扰。

（7）综合控制柜的控制方案以自动为主，同时考虑控制系统故障的应急措施，包括极端情况下的手动应急措施。

（8）综合控制柜主要具备六大功能：电源转换与控制功能；空调机组控制功能；蓄电池欠压保护功能；照明供电功能；轴温、防滑器、烟火报警器、车门及电源箱状态监视功能；联网通信功能。

（二）技术规格

1. 主要技术参数及功能

（1）综合控制柜控制单元由 PLC 主机单元（CPM2A-CPU61）、12/8 点的 I/O 扩展模块（CPM1A-20EDR1）、信息显示触摸屏（NT31-ST121-EV2）组成。

① PLC：用以整个电气系统的自动控制；电气系统运行中的参数监测与分析；对出现的故障进行自动处理；通过显示触摸屏实现人机对话，响应显示触摸屏输入的命令、参数；将故障信息运行记录通过显示触摸屏显示等。其规格和主要参数见表 4-1。

表 4-1　综合控制柜中 PLC 的规格和技术参数

内容	参数	内容	参数
模拟量输入点	17 点（DC 0 ~ 10 V）	开关量输出点	24 点（继电器输出）
温度输入点	1 点（PT100）	输出端最大开关功能	2 A，AC 250 V（cos φ=1）； 2 A，DC 24 V
开关量输入点	24 点（DC 24 V，8 mA）	输出端最小开关功能	10 mA，DC 5 V

② 信息显示触摸屏是一种微型可编程终端，采用全中文液晶显示触摸屏（带背光），具有字符类型和图像类型显示，由通信接口和 PLC 的外设接口进行通信。主要功能是现场参数设定、电源转换、空调机组等功能单元运行工况的人为控制、运行工况参数的显示、实时显示各功能单元的运行状态及实时报告故障现象。其规格和主要参数如下：

字符、图像类型显示：不少于 20×15 个汉字。

LCD 规格：不少于 320×240 点。

（2）交、直流电源。

① 主电路电源。

主电路由两路电源母线中的其中一路提供电源，向温水箱、逆变器、充电器供电，并由逆变器Ⅰ、逆变器Ⅱ变换成 AC 380 V，向车内空调、伴热等交流负载供电，主电路主要参数见表 4-2。

表 4-2　综合控制柜主电路的技术参数

项目	参数	项目	参数
直流主电源	DC 600 V	额定工作电压	三相交流 380 V
额定工作电压	DC 600 V	电压波动范围	三相交流 323～437 V
电压波动范围	DC 500～660 V	额定工作频率	（50±1）Hz
交流主电源	AC 380 V		

② 蓄电池。

DC 110 V 电源全列贯通，各车厢蓄电池及充电器通过逆流二极管与 DC 110 V 干线并联。蓄电池在充电机停止或故障时，向本车照明、水位显示、塞拉门、车下电源箱控制、温水箱控制、开水炉控制等负载供电。其电池欠压保护动作值为（91±1）V，恢复值为（97±1）V。

③ 直流控制电源（见表 4-3）。

应急灯、轴温报警器、防滑器、PLC 等重要负载由列车直流 110 V 母线供电；照明、车下电源箱、温水箱、开水炉、水位显示等负载的控制电源由本车直流 110 V 电源提供；控制柜内的 DC/DC 电源模块将 DC 110 V 电源转换成 DC 24 V 后，向 PLC、显示触摸屏、网关、安全用电记录仪供电，转换成 DC 12 V 后向传感器供电；DC 110 V/DC 48 V 电源将 DC 110 V 转换成 DC 48 V 后向尾灯、电话插座供电。

表 4-3　直流控制电源参数

直流电器控制电路		PLC、触摸屏电路		信号采集电路（传感器）	
额定工作电压	DC 110 V	额定工作电压	DC 24 V	额定工作电压	DC 12 V
电压波动范围	DC 77～135 V	电压波动范围	DC 20.4～26.4 V	电压波动范围	DC 11.4～12.6 V
				输出电压范围	DC 0～10 V；0～5 V

④ PLC、触摸屏及传感器供电电源（见表 4-4）。

⑤ 尾灯、电话插座供电电源（见表 4-5）。

表 4-4 PLC、触摸屏及传感器供电电源参数

内容	参数	内容	参数
额定输入电压	DC 110 V	电压调整率	不大于 1%
输入电压波动范围	DC 77 ~ 135 V	电流调整率	不大于 1%
额定输出电压	DC 24（1±5%）V	额定输出电流	DC 24 V 不小于 3 A
	DC 12（1±5%）V		DC 12 V 不小于 1 A

表 4-5 尾灯、电话插座供电电源参数

内容	参数	内容	参数
额定输入电压	DC 110 V	额定输出电流	不小于 1 A
输入电压波动范围	DC 77 ~ 135 V	电压调整率	不大于 1%
额定输出电压	DC 48（1±5%）V	电流调整率	不大于 1%

2. WG 型网关规格

WG 型网关包括 PLC 网关、轴温报警器网关、防滑器网关、烟火报警器网关。这些网关一方面通过各种通信接口实现 PLC 到安全记录仪之间、轴温报警器到 PLC 之间、防滑器到 PLC 之间、烟火报警器到 PLC 之间的数据传递，另一方面通过 LonWorks 接口及列车总线实现车辆间的信息和命令传递。

额定输入电压：DC 24 V；

输入电压波动范围：DC 20 ~ 27 V。

3. DL-Ⅱ代理节点

代理节点是连接列车和车厢的桥梁，它有 2 个独立的 LonWorks 通信接口。上行 LonWorks 通信接口负责列车级网络通信，接收列车主机的信息，并将信息转发给下行 LonWorks 通信模块。下行 LonWorks 通信接口负责车厢级网络通信，转发集中控制命令，接收车厢各应用节点传输的参数、工作状态等信息。

额定输入电压：DC 24 V；

输入电压波动范围：DC 20 ~ 27 V。

（三）系统功能

1. 触摸屏的功能

触摸屏的功能包括：现场参数的设定、电源供电的转换、空调机组运行等功能单元运行工况的操作、运行状态和主要参数的实时显示。通过触摸屏可以调出 3 h 以内的各种工作状态和运行参数。

2. 电源供电转换功能

综合控制柜的供电电源有 AC 380 V 和 DC 600 V 两种。当选择“交流供电”时，供电系统为发电车集中供电；当选择“直流供电”时，供电系统为机车集中向客车供电。

3. 空调机组控制功能

通过空调工况转换开关可将空调机组控制设置为“自动”“试验冷”或“试验暖”位。PLC

因故障停止工作时，可将空调工况转换开关置于“试验暖”或“试验冷”位，手动控制空调机组运行。“试验冷”可实现强通风、半冷和全冷工况；“试验暖”可实现弱风、半暖和全暖三种工况。

4. 照明控制功能

照明采用 DC 110 V 供电，照明的控制方式为手动控制。照明控制开关设在乘务员室内（特殊要求除外），通过控制开关可实现车内照明的控制。

5. 网络功能

本车轴温信息、防滑器信息、车门状态信息、烟火报警器信息等通过网络连接，在触摸屏上集中显示。

列车设两路双绞屏蔽网络线，通过综合控制柜内网线转换开关与柜内网关连接，可实现全列集中监视和控制。

通过网络实现全列监视，即在任何一节车厢的触摸屏上都可以查看其他车厢的供电、空调、轴温信息、防滑器信息、车门状态信息、烟火报警器信息等设备的运行状态及参数。

通过网络实现全列集中控制，即在任何一节车厢的触摸屏上可以控制其他车厢的供电和空调运行。

二、综合控制柜的工作原理

铁路客车电气综合控制柜在 25G 客车上已经推广应用。25T 客车电气综合控制柜许多控制逻辑和控制流程与 25G 客车相同，不同的是 25T 客车的电气系统监控更丰富些。25T 综合控制柜从原理上可分为几大功能单元，其工作原理如图 4-1 所示（见二维码）。

图 4-1　RW_{25T} 综合控制柜原理图

25T 型客车综合控制柜的工作原理、使用维护与检修

（一）客车的供电控制与转换

综合控制柜的电源有两路供电，分“自动”“试验 I 路”“试验 II 路”位。正常情况下，选择开关置于“自动”位，自动控制流程如图 4-2 所示。

（1）正常情况下，转换开关 SA1 置于“自动”位。

当 I 路、II 路均有电时，设定车厢号后，PLC 按照均衡供电原则，奇数号车厢选择 I 路供电，偶数号车厢选择 II 路供电，I 路和 II 路在软件和硬件上互锁，显示屏显示相应信息，电源指示灯亮。

当电池电压高于 96 ~ 98 V 时，欠压保护板输出一个 DC 110 V 正极性信号（311）使 KM4 吸合；依次合上 Q20、Q30、Q19、Q18，此时 PLC、触摸屏、传感器、网关、安全记录仪等得电工作，+113 有电，KM3 得电吸合，其得电通路为：

+113→Q18→+141→VD1→41→SB2→198→FU10→+199→KM3 线圈→-111

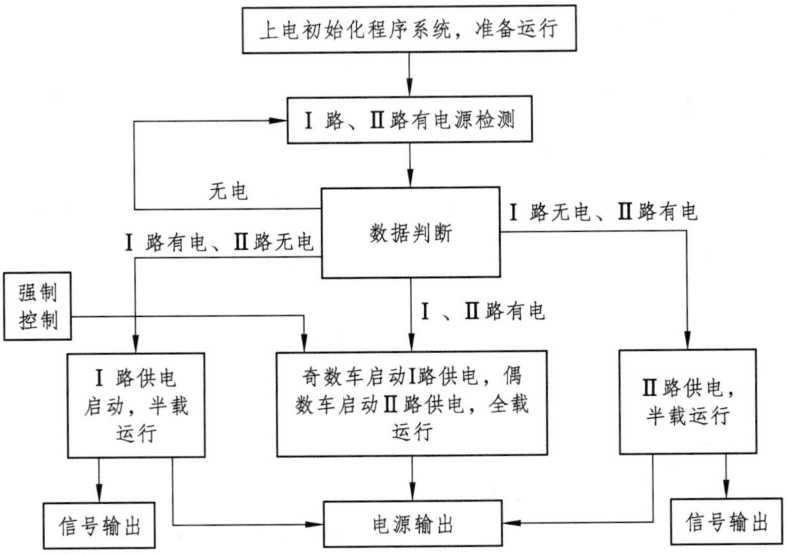

图 4-2　综合控制柜自动控制流程

KM3 得电吸合后，断开 Q19。

依次合上 Q1、Q2，+601/-601，+602/-602 之间有电，电压传感器 JK1 输出 A1/AGND，电压传感器 JK2 输出 A2/AGND，触摸屏得电显示Ⅰ路、Ⅱ路供电是否正常。如果正常，先合上 Q39，充电机、逆变器控制得电，然后合上 Q3，将供电转换开关 SA1 置于“自动位”。

奇数号车厢选择Ⅰ路供电，KA10 线圈得电，其得电通路为：

+190→-SA1（5-6）→540C→PLC（540）→SA1-2→KM2 常闭触点→+191→KA10 线圈→-111

KA10 的常开触点闭合，KM1 线圈得电，其得电通路为：

+111→KA10 的常开触点→+151→KM1 线圈→-111

KM1 的常开触点闭合，实现Ⅰ路供电。

偶数号车厢选择Ⅱ路供电，KA20 线圈得电，其得电通路为：

+190→SA1（5-6）→541→　PLC（541）→SA1-8→KM1 常闭触点→+192→KA20 线圈→-111

KA20 的常开触点闭合，KM2 线圈得电，其得电通路为：

+111→KA20 的常开触点→ +152→KM2 线圈→-111

KM2 的常开触点闭合，实现Ⅱ路供电。

如果Ⅰ路有电、Ⅱ路无电，所有车厢 PLC 通过检测可自动选择Ⅰ路供电，负载减半运行。如果Ⅱ路重新供电，则偶数车厢 PLC 通过检测可重新选择Ⅱ路供电。

如果Ⅱ路有电、Ⅰ路无电，所有车厢 PLC 通过检测可自动选择Ⅱ路供电，负载减半运行。此时如果Ⅰ路重新供电，则奇数车厢 PLC 通过检测可重新选择Ⅰ路供电。

可以通过触摸屏的电源控制菜单和提示选择或转换供电回路。

在Ⅰ路、Ⅱ路都有电，奇数号车厢Ⅰ路供电、偶数号车厢Ⅱ路供电的情况下，如果Ⅰ路（Ⅱ路）电源出现故障（如过压），PLC 自动转换到另一路电源供电，同时负载减半运行。

当故障排除恢复正常后，通过触摸屏操作解除故障保护或电源重新供电，通过 PLC 检测后，PLC 自动转换回原供电回路，负载恢复全载运行。两路供电回路重新供电时，PLC 将自动解除保护，转换到原供电回路。

在一路有电，另一路无电，所有车厢都是同一路供电的情况下，如果供电回路出现故障，则 PLC 停止供电，不进行转换。

在一路正常，另一路存在故障未消除，车厢供电已经进行了一次转换的情况下，如果供电回路再出现故障，则 PLC 停止供电，不进行转换。

故障排除后，可以通过触摸屏上的“电源控制”菜单，按下“停止供电”或“自动供电”触摸开关解除故障保护。通过 PLC 检测后，PLC 自动转换回原供电回路，负载恢复全载运行。

故障排除后也可以通过转换开关由“停止”位转换到“自动”位，PLC 自动解除保护，转换回原供电回路，通过 PLC 检测后，负载恢复全载运行。

出现过压故障，恢复正常后，两路供电回路重新供电时，PLC 将自动解除保护转换到原供电回路，恢复全载运行。

（2）试验位时可将转换开关置于“试验Ⅰ路”或“试验Ⅱ路”，人为选择Ⅰ路供电或Ⅱ路供电，此时 PLC 只进行检测报警，不能进行电源回路的转换。

将转换开关置于“试验Ⅰ路”时，KA10 线圈得电，其得电通路为：

+111→SA1（1-2）→ 540→KM2 常闭触点→+191→KA10 线圈→-111

KA10 的常开触点闭合，KM1 线圈得电，KM1 的常开触点闭合，实现Ⅰ路供电。

将转换开关置于“试验Ⅱ路”时，KA20 线圈得电，其得电通路为：

+111→A1（7-8）→ 541→KM1 常闭触点→+192→KA20 线圈→-111

KA20 的常开触点闭合，KM2 线圈得电，KM2 的常开触点闭合，实现Ⅱ路供电。

主电路中接有电压传感器 JK1、JK2 和漏电流传感器 JK8，并设有绝缘检测装置 JYJC（6 ~ 150 mA 可调），显示触摸屏上可显示主电路的电压、电流、DC 110 V 母线电压、本车蓄电池电压、电源状态、逆变器输出电压等信息，当某路电源出现过压、绝缘等故障时，显示触摸屏显示故障提示，相应电源故障灯亮。

正常供电时，合上 Q7，DC 600 V 电源通过+600、熔断器 FU3、+609 给温水箱供电；合上 Q15、Q25，DC 600 V 电源通过+600、熔断器 FU1 给客室电热Ⅰ及端部电热Ⅰ供电；合上 Q16、Q26，DC 600 V 电源通过+600、熔断器 FU2 给客室电热Ⅱ及端部电热Ⅰ供电，35 kV·A 逆变器 NBQ1 通过 U1、V1、W1 给空调负载供电；合上 Q6，另一台 35 kV·A 逆变器 NBQ2 通过 U2、V2、W2 向电开水炉 DKSL 供电；合上 Q5、Q17、Q22，通过 U3、V3、W3 向通风机 PFJ、伴热 1、伴热 2 等交流负载供电；两台逆变器互相热备份，当一台故障时，向 PLC 发出半载信号，PLC 切换到半载工况，负载由正常工作的逆变器供电；电伴热、交流插座、通风机、水泵、风口调节器等负载由 10 kV·A 隔离变压器供电；单相逆变器为音视系统供电。DC 110 V 电源向照明、车下电源箱控制、轴温报警器、防滑器、水位显示仪等供电。

（二）空调机组控制

空调机组控制原理在《客车空调检修》中项目 5 具体阐述，此处从略。

（三）蓄电池欠压保护

为保护蓄电池，综合控制柜设蓄电池欠压提示功能，当 PLC 检测到本车蓄电池电压低于欠压保护设定值（90 ~ 92 V 断开，96 ~ 98 V 闭合），触摸屏应显示相应故障信息提示用户。蓄电池欠压保护功能判断信号由车下电源给出，当蓄电池欠压时，车下电源给出信号切断相应负载。

（四）照明控制

照明控制功能通过转换开关 SA4 分为“半灯”“全灯”“停止”。

将 SA4 置于“半灯”位，SA4 的 3-4、5-6 触点闭合，KM6、KM7 线圈得电，其得电通路为：

+110→+113→SA4（3-4）→KM6 线圈→-111→-110

+110→+113→SA4（5-6）→KM7 线圈→-111→-110

KM6、KM7 的常开触点闭合，使得终夜灯和应急灯工作。

将 SA4 置于“全灯”位，SA4 的 1-2、3-4、5-6 触点闭合，KM5、KM6、KM7 线圈得电，KM5 得电通路为：+110→+113→SA4（1-2）→KM5 线圈→-111→-110。

KM5、KM6、KM7 的常开触点闭合，使得终夜灯、半夜灯和应急灯工作。

（五）轴温、防滑器、烟火报警器、车门及车下电源箱状态监视

通过 WG 型网关可以将轴温、防滑器、烟火报警器、车门、车下电源箱的状态送给 PLC，并在触摸屏上显示。通过主画面上的“本车网络”触摸开关可以查询本车轴温、防滑器、烟火报警器、车门的详细信息。

（六）网络通信

代理节点能实现车辆间的通信。各个车厢的 PLC 通过代理节点将本车信息发送给其他车厢的命令传送到列车总线上，供其他车厢调用。本车 PLC 可以通过代理节点读取列车总线上其他任一节车厢的信息；接收其他车厢发给本车的命令并执行。PLC 上的 PORT 口的拨动开关置于 OFF。

【任务实施】

一、综合控制柜的使用

（一）系统参数设定

综合控制柜使用前，必须合理地设定系统参数，否则综合控制柜将无法正常工作。这些参数应该在综合控制柜出厂、装车、车辆编组前进行设定、检验，一经设定不得随意更改。

操作步骤如下：按下“管理界面”触摸开关，调出“密码”画面（见图 4-3），按“口令”触摸开关调出键盘，即点击“000”处，出现键盘画面（见图 4-4），输入管理员密码“837”，按回车键，再点击“关闭键盘”，点击“确认”进入参数设定画面（见图 4-5），在参数设定画面可以进行参数设定操作。用手轻触数字显示处，调出“键盘”，利用键盘设定空调机组制冷（压缩机）设定值、制暖（空气预热器）设定值、直流漏电保护值、电池欠压保护值、欠压恢复值、车厢号、车号。输入值确认后按回车键输入设定值，完成后按下“关闭键盘”触摸开关即可关闭键盘。按下“返回”触摸开关返回密码画面。

总电源绝缘保护值出厂时预设为 100 mA，蓄电池欠压保护值出厂时预设为 92 V，空调机组制冷（压缩机）、制暖（空气预热器）设定值按照机组型号在出厂前设定。

车厢号必须在车辆编组后，运行前按照实际车厢号在触摸屏上设定，全列车辆车厢号不得重复，加车车厢号依次顺延。例如：正常时最后一节车厢号为 17，则加 1、加 2、加 3 的车

厢号在触摸屏上依次设定为 18、19、20。

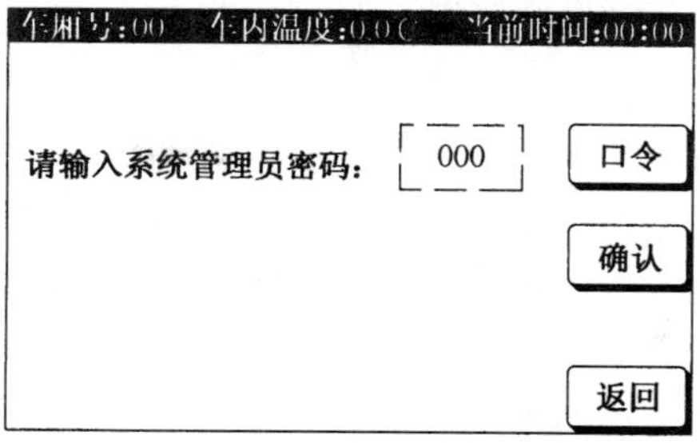

图 4-3　管理人员进入密码画面

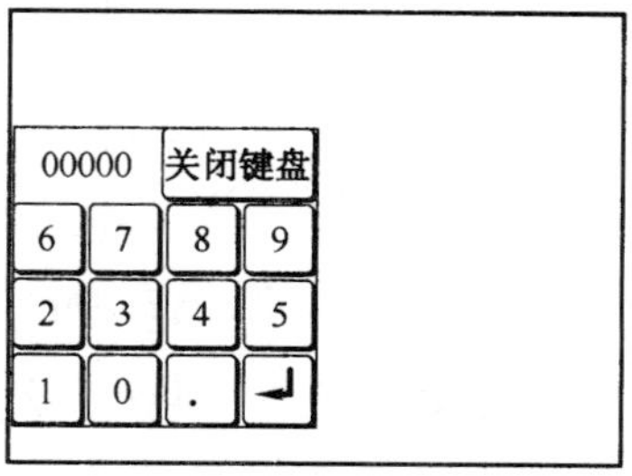

图 4-4　键盘画面

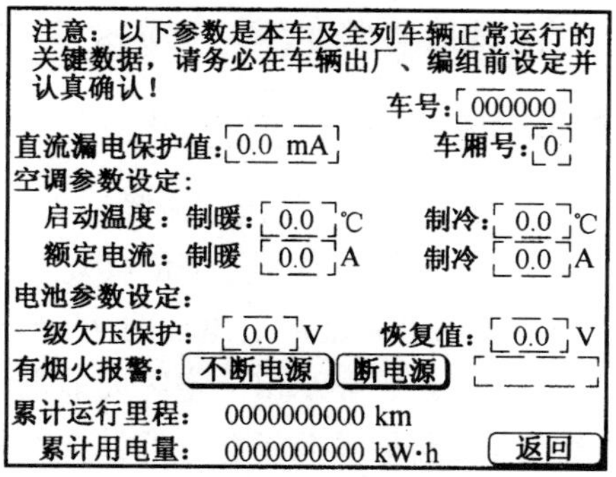

图 4-5　参数设定画面

空调制冷、制暖温度值可分别设定，但应保证制冷值高于制暖值，制冷、制暖值相差不小于 5 °C。制冷温度值（T1）的设定不得低于压缩机的低温保护值（20 °C）。按下“断电源”或“不断电源”触摸键，选择有烟火报警时是否切断电源，设定完毕后，将 PLC 重新上电。

（二）供电人工转换

按下主画面上的“供电信息”触摸开关进入“供电系统信息”画面。

人工强制选择电源供电回路“Ⅰ路供电”或“Ⅱ路供电”，可以按下“控制”触摸开关，调出“电源控制”，根据触摸开关上的文字提示人工强制选择电源供电回路“Ⅰ路供电”或“Ⅱ路供电”。此时如果电源停止，且所选择供电回路有电，则选择该路供电；如果正在此路供电则电源继续供电；如果是另一路供电则转换到此路供电。按下触摸开关“自动供电”，则自动返回 PLC 默认的供电回路，即奇数车厢Ⅰ路供电，偶数车厢Ⅱ路供电。人工强制选择电源供电回路应在有特殊原因时使用，使用后如无特殊原因应转换回“自动供电”状态。

如果电源曾出现故障，确认故障排除后，可以按下“停止供电”或“自动供电”解除故障保护，通过 PLC 检测后，重新启动供电。

（三）空调人工转换

在主画面，按下“空调信息”触摸开关，进入“空调系统信息”画面。

人工强制选择空调工况，可以按下“控制”触摸开关，调出“空调控制”。“空调控制”设有 10 个触摸键：强风、弱风、半冷、半暖、全冷、全暖、全自动、电热 1 和电热 2、停空调、停电热。这些触摸开关的含义如下：

“强风”“弱风”“半冷”“半暖”“全冷”“全暖”是人工强制空调机组转换到所选择的工况运行；“停空调”是停止空调运行；“全自动”是控制空调机组由不受温度控制的状态转换到受温度控制的自动运行状态，此时客室电热与空气预热器联动；“电热 1”和“电热 2”是启动客室电热器；“停电热”是关闭客室电热器。

（四）供电、空调、车下电源运行参数、当前故障查询

在主画面按下“供电信息”触摸开关，调出“供电系统信息”，显示出目前电源状态及参数；按下“空调信息”触摸开关切换到“空调系统信息”，显示出目前空调机组状态及参数；按下“逆变信息”触摸开关切换到“逆变信息”画面，显示出目前车下电源转换箱状态及参数；按下“当前故障”触摸开关切换到“当前故障”，显示当前电气系统存在的故障。

（五）运行记录、故障记录、故障历史查询

在主画面，按下“故障记录”触摸开关，调出“故障记录”，显示最近故障前 10 min、每隔 2 min 的电源及空调参数，按下“下翻”触摸开关可依次查看其他故障记录，在“当前故障”画面按下“故障历史”按钮，显示出用电系统最近出现的 256 个故障。在“主画面”按下“运行记录”触摸开关切换到“运行记录 1”，显示出一定时间前电源参数及空调机组参数，按下“下翻”触摸开关可依次查看其他运行记录，运行记录每隔 10 min 记录一次，一共 18 幅；通过触摸屏可以调出 3 h 以内的各种工作状态和运行参数，正常运行状态时平均每隔 10 min 记录 1 次，超过 3 h 后自动刷新；当出现故障时，能及时记录并进行提示，通过故障记录可以查看故障前 10 min 以内、每 2 min 间隔的运行参数，用以分析故障原因。

（六）监视全列其他车厢状态、控制全列其他车厢

按下“全列监控”触摸开关，可切换到“全列监视”画面。只要轻触监视车厢号数字显示处，调出“键盘”输入监视车厢号，所监视车厢的信息即可显示出来。按下“监视防滑”显示所监视车的防滑信息，按下“监视轴报”显示所监视车的轴报信息，按下“返回”触摸开关返回。

（七）更改系统时间

在主画面上，轻按右上角的时间显示处，调出“时间设定”，上部显示当前时间，在下面的拨盘开关输入正确的日、时、分、秒，确认无误后按下右侧的“输入”触摸开关即可将正确的时间输入到 PLC 中。按下“返回”触摸开关返回。

二、综合控制柜静态技术检查

DC 600 V 提速客车电气综合控制柜静态技术检查指导书	
作业步骤及质量标准	图示
1. 电气综合控制柜外观检查	
（1）检查外部木质柜门。 ▲表面平整、涂层光滑，无明显色差，贴面无裂纹。柜门开关灵活、无卡滞，开度不小于 90°，关闭严密，锁闭装置良好，折页、插销安装牢固、无松脱，作用良好	
（2）检查控制柜柜门。 ▲表面平整、涂层光滑，无明显色差，无锈蚀、脱漆；柜门开关灵活无卡滞，开度不小于 90°，关闭严密，锁闭装置良好，折页、插销安装牢固，作用良好；指示灯灯罩无裂损，安装牢固、无松动；触摸屏、轴温报警仪外观干净整洁、无破损，安装牢固；各转换开关、空气开关安装牢固，作用正常，位置处于正常位。下柜门黄色警示牌齐全，粘贴牢固	 柜门检查
（3）检查柜体。 ▲安装牢固，无腐蚀、破损、变形	
2. 静态检查电气综合控制柜上柜	
（1）检查电气综合控制柜内电气元件位置图及电气原理图。 ▲电气元件位置图及电气原理图清晰、齐全、干净整洁，粘贴良好，各电气元件接线与其相符	
（2）控制柜内从上到下依次检查柜内柜顶穿线孔配线防护，各线排、线槽、电气元件。 ▲① 柜顶穿线孔处配线余量适当，线束、线管包扎良好；配线穿越金属板孔（或管）时须加绝缘护套，护套无老化、破损；线槽、穿线管出线口等处无磨、卡、压现象；配线绝缘层无老化、烧焦，局部硬伤。 ② 配线接插牢固（可用手将导线在接线孔处压弯，侧面不能看到铜丝，使用多股线的不得分叉或铜丝外露），各接线端子螺栓紧固、无松动；各导线线号清晰牢固；各接线热缩管无过热变色、老化失效，套接良好，不露压接配线，色别符合规定：U 相黄色，V 相绿色，W 相红色，N 线浅蓝色，接地线条状黄绿相间色，直流电源正线棕色，直流负线蓝色，其余线白色；配线示温贴片粘贴齐全、良好，无变色、翘起，示温贴片变色时查明原因处理。	 

续表

作业步骤及质量标准	图示
（3）各接线排固定良好，检查笼式端子压接良好。短接板接插到位。 （4）线槽导线整齐，扣接牢固，盖板齐全；电气元件标识齐全、清晰，粘贴牢固，与图纸相符。线槽外的导线绑扎结实，整齐美观，用线卡固定在箱体或骨架上。 （5）网关、代理节点安装牢固，接线无松动、老化、变色。 （6）熔断器座安装牢固，熔断器作用良好，容量符合要求。 （7）网络转换开关作用良好，指示正确（正常编组和全列统一，反挂车相反）。 （8）SB2 供电试验开关作用良好，定期进行试验。 （9）各接触器、欠压保护器、空气开关安装牢固，接线无松动，限位挡座齐全、牢固。电气元件定检不过期。 （10）安全记录仪安装牢固，配线紧固，齐全。 （11）各电源模块接线良好，安装牢固。 （12）首尾车干线在线绝缘检测装置触摸屏及 PLC 主机固定牢固，接插件插接紧固、无松动	
3. 静态检查电气综合控制柜下柜	
（1）检查电气综合控制柜内电气元件位置图及电气原理图。 ▲电气元件位置图及电气原理图清晰、齐全、干净整洁，粘贴良好，各电气元件接线与其相符	 
（2）控制柜内从上到下依次检查各接线排、线槽、配线、电气元件。 ▲① DC 600 V 电采暖空气隔离开关接线良好，外表无电弧烧痕，采暖期处于闭合位，其他时期处于断开位（隔离开关严禁带载操作）。 ② PLC 及扩展板配件齐全，接线良好，各插接件固定螺丝紧固，无变色。 ③ 各熔断器座安装牢固，容量符合要求，无烧损。 ④ 模拟漏电按钮作用良好，在线绝缘检测调整漏电值为 150 mA。 ⑤ 各中间继电器安装牢固，固定卡簧齐全良好，指示正确。 ⑥ 主开关 Q1、Q2、Q3 接线牢固。 ⑦ 各电热熔断器作用良好，主电路接触器安装牢固。 ⑧ 空调控制空气开关接线良好，接线无松动、变色；通风机、冷凝风机、压缩机接触器、热继电器作用良好，整定值符合规定。 ⑨ 配线、线槽及接线排质量标准执行第 2 条第（2）项。 ⑩ 电气元件定检不过期	

三、综合控制柜动态技术检查

DC 600 V 提速客车电气综合控制柜动态技术检查指导书	
作业步骤及质量标准	图示
1. 打开综合电气控制柜，依次闭合 Q20、Q30、Q19、Q35、Q36、Q1、Q2、Q3 空气开关	
★ 打开柜门前须确认无“严禁供电”牌，避免触电伤害。 各空气开关对应控制关系： Q20：母线 DC 110 V 电源空气开关； Q30：本车 DC 110 V 电源空气开关； Q19：本车供电试验空气开关； Q35：逆变器控制空气开关； Q36：充电机控制空气开关； Q1：Ⅰ路供电空气开关； Q2：Ⅱ路供电空气开关； Q3：车下电源箱空气开关	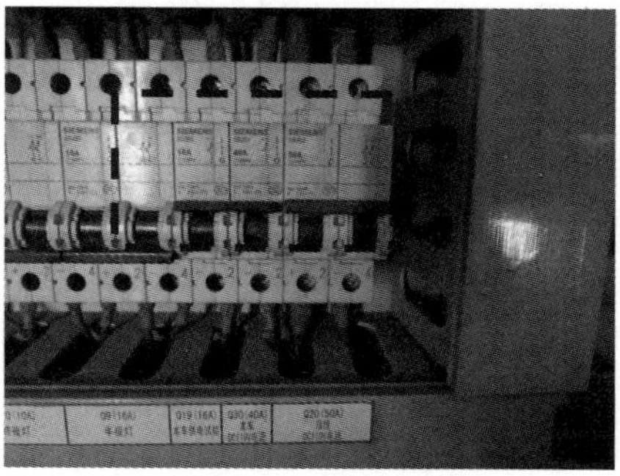 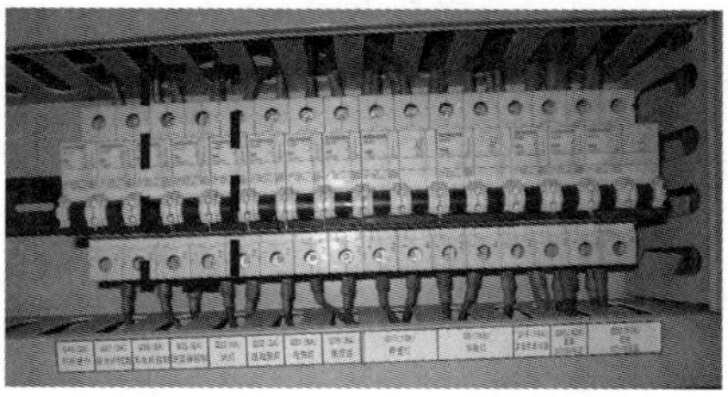
（1）闭合空气开关时，同步目视检查空气开关状态。 ▲① 无拉弧、跳闸故障。 ② 无卡滞	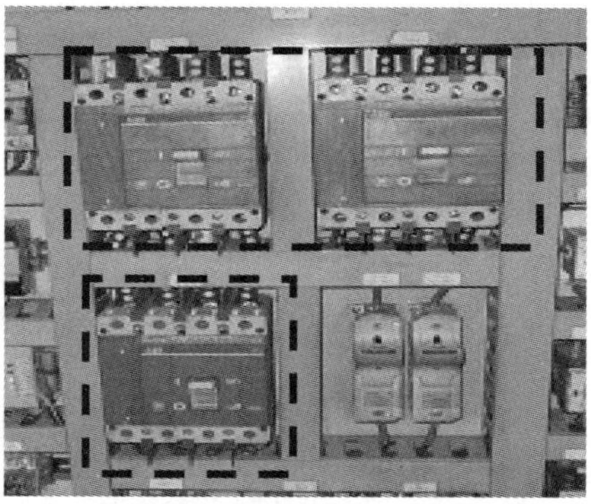
（2）使用手电照射，目视检查代理节点状态。 ▲ ①“电源”灯常亮。 ②“LSV”灯常灭	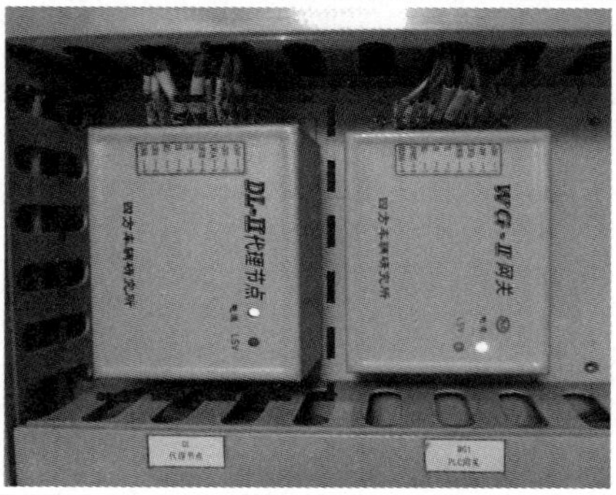

作业步骤及质量标准	图示
（3）使用手电照射，目视检查网关状态。 ▲ ①“电源”灯常亮。 ②“LSV”灯常灭	
（4）使用手电照射，目视、耳听检查 KM4 接触器状态。 ▲ ① KM4 吸合。 ② 耳听无电磁噪声。 元器件对应控制关系： KM4：欠压保护接触器	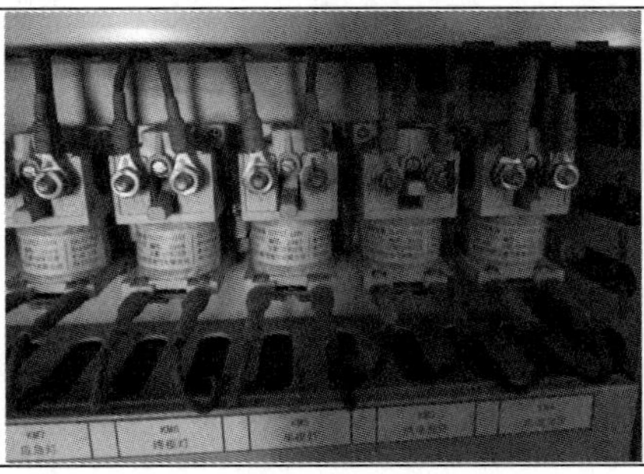
（5）使用手电照射，目视检查传感器状态。 ▲ 传感器指示灯常亮	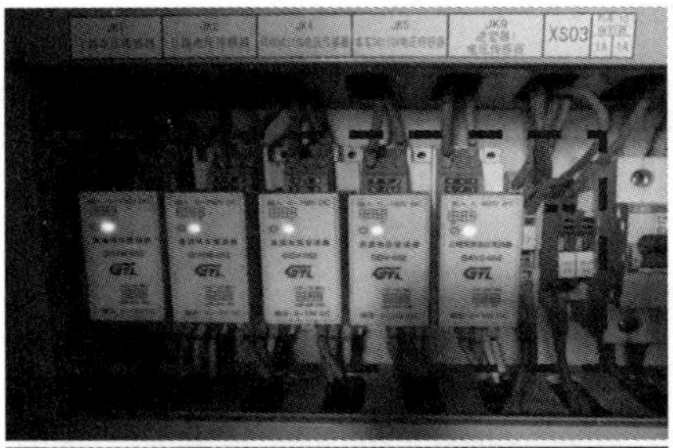  

续表

作业步骤及质量标准	图示
（6）目视检查 PLC 可编程控制器状态。 ▲ ①“PWR”电源指示灯常亮。 ②“RUN”运行指示灯常亮。 ③“COMM”通信指示灯闪烁。 ④“ERR”故障指示灯不亮	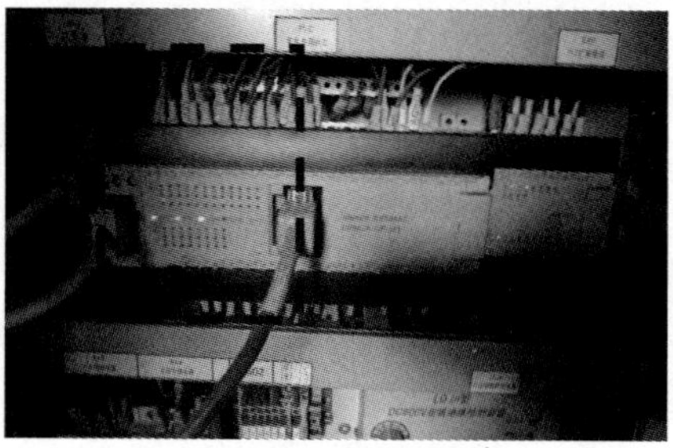
（7）使用手电照射，目视检查 DC 600 V 在线绝缘监测装置状态。 ▲ ①“电源”指示灯常亮。 ② 漏电流值设定在 150 mA 挡位。 ■ 除漏电试验时，严禁改变漏电值调整挡位	
（8）目视检查触摸显示屏各参数。 ▲ ① 触摸显示屏显示正确、清晰。 ② 主画面上车厢号、车内温度、当前时间显示正确。 ③ Ⅰ路电压、Ⅱ路电压范围：540～660 V。 ④ 110 V 母线电压范围：92～125 V。 ⑤ 本车电压不低于 92 V	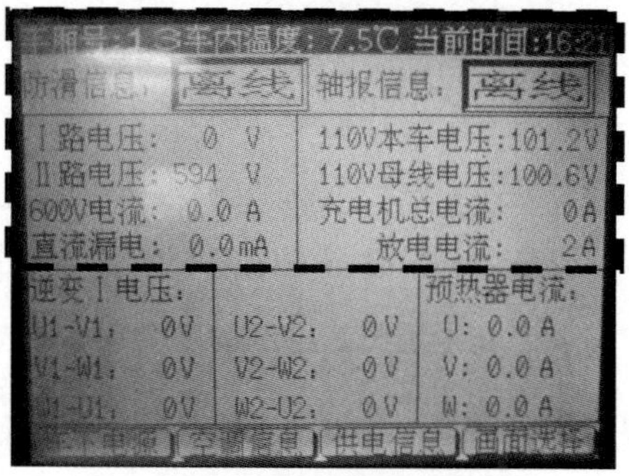
（9）闭合 Q43 空气开关，目视检查检修灯状态。 ▲ ① 空气开关无拉弧、跳闸故障。 ② 检修灯亮。 空气开关对应控制关系： Q43：检修灯空气开关	

作业步骤及质量标准	图示
2. 旋转组合控制柜面板“照明选择”转换开关，分别置“半灯”“全灯位”位	

（1）“半灯”位时，使用手电照射，目视、耳听检查KM5、KM6、KM7接触器状态。 ▲ ① KM5不吸合。 ② KM6、KM7吸合。 ③ 耳听无电磁噪声。 各元器件对应控制关系： KM5：半夜灯接触器； KM6：终夜灯接触器； KM7：应急灯接触器	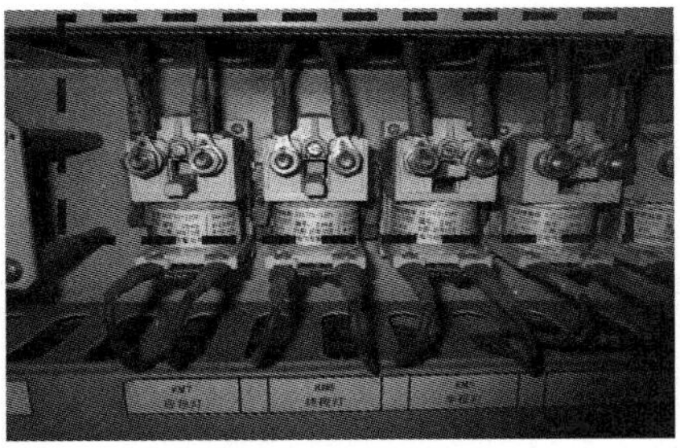
（2）“全灯”位，使用手电照射，目视、耳听检查KM5、KM6、KM7接触器状态。 ▲ ① KM5、KM6、KM7吸合。 ② 耳听无电磁噪声	
3. 旋转SA1转换开关置“试验Ⅰ路”，进行Ⅰ路供电试验	
元器件对应控制关系： SA1：电源转换开关	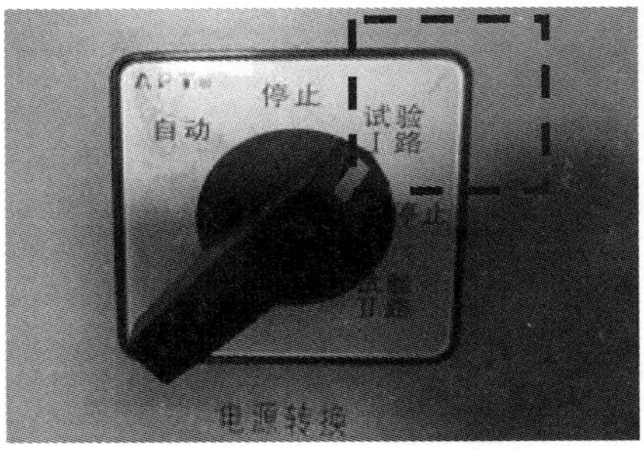

续表

作业步骤及质量标准	图示
（1）目视检查柜门各指示灯状态。 ▲ ①“电源Ⅰ路”运行绿色指示灯常亮。 ②“车下电源箱”运行绿色指示灯常亮	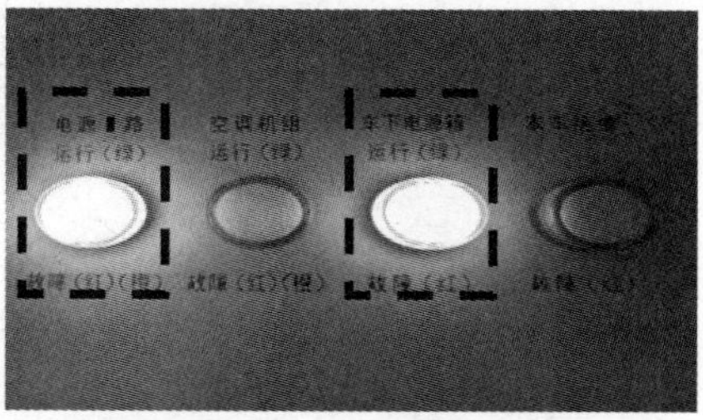
（2）使用手电照射，目视、耳听检查KM1接触器状态。 ▲ ① KM1吸合。 ② 耳听无电磁噪声。 元器件对应控制关系： KM1：Ⅰ路供电接触器	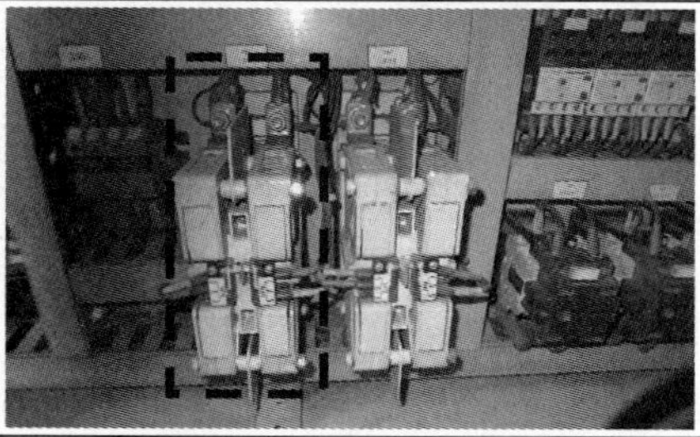
（3）使用手电照射，目视检查 KA15、KA16（简配车型无）、KA17、KA10继电器状态。 ▲ KA15、KA16、KA17、KA10绿色指示灯常亮。 各元器件对应控制关系： KA15：逆变器Ⅰ正常继电器； KA16：逆变器Ⅱ正常继电器； KA17：充电器正常继电器； KA10：Ⅰ路供电继电器	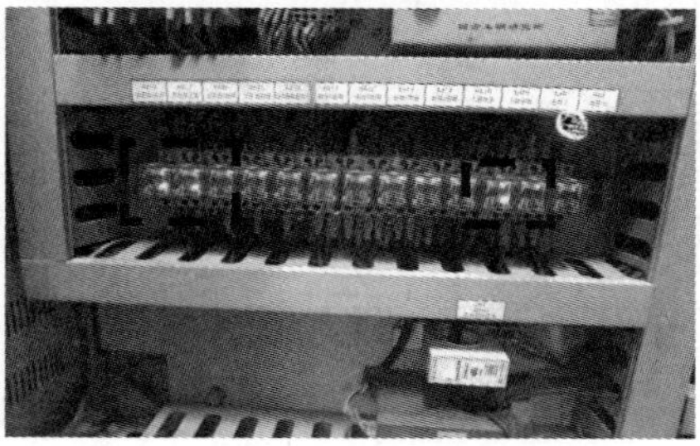
（4）目视检查触摸显示屏各参数。 ▲ ① 充电机总电流值≤73 A。 ② 充电电流值≤35 A。 ③ 逆变器电压范围：AC 380（1±5%）V	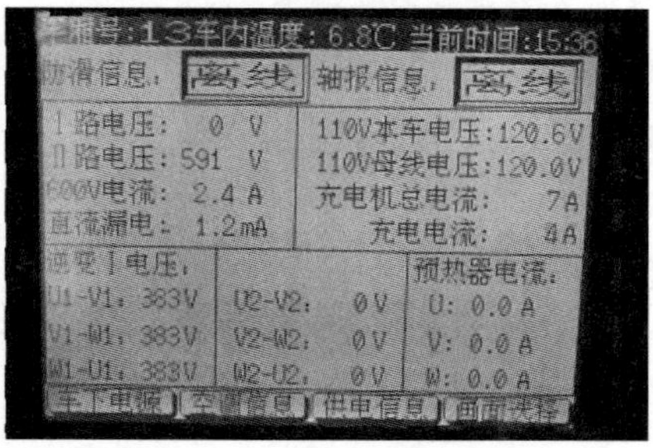
4. 旋转 SA1 转换开关置“试验Ⅱ路”，进行Ⅱ路供电试验	
元器件对应控制关系： SA1：电源转换开关	

作业步骤及质量标准	图示
（1）目视检查柜门各指示灯状态。 ▲①“电源Ⅱ路”运行绿色指示灯常亮。 ②“车下电源箱”运行绿色指示灯常亮	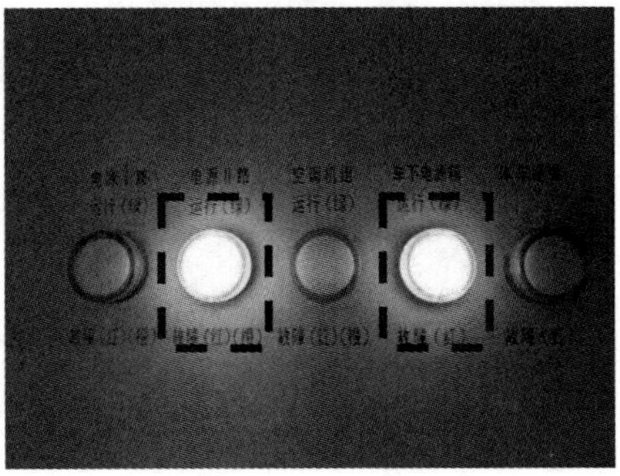
（2）使用手电照射，目视、耳听检查 KM2 接触器状态。 ▲① KM2 吸合。 ②耳听无电磁噪声。 元器件对应控制关系： KM2：Ⅱ路供电接触器	
（3）使用手电照射，目视检查 KA15、KA16（简配车型无）、KA17、KA20 继电器状态。▲ KA15、KA16、KA17、KA20 绿色指示灯常亮。 各元器件对应控制关系： KA15：逆变器Ⅰ正常继电器； KA16：逆变器Ⅱ正常继电器； KA17：充电器正常继电器； KA20：Ⅱ路供电继电器	
（4）目视检查触摸显示屏各参数。▲检查要求执行第 3 条第（4）项	
5. 旋转 SA1 转换开关置“自动”位，进行自动供电试验，确认供电选择情况	
▲①奇数车厢号，选择Ⅰ路供电。检查要求执行第 3 条第（1）~（4）项。 ②偶数车厢号，选择Ⅱ路供电。检查要求执行第 4 条第（1）~（4）项	

续表

作业步骤及质量标准	图示
6. 分别点击触摸显示屏“全列监控”“本车网络”“车下电源”，检查本车联网功能	
▲① 首尾车信息完整。 ② 本车网络信息均在线，显示正常。 ③ 车下电源与控制柜通信正常，触摸显示屏显示为正常信息代码“00”	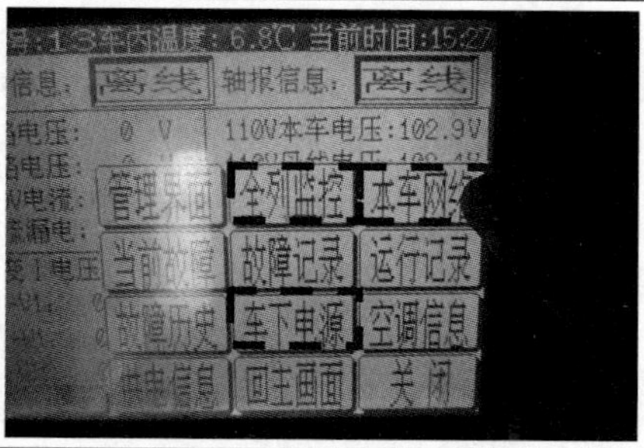

任务 2　三相逆变器检修

【任务陈述】

1. 三相逆变器维护与检修

根据机车车辆的一般检修体制并考虑到 25T 型客车逆变器箱的特点，三相逆变器的修程分为入库检修、日常维护、一级检修 A1、二级检修 A2、三级检修 A3、四级检修 A4。本任务主要讲述三相逆变器四种修程检修的相关内容。

2. 调试试验

此项试验需要配套提供稳定的不小于 70 kW 的 DC 110 V 动力电源和不小于 200 W 的 DC 110 V 控制电源。调试试验主要进行：弱电试验、空载试验、轻载试验和额定负载试验。

3. 常见故障分析及处理

在正常情况下，从置于车上的信息灯查看到逆变器正常的信号显示，表示逆变器正常。另外，显示屏还可以查看到有关逆变器的更详细的信息。

一般情况下，当客车逆变器发生故障时，置于车上的显示屏上会有相应的故障显示或故障提示。检修时可根据故障提示进行有针对性的检查、试验和处理，从而确定具体故障点。

【知识准备】

TGF23 系列 25T 型客车逆变器箱适用于具有 DC 600 V 供电电压的动车组、车辆或其他具有相应供电制式及功率等级的设备。该逆变器箱包含 2 台 35 kV · A 的逆变电源装置和 1 台不小于 10 kV · A 的变压器。逆变电源为空调、电加热器以及其他车载交流 380 V 用电设备供电，变压器为 AC 220 V 用电设备供电。

三相逆变器

TGF23 系列包括提供给长春轨道客车股份有限公司的 TGP23 型及 TGF23D 型（高寒高包车用），提供给四方机车车辆股份有限公司的 TGF23A 型（软硬车用）、TGF23B（高包车用）、TGF23C（餐车用）。TGF23D 型逆变器箱与其余 4 种的主要区别在于其三相变压器容量为 15 kV · A。其余 4 种之间的主要区别体现在柜体吊装和出线规划方面的差异。

TGF23、TGF23A、TGF23B 及 TGF23C 4 种型号对应用户的型号为 25T-2×35 kVA+12 kV · A，TGF23D 型对应用户的型号为 25T-2×35 kV · A+15 kV · A。

TGF23 系列 5 种型号客车逆变器箱电气原理完全相同，均采用 DC-AC 变换技术，由两路 35 kV · A 逆变器及一路 12 kV · A/15 kV · A 三相四线变压器构成。两路逆变器之间可以相互转换，互为冗余。

该逆变器箱体采用耐候钢结构，箱体为全密封结构，并装有防飞石装置。功率电缆出线采用菲尼克斯接线端子，控制线采用万可接线端子。控制装置位于箱体中间腔体前部；逆变器模块位于箱体中间腔体后部，控制箱的后面；正弦滤波器、EMC 滤波器、变压器及输出接触器位于箱体两侧腔体。

一、主要技术参数

该系列逆变器的主要技术参数见表 4-6。

表 4-6 逆变器的主要技术参数

额定输出电压/V	输入 DC 600 V 电压		控制电源电压	
三相交流电压有效值：380（1±5%）（准正弦波输出，谐波含量<10%）	额定电压	DC 600 V	额定工作电压：DC 110 V	额定输出容量：2×35 kV · A
单相交流电压有效值：220（1±5%）（准正弦波输出，谐波含量<10%）	最高电压	DC 660 V	最高工作电压：DC 130 V	额定输出频率：（50±1）Hz
	最低电压	DC 500 V	最低工作电压：DC 77 V	三相四线变压器输出容量≥10 kV · A

二、25T-2×35 kV · A+12 kV · A 逆变器工作原理

（一）主电路的组成

25T 客车采用 2×35 kV · A 逆变器供电方式，两个逆变器的工作原理是相同的。

25T 客车逆变器箱主电路为三相桥式电压型电路，采用 IGBT 作为开关器件，具有开关频率高、驱动简单、损耗低的特点。其控制采用 SPWM 调制技术，依据 $U/f=C$（常数）实现软启动。输出端配有正弦波滤波器及 EMC 滤波器，以保证输出电压谐波含量小 10%及减小电磁干扰，并具有输入/输出隔离接触器及转换接触器，当出现故障时，可以自动实现电气上的完全隔离和故障转换。过无电区时，逆变器失电停止工作，过无电区 30 s 后能自动软启动。控制装置采用单片机控制技术，对外部指令识别、系统状态判定、故障诊断及显示实行全面的管理、控制，通过 RS485 接口与 LonWorks 网关相连，实现与列车网络系统的互联，可方便地进行网络集中控制和信息查询，与外部进行信息交换。该逆变器采用模块化设计，整体散

热、全密封结构，可用于环境较恶劣的场合。

逆变器主电路原理如图 4-6 所示。逆变器主电路包括以下几部分。

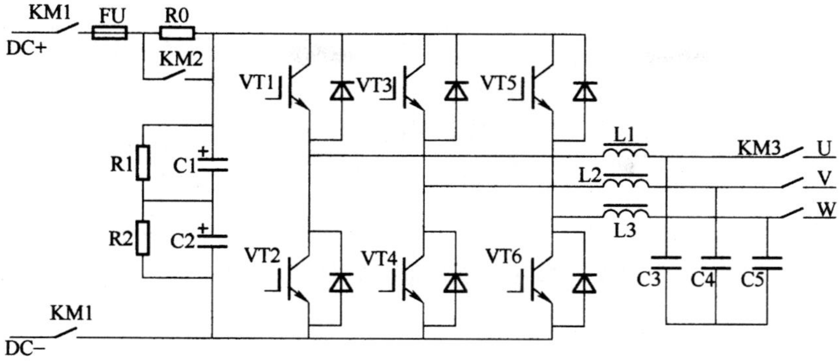

图 4-6　逆变器主电路原理

1. 输入/输出隔离电路

图 4-6 中的 KM1、KM3 电磁接触器，其主要功能是在逆变器、输入电路或输出负载发生故障时实施隔离，防止故障扩散。

2. 中间支撑电路

中间支撑电路主要由滤波电容 C1、C2 组成。其主要功能是滤平输入电路的电压纹波，当负载变化时，使直流电压平稳。由于逆变器功率较大，因此滤波电容的容量较大，一般使用电解电容。但由于电解电容的电压等级限制（一般最高工作电压为 450 V），需要两个电容串联后再并联。由于电容自身参数的离散，使得串联的两个电容电压无法完全一致，因此采用电容两端并联均压电阻的方法，如图 4-6 中的 R1 和 R2。R1 和 R2 的另一个作用是在逆变器停止工作时，将电容上的电压放掉。

3. 缓冲电路

缓冲电路由 R0 和 KM2 组成。电容的特性是电压不能突变，因此在合闸瞬间，电容的电压很低，基本可以认为瞬间短路，因此对电源造成很大的冲击电流，这个电流足以使保护熔断器熔断，因此逆变器电流一般都有输入缓冲电路。其工作原理为在输入端施加电压时，先通过缓冲电阻 R0 对电容充电，当电容电压充到一定值时（540 V），KM2 吸合，将 R0 短路。只有在电阻 R0 短路后，三相逆变电路才能启动工作。

4. 桥式三相逆变电路

由 VT1～VT6 组成的桥式三相逆变主电路是逆变器的核心电路，目前大部分逆变器采用 IGBT 和 IPM 作为开关器件。IGBT 是 MOSFET 和 GTR 复合的产物，具有 GTR 的导通特性和 MOSFET 的驱动特性，驱动简单、功率小、开关频率高、通态压降低、损耗功率小。IPM 是一种智能型模块，是把 IGBT 的驱动电路、保护电路及部分接口电路和功率电路集成于一体的功率器件。35 kV · A 等级的 DC 600 V 逆变器一般采用 1 200 V/300 A 的模块，IGBT 和 IPM 分为单单元和双单元，所谓双单元是指一个模块上包含上下桥臂的两个 IGBT（或 IPM）。6 只单单元器件或 3 只双单元模块可构成三相逆变器的主电路。IGBT 或 IPM 内部都集成了续流二极管，如图 4-7 所示。IPM 元件构成的主电路结构和控制相对简单，但因为驱动和保护模式固定，降低了控制电路设计的灵活性。

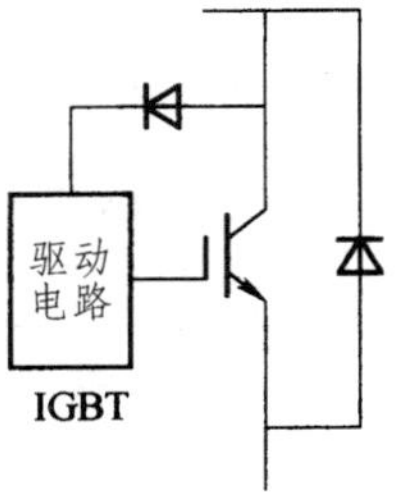

图 4-7　IGBT 内部集成续流二极管

5. 交流滤波电路

由 L1 ~ L3 和 C1 ~ C3 组成，主要是将逆变器输出的 PWM 波变成准正弦波。早期的逆变器输出波形 PWM 波，谐波含量高，很多负载无法适应。根据铁路新的技术条件要求，25T 客车使用的逆变器输出为正弦波。由于驱动和保护技术的不断完善，使逆变器的调制频率提高，最高可达到 6 k ~ 8 k，因而滤波电感和电容的体积并不会太大。

（二）主电路的工作原理

三相逆变器的主电路如图 4-8 所示。

图 4-8 中，输入端为 A、B，输出为 U、V、W，右上角为 VT1 ~ VT6 的导通顺序，阴影部分为各个 IGBT 的导通时间，每一格的时间为 π/3。根据各 IGBT 的导通顺序，可以绘出 U、V、W 的线电压波形。

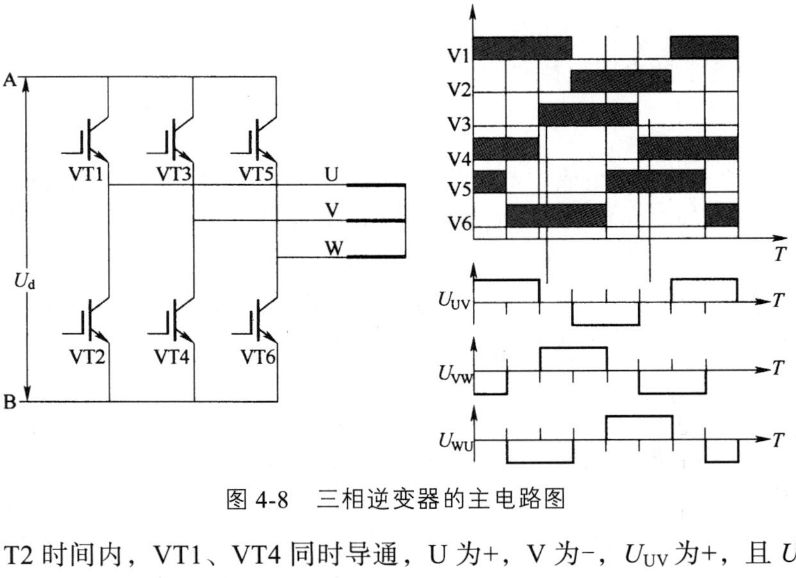

图 4-8　三相逆变器的主电路图

（1）T1、T2 时间内，VT1、VT4 同时导通，U 为+，V 为−，U_{UV} 为+，且 $U_m=U_d$。

（2）T4、T5 时间内，VT2、VT3 同时导通，U 为−，V 为+，U_{UV} 为−，且 $U_m=-U_d$。

（3）T3、T4 时间内，VT3、VT6 同时导通，V 为+，W 为−，U_{VW} 为+，且 $U_m=U_d$。

（4）T6、T1 时间内，VT4、VT5 同时导通，V 为−，W 为+，U_{VW} 为−，且 $U_m=-U_d$。

（5）T5、T6 时间内，VT5、VT2 同时导通，W 为+，U 为−，U_{WU} 为+，且 $U_m=U_d$。

（6）T2、T3 时间内，VT1、VT6 同时导通，W 为−，U 为+，U_{WU} 为−，且 $U_m=-U_d$。

三相线电压之间的相位差为 2π/3，幅值与直流电压 U_d 相等，只要按照一定的顺序控制 6 个逆变管的导通与截止，就可以把直流电逆变成三相交流电。

实际上由于 IGBT 的开通与关断特性的影响，同一桥臂中的两个 IGBT 在关断与开通之间有一定的时间延迟，即死区保护，主要是防止同一桥臂的上下 IGBT 同时导通，造成所谓的桥臂贯穿短路。

按照上述原理，我们把方波电压按照正弦波的规律调制成一系列脉冲，即使脉冲系列的占空比按正弦规律排列，当正弦值为最大时，脉冲的宽度也最大；反之，当正弦值为最小时，脉冲的宽度也最小。把脉冲的宽度调制得越细，即一个周期内脉冲的个数越多，调制后输出的波形越好，电动机负载的电流波形越接近于正弦波。

（三）逆变器的保护功能

通常逆变器具有输入过压、欠压保护，输出过流、过载、短路保护，IGBT 过流、过热路保护等功能。

1. 过压保护

输入电源、电动机的突然停止和线路感抗等是引起逆变器过压的原因。对于输入电源的短时过压，逆变器一般进行检测后，自动停止工作，当电源恢复正常后，逆变器可以自动重新工作，但对于输入电源的长时间过压，逆变器将切断输入电路进行隔离保护；对于电动机的突然停止，由逆变器本身的中间支撑电容和系统内其他负载消化；对于线路感抗产生的过电压，则依靠逆变器自身的吸收电路来解决。

2. 欠压保护

由于接触网电压的波动，有可能造成输出欠压，但在这种情况下逆变器可以不停止工作，而是采取降频、降压的方式工作，即当输入电压低于 540 V 时，逆变器按照 $U/F=C$ 的规律降频、降压工作。电力机车由于存在过分相的问题，因此欠压保护可以不考虑保护，而只是进行提示。

3. 过流保护

逆变器在下列情况下会出现过流：

（1）负载尤其是电动机负载的冲击。

（2）输出侧短路。

（3）自身工作不正常，如逆变桥臂中某个 IGBT 损坏、上下桥臂同时导通等。25T 客车用的逆变器在技术要求中已明确要求逆变器具备承受电动机负载突加与突减的能力；当输出侧和负载发生短路时，逆变器能立即封锁脉冲输出，并停止工作，这种保护是一次性的，必须在故障清除后，逆变器才能重新工作。逆变器在三相输出都安装了电流检测传感器，传感器的输出信号既做输出电流的监测，又用于过流和过载保护；逆变器的内部过流保护一般依靠 IGBT 的驱动模块或 IPM 的内部电流检测电路来实现，其原理是检测 IGBT 或 IPM 导通时的管压降 U_{ce}，当器件故障时，U_{ce} 会发生变化，根据变化来判断是否过流并采取保护对策，如减低驱动脉冲的幅值、封锁脉冲等。

4. 过载保护

由于某种原因，使逆变器的输出超过其自身的输出能力，称为过载。逆变器的过载检测由输出侧的电流传感器或输入侧的直流电流传感器完成。一般情况下逆变器的过载保护为反时限特性，即设定过载电流为额定电流的 1.5 倍持续 1 min 后保护，低于 1.5 倍可延长保护动作时间，高于 1.5 倍时则保护动作的时间小于 1 min。

5. 过热保护

IGBT 工作时产生各种损耗，其中主要包括导通过程损耗、通态损耗和关断时的损耗，这些损耗以热量的形式通过散热器向外传送。当调制频率低即 IGBT 的开关频率低时，通态损耗占主要成分，散热器的温升不会太高，而当开关频率增高后，IGBT 的开关损耗便不可忽略，因此散热器温升相对升高。半导体器件工作在较高的温度环境下，性能、寿命、可靠性等都受到影响，因此需要对 IGBT 进行过热保护。25T 客车使用的逆变器开关频率比较高，靠散热器的自然冷却有一定的难度，因此大都采用风扇强迫冷却，当散热器的温度达到一定值时（设置为 65 ~ 80 °C 不等），风扇启动。当散热器温度超过允许温度时，安装在散热器上的热保护继电器给出信号，逆变器的控制电路自动封锁脉冲，逆变器停止工作。

（四）逆变器输出波形对负载的影响及改进

DC 600 V 供电系统在试验运用阶段，逆变器的输出波形为 PWM 调制波，这种波形在运用中出现几个比较突出的问题：

（1）逆变器输出端到空调机组有约 20 m 长的导线，由线路阻抗引起的脉冲尖锋电压（高达 1 000 V）施加在小电动机上，影响电动机的绝缘，烧毁电机。

（2）脉冲调制波形输出，使客室电加热的漏电流增大，导致机车电源的接地保护动作，影响 DC 600 V 供电，调制频率越高，等效阻抗越小，漏电流越大。

（3）民用负载基本无法适应这种供电品质。

（4）调制频率低、滤波器体积大的问题，给车下安装带来一定的难度。此外，电源工作时产生的高频噪声也影响到旅客乘车的舒适度。

铁标 TB/T 3063—2011《旅客列车 DC 600 V 供电技术条件》明确规定了逆变器输出电压波形的谐波总含量不大于 10%。25T 客车使用逆变器的输出与以前相比有以下改善：

（1）改善逆变器的输出品质，直接输出正弦波，提高逆变器的无故障运行时间，解决电动机端电压脉冲的问题和电动机因谐波影响温升的问题。

（2）提高逆变器的开关频率，减小滤波器的体积和质量，降低工作时的噪声。

（3）实现主电路和控制电路的一体化，减少车上车下的电气连线。

（4）完善逆变器的故障诊断，逆变器的运行信息和故障诊断与充电器进行通信，通过充电器的通信接口连接到综合控制柜的 PLC 并在显示屏上显示。

（五）逆变器故障时的对策

逆变器的可靠性对保障客车空调系统的正常工作至关重要，在提高逆变器的可靠性要求的同时，应当考虑故障情况下的对策。25T 客车采用两个 35 kV · A 逆变器，其中一个专门为空调机组供电，而另一个为其他三相负载供电，在一个逆变器出现故障时，通过控制系统可以转换到无故障电源，同时空调机组减半载运行，如图 4-9 所示。

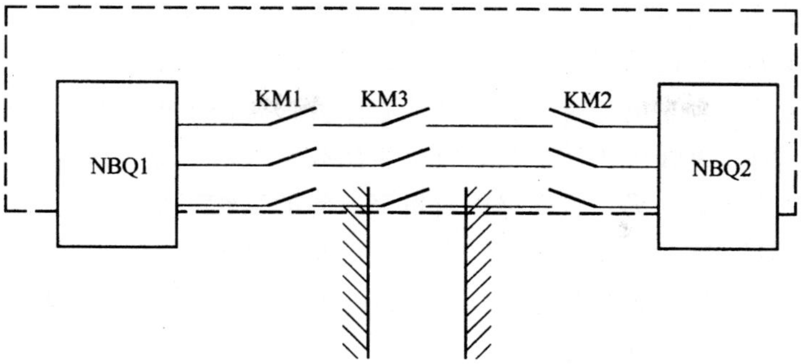

图 4-9　逆变器故障时的对策

三、使用中应注意的基本问题

逆变器作为一种比较复杂的电力电子设备，包含强电弱电控制技术、微电子技术、计算机控制和网络通信等技术，使用和维护比较困难，一般维修更需要专业人员和专用工具。

（1）必须注意输入 DC 600 V 和 DC 110 V 的极性不能接反。

（2）两个逆变器的输出不能并联，逆变器的输出三相禁止接入其他电源。

（3）逆变器工作之前，最好能测量负载三相是否平衡，是否存在短路。

（4）启动时先合 DC 110 V 控制电源再合主电源，停止时先断主电路电源，再断控制电源，禁止工作中突然断开控制电源。

（5）避免逆变器在空载输出情况下，突加全部空调负载（控制电源正常，空调主电路开关由断开状态突然合闸）。

（6）模拟量控制线、数字信号线和通信线采用屏蔽线，屏蔽层靠近逆变器的一端接在控制电路的公共端（COM），另一端悬空。

（7）开关量、控制信号线可以不用屏蔽线，但同一信号的进出两根线尽可能绞在一起。

（8）两台逆变器分别接地，不允许两逆变器的地线连接后再接地，如图 4-10 所示。

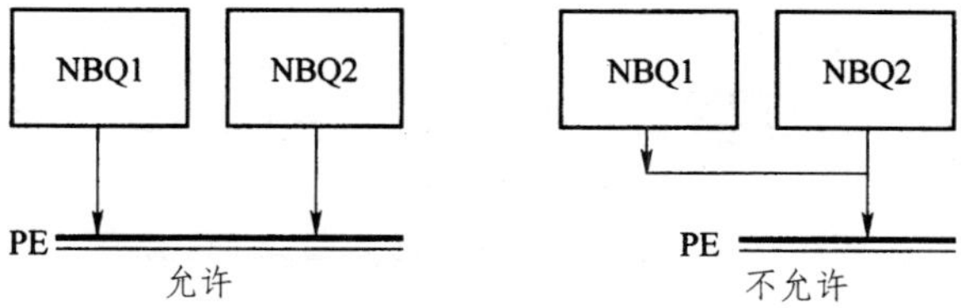

图 4-10　两逆变器的地线连接

逆变器使用中的问题：

客车用的逆变器属于静态辅助电源（SIV），控制方案和控制精度比变频调速系统要简单得多，但在使用中，客车逆变器却不是那么简单。单纯的变频器，控制的负载单一，而客车逆变器供电的负载却非常复杂，有风机类、压缩机类、电阻性负载、容性负载等，电源要适应或满足上述不同负载的要求，因此，逆变器的设计和应用相对困难些。

1. 逆变器工作时对母线电压的影响

所有的逆变器都更关注输出电压波形，而忽视了逆变器工作时对直流母线电压波形的影响。实际上，逆变器和充电器工作时，由于线路阻抗的存在，换流时产生很高的脉冲电压，这些脉冲电压直接反馈到直流母线上，使母线电压波形叠加了很多高频脉冲成分。当几个逆变器并联在母线上时，母线电压波形便含有大量的高频脉动成分。这种脉动一方面对挂在母线上的电源装置产生影响，另一方面可能对机车电源的工作产生影响。目前逆变器所使用的 IGBT 或 IPM 对过电压有一定的承受能力,因此大多数逆变器仅采用在桥臂上并联高频电容的简单吸收电路，这种吸收对电源本身没有太大的影响，但对系统的影响却很大。

2. 电热器、PTC 元件的漏电问题

1998 年，首列 DC 600 V 供电列车和部分动车组，存在一个比较大的问题是电加热器的漏电问题。当时的客室电加热器采用板式电加热器，由逆变器输出的 PWM 波供电，后改成管式电加热器，有的逆变器输出增加了滤波。PWM 波形下的板式电加热器产生漏电的原因在于：板式电加热器由于结构和材料的问题，对地存在等效电容，在频率不高的情况下，对地电容通过的电流非常小，而频率较高的情况下，通过等效电容的漏电流便无法忽略。

板式电加热器的等效电路如图 4-11 所示。

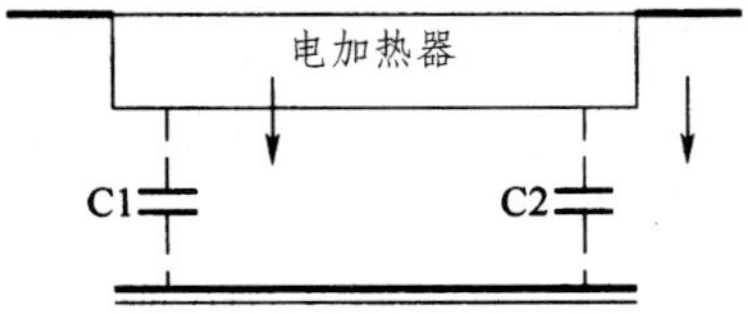

图 4-11　板式电加热器的等效电路

等效电容的容抗为 $X_c=1/(2\pi fC)$，则通过电容上的电流为：$I=U/X_c=U(2\pi fC)$

可见，尽管 C 很小，但当 f 较高时，漏电流是无法忽略的。

25T 客车和 2003 年部备 25G 型 DC 600 V 列车的客室电热采用 DC 600 V 加热的方式，由于直流电的频率为 0，因此客室电加热的漏电流几乎为 0，但是由于使用了大量的 PTC 伴热元件，使得漏电流问题仍然很突出。从特性上分析，PTC 元件的等效电路如图 4-12 所示。

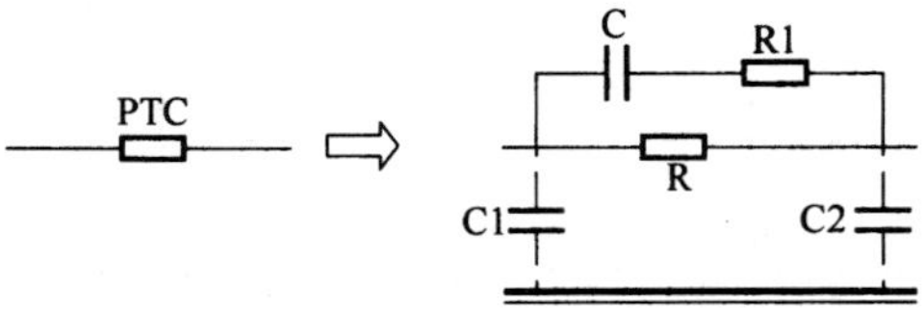

图 4-12　PTC 元件的等效电路

PTC 元件在市电 AC 220 V 工作时就存在 3 次及以上谐波，在逆变器供电时，尤其是逆变器的开关频率很高时显得更加突出，而且对地漏电流也很大，对地漏电流的谐波成分较多。

3. 电磁干扰（EMI）问题

电力电子技术的发展，使得高频化、大功率逆变器和充电器的应用更加普及，但是高频化和大功率使电力电子装置内部的电压、电流发生剧变，不但使器件承受很大的电压电流应力，还在逆变装置的输入输出引线周围空间产生高频电磁噪声，引发电气设备的误动作，这种公害称为电磁干扰（EMI）。

逆变器对外的高次谐波干扰主要分为直接传导、感应和辐射三种。由于逆变器的输出是超过几千赫的高频电压脉冲，其输出线对地以及负载对地之间都存在有分布电容，并由此产生高次谐波电流。在民用上，谐波电流的存在使通用的漏电断路器经常跳闸，因此民用上必须使用带有抑制高次谐波能力的漏电断路器。

高次谐波干扰的直接传导体现在输入直流回路中存在大量的高次谐波电流，使系统的漏电流增加；控制设备的I/O接口、低压测量回路和显示回路则受到高次谐波的感应而产生干扰或误动作；逆变器工作时产生的电磁干扰，对客车内部的电子装置、控制设备和网络通信的正常工作产生不良影响，电子装置尤其应当在设计上采取抑制措施。

【任务实施】

一、维护与检修

根据机车车辆的一般检修体制并考虑到 25T 客车逆变器箱的特点，本逆变器的修程分为入库检修、日常维护、一级检修 A1、二级检修 A2、三级检修 A3、四级检修 A4。

检修周期定义：

一级检修 A1：30 万 km；

二级检修 A2：60 万 km；

三级检修 A3：120 万 km；

四级检修 A4：240 万 km。

1. 出、入库检查

检查各吊装螺丝是否松动及门锁是否锁紧，检查电源系统是否正常，接入 DC 600 V 应能正常工作。

2. 日常维护

该客车逆变器箱正常运行情况下不需要维护。但为保证其正常安全运行，应经常检查箱体安装螺丝、各部分紧固螺丝及门锁，确保没有松动。

A1 ~ A4 级检修根据表 4-7 进行。

表 4-7　25T 客车逆变器 A1 ~ A4 检修

部位	检查项目	检查内容	判断依据及相应对策	A1 修	A2 修	A3 修	A4 修
逆变器箱体	骨架	变形、伤痕、裂纹	裂纹、变形、伤痕等情况已影响辅助电源的密封和使用，需修复或更换		√	√	√
	柜门	变形、伤痕、裂纹	裂纹、变形、伤痕等情况已影响辅助电源的密封和使用，需修复或更换		√	√	√
	控制线插头	变形、伤痕、裂纹松动	裂纹、变形、伤痕等情况已影响辅助电源的密封和使用，需修复或更换，有松动情况需要重新拧紧或更换	√	√	√	√

续表

部位	检查项目	检查内容	判断依据及相应对策	A1 修	A2 修	A3 修	A4 修
逆变器箱内部检查	布线	老化、破损	更换老化严重及破损的导线布线		√	√	√
		接线端子、密封套连接器	变形、破损、脱扣、生锈需更换		√	√	√
	紧固螺钉	松动、脱落	重新拧紧		√	√	√
	逆变器模块	布线检查紧固件检查	布线情况及紧固件如出现上述问题则采取相应对策		√	√	√
		密封圈	存在久变形或弹性差时需更换		√	√	√
		散热器检查	检查积灰情况并除尘		√	√	√
		电容组件	电容漏液或塌陷时更换电容或组件	√	√	√	√
		IGBT 元件	元件有裂纹或放电痕迹时查明原因并更换相应元件	√	√	√	√
	控制箱	外观检查	变形、伤痕、腐蚀等情况已影响电源变换箱的使用，需修复或更换。紧固件、连接件是否有松动及损坏，需修复		√	√	√
		控制插件检查	检查积灰情况并除尘		√	√	√
	电阻、滤波器、电流/电压传感器	外观检查	表面如积灰，需清扫干净；脱色或损坏，需更换	√	√	√	√
		接线端子检查	有松动的连接部分重新紧固，更换有裂纹或变形的部分		√	√	√
		LC 滤波器	检查风扇转动情况，不正常则更换	√	√	√	√
	接触器	通电动作情况	触头是否有连跳、卡死、粘连，出现任何异常必须更换	√	√	√	√
		触头表面颜色或磨损	触头表面颜色发黑或磨损超过 1.5 mm 更换接触器	√	√	√	√
		外观检查	若有破损，需更换	√	√	√	√
	散热风扇	通电动作情况	通电情况下，动作不正常，需更换	√	√	√	√
	绝缘检测	高压端对地 低压端对地 高低压之间	用 500 V 兆欧表测量			√	√
	试验	控制系统整机功能	依据使用说明书分别进行弱电、强电实验	√	√	√	√

二、调试试验

调试的原则是先弱电，后强电，先轻载，后重载。

此项试验需要另外配套提供稳定的不小于 70 kW 的 DC 110 V 动力电源和不小于 200 W 的

DC 110 V 控制电源，能测量逆变器的输出基波电压、电流及输出基波频率的谐波表，以及相应负载。

1. 弱电试验

仅给控制箱提供 DC 110 V 直流电压，逆变器的开关电源插件控制开关置合（ON）位，开关电源应能正常工作。此时逆变器的主控板 4 A 灯闪烁，逆变器板 6 A 灯闪烁。检查逆变器的主控板、逆变器控制板上的指示灯，除主控板 27 A 灯周期性闪烁外应无任何红色指示灯亮。若有红色指示灯亮，表明系统有故障，应排除故障后方可进行后续试验。

2. 空载试验

系统接入 DC 600 V 电源，逆变器应能正常启动，待稳定后测量逆变器和变压器的三相输出电压、输出电压的上升率、输出电压峰值，测量值应符合技术要求。

3. 轻载试验

系统接入 DC 600 V 电源，给逆变器带上小风机（1 ~ 3 kW）、变压器带小负载，应能正常启动，输出电流、电压、频率应符合技术要求。

4. 额定负载试验

系统接入 DC 600 V 电源，给逆变器和变压器带上额定负载运行，应能正常启动，输出电流、电压、频率应符合技术要求。

三、常见故障分析及处理

在正常情况下，从置于车上的信息灯查看到逆变器正常的信号显示，表示逆变器正常。另外，显示屏还可以查看到有关逆变器的更详细的信息。

一般情况下，当客车逆变器发生故障时，置于车上的显示屏上会有相应的故障显示或故障提示。检修时可根据故障提示进行有针对性的检查、试验和处理，从而确定具体故障点。在进行故障处理或检修结束后，应进行通电试验，以确保电源状态完好。利用本装置控制箱插件面板上信号灯及机车显示屏信息可对故障进行判断及排除，见表 4-8。

表 4-8　逆变器故障处理

序号	现象			描述
	输入/输出板	主控板	逆变器控制板	
1	3B 灯亮，3A 灯不亮	29A 灯亮		K1 触头卡位合不上
2	4B 灯亮，4A 灯不亮	29A 灯亮		K2 触头卡位合不上
3	5B 灯亮，5A 灯不亮	29A 灯亮		K5（K6）触头卡位合不上
4	6B 灯亮，6A 灯不亮	29A 灯亮		K4 触头卡位合不上
5	3B 灯不亮，3A 灯亮	29A 灯亮		K1 触头卡位断不开
6	4B 灯不亮，4A 灯亮	29A 灯亮		K2 触头卡位断不开
7	5B 灯不亮，5A 灯亮	29A 灯亮		K5（K6）触头卡位断不开
8	6B 灯不亮，6A 灯亮	29A 灯亮		K4 触头卡位断不开

序号	现象			描述
	输入/输出板	主控板	逆变器控制板	
9	1B 灯亮，1A 灯不亮	29A 灯亮		K7 触头卡位合不上
10	2B 灯亮，2A 灯不亮	29A 灯亮		K8 触头卡位合不上
11	1B 灯不亮，6A 灯亮	29A 灯亮		K7 触头卡位断不开
12	2B 灯不亮，6A 灯亮	29A 灯亮		K8 触头卡位断不开
13	9B 灯亮	28A 灯亮	2A 和 3B 红灯同时亮，若故障排除 2A 灯灭	逆变器模块故障，应更换故障模块
14	9B 灯亮	28A 灯亮	2A 和 3A 红灯同时亮，若故障排除 2A 灯灭	逆变器模块过流，应重点检查负载和电流传感器
15	9B 灯亮	28A 灯亮	2A 和 4A 红灯同时亮，若故障排除 2A 灯灭	逆变器模块三相输出电流不平衡，此时应重点检查负载和电流传感器
16	9B 灯亮	28A 灯亮	2A，3A 和 3B 红灯同时都亮	检查逆变器模块控制板插头是否松动，逆变器的门级控制板是否故障
17	9B 灯亮	28A 灯亮	2A 和 2B 红灯同时亮，若故障排除 2A 灯灭	逆变器输入过压，测量逆变器控制板 33 A 中间直流电压值 1 V/100 V

任务 3　25T 型客车充电器的故障与检修

【任务陈述】

本任务主要是学习安装充电机、调试充电机；充电机维护、保养与故障处理；充电机的安全注意事项。

【知识准备】

充电机

一、概况

25T 型客车充电器整个系统由 TCP4-008/600（L）型 DC 110 V 充电机和 TKB2-0035D/110（L）型单相逆变器组成。TCP4-008/600（L）型 DC 110 V 充电机的作用是将 DC 600 V（AC 380 V）的输入变换成 DC 110 V，供给客车照明、110 V 蓄电池充电及其他 110 V 负载。TKB2-0035D/110（L）型单相逆变器的作用是将 DC 110 V 的输入变换成单相 AC 220 V/50 Hz 输出，供给单相负载使用。

25T 型客车充电器包括 TDK1H-CB 型、TDK1H-CBL 型、TDK1J-CB 型、TDK1J-CBL 型、TDK1K-CB 型、TDK1K-CBL 型、TDK1L-CB 型、TDK1L-CBL 型 8 种型号。TDK1H-CB 型、TDK1J-CB 型、TDK1K-CB 型、TDK1L-CB 型充电机及单相逆变器箱的工作环境温度为：−25 ~ +45 °C；TDK1H-CBL 型、TDK1J-CBL 型、TDK1K-CBL 型、TDK1L-CBL 型充电机及单相逆变器箱的工作环境温度为：−40 ~ +45 °C。其中，TDK1H-CBL 型及 TDK1J-CBL 型充电机及单相逆变器箱系统接线如图 4-13 所示，TDK1K-CBL 型及 TDK1L-CBL 型充电机及单相逆变器箱系统线图如图 4-14 所示。

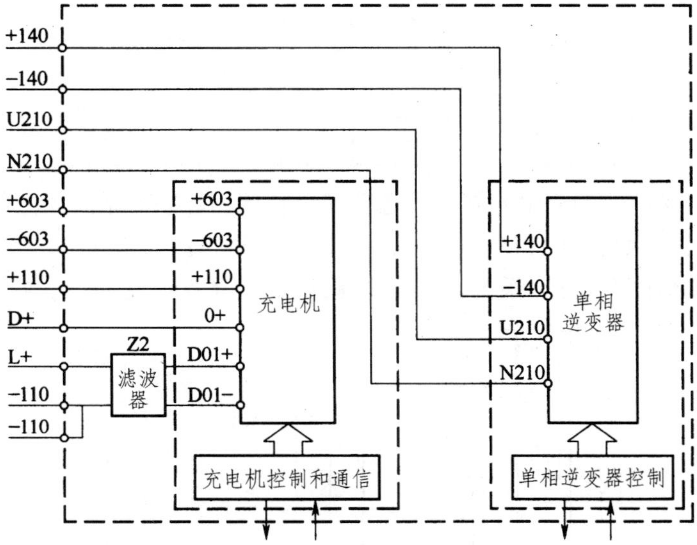

图 4-13 TDK1H-CBL 型及 TDK1J-CBL 型充电机及单相逆变器箱系统接线图

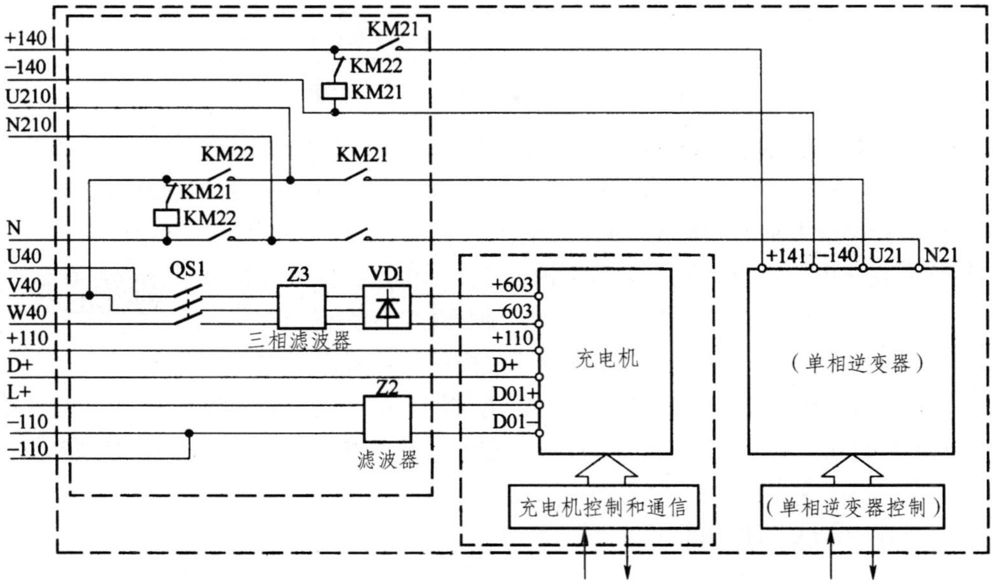

图 4-14 TDK1K-CBL 型及 TDK1J-CBL 型充电机及单项逆变器箱系统接线图

25T 型客车充电器的主要技术参数见表 4-9。

表 4-9　25T 型客车充电器的主要技术参数项目

项目	参数	项目	参数
输入 DC 600 V 电压	额定电压 DC 600 V	输入 AC 380 V 电压	额定电压 3AC 380 V
	最高电压 DC 660 V		最高电压 3AC 440 V
	最低电压 DC 500 V		最低电压 3AC 340 V
控制电源电压	额定工作电压 DC 110 V		额定频率（50±1）Hz
	最高工作电压 DC 130 V	额定输出电压	DC（119～123）V（可调）
	最低工作电压 DC 77 V	输出电压稳态调整率	≤±1%
输出电压纹波	峰-谷值≤10 V（与蓄电池并联）	输出容量	≥8 kW
充电器变换效率	≥92%（额定输出负载）	欠压保护	蓄电池电压低于 90 V

DC 600 V 供电系统中的充电器是供蓄电池充电及照明控制等系统用电的重要设备，由于输入为 DC 600 V（或兼容 AC 380 V 整流后），因此必须采用 DC/DC 变换技术。为了减小充电器的体积和防止高压窜入低压系统，采用高频绝缘式 DC/DC 变换器，如图 4-15 所示。

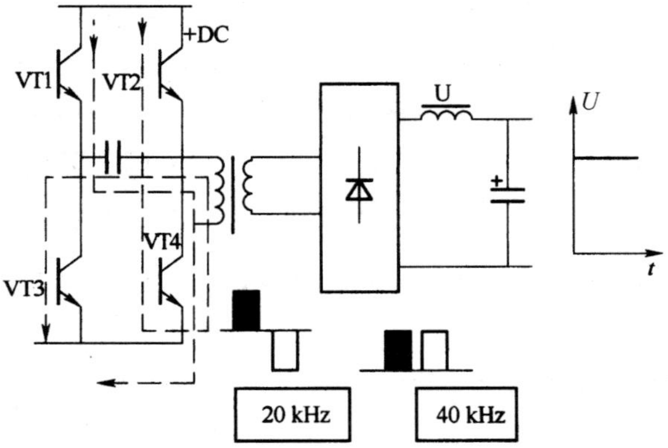

图 4-15　高频绝缘式 DC/DC 变换器

按反相控制规律分别控制 VT1、VT4 和 VT2、VT3，即 VT1、VT4 导通时，VT2、VT3 截止，而 VT2、VT3 导通时，VT1、VT4 截止，这样就可以在变压器副边感应出高频脉冲电压，该电压通过整流滤波，得到 DC 110 V 输出。

高频绝缘式充电器在我国铁路上的应用，其技术已达到国外先进水平，主要关键技术有：

（1）采用电压电流双闭环控制，实现蓄电池恒流定压充电；

（2）采用软开关技术，减小 IGBT 高频开关损耗，效率达到 92%；

（3）采用先进的非晶态铁心制造变压器、电抗器，减小充电器的体积；

（4）IGBT 的开关频率达到 20 kHz 以上，避开了音频区域，减小充电器的电磁噪声。

二、充电器基本原理

25T 客车无论兼容供电还是 DC 600 V 供电，都需要通过充电器将 DC 600 V 或 AC 380 V 变换成 DC 110 V 供给蓄电池和照明等负载。从系统的安全性和可靠性来考虑，充电器是供电系统中最重要的设备之一，一旦充电器发生故障，蓄电池无法充电，电压会放到很低，有可能使本车挂在蓄电池上的所有设备都无法启动和工作。

基于 DC 600 V 的输入电压和大于 8 kW 的功率等级，客车用大功率 DC/DC 变换的主电路一般采用适应高压变换的半桥或全桥结构，如图 4-16 所示。

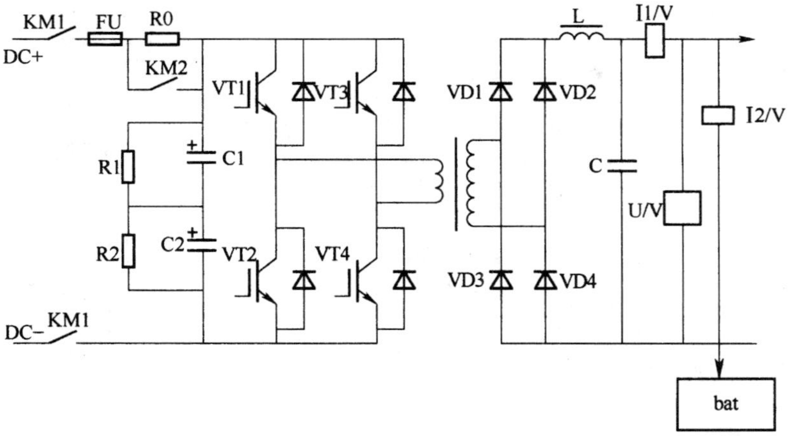

图 4-16　PWM 桥式 DC/DC 变换电路

充电器的输入隔离、滤波和缓冲电路与逆变器相同，逆变桥由 4 只 IGBT 组成，功率的传输靠高频变压器传递，变压器的输出经过高频整流和滤波后，供给直流负载和蓄电池。

（一）高频桥式逆变主电路

VT1 ~ VT4 构成 DC/DC 变换的主电路，VT1 ~ VT4 的控制逻辑和变压器原、副边电压波形如图 4-17 所示。

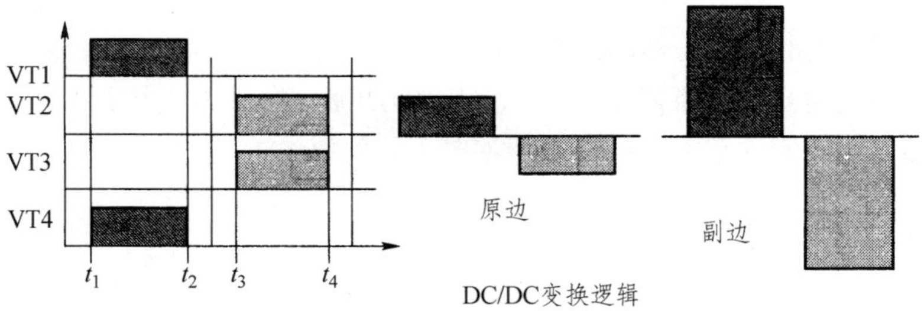

图 4-17　VT1 ~ VT4 的控制逻辑和变电压器原、副边电压波形

$t_1 \sim t_2$ 区间内，VT1 和 VT4 导通，变压器原边电压为正相电压；

$t_3 \sim t_4$ 区间内，VT2 和 VT3 导通，变压器原边电压为反相电压。

我们注意到 $t_2 \sim t_3$ 区间内任何一只 IGBT 都不导通，这段时间称为“死区”，主要是考虑防止上下桥臂的两只 IGBT 同时导通造成桥臂的“贯通”短路。

充电器用的 IGBT 一般采用双单元，即一个模块上集成了上下桥臂的两个 IGBT，电路结构简单，但因为 IGBT 工作在 20 kHz 左右，因此其开关损耗大，散热困难。为解决高频开关的损耗问题，采用移相技术实现 IGBT 的准软开关控制，如图 4-18 所示。

电桥两个桥臂的上下两个开关管（VT1-VT2、VT3-VT4）被施加 180°互补的驱动信号，上下两管 180°互补导通，因此除上下两管导通的死区外，电路中总有两个开关管同时导通，共有四种导通组合，即 VT1-VT4、VT4-VT2、VT2-VT3、VT3-VT1，并按此顺序周而复始，其中 VT1-VT4、VT2-VT3 组合导通（即对角线导通）时，全桥电路输出能量，而 VT3-VT1、VT4-VT2 组合导通（即上桥臂两管或下桥臂两管同时导通）时，全桥电路处于续流状态不输出能量。调节这两种组合的时间比例，即移相角，变压器得到一个交变的 PWM 电压，以此实现对输出电压、电流的调整。

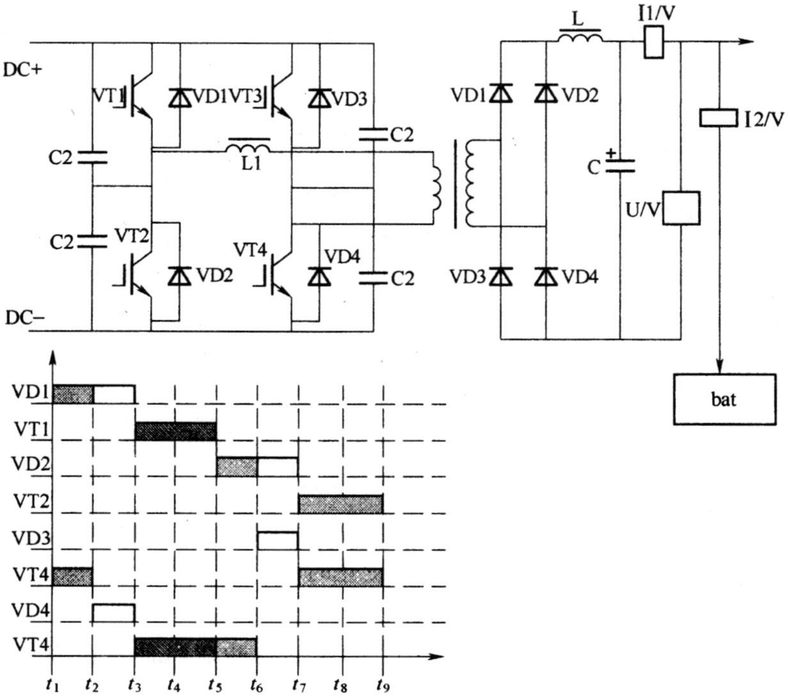

图 4-18　移相式 DC/DC 变换电路

移相控制的原理是利用变压器漏感和 IGBT 结间的电容谐振，漏感 LK 储能向电容 C 释放过程中，使电容 C 的电压逐步下降到 0，二极管 VD 开通，创造 0 电压开关（ZVS）条件，电路中的其他电感、电容元件是为获得可靠的零电压开关而设置。

（二）电压变换的实现

DC 600 V 供电客车的 DC/DC 变换，主要是通过 IGBT 桥式逆变电路将 DC 600 V 电压变换成占空比可调的高频方波电压，经变压器隔离后整流滤波成 DC 110 V 电压；兼容供电客车则是先将 AC 380 V 整流后，变成 DC 540 V，然后采取与 DC 600 V 相同的 DC/DC 变换。所谓占空比是指一个半波内，驱动 IGBT 的脉冲宽度占整个半波周期的比例。为了调整输出电压，占空比是可变化的，属于脉冲宽度可调模式即 PWM 方式。在这种控制方式下，脉冲的幅值是不变的，当负载发生变化时，依靠改变脉冲的宽度来保证输出电压的稳定：如果输入电压发生变化，也可以通过改变脉冲宽度来保证输出的稳定，如图 4-19 所示。

由 VD1 ~ VD4 四只高频快速二极管组成的整流电路，对变压器副边输出的脉冲电压进行整流，并有电抗器 L 和电容 C 进行滤波。高频整流对二极管的要求与一般交流整流电路不一样，除了要求较小的通态压降以减小导通损耗外，还要求具有快速的导通和关断能力，以减少开关损耗，因为在高频条件下，二极管的开通和反向恢复时间引起的损耗在总损耗中占有明显的比例。

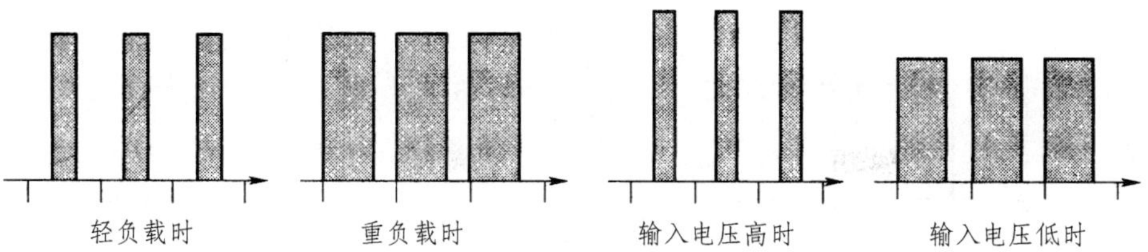

图 4-19　脉冲宽度

（三）高频的影响

采用 20 kHz 的工作频率，主要是为了减小变压器、滤波器的体积。变压器的原边或副边的感应电压有一个基本公式：$U=kfW_1BS$，其中 U 为变压器线圈端电压，f 为工作频率，W_1 为线圈匝数，B 为磁通密度，S 为磁路面积。

从公式 $U=kfW_1BS$ 中可以看出，相同的输出电压和磁密时，当频率 f 提高，W_1 和 S 可相对减小，W_1 的减小即线圈绕组的匝数减少，亦即变压器的铜重可以减小；S 的减小即变压器铁心面积减小，亦即铁重减少，而铜线和铁心决定变压器的主要有效体积和质量。当频率提高到 20 kHz 时，变压器的铁心非常小，线圈匝数大幅减小。同样，高频输出脉冲（对应 40 kHz）的滤波电感和电容也明显减小，这就是高频化的效果。但是高频带来的负面影响就是损耗的增加。IGBT、变压器、整流二极管、滤波电抗等，在高频时的损耗明显增加。

（四）DC/DC 变换器的功能和保护

DC/DC 充电器的主要功能是将输入 DC 600 V 或 AC 380 V 变换成适合蓄电池充电和直流负载使用的 DC 110 V，并在输入电压和负载变化时，保持输出稳定即稳压功能。DC/DC 充电器的输入保护和工作原理与逆变器相同，如图 4-20 所示。

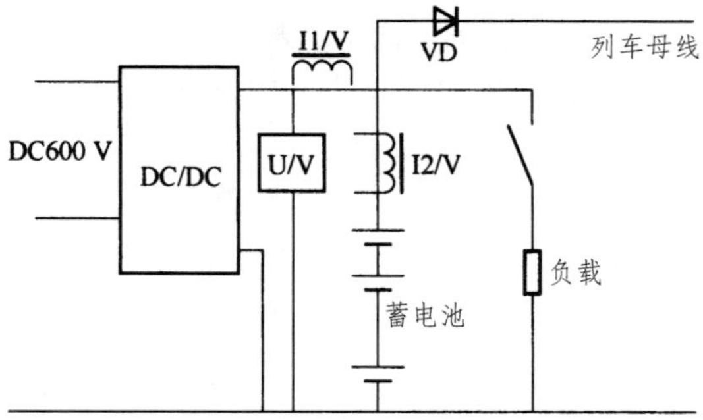

图 4-20　DC/DC 充电器的工作原理图

为减小充电器启动时的冲击，充电器 IGBT 的驱动脉冲在启动时也采用“软”启动方式。如图 4-21 所示，脉冲宽度逐渐增加，输出电压逐渐升高，当升高到一定值时，电压反馈或电流反馈起作用。

DC/DC 变换器采用双闭环即电流环和电压环控制。图 4-19 中，电压反馈靠电压传感器 *U/V* 输出测量信号，充电电流反馈靠电流传感器 I2/V 的输出信号，而电流传感器 I1/V 的反馈则提供输出总电流的检测信号。

限流定压充电功能：25T 客车采用碱性中倍率电池，碱性电池充电的要求应符合马氏曲线（见图 4-22），即蓄电池在电压低时采取恒流充电的方式，在电压充到一定程度时采取恒压浮充的方式。

（a）脉冲宽度　　　　（b）输出电压变化曲线

图 4-21　脉冲宽度与输出电压变化曲线

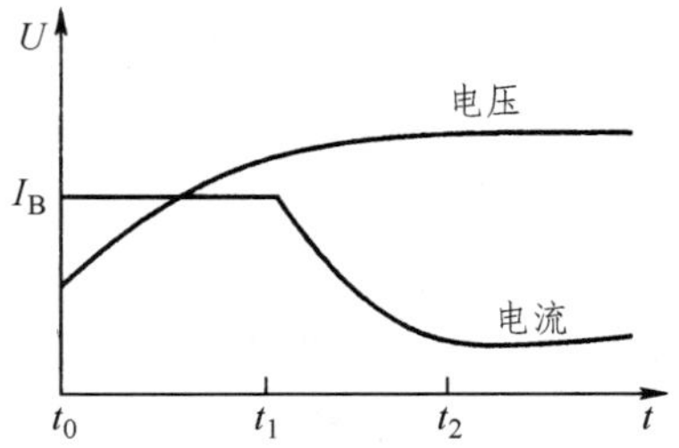

图 4-22　限流恒压充电的电压电流曲线

根据铁路标准要求，限流充电值为 0.2C5，25T 客车用蓄电池容量为 120 A · h，5 h 率放电电流为 24 A，因此恒流充电电流限制在[25×（1+10%）]A。碱性中倍率电池浮充的终止电压为 1.5 V，25T 客车蓄电池总共装有 80 只蓄电池，充电电压应为 120 V，考虑到大多数低压电器线圈电压上限值为 121 V，因此充电电压可能偏低，运用中如果有问题可以适当减少 1～2 只蓄电池。

输出限流功能：充电器的输出电流分三个部分，一部分向本车蓄电池充电，另一部分供给本车照明、控制等负载，还有一部分通过二极管向列车母线供电。电流传感器 I1/V 是测量充电器输出总电流的传感器，当充电器的输出电流超过其允许电流（如 70 A）时，控制 IGBT 的驱动脉冲变窄，使输出电压降低，输出电压降低后充电器不会向其他客车输出电流，同时还可以减小蓄电池电流，以使总的输出电流降低。

要注意的是：由于全列蓄电池、充电器通过二极管并联，因此各个客车的充电器的输出电压应尽可能地保持一致，否则电压调整高的充电器要向列车母线提供更多的电流。

三、TCP4-008/600（L）型 DC 110 V 充电机主要技术参数

TCP4-008/600（L）型 DC 110 V 充电机将 DC 600 V 变换成 DC 110 V，并向客车照明、110 V 蓄电池及其他 110 V 负载供电，其主要技术参数见表 4-10。

表 4-10　DC 110 V 充电机主要技术参数

项目	参数	项目	参数
输入回路	标称输入电压 DC 600 V	输出回路	标称输出电压 DC（119～123）V（随温度补偿可调）
	输入电压变化范围 DC（500～600）V		标称输出功率 8 kW
	输入电压波动±5%		输出总电流 68 A
控制电源	DC 77～137.5 V		充电电流最大值 25 A

四、充电机的结构设计和工作原理

1. 结构设计

该充电机采用模块化设计，安装方便，维护简单。所有元器件都安装在一块铝散热器基板上，通过散热器实现对模块损耗的热传递和冷却，在散热器叶片上部装有用于冷却的风机。

2. 工作原理

原理框图和原理图分别如图 4-23 和图 4-24 所示。

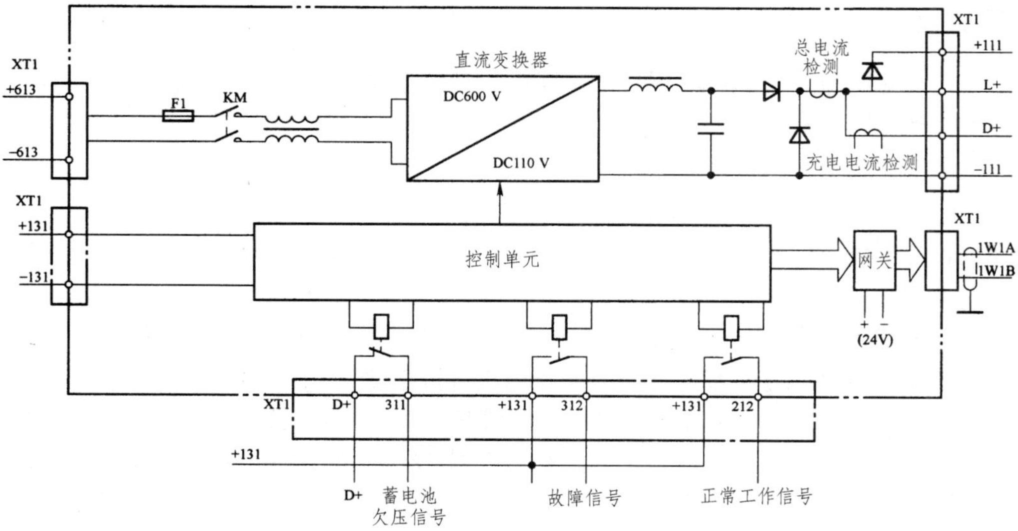

图 4-23 充电机的原理框图

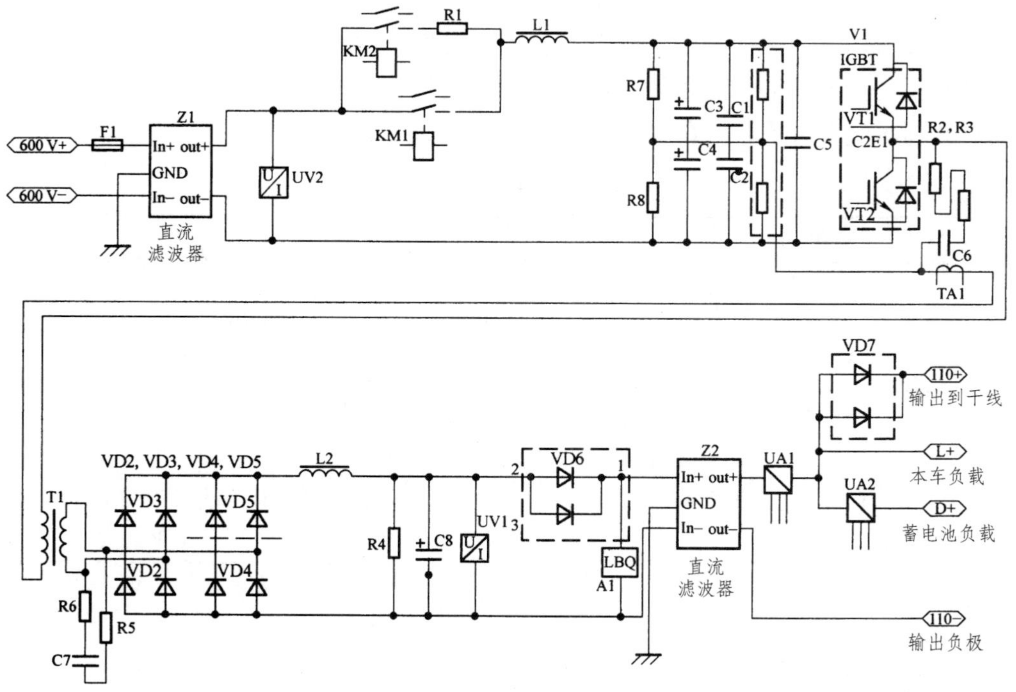

图 4-24 充电机的原理图

DC 600 V 电源经过 EMI 滤波，LC 直流滤波送到 IGBT 模块作开关管的半桥逆变电路，该电路将 DC 600 V 逆变成 15 kHz 的高频方波，高频方波经高频变压器隔离、降压，再经过全桥整流电路整流，LC 输出滤波，EMI 输出滤波、二极管输出隔离，最后输出标称 8 kW/DC 120 V，用于驱动本车负载、干线负载以及给本车蓄电池充电。该充电机的输出特性满足免维护铅酸蓄电池的充电特性曲线，同时具有充电温度补偿特性。

【任务实施】

一、安装与调试

（1）安装前应切断 DC 600 V 和 DC 110 V 及蓄电池电源，安装后要确保紧固螺栓拧紧。

（2）正确接线，确保接线无误。

（3）调试试验中遵循的原则是先弱电，后强电，先轻载，后重载。

（4）断电 1 min 后方可与模块接触，以防触电。

（5）若为地面试验，需配套提供稳定的不小于 10 kW 的 DC 600 V 电源和不小于 200 W 的 DC 110 V 电源，以及相应的 DC 110 V 负载。

（6）弱电试验。给充电机提供 DC 110 V 电源，充电机模块开始自检，稍后，VL0、VL2 和 VL5 点亮，模块内风机开始工作，表明充电机自检正常。

（7）空载试验。系统接入 DC 600 V，充电机开始启动工作，待输出稳定后测量输出电压为（121±1）V。如果模块在地面进行试验，没有接温度传感器 PT100，则空载输出电压为（121±1）V。

（8）轻载试验。给充电机带上一定负载（1 kW），充电机应能正常工作，测量输出电压为（120±1）V。如果模块在地面进行试验，没有接温度传感器 PT100，则输出电压为（119±1）V。

（9）重载试验。给充电机带上 8 kW 标称负载，充电机应能正常工作。

（10）充电机开机、关机须遵循的原则是开机时先通 DC 110 V 控制电源，再通 DC 600 V 电源；关机时先关 DC 600 V 电源，再关 DC 110 V 控制电源。

微机板指示灯含义见表 4-11。

表 4-11 微机板指示灯含义

<table>
<tr><td>指示灯状态</td><td>VL0 灭</td><td>VL0 亮</td><td colspan="2">VL0 闪</td></tr>
<tr><td>含义</td><td>表示设备工作不正常，有保护性故障</td><td>表示设备工作不正常有电参数超标现象</td><td colspan="2">表示设备正常</td></tr>
<tr><td rowspan="4">对应其他指示灯的含义</td><td>VL1 亮；IGBT 保护</td><td>VL1 亮：输出过压（软件）</td><td>VL1 亮：表示工作</td><td>VL1 灭：表示怠速</td></tr>
<tr><td>VL2 亮：变压器原边过流</td><td>VL2 亮：输出欠压</td><td>VL2 亮：表示充电</td><td>VL2 灭：表示充电结束</td></tr>
<tr><td>VL3 亮：系统过热</td><td>VL3 亮：输入欠压</td><td>VL3 灭：表示软启动结束</td><td>VL3 亮：表示软启动</td></tr>
<tr><td>VL4 亮：输出过压（硬件）</td><td>VL4 亮：输入过压</td><td>VL4 灭：表示正常运行</td><td>VLA 亮：表示降功运行</td></tr>
</table>

续表

<table>
<tr><td>指示灯状态</td><td>VL0 灭</td><td>VL0 亮</td><td colspan="2">VL0 闪</td></tr>
<tr><td rowspan="4">对应其他指示灯的含义</td><td>VL5 亮：接触器 KM2 故障</td><td>VL5 亮：输入过流</td><td>VL5 灭：表示通信故障</td><td>VL5 闪：表示通信正常（亮——接收；灭——发送）</td></tr>
<tr><td>VL6 亮：接触器 KM1 故障</td><td>VL6 亮：充电电流过流</td><td>VL6 灭：表示通信故障</td><td>VL6 亮：表示限流</td></tr>
<tr><td></td><td>VL7 灭：不是过分相</td><td></td><td></td></tr>
<tr><td></td><td>VL7 亮：过分相</td><td></td><td></td></tr>
</table>

通信协议代码见表 4-12。

表 4-12　通信协议代码

充电机故障代码	含义	备注
00H	正常	
01H	输入过压	
02H	输入欠压	
03H	输出过压	
04H	输出欠压	
05H	输出过流	
06H	输出过载	
07H	IGBT 故障	
08H	超低温加热启动	
09H	散热器超温	
0AH	限流充电失效	
0BH	温度补偿传感器故障	
0CH	充电接触器故障	只显示代码，不显示含义
0DH	短接接触器故障	只显示代码，不显示含义

二、维护、保养与故障处理

1. 维护及保养

（1）在规定的环境条件下储存和使用充电机。

（2）充电机长期搁置不用时，应定期通电检查，并且最好存储在环境干燥、无尘土、通风顺畅的室内。

（3）经常检查充电机对外接线及安装是否良好，并清洁散热器齿片。

（4）使用过程中定期检查充电机工作是否正常。

2. 常见故障及处理方法

运用时，可根据微机板指示灯状态判断故障现象，然后参考表 4-13 进行故障处理。

表 4-13 常见故障分析及处理

故障现象	故障原因	处理方法和步骤
无输出电压，微机板上 VL0 灭时，VL1 亮	IGBT 保护，可能 IGBT 损坏或干扰产生的误动作	1. 用万用表二极管挡测量 VD1 即 IGBT 的寄生二极管（IGBT 的 3 与 1 与 2 点）是否击穿短路。 2. 检查驱动板 A7 的插头 X2 和 X3 是否松动。 3. 检查连接 A7 的 X1 与 A6 的 XS2 的扁平电缆是否因振动而导致连接点之间的断路
无输出电压，微型板上 VL0 灭时，VL2 亮	高频变压器 T1 原边过流保护	1. 检查 VD1 即 IGBT 是否损坏。 2. 检查充电机模块输出的正负极是否短路。 3. 检查变压器次边整流二极管 VD2、VD3、VD4、VD5 是否击穿短路
输出电压较高，可能大于 135 V，微机板上 VL0 灭时，VL4 亮	输出电压超过硬件设定的输出电压最高值	1. 测量充电机空载输出电压是否大于 135 V。 2. 判断电压传感器 UV1 的接线是否松动。 3. 用万用表测量微机板 A6 上电阻 R64（150 Ω）两端电压，并根据充电机的输出电压判断 UVI 是否损坏
接触器 KM2 不吸合，无输出电压，微机板上 VL0 灭时，VL5 亮	接触器 KM2（STF4001-1XF4）故障	1. 检查接触器线圈是否短路或断路。 2. 检查接触器常开、常闭触点是否正常。 3. 检查输入输出板 A5 上的 VD9 是否击穿损坏，检查接触器线圈的反并联二极管是否击穿
接触器 KM1 不吸合，无输出电压，微机板上 VL0 灭时，VL6 亮	接触器 KM1（S193/AE）故障	1. 检查接触器线圈是否短路或断路。 2. 检查接触器常开、常闭触点是否正常。 3. 检查输入输出板 A5 上的 VD10 是否击穿损坏，检查接触器线圈的反并联二极管是否击穿
无输出电压，但散热器冷却后可以恢复工作，微机板上 VL0 灭时，VL3 亮	散热器温度超过系统设定的最高温度保护值，系统过热保护	1. 如果系统在冷却后仍出现过热保护，说明热继电器 K1[JUC-1M-85 °C（H）]损坏。 2. 正常情况出现过热保护，等散热器温度降低后，充电机能重新启动工作
风机停转	可能是 24 V 供电电源损坏，或风机被尘土堵死	1. 通控制电源后，模块内风机 M1 工作，若出现不工作，检查 A8 上 XP6：1 与 XP6：2 之间是否有 24 V，若有，应更换风机。 2. 模块散热器冷却的风机 M2、M3、M4，在散热器温度超过（75±3）°C 时将开始工作，若有损坏，应更换
充电机无输出电压，辅助电源指示灯不亮	可能无 110 V 控制电源输入，或控制电源模块损坏	通 110 V 控制电源，用万用表测量 A8 上的 XP6 插头，检查到 XP6：1 与 XP6：2 之间是否有 24 V，XP6：3 与 XP6：4 之间是否有 5 V，XP6：5 与 XP6：6 之间是否有 30 V，若损坏，应更换

3. 安全及注意事项

（1）充电机内部有导致人身安全事故的危险高压，对充电机内部的任何操作只能在充电机断电 5 min 以后才能进行。

（2）充电机运行一段时间后散热器温度升高，注意不要用手随意触摸散热器。

任务 4　TKB2-0035D/DC110（L）单相逆变器检修

【任务陈述】

本任务主要是掌握单相逆变器的日常维护和保养，当发生故障时，能对单相逆变器常见故障进行处理。

【知识准备】

TKB2-0035D/DC110 型和 TKB2-0035D/110L 型单相逆变器（以下简称“逆变器”）将 DC 110 V 的输入变换成单相 AC 220 V/50 Hz 输出，供给单相负载使用。TKB2-0035D/110 型和 TKB2-0035D/110L 型单相逆变器除了工作环境温度范围不同外，其他方面都是相同的。

一、单相逆变器的主要技术参数

单相逆变器

（一）输入电压

标称输入电压：DC 110 V。

输入电压波动范围：DC 77 ~ 137.5 V。

（二）输出电压

额定输出电压及频率：单相 AC 220（1±5%）V/5（1±1%）Hz。

额定输出容量：3.5 kV · A。

过载能力：120%负载大于 1 min。

额定效率：≤85%。

（三）保护

（1）当输入电压低于（72±3）V 时，逆变器输入欠压保护动作，停止输出。

（2）当输入电压高于（144±6）V 时，逆变器输入过压保护动作，停止输出。

（3）当输出负载电流的有效值超过 19.1（1±5%）A（1.2 倍额定输出电流）时，逆变器输出过流保护动作，停止输出，但保护特性不与上述规定的过载能力相抵触。

（4）当逆变器自身内部出现过流、短路、过欠压或过热时，逆变器应保护。

二、单相逆变器的工作原理

1. 逆变器的结构原理

逆变器的结构原理如图 4-25 所示。

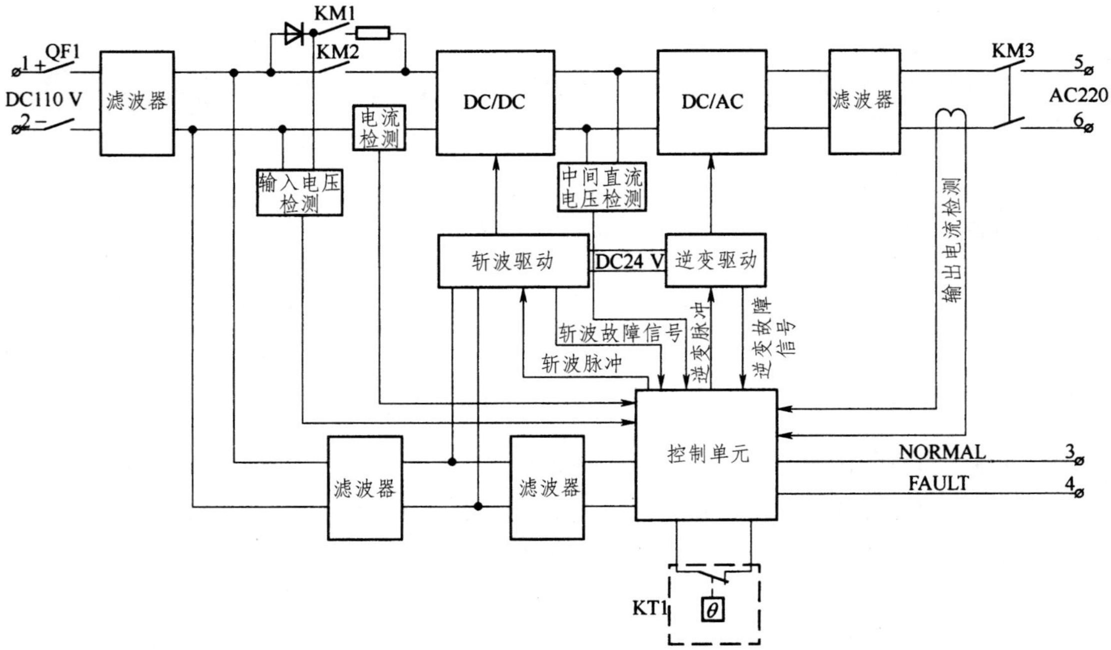

图 4-25　逆变器的原理框图

原理框图主要包括：输入滤波部分、升压斩波部分（DC/DC）、逆变部分（DC/AC）、输出滤波部分和控制单元部分。

逆变器的控制采用 16 位微机控制技术。斩波驱动采用 PWM 波驱动方式，升压斩波环节保证了有适当的中间直流环节电压。中间直流环节电压信号 UDG 通过电压传感器反馈给控制单元，控制单元根据反馈值来调节斩波脉冲的占空比，从而使中间直流电压维持稳定。逆变驱动采用 SPWP 波驱动方式，逆变环节把中间直流环节电压逆变成稳定的单相交流 220 V 电压。控制单元部分对斩波故障信号 FOC、逆变故障信号 FO、输入电压信号 UING、输入电流信号 ICG、输出电流信号 IOUTG 进行检测，并根据所检测到的信号进行短路保护、过欠压保护、过流保护等，从而保证系统可靠、安全运行。KT1 是一个带常闭触点的温度继电器，当散热器温度过高时，常闭触点跳开，给出过热保护信号 OHTIN，逆变器停止输出。

2. 逆变器的内部电路

逆变器的内部电路如图 4-26 所示。

图 4-26　逆变器的内部电路

当外部 110 V 直流电压接通后，控制单元首先对系统自检，然后闭合 KM1，通过充电电阻 R1 给主电路充电。待主电路充电完成后，主接触器 KM2 闭合，将充电电阻短接。滤波器 FILTER1 和 C1 对主电路输入电压进行滤波，滤波器 FILTER2、FILTER3 对控制电路输入电压进行滤波，V1 用以防止输入电压极性接反。KM2 闭合以后，控制电路发出斩波脉冲，由电抗器 L1、斩波管（IGBT）V2 和中间支撑电容 C3 组成的斩波电路工作，将输入直流电压升成稳定的中间直流电压(320±10)V。然后，控制电路再发出逆变脉冲，通过逆变器(IPM) V3 将中间直流电压逆变成单相 220 V/50 Hz 的 SPWM 波，再经电抗器 L2 和输出滤波板滤成正弦波。逆变器通过装在输出滤波板上的电流互感器 TA1 检测输出电流，用以实现过流保护。电路中的 UA1 是电流传感器，用以检测斩波电流，UV1 和 UV2 是电压传感器，分别用以检测输入电压和中间直流环节电压。散热器的过热保护则是通过温度继电器 KT1 来实现的。

除输出滤波板外，逆变器内部还有控制板、驱动板和 IPM 板。控制板是整个逆变器的控制核心，采用微机控制。DC 110 V 经滤波后直接进入控制板，由控制板自带的开关电源电路变换成+5 V 或±15 V 供给相应控制电路使用。接触器由控制板直接控制，而斩波和逆变脉冲则由控制板发出后，经驱动板和 IPM 板分别驱动斩波管（IGBT）和逆变管（IPM）。驱动板上所带的开关电源电路将 DC 110 V 变换成驱动电路所需的 DC 24 V 电源，除供给驱动板自身外，还输出给 IPM 板。

三、逆变器外部接线

逆变器外部接线如图 4-27 所示。

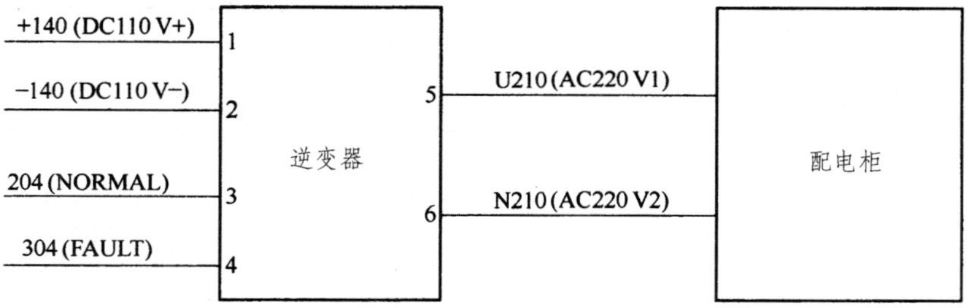

图 4-27　逆变器外部接线

逆变器共有 6 根对外接线，全部采用压接式接线端子。其中，1 和 2 号接线端子可压接的导线规格为 0.5 ~ 10 mm^2；3 和 4 号接线端子可接的导线规格为 0.08 ~ 4 mm^2；5 和 6 号接线端子可压接的导线规格为 0.2 ~ 6 mm^2。

1 ~ 6 号端子对应的接线见表 4-14。

表 4-14　常见故障及其处理方法

端子号	线号	意义	说明
1	+140	DC 110 V+	DC 110 V 正线
2	−140	DC 110 V−	DC 110 V 负线
3	204	NORMAL	正常指示线，该线为 DC 110 V+时，表示逆变器工作正常，最大负载电流 0.2 A
4	304	FAULT	故障指示线，该线为 DC 110 V+时，表示逆变器有故障，最大负载电流 0.2 A
5	U210	AC 220 V1	AC 220 V 接线之一
6	N210	AC 220 V2	AC 220 V 接线之二

【任务实施】

一、维护与保养

（1）在规定的环境条件下储存和使用逆变器。

（2）逆变器长期搁置不用时，应定期通电检查，并且最好存储在环境干燥、无尘土、通风顺畅的室内。

（3）经常检查逆变器对外接线及安装是否良好，并清洁散热器齿片。

（4）使用过程中定期检查逆变器工作是否正常。

（5）当发生故障时，故障指示灯亮，同时可通过逆变器箱内控制板上的发光二极管判断故障性质，从而判断故障位置，排除故障。

二、常见故障处理

常见故障及其处理方法见表 4-15。

表 4-15　常见故障及其处理方法

故障代码	控制板指示灯指示					故障名称	处理方法
	V5	V4	V3	V2	V1		
6	0	0	1	1	0	KM1 故障	接触器是否有卡滞现象，至接触器 KMI 上 1、2 点及 A1、A2 接线是否正常，触点本身是否正常，线包是否断路
7	0	0	1	1	1	KM2 故障	接触器是否有卡滞现象，至接触器 KM2 上 13、14 点及 A1、A2 接线是否正常，触点本身是否正常，线包是否断路
8	0	1	0	0	0	KM3 故障	接触器是否有卡滞现象，至接触器 KM3 上 1、2 点及 A1、A2 接线是否正常，触点本身是否正常，线包是否断路
9	0	1	0	0	1	充电故障	检查充电电阻 R1 是否已断路，检查电压传感器 UV2 及其接线是否正常，检查中间直流环节是否已短路
10	0	1	0	1	0	输入过流	检查外部负载是否正常，电流传感器 UA1 是否损坏，控制板是否损坏
11	0	1	0	1	1	输出过流	检查外部负载是否正常，控制板是否损坏
12	0	1	1	0	0	散热器过热	检查是否因为负载过大或者散热器上有污渍和覆盖物而导致散热器过热。若散热器温度并不高，则测量逆变器箱内温度继电器 KT1 是否跳开，KT1 到控制板上插座 XS1 对应的插头 XP1∶9 的连线是否接好
13	0	1	1	0	1	输入过压	检查主电路输入电压是否正常，检查电压传感器 UV1 是否损坏，控制板是否损坏
14	0	1	1	1	0	输入欠压	检查主电路电源输入是否过低，QF1 是否合上，检查电压传感器 UV1 上的接线是否脱落及 UV1 是否损坏，插座 XS3 对应的插头 XP3 是否松动，控制板是否损坏

故障代码	控制板指示灯指示					故障名称	处理方法
	V5	V4	V3	V2	V1		
15	0	1	1	1		中间直流环节过压	检查电压传感器 UV2 是否损坏，检查控制板是否损坏
16	1	0	0	0	0	中间直流环节欠压	检查驱动板上电源部分是否正常，检查 XS1∶4 和 XS12∶4 及 XS1∶3 和 XS12∶3 是否相通，检查控制板是否损坏，斩波管是否损坏
17	1	0	0	0	1	斩波故障	检查 XS1∶1 和 XS12∶2 是否相通，检查斩波管 V2∶1 和驱动板上 XS11∶3 是否相通，另外看斩波驱动板及斩波管是否损坏，中间直流环节是否短路

说明：

（1）控制板指示灯。指示灯亮表示“1”，指示灯灭表示“0”，V1 亮则表示“1”，V2 亮则表示“0”，V3 亮则表示“4”，V4 亮则表示“8”，V5 亮则表示“16”，相当于一个五位的二进制数，把五个发光二极管依据亮灭情况代表的数值相加即可得出故障代码。

（2）电源给电后什么反应也没有，出现这种现象应检查以下几种情况：

① 检查逆变器外部接线端子上的 1、2 脚有无电源输入；

② 检查逆变器箱体上断路器 QF1 是否合上；

③ 检查滤波器 Z2、Z3 上的接线是否接好；

④ 检查控制板上电源部分是否工作正常，表示+15 V、−15 V、+5 V 工作的指示灯 V19、V20、V21 是否亮。

项目5

电开水炉检修

【学习目标】

知识点：

1. 掌握KSQ-Ⅵ型电开水炉的结构和主要技术参数；
2. 掌握DR50-16CT2型电开水炉的结构和主要技术参数；
3. 掌握TCL-12型电开水炉的结构和主要技术参数；
4. KSQ-Ⅵ型电开水炉工作原理；
5. DR50-16CT2型电开水炉工作原理；
6. TCL-12型电开水炉工作原理。

技能点：

1. KSQ-Ⅵ型电开水炉的专项修；
2. DR50-16CT2型电开水炉的专项修；
3. TCL-12型电开水炉的安装调试；
4. TCL-12型电开水炉的使用；
5. TCL-12型电开水炉的维护与保养；
6. TCL-12型电开水炉的常见故障检修。

【内容概述】

目前运用中的电开水炉种类众多，从总体上可分为电热式电开水炉和电磁式电开水炉两大类。本项目主要介绍常见的三种电开水炉：KSQ-Ⅵ型电开水炉、DR50-16CT2型电开水炉、TCL-12型电开水炉。

任务1　KSQ-Ⅵ型电开水炉检修

【任务陈述】

本任务主要进行KSQ-Ⅵ型电开水炉专项检修。维修人员按照维修手册的规范程序进行检查，主要包括：KSQ-Ⅵ型电开水炉静态检查；电茶水炉控制箱检查；进水过滤网器检查；加热腔检修；绝缘检查；通电试验。

【知识准备】

KSQ-Ⅵ型电开水炉是采用了沸腾翻水原理，把生水与热水分开，可连续向旅客提供清洁卫生的饮用开水。

KSQ-Ⅵ型电开水炉

一、结构及主要技术参数

KSQ-VI 型电开水炉的结构如图 5-1 所示。它主要由电器箱、电磁阀、平衡水箱、水位探头、过滤器、电热管组成。

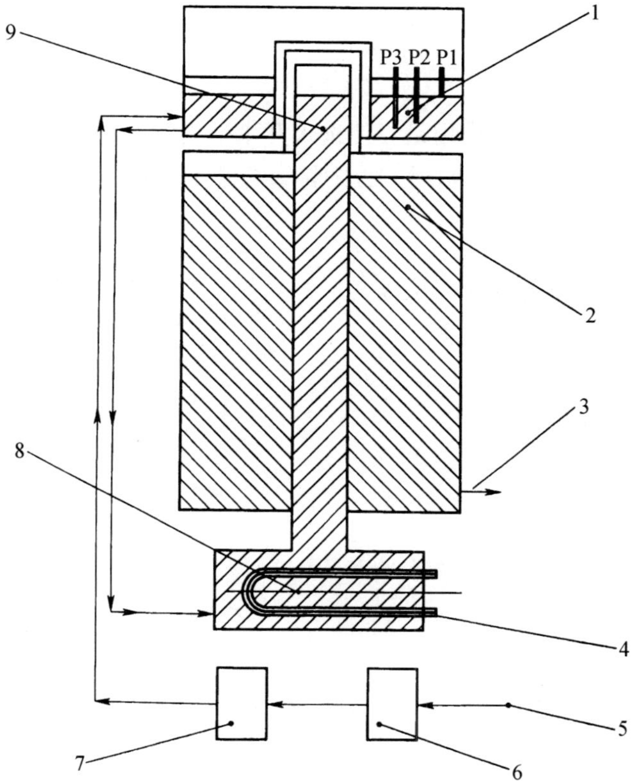

1—平衡水箱；2—开水储水腔；3—放水嘴；4—加热管；5—进水管；6—过滤器；7—电磁阀；8—加热腔；9—翻水桶。

图 5-1　KSQ-Ⅵ型电开水炉结构

（一）主要部件与功能

1. 电器箱

电器箱在开水炉顶部，是开水炉的控制中心，内有空气断路器、控制板、接触器等电器元件。

2. 电磁阀

电磁阀在开水炉的上部，是开水炉的关键部件之一，它的好坏将直接影响开水炉的性能，在正常情况下，电磁阀将自动地关闭和开通水路。

3. 平衡水箱

平衡水箱在开水炉的上部，它通过水管与加热腔相通。平衡水箱和加热腔中的水位是平衡的，如不考虑加热腔中水的膨胀因素，两处的水位应在同一水平面上。

4. 水位探头

在平衡水箱上部设有 3 个水位探头，用以探测加热腔水位变化，从而进行加热控制、缺水报警和电磁阀进水控制；在开水储水腔上部设有两个位探头，用以探测开水储水腔水位变化，从而进行满水保护。

5. 过滤器

过滤器在开水炉外部。它的作用是：使进入开水炉内的水保持清洁，并对水磁化。在水源较差的地区使用时，应经常清除水垢，否则将影响进水。

6. 电热管

电热管采用进口不锈钢外壳，双层隔离，抗老化、寿命长。检修时，其绝缘电阻应大于 2 MΩ，且每相功率平衡。

（二）主要技术参数

功率：4.5 kW；
开水温度：≥95 °C；
绝缘电阻：冷态≥5 MΩ，热态≥2 MΩ；
降温速率：≤5 °C/h；
海拔高度：≤1 500 m；
环境温度：车内+5 ~ +40 °C；
相对湿度：≤90%；
产水量：≥40 L/h。

二、工作原理

KSQ-Ⅵ型电开水炉的电气原理如图 5-2 所示。

1. 电气主回路

KSQ-Ⅵ型电开水炉电气主回路由断路器 QF、接触器 KM1、电加热管 DR 组成。其中 C、D、E 型采用三相三线制，而 Z 型采用三相四线制。

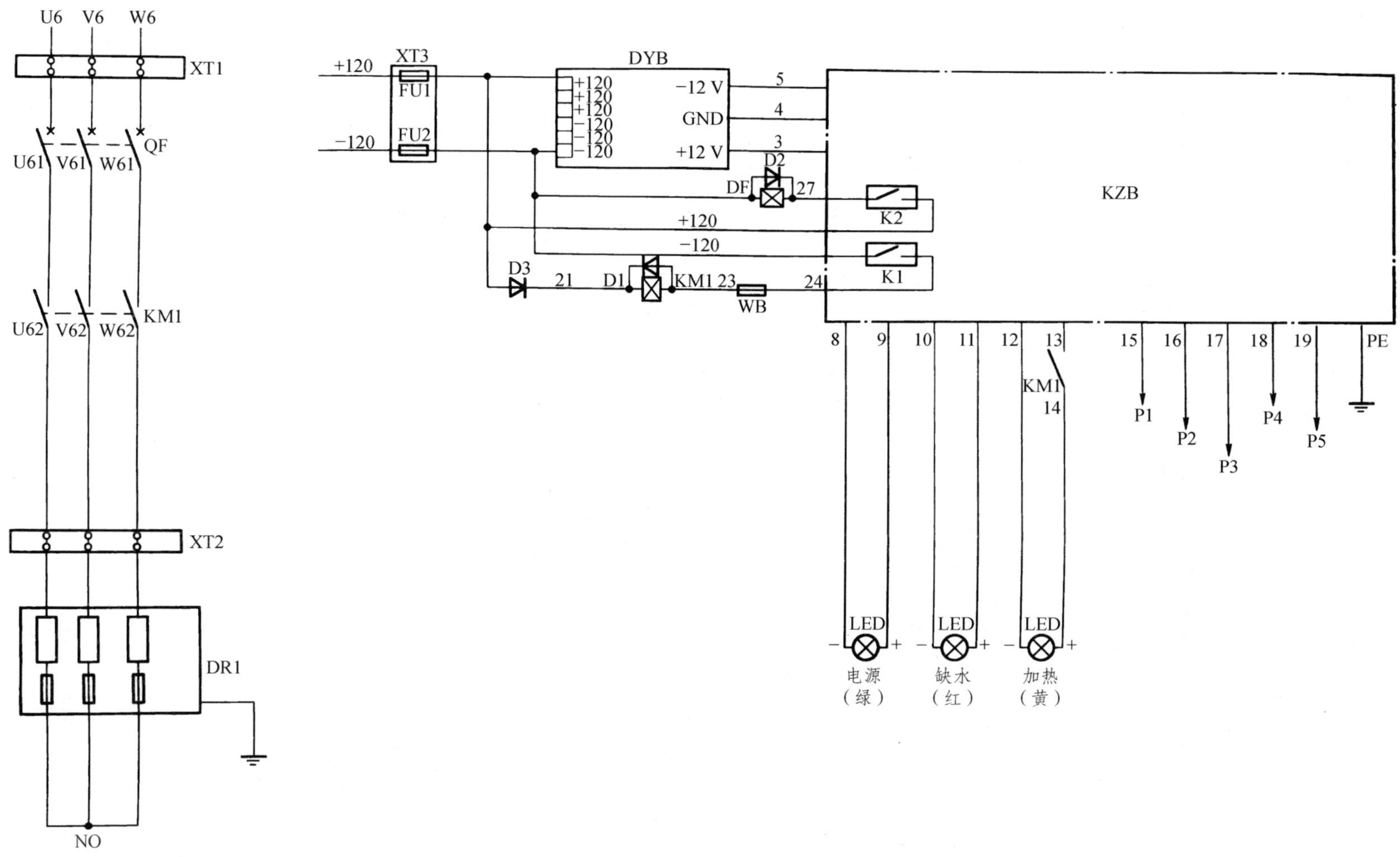

D1～D3—二极管；XT1—接线端子；DYB—电源板；KZB—控制板；HKCT—航空插头；XT2—接线端子；QF—短路器；FU1，FU2—保险管；WB—温度保险；XT3—接线端子；DR—电热管；KM1—接触器。

图 5-2 KSQ-Ⅵ型开水炉电气原理图

2. 水位控制原理

开水炉的水源和电源分别接好以后，接通电源，电磁阀 DF 得电，控制板中的 K2 闭合。来自客车水箱中的冷水通过过滤器、电磁阀 DF，进入开水炉内的平衡水箱。

平衡水箱通过水管与加热腔相通，两处的水位应在同一水平面上。开水炉刚开始进水时处于缺水状态，当水位升至平衡水箱内 P2 水位探头时，控制板中的 K1 闭合，接触器 KM1 线圈得电，其得电通路为：+120→FU1→D3→KMI 线圈→WB→控制板（K1）→FU2→-120，从而使接触器线圈 KM1 得电，电气主回路接通，加热管开始加热。加热指示灯（红）亮，其得电通路为：+12 V→3→KZB→13→KM1→14→LED→12→KZB→5→-12 V。

D1、D2 为续流二极管，当 KM1 和 DF 线圈电流降为零，产生感应电势时用以释放磁能，D3 为单向二极管，保护接触器 KM1。

当平衡水箱内水被加满时，装在平衡水箱内的水位探头 P1 将探知水箱已满，控制电路将断开控制板中的 K2，电磁阀 DF 失电关闭，停止进水。随着加热管不断给加热腔加温，加热腔内的水不断膨胀直至沸腾。沸腾的开水通过翻水口翻入开水储水腔。随着加热腔内的沸水不断进入开水储水腔。平衡水箱里的水也不断地进入加热腔，直至平衡水箱里的水位降低到 P2 以下时，安装在水箱内的电极 P2 感知水箱中需要加水，控制电路将闭合控制板中的 K2，电磁阀 DF 得电打开，给水箱补水。正常情况下将重复上述过程。

3. 二次保护（防干烧原理）

当客车水箱缺水或者电磁阀 DF 损坏，水箱加热腔的水位在低于探头 P2 后将进一步降低。装在平衡水箱内的探头 P3 感知缺水信号，控制电路就会断开控制板中的 K1 开关，接触器 KM1 失电，切断加热回路，这就是开水炉的第一级缺水保护。如果第一级保护失灵，加热管继续加热，加热腔将被烧干，当电热管露出水面，加热腔内的温度进一步升高至规定的温度值时，装在加热管上的温度保险 WB 熔断，切断主回路，电开水炉停止加热，以确保开水炉的安全。

4. 储水腔水位控制原理

如果开水炉工作正常，开水储水腔内水位将不断增高，直至开水储水腔至满水位。此时，装在开水储水腔上部的探头 P4 将感知满水，控制电路就会断开控制板中的 K1、K2，接触器 KM1 断电释放，进行满水保护。当储水箱腔内的开水被使用，水位下降 40 mm 时，水位将低于开水储水腔上部第二个电极探头 P5，控制电路将闭合控制板中的 K1，接触器 KM1 得电，加热管恢复加热。

【任务实施】

<table>
<tr><th colspan="2">KSQ-Ⅵ型电开水炉专项检修指导书</th></tr>
<tr><th>作业步骤及质量标准</th><th>图示</th></tr>
<tr><td>1. 静态检查</td><td></td></tr>
<tr><td>（1）外观检查电茶炉炉体及附件。
▲①检查各管、水阀、接头、炉体配件齐全，无锈蚀、漏泄、堵塞、松动。
②加热腔密封严密，无渗漏，加热器检查门、茶炉壳体良好。
③炉体安装牢固，炉体底部支架平稳、良好。
④炉体内各部连接的配线绝缘良好，线排安装牢固，接线端子压接良好，无松动、烧损，线号清晰，标示牌齐全。
⑤控制箱、炉体外壳须可靠接地</td><td></td></tr>
<tr><td>（2）检查阀门开关、自动补水开关齐全，作用良好，温度、水位显示正常清晰。
▲①热水嘴配件齐全，安装牢固，手柄不导热、开闭灵活，无滴漏。
②水位管显示正常、清晰，无渗漏。
③对水位、温度表外污垢进行清除</td><td></td></tr>
<tr><td>（3）电控装置配件检查。
▲①各部件功能齐全完好，元件无松动、老化，保护及开关器件容量符合规定，线号标志齐全。
②各线卡作用良好，各接插件插接牢固、接触良好，无热损、老化，各出线口、过线位防护良好、无破损。
③磁控管、干簧管、水位传感器等安装牢固，无渗漏，接线紧固无烧损，线号清晰。
④电磁阀安装牢固，配件齐全，无渗漏，接线良好</td><td></td></tr>
</table>

续表

作业步骤及质量标准	图示
2. 电茶炉控制箱检修	
（1）控制箱检查。 ▲① 箱体安装牢固、无松动，清扫电控箱（件）积尘，检查元件、配线、端子是否松动、过热。 ② 箱体及门无变形、锈蚀，门锁及插销、合页等无缺损，作用良好。 ③ 配线绝缘层完好，插头及插座配件齐全，接插可靠良好，引线口、过线位防护套无缺损。 ④ 接线排排列整齐，接线端子紧固，无松动、热损、老化，线号正确清晰。 ⑤ 各开关、指示灯、蜂鸣器安装牢固，作用良好，无松动、缺损。 ⑥ 各空气开关作用良好，容量符合规定，接线端子座无发热变色。 ⑦ 各继电器、接触器安装牢固，开合性能良好，无卡滞烧损，无积尘。 ⑧ 电子线路板安装牢固，接插件接插良好，各电子元件无烧损。 ⑨ 各熔断器及座作用良好，容量符合规定。 ⑩ 电气原理图正确清晰，粘贴牢固。 ⑪ 标示牌清晰齐全，粘贴牢固。 ■ 接线端子有无松动	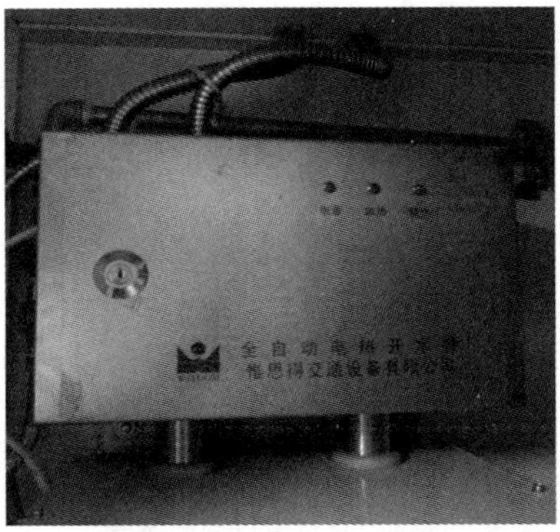 
3. 进水过滤网器检修	
（1）松开过滤网螺母。 ▲（2）取出进水过滤网芯。 （3）清除过滤网积垢。 （4）原样恢复安装。 ■ 过滤芯及网必须用洁净的水冲洗	  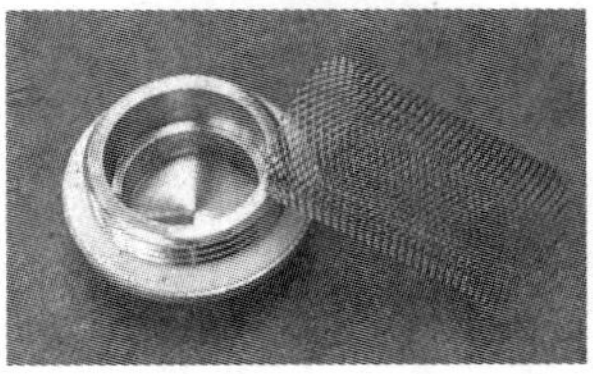

作业步骤及质量标准	图示
4. 加热腔检修	
（1）打开加热腔进行检修。 ▲ ① 打开加热腔检查门，拆下电加热管总成。 ② 清除炉腔内的水垢，更新加热腔密封垫。 ③ 清除传感器、浮子开关等积垢，检查浮子等应作用良好。 ■ 使用的密封胶垫应符合国家卫生标准	  
（2）电热管检修。 ▲ ① 检测电热管等电加热元件，发热元件的电极对外壳绝缘良好，内阻符合要求，不符合要求的更换。 ② 清除电热管总成上的水垢及密封胶残积物。 ③ 检查电热管安装良好，接线端子无烧损，发热管无裂损、锈蚀	

作业步骤及质量标准	图示
（3）防干烧功能检修。 ▲ ① 检查防干烧保护探头外观良好、无缺损，安装牢固，引线、接插件良好。 ② 测量探头电路无开、短路现象，内阻符合要求（950 Ω≤内阻≤1 050 Ω）。 ③ 防干烧保护探头与电热管总成可靠接触。 ■ 电茶炉防干烧功能以高温过热的实现形式，电茶炉整体拆下地面维修后可进行试验，但不得在现车进行试验。 ★ 进行功能试验时防止高温灼伤	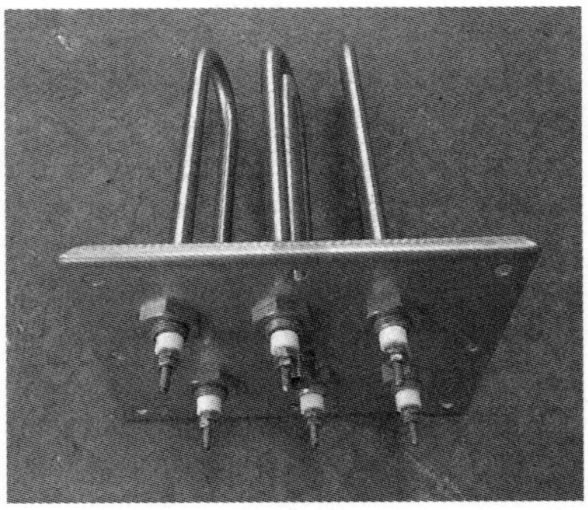
5. 绝缘检查	
▲（1）在控制箱的接线端子处测量电源配线，绝缘应符合要求（≥2 MΩ）。 （2）测量电加热部件对地电阻冷态须≥200 MΩ，测量热态须≥20 MΩ，湿热态须≥2 MΩ。 ★ 绝缘测试必须断电后进行	
6. 通电试验	
（1）漏电检测。 ▲ ① 确认电茶炉金属外壳必须有一处以上可靠接地。 ② 通电后用试电笔测试炉体外壳，无漏电现象（或用仪表测量漏电流≤0.5 mA/kW）。 ★ 注意用电安全，防止触电伤害	
（2）控制箱通电试验。 ▲ ① 通电试验各电器元件工作正常，各部无渗漏。 ② 检查加热（保温）器、传感器是否工作正常（需测量各组电热管工作电流是否正常）。 ③ 检查试验电控装置，各指示灯正常，工作电流符合要求	
（3）煮水功能试验。 ▲ ① 煮水试验功能良好，水嘴出水流畅成线。 ② 用温度计测量，热水嘴出水水温达 90 °C 以上。 ★ 防止高温伤害	

续表

作业步骤及质量标准	图示
（4）各保护功能试验。 ▲ ① 封水性能试验：当加热腔内水位达到预定水位时，自动截断水路停止注水。 ② 缺水自动报警保护试验：使加热腔内的水位低于控制水位时，缺水自动报警保护装置自动报警并切断加热电源，缺水指示灯亮。 ③ 满水自动断电试验：当储水箱内开水达到满水水位，能自动切断加热电源。 ④ 带漏电保护的空气开关断电保护作用良好，试验方法：通电时按下试验按钮，空气开关断电保护动作，能自动切断加热器的主电源。 ⑤ 防干烧接线正确、安装正确。 ■ 注意：当前电茶炉防干烧功能以高温过热的多种实现形式，电茶炉整体拆下地面维修后可进行试验，但不得在现车进行试验。 试验方法：防干烧功能属最后级保护装置。试验时使开水器处于缺水状态并使缺水自动报警保护功能失效，在加热腔内放置 300 °C 量程的温度计。封闭加热腔通电加热，当加热腔内温度达到 130 °C 时，检验防干烧保护装置是否在 3 s 内动作，并能自动切断电热电源，保护动作后不可自动恢复。试验完成后更换温度保险，恢复电茶炉正常功能。 ★ 进行功能试验时防止高温灼伤	

任务 2　DR50-16CT2 型电开水炉检修

【任务陈述】

本任务主要进行 DR50-16CT2 型电开水炉专项检修。维修人员按照维修手册的规范程序进行检查，包括：DR50-16CT2 型电开水炉静态检查；电茶水炉控制箱检查；进水过滤网器检查；加热腔检修；绝缘检查；通电试验。

DR50-16CT2 型电开水炉

【知识准备】

DR50-16CT2 型全自动电开水炉是专为铁路客车旅客饮用开水而设计的，采用了沸腾翻水式结构原理。其型号含义如下：DR——电热；50——50×0.1 kW；16——开水箱容量（L）；

C——设计序号；T——铁路客车用；2——设计系列号。

一、结构、主要技术参数与特点

（一）结构

DR50-16CT2 型电开水炉的结构如图 5-3 所示。它主要由电器箱、过滤器、进水组件、电磁阀、冷水箱（内设 4 个电极探头）、煮水箱、电热管、喷水管、开水箱（内设 3 个电极探头）保温管、温控器、放水嘴、开水箱排污管、煮水箱排污管、溢流管等组成。

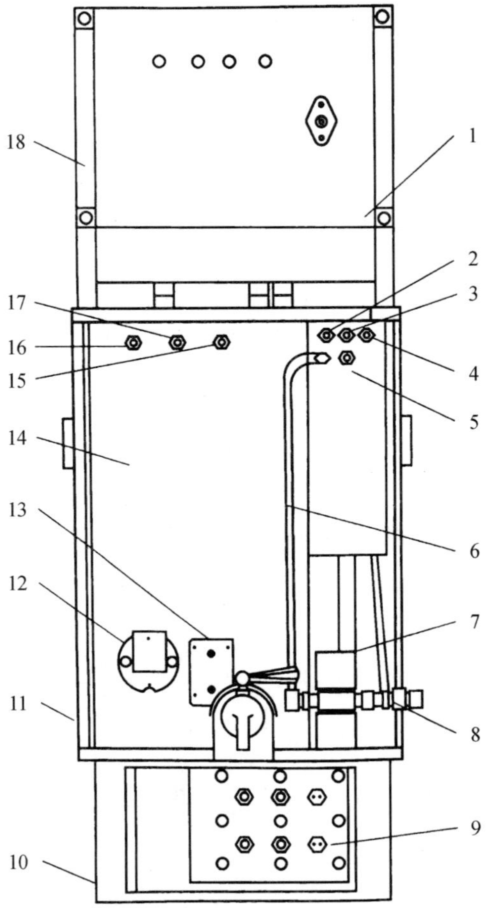

1—电器箱；2—电极 8；3—电极 9；4—电极 10；5—电极 7；6—出水组件；7—电磁阀；8—进水组件；9—煮水箱；10—挂地螺钉；11—后壳；12—温控器；13—保温管组成；14—开水箱；15—电极 6；16—电极 4；17—电极 5；18—电器箱支架

图 5-3　DR50-16CT2 型全自动电开水炉结构

（二）技术参数

额定电压：（380±38）V（三相四线制）；

频率：（50±1）Hz；

总功率：5 kW（其中 0.5 kW 为保温发热管）；

开水箱容量：16 L；

产开水量：≥45 L/h（水温 25 °C 时）；

喷水嘴出水温度：≥98 °C；

保温温度：≥90 °C；

整机绝缘电阻：冷态≥2 MΩ，热态≥2 MΩ；

电气强度：冷态 1 500 V/min，热态 1 250 V/min，不击穿或闪络；

使用环境：车内温度 0 ~ 45 °C（水不结冰），相对湿度≤90%。

（三）特点

（1）专为铁路客车旅客饮用开水而设计，具有抗振、缺水保护功能，缺水时能自动切断电源，防止烧坏开水炉。

（2）设有低水压、高可靠性自动控制供水阀及方便拆洗的供水过滤器。

（3）供应开水快，接通电源约 8 min，发热筒内的水即可沸腾喷入开水箱内，约 10 min 即可有开水供应，并可以连续不停地以额定流量供应开水。

（4）设有开水保温功能，开水箱内有电热管保温装置。储存在开水箱内的开水，可保证在 90 °C 以上。

二、工作原理

当打开进水水阀，接通电源后，电开水炉在规定的正常水压、电压情况下工作时，自来水经过过滤器→电磁阀→进水组件→冷水箱→煮水箱→煮沸后通过喷水管向上喷入开水箱内。

电开水炉工作时，若冷水箱水位低于 9 号电极，电磁阀自动通电进水，当冷水箱水位高于 10 号电极时，电磁阀自动断电停止进水。若冷水箱水位高于 8 号电极，煮水箱内的发热管开始通电工作，当冷水箱水位低于 7 号电极时，煮水箱内的发热管自动断电停止工作。当开水箱的开水水位高于 4 号电极时，保温发热管开始通电工作，开水箱的开水水位高于 6 号电极，煮水箱内的电热管断电停止工作，开水箱的开水水位低于 5 号电极，煮水箱内的发热管通电煮水。

DR50-16CT2 型电开水炉的电气原理如图 5-4 所示。

水位信号由各电极引入功能控制板相应的控制组件内，经过信号处理由执行元件完成各种功能动作。

接通电源后，当冷水箱水位低于 9 号电极时，9 号电极、10 号电极均无电，由 D 功能块进行信号处理，执行机构 J_3 使回路闭合，接触器 2C 线圈得电，其常开触头闭合，电磁阀得电打开，冷水经电磁阀进入冷水箱。当冷水水位上升并高于 10 号电极点时，执行机构使回路断开，接触器 2C 失电，其常开触头断开，电磁阀关闭，停止进水。

当冷水水位上升并高于 8 号电极时，8 号电极有电，由功能块 D 进行信号处理，执行机构 J_2 使回路闭合，接触器 1C 线圈得电，其常开触头闭合，主发热管开始通电工作，同时煮水指示灯亮。当冷水箱缺水，水位低于 7 号电极时，7 号电极无电，由功能块 D 控制执行机构 J_2 使回路断开，接触器 1C 线圈失电，加热管停止工作，从而实现缺水保护。

当开水位上升并高于 4 号电极时，4 号电极有电，功能块 A 控制执行机构 J_1 使回路闭合，保温发热管通电工作。

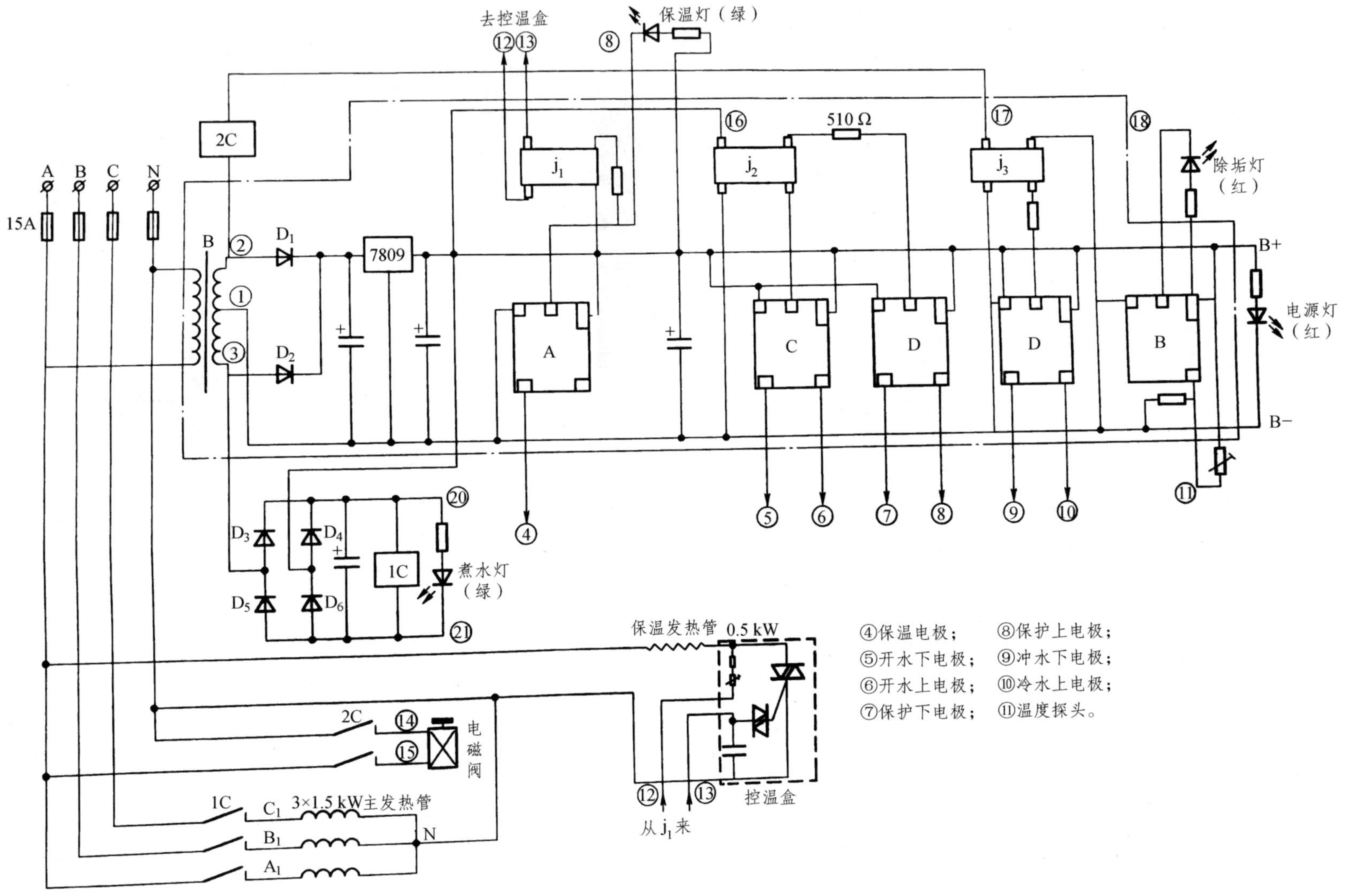

图 5-4 DR50-16CT2 型电开水炉电气原理

当开水水位继续上升并高于 6 号电极时，6 号电极有电，功能块 A 控制执行机构 J_2 使回路断开，接触器 1C 线圈失电，主发热管断电停止工作，从而实现满水保护。

由于旅客用水，当开水水位低于 5 号电极时，5 号电极失电，由功能块 C 控制执行机构 J_2 使回路闭合，接触器 1C 线圈得电，主发热管得电重新工作。

往复上述过程，电开水炉就能不断供应开水。

当煮水系统积垢严重时，温度探头向功能块 B 提供的位信号发生变化，功能块 B 使回路闭合，除垢灯亮，提醒及时清除水垢。

【任务实施】

DR50-16CT2 型电开水炉专项检修指导书	
作业步骤及质量标准	图示
1. 静态检查	
（1）外观检查电茶炉炉体及附件。 ▲ ① 检查各管、水阀、接头、炉体配件齐全，无锈蚀、漏泄、堵塞、松动。 ② 加热腔密封严密，无渗漏，加热器检查门、茶炉壳体良好。 ③ 炉体安装牢固，炉体底部支架平稳、良好。 ④ 炉体内各部连接的配线绝缘良好，线排安装牢固，接线端子压接良好，无松动、烧损，线号清晰，标示牌齐全。 ⑤ 控制箱、炉体外壳须可靠接地	
（2）检查阀门开关、自动补水开关齐全，作用良好，温度、水位显示正常清晰。 ▲ ① 热水嘴配件齐全，安装牢固，手柄不导热、开闭灵活，无滴漏。 ② 水位管显示正常、清晰，无渗漏。 ③ 对水位、温度表外污垢进行清除	

续表

作业步骤及质量标准	图示
（3）电控装置配件检查。 ▲ ① 各部件功能齐全完好，元件无松动、老化，保护及开关器件容量符合规定，线号标志齐全。 ② 各线卡作用良好，各接插件插接牢固、接触良好，无热损、老化，各出线口、过线位防护良好、无破损。 ③ 磁控管、干簧管、水位传感器等安装牢固，无渗漏，接线紧固无烧损，线号清晰。 ④ 电磁阀安装牢固，配件齐全，无渗漏，接线良好	
2. 电茶炉控制箱检修	
（1）控制箱检查。 ▲① 箱体安装牢固、无松动，清扫电控箱（件）积尘，检查元件、配线、端子是否松动、过热。 ② 箱体及门无变形、锈蚀，门锁及插销、合页等无缺损，作用良好。 ③ 配线绝缘层完好，插头及插座配件齐全，接插可靠良好，引线口、过线位防护套无缺损。 ④ 接线排排列整齐，接线端子紧固，无松动、热损、老化，线号正确清晰。 ⑤ 各开关、指示灯、蜂鸣器安装牢固，作用良好，无松动、缺损。 ⑥各空气开关作用良好，容量符合规定，接线端子座无发热变色。 ⑦ 各继电器、接触器安装牢固，开合性能良好，无卡滞烧损，无积尘。 ⑧ 电子线路板安装牢固，接插件接插良好，各电子元件无烧损。 ⑨ 各熔断器及座作用良好，容量符合规定。 ⑩ 电气原理图正确清晰，粘贴牢固。 ⑪ 标示牌清晰齐全，粘贴牢固。 ■ 检查接线端子有无松动	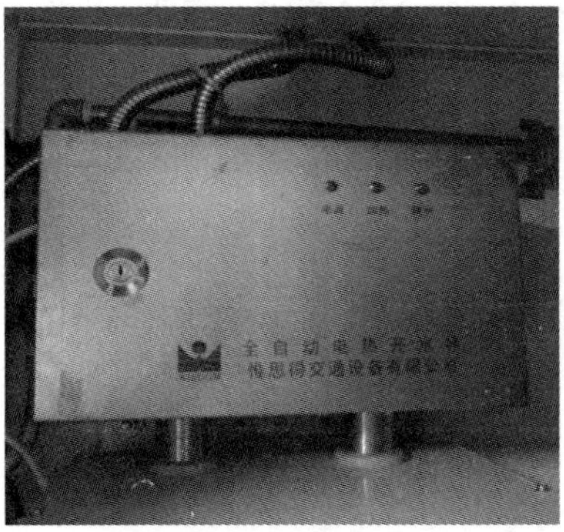 
3. 进水过滤网检修	
（1）松开过滤网螺母。 ▲（2）取出进水过滤网芯。 （3）清除过滤网积垢。 （4）原样恢复安装。 ■ 过滤芯及网必须用洁净的水进行冲洗	

作业步骤及质量标准	图示

4. 加热腔检修	
（1）打开加热腔进行检修。 ▲ ① 打开加热腔检查门，拆下电加热管总成。 ② 清除炉腔内的水垢，更新加热腔密封垫。 ③ 清除传感器、浮子开关等积垢，检查浮子等应作用良好。 ■ 使用的密封胶垫应符合国家卫生标准	  

作业步骤及质量标准	图示
（2）电热管检修。 ▲ ① 检测电热管等电加热元件，发热元件的电极对外壳绝缘良好，内阻符合要求，不符合要求的更换。 ② 清除电热管总成上的水垢及密封胶残积物。 ③ 检查电热管安装良好，接线端子无烧损，发热管无裂损、锈蚀	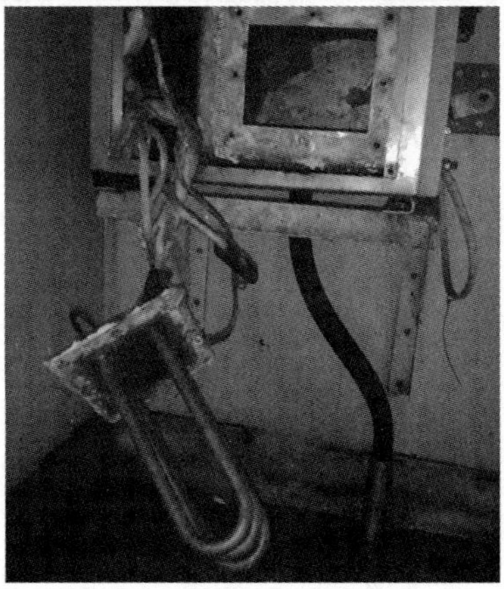
（3）防干烧功能检修。 ▲ ① 检查防干烧保护探头外观良好、无缺损，安装牢固，引线、接插件良好。 ② 测量探头电路无开、短路现象，内阻符合要求（950 Ω≤内阻≤1 050 Ω）。 ③ 防干烧保护探头与电热管总成可靠接触。 ■ 电茶炉防干烧功能以高温过热的实现形式，电茶炉整体拆下地面维修后可进行试验，但不得在现车进行试验。 ★ 进行功能试验时应防止高温灼伤	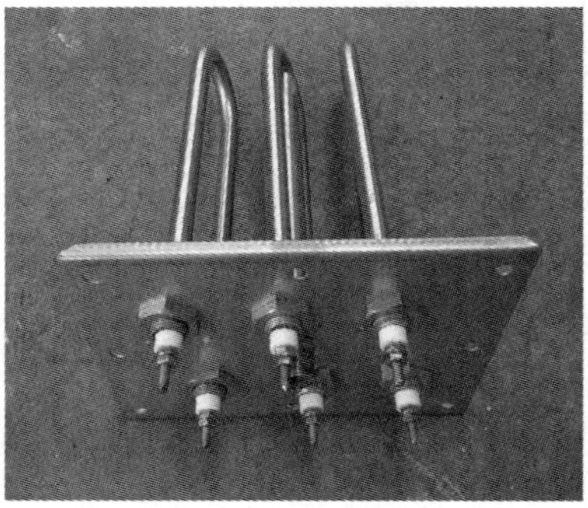
5. 绝缘检查	
（1）测量绝缘。 ▲① 在控制箱的接线端子处测量电源配线，绝缘应符合要求（≥2 MΩ）。 ② 测量电加热部件对地电阻冷态须≥200 MΩ，测量热态须≥20 MΩ，湿热态须≥2 MΩ。 ★ 绝缘测试必须断电后进行	
6. 通电试验	
（1）漏电检测。 ▲ ① 确认电茶炉金属外壳必须有一处以上可靠接地。 ② 通电后用试电笔测试炉体外壳，无漏电现象（或用仪表测量漏电流≤0.5 mA/kW）。 ★ 注意用电安全，防止触电伤害	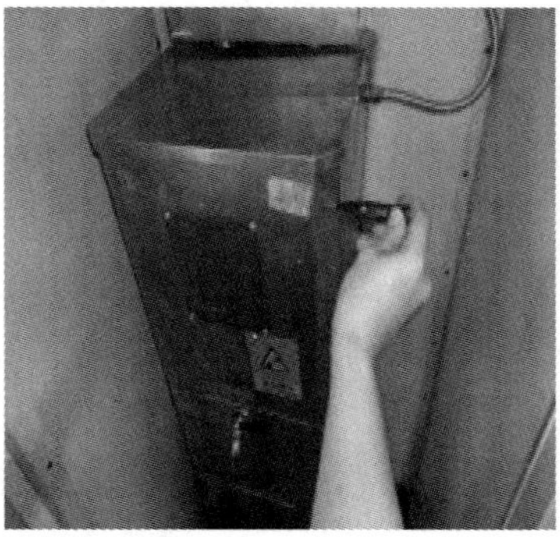

续表

作业步骤及质量标准	图示
（2）控制箱通电试验。 ▲ ① 通电试验各电器元件工作正常，各部无渗漏。 ② 检查加热（保温）器、传感器是否工作正常（需测量各组电热管工作电流是否正常）。 ③ 检查试验电控装置，各指示灯正常，工作电流符合要求	
（3）煮水功能试验。 ▲ ① 煮水试验功能良好，水嘴出水流畅成线。 ② 用温度计测量，热水嘴出水水温达 90 °C 以上。 ★ 防止高温伤害	
（4）各保护功能试验。 ▲ ① 封水性能试验：当加热腔内水位达到预定水位时，自动截断水路停止注水。 ② 缺水自动报警保护试验：使加热腔内的水位低于控制水位时，缺水自动报警保护装置自动报警并切断加热电源，缺水指示灯亮。 ③ 满水自动断电试验：当储水箱内开水达到满水水位，能自动切断加热电源。 ④ 带漏电保护的空气开关断电保护作用良好，试验方法：通电时按下试验按钮，空气开关断电保护动作，能自动切断加热器的主电源。 ⑤ 防干烧接线正确、安装正确。 ■ 注意：当前电茶炉防干烧功能以高温过热的多种实现形式，电茶炉整体拆下地面维修后可进行试验，但不得在现车进行试验。 试验方法：防干烧功能属最后级保护装置。试验时使开水器处于缺水状态并使缺水自动报警保护功能失效，在加热腔内放置 300 °C 量程的温度计。封闭加热腔通电加热，当加热腔内温度达到 130 °C 时，检验防干烧保护装置是否在 3 s 内动作，并能自动切断电热电源，保护动作后不可自动恢复。试验完成后更换温度保险，恢复电茶炉正常功能。 ★ 进行功能试验时防止高温灼伤	

任务 3　TCL-12 型电开水炉检修

【任务陈述】

本任务主要掌握 TCL-12 型电开水如何进行安装调试和使用、如何进行日常维护与保养以及如何处理出现的常见故障等。

【知识准备】

TCL-12 型电开水炉

铁磁牌 TCL-12 全自动电磁开水炉是为了适应铁路客车供水需要而研制的新一代专利供水设备。该设备利用列车集中供电电源，采用先进的水电隔离高频逆变感应加热技术和非接触水位检测技术，取代了传统电开水炉中易失效的电热管和水位探针，具有安全节能、维护周期长的特点，且内外胆用不锈钢材质制成，生水和开水隔开，可无人值守连续供应经电磁消毒处理的新鲜保健磁化开水。

一、结构及主要技术参数

（一）结构

TCL-12 型电开水炉由嵌入式面板、柜体、水位传感器、电磁阀、产水箱、储水箱、加热腔、电气控制箱等部件组成。其结构如图 5-5 所示。

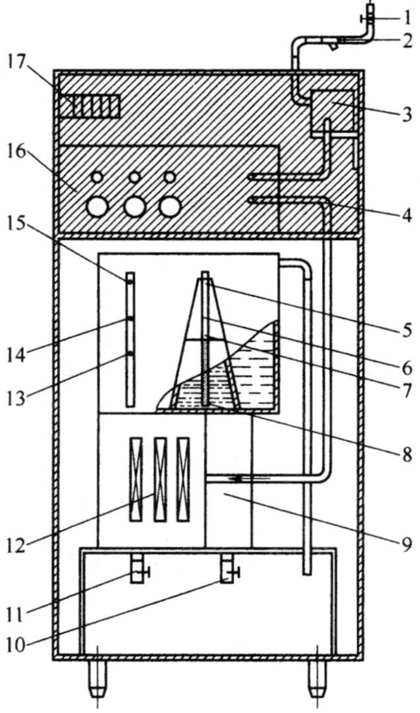

1—进水阀；2—过滤器；3—电磁阀；4—电气箱出水管；5—产水箱上水位；6—产水箱水位显示及传感器组件；7—产水箱中水位；8—产水箱下水位；9—加热腔；10—产水箱排污阀；11—储水箱排污阀；12—加热器；13—储水箱下水位；14—储水箱中水位；15—储水箱上水位；16—电器箱 4；17—接线端子。

图 5-5　TCL-12 型电开水炉结构

电气控制箱是开水炉的功能控制部件，决定功率输出，与水位传感器配合，具有开水炉过热、过流、缺水保护等多种功能。

产水箱用于存放生水，与加热腔相连。

加热腔中装入加热线圈，在交变电场作用下，产生磁场和涡流，是产生开水的热源。

储水箱是存放开水的，外接水位传感器，产生水位信息，实现控制开水炉的加热与关闭。

（二）主要技术参数

电压：AC 3×380 V/50 Hz，三相四线制；

功率：4.5 kW；

产水量：≥40 L/h；

出水水温：≥95 °C；

补水装置：电磁阀；

降温速率：≤5 °C/h；

整机绝缘电阻：冷态≥2 MΩ，热态≥0.5 MΩ；

整机电气强度：50 Hz，1 760 V，1 min 无击穿、闪络现象。

二、性能特点

（1）高效节能。采用技术先进的高频逆变感应加热原理，水电隔离，节能，热效率高，产水量稳定，结垢少。

（2）清洁卫生。无污染气体产生，放水嘴出水是刚沸腾、经电磁波杀菌和消毒的新鲜磁化开水。

（3）除垢简单。因采用水电隔离的感应加热原理，污垢细而少，打开排污阀即可达到除垢效果，节省了排污费用和降低了劳动强度。

（4）自动控制。全自动连续工作，减轻工作人员的劳动强度，具有瞬间过压过流保护、功率器件超温保护、断水保护、缺水自动进水、水位显示等功能。

（5）采用非接触磁敏水位检测技术，有效解决了通常用水位探针因带电离子沉淀加速产生水垢导致控制失效的问题。

三、工作原理

1. 电气控制原理（见图 5-6）

电开水炉电气主回路主要由断路器、熔断器、整流桥逆变器和感应线圈等部件组成。三相交流电源经断路器、熔断器进入电控箱，再经三相整流桥转变成 500 V 左右直流电，由全桥逆变器把直流电转变成 25 kHz 左右的高频交流电，供给感应线圈，在产水箱腔体中产生涡流并使之发热，将水烧开。

2. 水位控制原理（见图 5-7）

电磁阀通电后，冷水经过滤器、电磁阀、电气箱冷却管注入产水箱，当达到产水箱上水位时电磁阀关闭，停止进水并开始加热，水沸腾后从翻水膨胀筒上端跃出，进入储水箱，使产水箱水位下降，当降至产水箱中水位时电磁阀打开补水，至上水位时停止补水。当储水箱水位上升到上水位时，表明储水箱内开水已满，停止加热，自动进入保温状态，当取用开水使储水箱水位降至中水位时，再次开始加热。如此重复即可连续不断地供应开水。

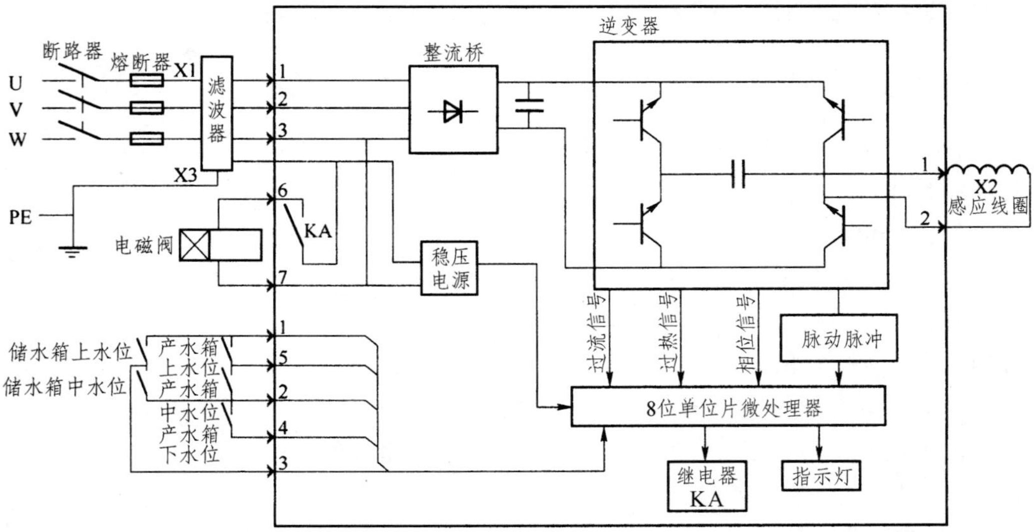

图 5-6　TCL-12 型电开水炉电路电气原理图

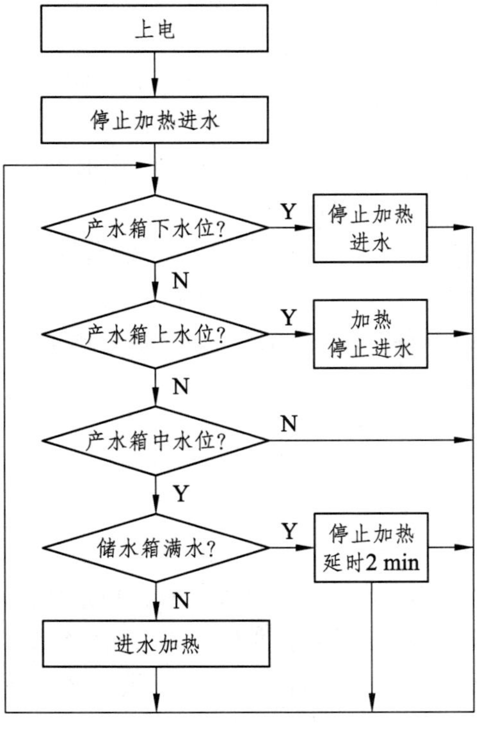

图 5-7　水位控制原理图

3. 自动保温原理

开水炉由单片机微处理器设置了自动保温程序，在储水箱满水位时能自动进入保温状态，即开水炉在关断 3 min 后，能自动自行开启加热（8 s），这样能保证储水箱中水温达到 95 °C 以上。

4. 二次保护（防干烧）原理

开水炉具有一、二次缺水保护装置，即当产水箱水位下降至中水位时，开水炉迅速进入补水程序，停止加热。开水炉还设置了压力温度控制器，在水位传感器失灵或发生器件损坏等突发情况下，水箱内缺水甚至无水时，装在加热腔中的温度控制器因加热腔迅速升温而进入保护状态，以防损坏加热线圈。

【任务实施】

一、安装与调试

电开水炉的安装应注意以下事项：

（1）水源水压必须在 10 kPa 或以上。

（2）电源应装设可靠的短路保护装置。

（3）主机及电器箱外壳必须可靠接地。

（4）电开水炉主机和电器箱必须安装在茶炉室内，电器箱无任何外露的手动开关，电源开关可安装在乘务室或配电室。

（5）电开水炉主机电路与电器箱使用带锁紧装置的接插件连接。

（6）水源必须安装开水炉过滤器。

（7）溢流管用软胶管单独引到合适的地方，应注意溢流管还带有溢气的功能，因此绝对不能将胶软管与排污管连接在一起，也不得将胶软管扎死，以免堵塞或排气不畅。

（8）电开水炉一般采用炉后背板两侧及炉座两侧焊接挂耳，或者后背板两侧焊接挂耳及炉底焊接垫方。

（9）若开水炉安装在一平台上，平台四周不允许有可积水的围栏，平台应钻有泄水孔并留有排污管孔。

二、使用前检查

（1）检查电源电压应为额定值。

（2）检查电源“零线”位置是否与电器箱电源接线排中的“N”端子对应。

（3）车上的水压在 10 kPa 以上，输水管道应畅通。

（4）检查主机与电器箱之间的接插件是否已经插好并扣紧。

（5）检查电器箱内的 3 个熔断器内是否装有熔芯。

（6）检查冷热水排水阀是否处于关闭状态。检查排气阀是否畅通，如堵塞应做处理。

（7）一切正常后，可以通水通电，开水炉可以全自动供水。

三、使　用

（1）对开水炉进行人工手动上电操作时，须先合上控制电路电源开关，再合上主电路电源开关；在进行人工手动断电操作时，须先断开主电路电源开关，再断开控制电路电源开关。

（2）完成使用前检查工作后，按上述顺序接通电源，开始进水，此时开水炉处于缺水状态。大约 1 min 后，缺水灯熄灭，加热灯自动点亮，开始加热。

四、维护与保养

（1）过滤器中沉积杂物较多时应及时进行清洗，清洗时应先关闭过滤器前面的进水阀。旋松过滤器上边的螺丝，取下滤网组件，用水冲洗后逆序复原。

（2）开水炉应定期除垢。加热管除垢方法：切断电源，关闭过滤器前的球阀，打开加热腔排水球阀，排净腔内剩水，拆下加热管护线盒，取下加热管上的电源线，旋下加热管固定螺钉，抽出加热管，用钢丝刷或纱布清除加热管表面的水垢。除垢完成后要用符合卫生条件的清水冲洗，然后按拆卸的逆序复原。轻轻刮削各条电极浸水部分的水垢，直至见铜；用 $\phi 6$ 圆铁轻捅冷水箱内的冷水管，使其畅通；清除开水箱内的积垢；用 $\phi 6$ 圆铁轻捅开水箱内的喷水管，刮削喷水管内壁的水垢；煮水箱内的水垢要掏出。

（3）开水炉停用后应切断电源，并打开产水箱、储水箱的排污阀，排除积水，冲去水垢。环境温度小于 10 °C 时，还应把过滤器内积水排尽，并让电开水炉通电 1 min，以排除电磁阀内积水，防止冻结。

（4）定期（1 个月左右）拆下进水水管，冲洗进水滤网。

五、常见故障与检修方法

当发现电开水炉工作异常时，应首先检查三相电源是否缺相，进水管、过滤器是否脏堵，水压是否正常。其他常见故障与处理方法见表 5-1。

表 5-1　TCL-12 型电开水炉常见故障及检修方法

故障原因	故障现象	检查方法	处理方法
电磁阀关闭不严	出水温度低，排气管溢水多	断电后是否仍进水	清除阀芯内异物或更换电磁阀
水位显示及传感器组件失效	出水温度低，排气管溢水多	虽然产水箱水位在上水位，但电磁阀指示灯仍常亮	更换水位显示及传感器组件
感应线圈与加热腔绝缘击穿	工作指示灯连续闪烁	拔下 X_2 插头用 1 000 V 兆欧表检查	更换线圈
感应线圈开路	工作指示灯亮但不加热	拔下 X_2 插头用万用表检查	更换线圈
电控箱损坏	熔芯熔断	更换熔芯又立即熔断	更换电控箱
	工作指示灯连续闪烁	拔下 X_2 插头用 1 000 V 兆欧表检查感应线圈与腔体绝缘良好	

项目6

塞拉门检修

【学习目标】

知识点：

1. 塞拉门的机械结构；
2. 塞拉门的门框原理；
3. 380B 塞拉门结构组成；
4. 380B 塞拉门门控技术；
5. 380B 塞拉门承载技术；
6. 380B 塞拉门锁闭技术；
7. 380B 塞拉门密封技术。

技能点：

1. 手动塞拉门专项修；
2. 电动塞拉门专项修；
3. 380B 塞拉门检修。

【内容概述】

所谓塞拉门就是车门在关闭的过程中有塞拉的动作，并且门关闭时门外表面与车体外表面平齐，门打开时车门与车体部分重叠。它比早先客车用钢折页门有许多优点：密封性好、不占车内空间、锁闭机构安全可靠、在全自动门上还装有防夹功能等。

按不同的分类方式，塞拉门可以分为不同的类型。根据驱动方式的不同，塞拉门可分为手动塞拉门、气动塞拉门和电动塞拉门；根据控制方式的不同，可分为手控塞拉门、气控塞拉门和电控塞拉门；根据门扇数量，可分为单页塞拉门和双页塞拉门；根据门扇开关的不同，可分为平门、折门和弯门。

随着塞拉门控制系统性能的不断提高，目前塞拉门的自动门系统已代替手动门系统，塞拉门的电动门系统正在代替气动门系统。

任务 1　塞拉门检修

【任务陈述】

塞拉门检修

1. 手动塞拉门季度专项修

维修人员按照维修手册的规范程序进行检查，包括：塞拉门整体检查、塞拉门各磨耗部位检查、塞拉门活动部位检查、塞拉门锁具检查。检查后填写维修工单交付检验。工作过程中，应遵循现场工作管理规范。

2. 气动塞拉门季度专项修

维修人员按照维修手册的规范程序进行检查，包括：塞拉门整体检查、塞拉门电源箱检查、塞拉门控制箱检查、塞拉门卫生清扫、塞拉门各磨耗部位检查、塞拉门活动部位检查、塞拉门各功能工况测试。检查后填写维修工单交付检验。工作过程中，应遵循现场工作管理规范。

【知识准备】

一、塞拉门的机械结构

图 6-1 所示为 25K 双层空调客车上的单门板塞拉门机械结构。它由基架部件、门扇组件、驱动部件、操作及气动件、门锁部件及电控部件 6 大部分组成。

基架部件包括上压条、前后压条、上滑道、下滑道、护罩、防护罩胶条、门框胶条、踏板连杆部件（由上下拉杆、滑套及弹簧组成）、翻转踏板部件（由转轴箱组件、支架组件及踏板组成）及弹簧等。

门扇组件包括锁扣、保险锁部件（用于车辆运输中的锁闭和进库时起安全栓作用）、下支架、滑架、上框支架及门扇体、密封胶条和窗玻璃等。

驱动部件包括导柱、活动摇臂、V 形滚轮挂钩、连杆、小车、关节轴承、气缸等。

操作及气动件包括内操作装置（安装于门侧立罩上）、外操作装置（安装于车外侧墙上）、连动机构和 98%阀、100%关门限位开关、气源开关等。

门锁部件包括开锁气缸、闭锁气缸以及锁体、锁叉、锁口等。

电控部件包括控制器、接线端子、电磁阀、蜂鸣器、压力开关、带锁电源开关、指示灯等。

安装在门上部的气缸是塞拉门开关的动力来源，在有电源而且风压为 450 ~ 600 kPa 时，可以用电锁钥匙轻松地将门打开和关闭，由通过电控下的压缩空气推动气缸内的活塞与活塞杆，使活动摇臂带动连杆，推动在圆导轨上能左右运动的小车、导向运动装置及在活动摇臂上悬吊的门扇，达到开门和关门的目的。

门扇在沿着圆导轨运动的同时，还沿着门扇上部的一个滚轮及门扇下部的两个滚轮，分别在平行导轨的上下所限定的轨迹内运动。当滚轮进入滑道的弯道时，带动门扇沿着弯道的轨迹，产生一个向里塞的动作，将门关紧，并通过橡胶密封条的作用达到密封、防尘和防水的作用。

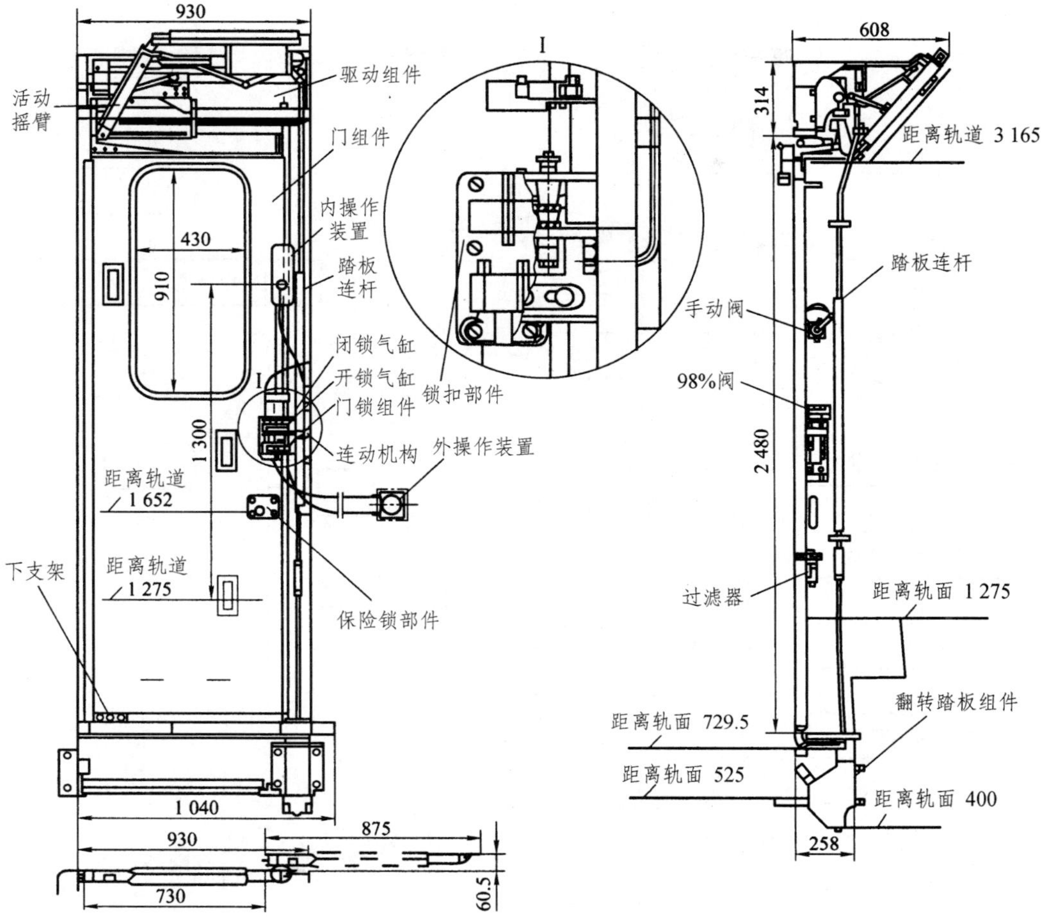

图 6-1 25K 双层空调客车单门板塞拉门

门扇在向里塞紧关闭的过程中，门扇的锁扣部件滚轮推动锁叉转动，并由闭锁气缸及定位套上的凸键将锁叉定位在第二啮合处，将门锁住。锁扣部件下面的一个滚轮经由锁舌的斜面将门楔紧。与此同时，活动摇臂通过连杆脚蹬摇板，带动踏板连杆部件推动翻转踏板部件，使脚蹬板向上收起。开门时气缸内的压缩空气反向加压，使门打开，踏板连杆使脚蹬板向下平展，便于乘客下车。

在门开度的 98%左右处，设置了一个 98%阀，它是一个带有滚轮的传感装置。在关门动作中，门扇移动到此位置时将触压传感装置，98%阀动作，此时防挤压功能不起作用，进而使闭锁气缸充气，使门锁定。当门关闭后，可用三角钥匙转动保险锁锁芯，使车门锁住。开门前必须先将此保险锁打开。

塞拉门的操作机构分为内操作机构和外操作机构。内、外操作机构通过钢丝绳实现联动，单独操作内外机构可得到相同的效果。内操作机构安装在门控系统的防护罩内（车门内），外操作系统安装在车门外距门框 800 mm 处。

二、塞拉门控制原理

塞拉门采用气动工作，由气缸推动驱动机构执行关门和开门动作。气动塞拉门电气控制系统的主要任务是开门信号的处理和控制，气动塞拉门工作流程如图 6-2 所示。

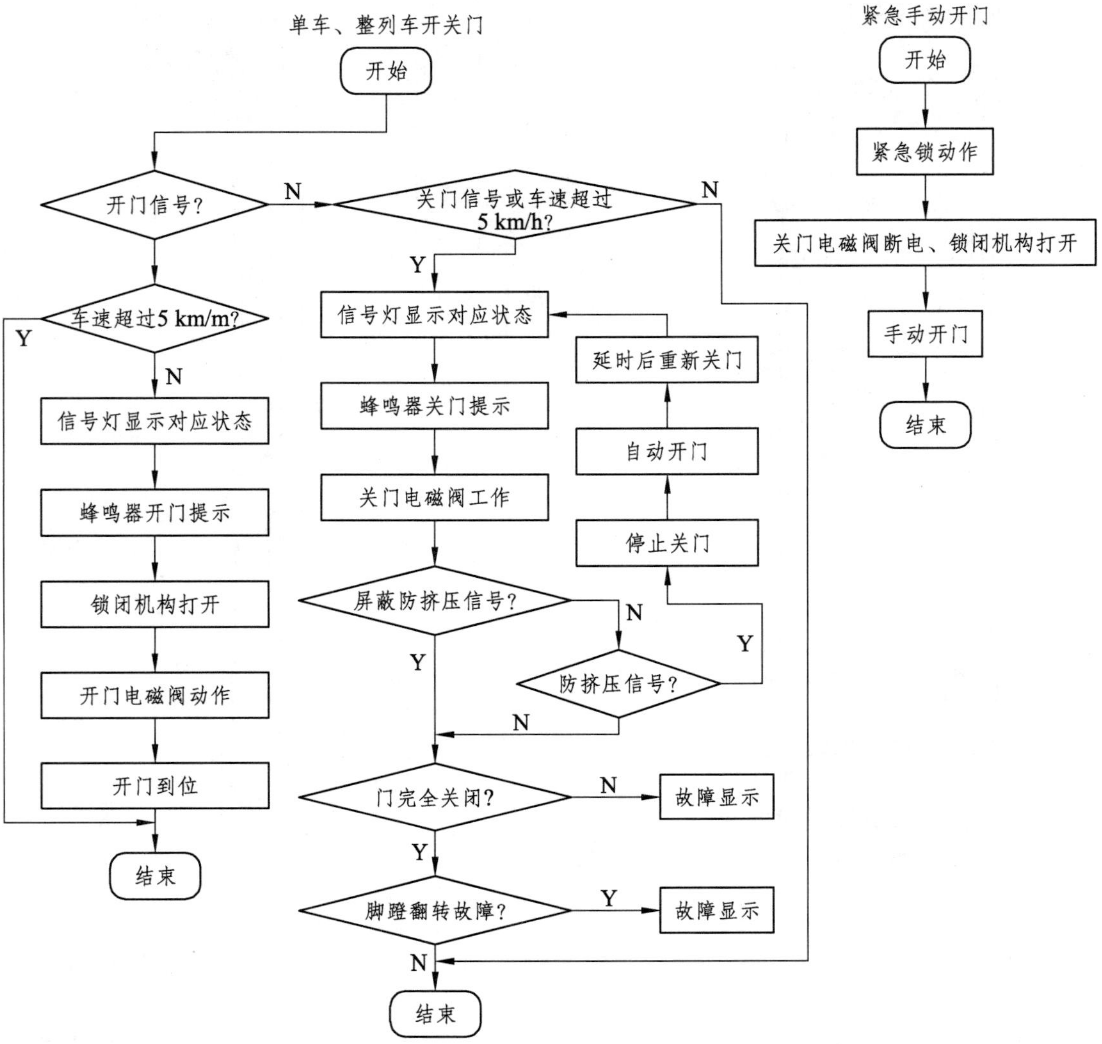

图 6-2　气动塞拉门工作原理流程图

当发出关门信号后，关门电磁阀动作，脚蹬翻转收起。关门到位时，锁闭机构将门锁闭。当发出开门信号时，锁闭机构打开，开门电磁阀动作，气缸驱动机构执行开门动作，同时脚蹬翻转落下。

（一）塞拉门控制系统基本要求

塞拉门控制系统必须满足下述控制要求：

（1）具有集中统一开启整列车同侧车门的功能；

（2）具有关闭所有车门的功能；

（3）具有在车内外均可电控及手动开关每扇车门的功能；

（4）当列车速度超过 5 km/h 时，具有自动关闭处于开启状态的车门的功能；

（5）在关门过程中，若碰到障碍物，具有自动转换为开门状态，延时一定时间后，再次将门自动关闭的功能；

（6）具有执行关门命令后，自动对车门进行检测的功能，并具有车门未安全关闭及脚蹬未收起到位的故障报警显示功能；

（7）具有在紧急情况下手动开门的功能。

（二）塞拉门空气控制原理

图 6-3 为塞拉门关门状态的气路原理图。塞拉门用电控气动工作，气路与制动管连接，通过操纵手动阀使制动管的压缩空气进入门控气路。

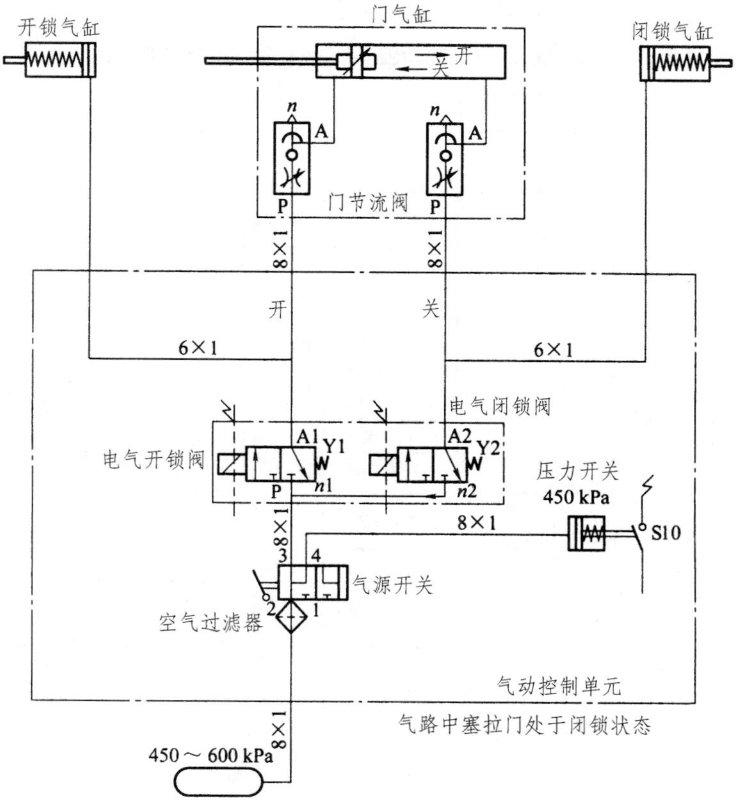

图 6-3　塞拉门的气路原理

门控气路由空气过滤器、气源开关、压力开关、电气开锁与闭锁阀、开锁与闭锁气缸、门节流阀、门气缸等组成。

当制动管压缩空气的压力通过过滤器送到气源开关，气源开关打开后首先给压力开关一个信号。若压力超过规定的 450 kPa，则压力开关 S10 的电接点接通，电子门控器正常工作。当风压不足 450 kPa 或无风时，压力开关不能接通电路，电锁不起作用，电子门控器不工作，只能采用三角钥匙开、关车门。

需开门时，可通过操纵电锁钥匙接通电气开锁电磁阀，此时，压缩空气分两路：一路到开锁气缸，打开门锁，使门处于可以打开的状态；另一路通过节流阀（可控制门打开的速度），进入门气缸，向有活塞杆一端充风，活塞杆收缩将门打开。

需关门时，可通过操纵电锁钥匙接通电气闭锁电磁阀（开锁电磁阀复位），此时，空气也分两路，一路通过节流阀，进入门气缸，向没有活塞杆一端充风，活塞杆推出向左，将门关闭；另一路到闭锁气缸，关闭门锁，使门处于锁闭状态。

当车辆速度超过 5 km/h 时，门控器的速度接点接通，自动接通闭锁阀，门将立刻自动关闭。

（三）塞拉门电气控制原理

在每节车厢两端各设有一个门控单元，每个门控单元控制对应端的两个侧门。塞拉门电气控制原理如图 6-4 所示，门控单元设有 RS232 通信接口，为实现整列车车门开和关的集中控制，并检测车门及翻转脚蹬的故障，整列车通常设一个车门集中控制单元。车辆风缸提供 400 ~ 900 kPa 的气压，经过调压阀调整为较平稳的 450 ~ 600 kPa 气压，供气路系统使用。车辆 48 V 或 110 V 直流电源变换为 24 V 直流电源后，供控制电路使用。

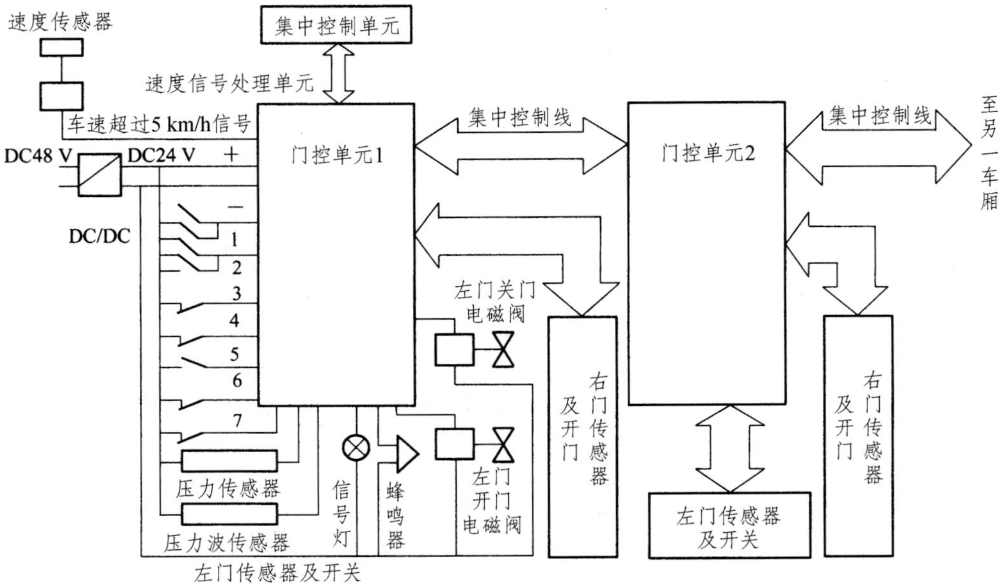

1—车外（内）开门信号；2—车内（外）关门信号；3—屏蔽防挤压信号；4—门完全关闭信号；5—门未关到位信号；6—脚蹬故障信号；7—紧急开门信号。

图 6-4　塞拉门电气控制示意图

1. 开门或关门控制

车门的开关控制可分为整列车集中控制和单节车厢手动控制两种方式，其中，集中控制单元发出的信号优先于本车开关锁发出的信号。车门集中控制单元通过集控线，向每节车厢的门控单元发出开某侧车门或关闭所有车门的信号可实现整列车的电控气动开关门。每节车厢也可通过车厢内外手动开关门锁，向本车门控单元发出开门信号，实现对应车门的开或关操作。

当门控单元收到关门信号后，两位三通关门电磁阀动作，通过门气缸驱动机构关闭车门，同时，脚蹬气缸通过机械连杆机构使脚蹬翻转。门关闭到位时，锁闭气缸连同锁闭机构将门锁闭。当门控单元收到开门信号后，锁闭气缸连同锁闭机构将门解锁，两位三通开门电磁阀动作，气缸驱动机构将车门打开。车门开关的单向行程约为 730 mm，运行时间为 3 ~ 6 s，车门开关速度可通过气路系统中的单向节流阀进行调节。

2. 车速超过 5 km/h 时的自动关门

当列车速度超过 5 km/h 时，为保证乘车安全，处于开启状态的车门能自动关门。在车辆的车轴端部设置速度传感器。速度传感器将速度信息传至防滑器，经防滑器进行速度信息分析处理，向门控单元发出车辆速度超过 5 km/h 的关门信号，门控单元自动执行关门操作。在车速超过 5 km/h 时，除紧急锁信号外，其他电动或手动方式均不能将车门打开。

3. 防挤压功能

在塞拉门的密封橡胶条（门板关闭侧）内设有气囊，当电控气动关门遇到障碍物时，胶条受到突然的冲击挤压，气囊内将产生突变压力，该突变压力使相应开关动作，从而向门控单元发出挤压信号；也有的塞拉门利用在关门时门气缸工作压力的变化作为挤压信号，当气缸工作压力超过设定值时，相应的压力感应装置将向门控单元发出信号。门控单元收到挤压信号后，将门转换为自动开启状态，然后延时 2 ~ 5 s，再将门重新自动关闭。

为防止因挤压导致车门关闭后重新开启，特设屏蔽开关。当车门运行至全行程 90% ~ 98% 的位置时，该开关将向门控单元发出屏蔽防挤压功能的信号，从而保证当车门关闭到位时不会重新开启。

4. 门关到位及脚蹬翻转检测

塞拉门在锁闭机构上均设有“门关到位”开关，这是为保证列车运行安全，防止门未关到位故障而设置的。该开关的常开、常闭触点分别对应门完全关好信号和门未关好信号。脚蹬翻转到位处也常设行程开关以检测脚蹬是否翻转到位。门未关好或脚蹬翻转未到位，对应车门及集中控制单元具有相应的故障指示。

5. 紧急手动开门

塞拉门设有“紧急锁”，紧急情况时即使车辆运行速度超过 5 km/h，也可旋转此锁触发对应开闭机构解锁，从而实现手动开门。

三、塞拉门门控器

塞拉门的工作过程是由门控器（微处理器）控制的，常用的为 PCB20-24 型门控器，门控器安装于车辆小走廊顶部的端板上或 2、3 位侧门旁边的壁柜铁盒内。一辆客车装有两个门控器，每个门控器控制两个车门。门控单元的输入输出信号由 32 条馈线完成。

（一）门控器启动

当供电电压存在，并保持在 DC 24（1±30%）V，且风压为 450 ~ 600 kPa 时，此时门控器将启动。当门在关闭状态时，门关闭电控阀得电，门保持关闭锁定状态；当门在开启状态时，如果没有关门和速度信号，门开启电控阀得电，门保持开启状态；门开启状态时如果操作关门，开启的门将自动关闭。关门过程中门控器将执行“障碍探测功能”。

障碍探测功能是自动门的特殊功能，它在关门过程中遇到障碍可以重新开启，而不会夹伤人或物品。塞拉门的关门边沿装有中空且密封的橡胶条，顶端通过一根细管与门上部的传感开关相连通。门碰到障碍时，橡胶条中的空气被压缩，通过管路使传感开关动作，向门控器发出信号，门立刻重新打开，10 s 后再自动关闭。此过程重复多次，直到门达到关闭锁定位或发出开门信号。当门达到关闭锁定位前 8 ~ 10 mm 时，由于门板使得“98%关门”行程开关闭合，有效地关闭障碍探测系统，此时将不再顾及是否有障碍会很快将门关闭。

（二）开门

开门必须具备以下条件：无关门信号、风压正常（450 ~ 600 MPa）、电压为 DC 24 V、未用三角钥匙将保险锁定、速度低于 5 km/h、未操作紧急出入口装置、应关闭或处于关闭过程。

（三）开门顺序

开门顺序为：门气缸关闭侧排风→蜂鸣警报器启动→关开门侧的开锁气缸和门气缸加压→门将开启，门关闭锁定限位开关起作用（为下次关闭做准备）→关门闭环程序中断→门处在关闭位时“98%关门”限位开关不再起作用→门接近开启位时，门气缸缓冲，门的移动速度降低→门移到开启位。

（四）关门顺序

在门控器的设定程度中，稳定的中央关门（集控）高频信号优先于中央开门（集控）信号。关闭车门可以通过操作板中央关门信号（集控操作）或门内侧旁的钥匙开关来关门。

最优先的关门信号是通过速度信号关门。如果列车速度超过 5 km/h，即使集控的开门信号存在，开启的门也将自动关闭。此时，障碍探测系统仍启动，只是不再开门，使门停留在原位置，10 s 后才关闭，以防止人或物坠落。

关门指令可以由中央关门操纵（集控）开关或门内侧的钥匙开关（如门未关）给出，此时的控制顺序如下：

缓解气缸和门气缸的开门侧排风→蜂鸣警报器启动→关门侧的门气缸加压，门开始关闭→达到“98%关门”限位开关，障碍探测传感系统被关闭→门达到全关状态，机械锁定位锁定，门关闭锁定，限位开关不再起作用。

（五）紧急状态下的手动开关车门

为方便乘务员和维修人员，每扇门都装有紧急开门装置，用三角钥匙操作。在紧急情况下，不管列车静止或运行、是否存在气动压力或电压，都能用三角钥匙操作而打开车门。

当操作紧急装置时，会发出相应的电子信号给门控器，门控器将关闭所有的自动功能，关门蜂鸣警报立即启动，用三角钥匙开锁即通过钢丝绳将门开锁。该装置利用弹簧，能够复位到中间位置。当复位紧急装置后，蜂鸣报警器关闭，门系统自动按当前控制信号操作其正常功能。

（六）故障隔离锁

每侧门板都提供一个机械故障锁，可用三角钥匙从车辆内部将门锁定，操作时，门必须处在完全关闭位。在车门外面有一个显示孔，通过这个孔可以看到，当轴头上的凹槽垂直时，故障锁是开启的，当处于水平位时，表示锁是关闭的，此时外面无法打开车门。

当将故障锁锁闭后，紧急装置对于此门无效，只有将故障锁打开才能进行紧急操作或正常打开车门。为安全起见，在列车运行中，乘务人员应将故障锁锁闭，到站后，在车停稳时再打开。

（七）塞拉门的失控与防止

如果塞拉门平时保养不够，长期缺乏正确的使用与维修也会造成门的锁闭失效，造成失控现象。在机械方面，塞拉门可能出现的失控问题是塞拉门各部件的相对位置的偏差。相对位置是使塞拉门正常工作的基本保证，特别是门扇组件与门锁部件的正确安装位置是十分重要的。

由于车辆总处在不断的运行过程中，各部位零件的配合尺寸很可能会在振动及其衰变过程中失去原有的正确位置，电气系统与驱动系统只能在机械装置处于正确安装位置才能发挥作用，这就需要维修人员在车辆的入库检查中，通过观察、测量，及时排除因松动、位移而造成的各种问题。门与框的位置不正确，门锁部件就不可能发挥正常作用。

塞拉门电路控制的可靠度很高，塞拉门因电路控制问题而出现的失控必须是在以下三个条件同时具备时才会发生，如突然断电，即有风无电；5 km/h 信号突然消失；门关闭锁定限位开关未调整好。

（八）故障锁锁住时的门控器控制

电子限位开关发出信号给门控器，关闭门功能→内侧门钥匙开关指示灯灭→关门的“闭环控制”关闭（故障开关忽略门关闭锁定限位开关发出的信号）→门气缸的关门侧在门关闭锁定位加压。

（九）蜂鸣警报器

每次关门、开门时，声音警报启动持续 3 s 或直到门达到关闭或开启位才停止。警报声音通过脉冲产生，0.5 s 接通，0.5 s 断开。

【任务实施】

1. 手动塞拉门专项修

手动塞拉门季度专项检修指导书	
作业步骤及质量标准	图示
1. 塞拉门整体检查	
（1）门体外观检查。 ▲ ① 检查门板无严重变形。 ② 在不通风通电状态下用手推拉门板作用灵活。 ③ 门扇胶条无撕裂、破损。 ④ 塞拉门立罩板防火改造封堵良好	

续表

作业步骤及质量标准	图示
	 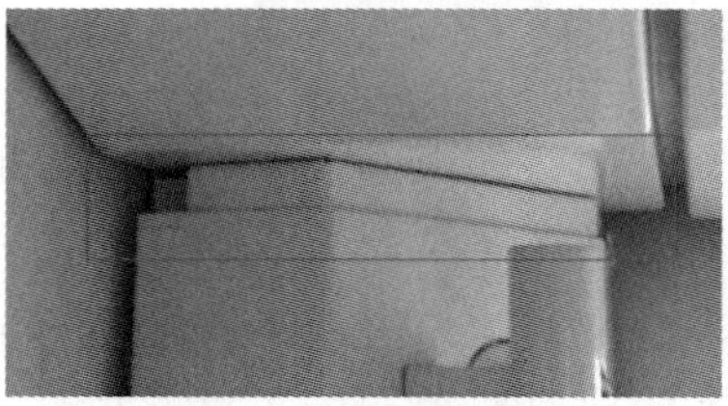 
（2）门体结构检查。 ▲ ① 打开立柜检查配线端子压接牢固，接线紧固、无松动，配线无老化、过热现象；配线无老化、裂损，接线紧固，作用良好。 ② 车门安装紧固，配件齐全。 ③ 拉门导轨导向性能良好，开关灵活，锁闭严密。 ④ 锁闭后无晃动。 ⑤ 钢丝绳衬套与拨爪槽间须有 2～3 mm 间隙。 ⑥ 携门架安装紧固，作用良好。 ■ 紧固螺栓更新时，须涂螺纹锁固胶	  

续表

作业步骤及质量标准	图示
2. 各磨耗部位、活动部位检查	
▲（1）弹簧、锁舌、楔块轴、摇臂体、滚轮等运动组件需注润滑脂。 （2）尼龙滚轮应安装良好，转动流畅，作用良好，无磨损变形。 （3）对磨损变形、作用不良者进行更换。 （4）对滚轮轴承进行润滑，塞拉门应开关流畅。 （5）清除各部位锈垢，活动部位全数给油润滑。 ■ 给油作业前必须对其除灰除尘	  
3. 锁具检查	
▲（1）车门内、外解锁装置和压紧装置须作用良好。 （2）安全锁紧固，作用良好	  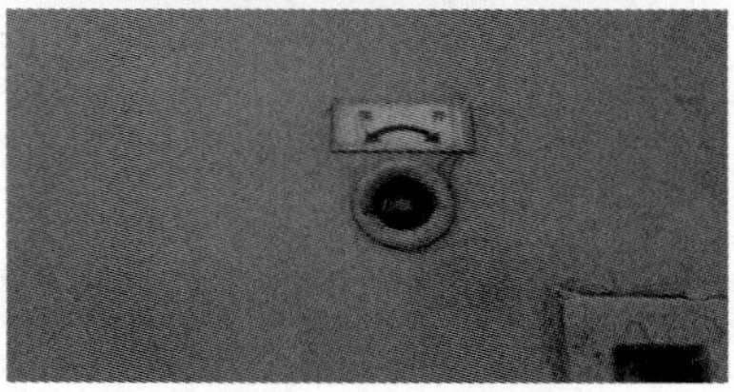

作业步骤及质量标准	图示
4. 冬季采暖期间检查电伴热装置	
▲（1）外温低于 5 °C 时，在电伴热通电后，用手触摸表面防护罩应有明显温升。 （2）测试电伴热绝缘，冷态绝缘值≥200 MΩ，热态绝缘值≥20 MΩ	

2. 电动塞拉门专项修

电动塞拉门季度专项检修指导书	
作业步骤及质量标准	图示
1. 塞拉门整体检查	
（1）门体外观检查。 ▲ ① 检查门板无严重变形。 ② 在不通风、不通电状态下用手推拉门板作用灵活。 ③ 门扇胶条无撕裂、破损。 ④ 外操作锁及拉手安装紧固，外观完整。 ⑤ 气路系统无漏泄、堵塞	 

续表

作业步骤及质量标准	图示
（2）门体结构检查。 ▲ ① 指示灯、蜂鸣器显示正确，门控制单元没有故障信号（闪烁信号）。 ② 打开立柜检查配线端子压接牢固，接线紧固、无松动，配线无老化、过热现象；配线无老化、裂损，接线紧固，作用良好。 ③ 携门架安装紧固，作用良好。 ④ 打开空气过滤减压阀下部排水阀排水；过滤减压阀调整值须在 460～610 kPa 范围内。气源开关及各节流阀、快排阀、开关门阀等作用良好。过滤减压阀滤杯、滤芯无积水和脏堵。 ⑤ 检查测试门装置各控制开关（98%、100%、防挤压、压力波、脚蹬位置开关等）安装牢固，位置正确，作用良好。 ⑥ 冬季采暖期间检查电伴热装置绝缘良好，工作正常；用万用表对伴热装置绝缘进行测量，绝缘电阻值须大于 20 MΩ。 ⑦ 塞拉门立罩板防火改造封堵良好	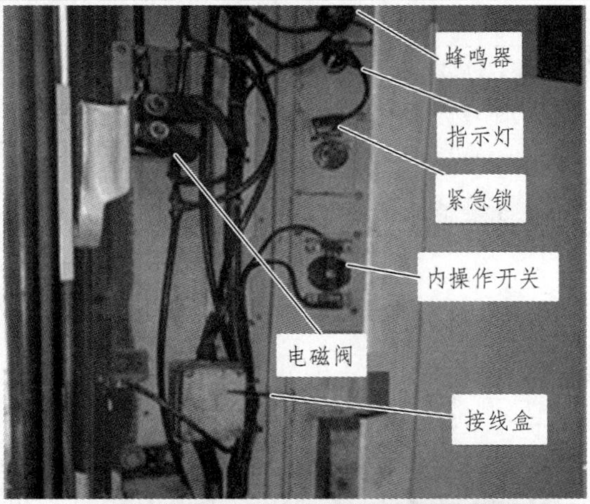 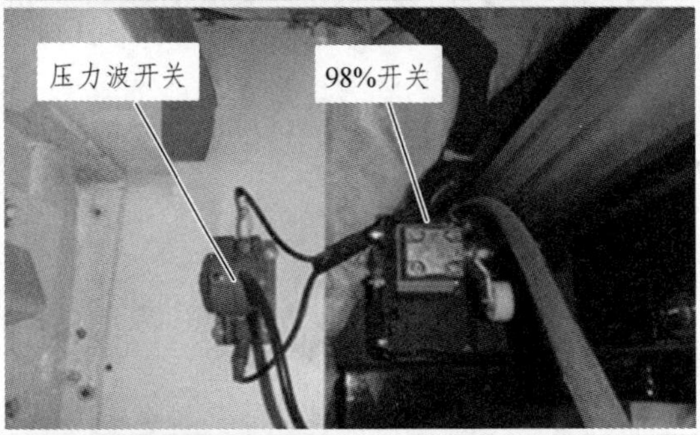  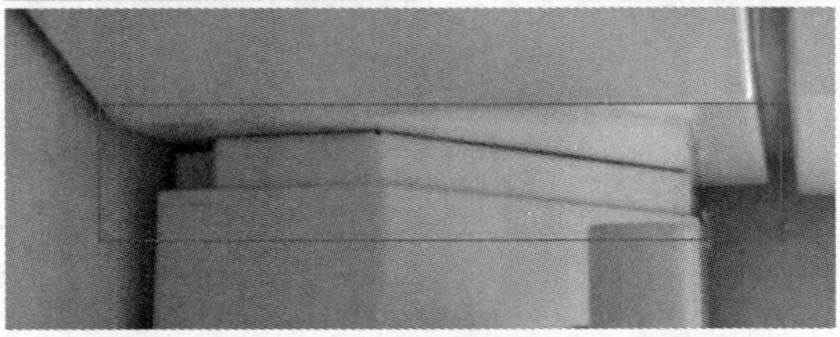 

续表

作业步骤及质量标准	图示
2. 电源箱、控制箱检查	
▲（1）电源箱、控制箱内各元器件安装牢固。 （2）配线无老化、热损，引线护套良好。 （3）各接线端子紧固，线号清晰正确。 （4）接地线齐全可靠	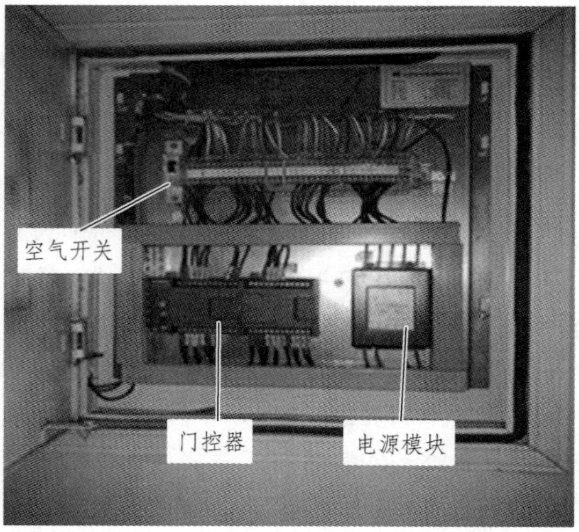  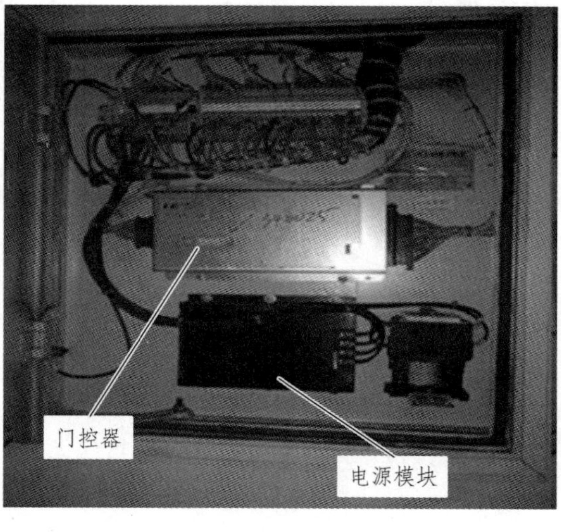

续表

作业步骤及质量标准	图示
3. 卫生清扫	
▲（1）对电源箱、控制箱各部清扫除尘，箱内卫生清洁。 （2）用铁钩、铁条对立罩板内、门下滑道及腔内烟头等杂物进行清理	 
4. 各磨耗部位、活动部位检查	
▲（1）检查塞拉门脚踏板装置，不良时分解检查。 （2）清洁塞拉门脚踏板转动部位的卫生并适量涂机油润滑。 （3）各运动部件润滑良好，动作灵活，磨耗不过限，无锈蚀、损坏，锁闭严密，无晃动；螺栓等紧固件无松动，作用良好。 ■ 给油作业前必须对其除灰除尘	

作业步骤及质量标准	图示
	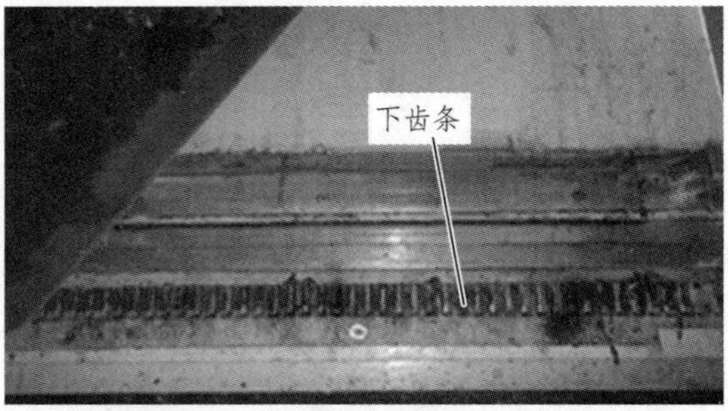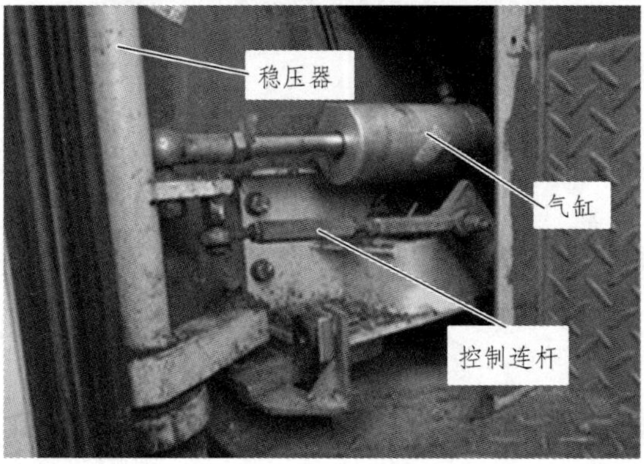
5. 各功能工况测试	
（1）各类门锁试验。 ▲ ① 锁闭隔离锁，重复塞拉门开门的试验内容，操作开门应不起作用并保持关门空气压力。 ② 紧急解锁试验，打开隔离锁，手动操作紧急解锁开关，在听到排风声与蜂鸣器报警后可手动开门；将紧急锁置复位，门板应自动锁闭，动作准确。 ■ 康尼和欧特美塞拉门系统灯熄灭。 ★ 此时无防挤压功能	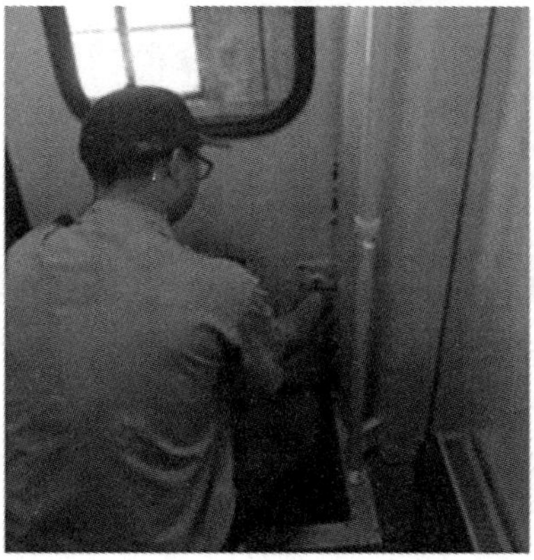 锁闭隔离锁

续表

作业步骤及质量标准	图示
	 操作常用锁  紧急解锁试验
（2）防挤压试验。 ▲ 使用内锁关门，在距离门侧框不小于30 cm处，用手挡门板防挤压胶条，检查防挤压功能，门板应自动打开，10 s后门自动重复锁闭动作，然后试验外解锁关门作用良好。 ■ 门扇未达到98%开关位，防挤压功能正常；门扇超过 98%开关位，防挤压功能失效，门扇继续执行关门动作	
（3）塞拉门 5 km/h 关门测试。 ▲ 将门板电动开门后，进行防滑器 5 km/h 关门测试，门板应自动关闭。 ■ SAB 防滑器：按下电子防滑器上“门测试”按钮；TFX1 防滑器：同时按下“诊断”与“清除”按钮，检查 5 km/h 信号作用，门板应自动关闭，二级锁锁闭良好，在 5 km/h 信号恢复前，塞拉门应不能电动打开	 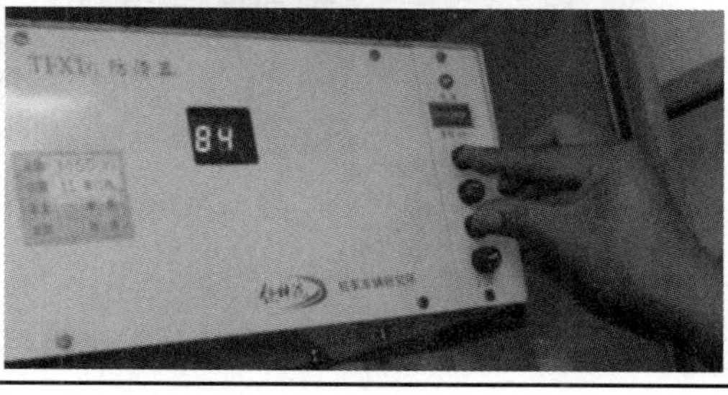

任务2　380B 塞拉门检修

【任务陈述】

技术人员进行 380B 塞拉门检修。维修人员按照维修手册的规范程序进行检查，包括塞拉门外观检查、塞拉门带电作业检查等相关检查。检查后填写维修工单交付检验。工作过程中，应遵循现场工作管理规范。

【知识准备】

380B 塞拉门检修

一、380B 塞拉门结构组成

1. 门框

采用整体式门框，由铝型材和铸铝件拼焊而成。相对散装门框，安装快捷、简单，调试容易。这种设计是与高精度车体制造技术相配套的，对于普通制造精度的车体，如采用这种门框设计，将会造成安装困难。

2. 门扇

胶条：门扇周边的密封胶条为双层密封，分为内层胶条和外层胶条，外层胶条的前端为护指胶条，胶条内部装有防挤压开关。门扇下部安装有导轨。

隔离锁：集成在门板内。可以通过方形钥匙从内部和外部手动操作进行门的机械隔离，并通过隔离锁锁舌触动设备架上的限位开关，实现电气隔离。

扣手：内外部各设有一个扣手，集成在门板上。

地线：门板上设有接地的线。

按钮：门板外部的中上部设有按钮。

3. 驱动机构

驱动机构（见图 6-5）采用直流电机驱动，不是气缸，更容易精确控制开关门时间、开关门速度，在行程内开关速度可实现多段可调，耐低温能力强。

图 6-5　380B 塞拉门驱动机构

4. 设备安装架

设备安装架集成了门锁单元。

锁闭系统：主锁采用电动锁，解锁动作由电机实现。除主锁和隔离锁之外，上、下各设一个气动加压锁，可提高密封性能，增加系统可靠性。内外操作装置设置了紧急操作手柄。在内外操作装置和主锁间的传动装置上设有电磁离合器，使门锁系统在列车高速运行时，具有即使操作紧急手柄也无法打开车门的功能，极大地提高了安全性能。

气动系统：为气动加压锁的供气单元，其压力表安装位置设置在人目视高度，便于查看读数。

5. 内外控制板

（1）内部控制面板主要由紧急入口装置、紧急开关、蜂鸣器和四角钥匙锁等构成，如图6-6所示。

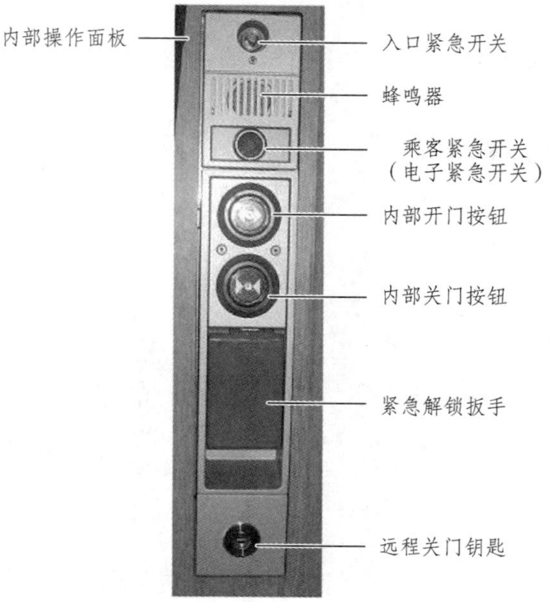

图 6-6　内部控制面板图

（2）外部控制面板主要由入口装置和乘务员钥匙开关（仅头车有）构成。

6. 站台补偿器

站台补偿器主要由安装基座、活动踏板（包括防滑面板）、驱动装置、限位开关、电器部件（包括接地、车体线路连接）等构成，如图6-7所示。

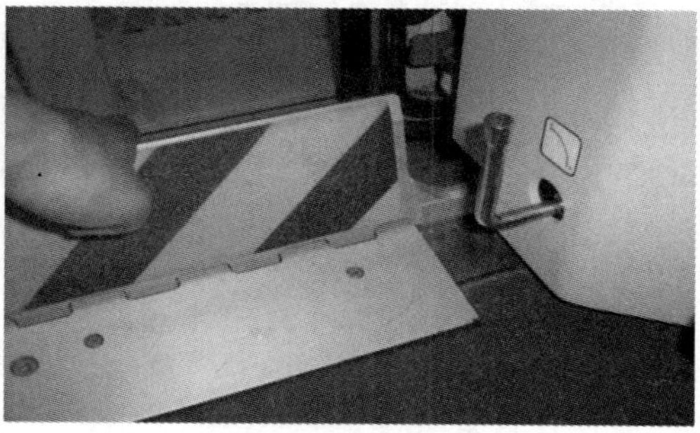

图 6-7　站台补偿器

二、380B 塞拉门技术

1. 门控技术

数字化：采用基于 DSP 的硬件控制平台。

智能化：开发了具有自适应、自学习、自诊断功能的控制软件。

网络化：具备 MVB 网络通信能力。

（1）MVB：Multifunction Vehicle Bus，多功能列车总线（与 CAN、RS485 等并列的标准通信总线）。

（2）传输距离：OGF（光纤）：2 000 m；

EMD（中等距离）：200 m；

ESD（短距离）：20 m。

（3）物理层基于 RS485。

（4）数据传输速度：1.5 Mb/s。

（5）MVB 专用控制芯片（西门子）。

2. 承载驱动技术

略。

3. 密封技术

（1）密封系统的组成：密封胶条、周边胶条和护指胶条。

（2）密封原理：通过密封胶条的受力变形，阻断列车内部与外部的空气流通，实现密封功能。通过密封试验，完全满足压力从 4 000 Pa 降到 1 000 Pa 的时间大于 200 s 的要求。

4. 锁闭技术

（1）主锁为二级锁闭，保证安全。

（2）主锁设置闭锁气缸，能够在关门接近到位时提供足够的关门力克服空调的风压等造成的阻力，保证可靠关门。

（3）有额外的隔离锁，为机械锁闭装置，在门系统失去能量供应后可以手动锁闭门系统。

【任务实施】

一、作业前准备

清点工具，整理着装等，作业前准备时间不超过 3 min。

（1）检查劳动保护用品的穿戴是否齐备；

（2）检查安全防护是否到位；

（3）检查工、量具准备是否到位并正确使用。

二、作业过程

（一）外观检查（无电作业）

插旗开始，站在门外进行门外侧外观检查，完毕后拉开外操作开关板，手动开门，进入门内侧进行门内侧外观检查。

要求：

塞拉门门体外观良好、无破损，车窗无损坏；车门外隔离锁无损坏、缺失；开门按钮安装牢固，无损坏、缺失；检查塞拉门四周密封胶条无破损；检查塞拉门紧急解锁手柄无损坏；客室侧门各部螺栓应无松动（防松标记不错位）。接线电缆的连接状态良好，侧立集成组件与主框架接地螺栓连接可靠，门架与门扇接地螺栓连接可靠，气路连接状态良好，压缩空气压力正常。

（二）带电作业检查

按下电源开关按钮，接通电源，门控器状态显示正常，门控制单元上无故障代码。

1. 关门性能检查

要求：

门扇运动平稳，不存在卡滞和防挤压状态，蜂鸣器鸣响声音正常，主锁解锁正常，辅助锁解锁正常，门扇到位正常，门控器状态显示正常，门正常运动到 2/3 开度处踏板翻起，门正常关闭，门状态指示灯正常亮起。

开关通电时，面板上绿色指示灯点亮，按下内操作关门按钮 S9，面板上红色指示灯点亮，同时在具备关门条件的前提下，车门关闭。门扇运动平稳，正常关门过程：发出关门指令蜂鸣器发声，响 2 s 后开始关门，直到车门完全关闭。随着门关闭过程的运动，在 300（±5）mm 的剩余打开宽度时，门控器激活“踏板收回电磁阀”，使踏板缩回。

将门完全锁闭后，锁到位开关 S1 应可靠释放；锁到位开关的常开触点通知门控器车门处于主锁锁到位状态。

将门完全关闭后，关到位开关 S4 应可靠压下；关到位开关 S4 的常闭触点与关到位开关 S8 常闭触点串联后通知门控器车门处于关到位状态。

将门完全锁闭后，辅助锁锁到位开关 S5 应可靠压下；辅助锁锁到位开关的常闭触点通知门控器车门处于辅助锁锁到位状态。

2. 开门性能检查

要求：

操作闭合按钮关闭车门，在闭合过程中操作内侧开门按钮（感应式），门必须再次打开。门扇运动平稳，不存在卡滞和防挤压状态，蜂鸣器鸣响声音正常，主锁解锁正常，辅助锁解锁正常，门扇到位正常，门控器状态显示正常，门正常运动到 2/3 开度处踏板翻起，门正常关闭，门状态指示灯正常亮起。

开关通电时，面板上绿色指示灯点亮；按下内操作开门按钮 S10，面板上红色指示灯点亮，同时在具备开门条件的前提下，车门开启。正常开门过程：发出开门指令蜂鸣器发声，响 2 s 后开始开门，直到车门完全打开。随着门打开过程的运动，在打开宽度为 150（±5）mm 时，门控器激活“踏板打开电磁阀”，使踏板打开。

按动开门按钮，向电子门控器发出开门请求，电子门控器通知电磁阀，使主锁闭气缸排气，活塞杆缩回，解锁气缸充气，活塞杆推出，推动解锁杠杆，解除对锁舌的限制。同时带动联动机构凸轮旋转，触发锁到位开关 S1 的触点，向电子门控器发出信号。电子门控器解锁辅助锁，电磁阀使辅助锁气缸排气，活塞杆缩回，释放辅助锁到位开关 S5。在满足条件后，使电机得电，带动丝杠旋转，携门架移动，带动门扇开门到预定位置。

3. 障碍检测功能检查

要求：

关门过程中的障碍检测门在关闭过程中，若施加一个阻力，障碍检测被激活，将会施加一个 0.5 s 关门力后车门完全打开，停止 5 s 后，再次关闭，以便清除障碍物。

若仍有障碍物，则这一循环将会重复 5 次。在循环 5 次后门未关到位，门将完全打开，并停止在开到位位置。通过本地关门按钮重新进行关门操作。

开门过程中的障碍检测：障碍检测可被激活 5 次。开门时若有障碍会使开门循环停止 2 s，在 5 次开门动作之后门将会停在此位置并且电子门控器会认为此位置是最大可达开门位置，此时任何关门指令都可将门关闭。

4. 站台补偿器检查和清洁检查

要求：

站台补偿器锁闭机构，应能够平滑运动（空气供给），用四角钥匙对站台补偿器进行机械解锁，手动提升站台补偿器翻板应无卡滞，放手时站台补偿器翻板应快速复位；站台补偿器折页处杂物应清除掉。

门控器的启动：

（1）踏板处于关闭状态时，踏板保持关闭。

踏板未处于关闭状态，当收到关门命令时，门会先打开 300（±5）mm，然后踏板将立刻关闭。

（2）随着门打开过程的运动，在打开宽度为 150（±5）mm 时，门控器激活“踏板打开电磁阀”，使踏板打开。

5. 隔离锁性能检查

要求：

操作隔离锁，门处于被隔离状态，所有运动控制功能无效，保留通信和故障诊断功能。

车门处于关锁到位后，操作隔离装置，将万用表打至“通断挡”，把红黑表笔分别插入安全互锁回路两端，门控器安装底板端子排上的第 19 号和第 20 号接线端子，检查安全互锁回路两端的通断情况，安全互锁回路应处于接通的状态。

手动关门至二级状态使长插销舌端与锁挡间至少保持 8 mm 的搭接量，且保证隔离时能够有效触发隔离开关。

6. 紧急解锁性能检查

要求：

当门系统有电、车速小于 5 km/h 列车线有效及车速大于 5 km/h 和车速大于 10 km/h 无效时，操作车内（车外）紧急解锁装置实现门的机械解锁，向门控器发出信号，可以手动开、关门。

当门系统有电、车速小于 5 km/h 列车线无效及车速大于 5 km/h 和车速大于 10 km/h 均有效时，车内、车外紧急解锁装置均失效，无法手动开、关门。

当门系统有电、车速小于 5 km/h 列车线无效，车速大于 5 km/h 列车线有效，且车门未关闭到位时，车门自动关闭。若硬线“车速大于 10 km/h”列车线有效，辅助锁将被激活锁闭，在关到位附近，车门停止，并保持门不被打开，直到“车速大于 10 km/h”列车线无效，辅助锁解锁后，允许手动关锁到位，或紧急解锁，或接收到新的开门指令而退出到正常状态。对于关锁到位的车门，当硬线速度信号大于 10 km/h 指示车速大于 10 km/h 时，车内、车外紧急解锁装置失效。

车辆静止时，车内和车外紧急解锁装置有效，可手动开关门。复位紧急解锁装置后，车门保持在打开位置，操作内部关门按钮关闭车门。

当门系统无电时，操作车内（车外）紧急解锁装置后，可以手动开、关门。

项目7

KZS/M-Ⅰ型集中式轴温报警装置检修

【学习目标】

知识点：

1. KZS/M-Ⅰ型集中式轴温报警装置的组成；
2. KZS/M-Ⅰ型集中式轴温报警装置的工作原理。

技能点：

1. KZS/M-Ⅰ型轴报器的使用；
2. KZS/M-Ⅰ型轴温数据监测记录仪的使用；
3. 读卡器及读卡软件；
4. 轴报常见故障检修；
5. 轴报专项修；
6. 轴报装车。

【内容概述】

在我国，采用仪器对铁道车辆轴温进行监测已有30多年的历史。轴温报警装置由最早的分立元件逐步发展到现在采用高性能的单片计算机技术，由单台检测发展到今天的联网检测。传感器也由早先的铂电阻发展到现在的数字温度传感器，轴温数据的记录也由手工抄写发展到今天的自动记录，并可通过IC（集成电器）卡转存到微机内进行数据处理。由于技术的不断进步，客车轴温报警装置上升到了一个新的水平。

KZS/M-Ⅰ型集中式轴温报警装置是一种联网集中式轴温报警装置，具有同时显示、自动识别、适应数字或模拟传感器等功能，对一些故障能够自动诊断，并能自动适应通信线路。

任务1　KZS/M-Ⅰ型集中式轴温报警装置操作与使用

【任务陈述】

（1）KZS/M-Ⅰ型轴报器的使用；

（2）KZS/M-I 型轴温数据监测记录仪的使用；

（3）读卡器及读卡软件。

【知识准备】

KZS/M-Ⅰ型集中式轴温报警装置的操作与使用

一、KZS/M-I 型集中式轴温报警装置

（一）KZS/M-I 型轴温报警装置的组成

KSM-I 型轴温报警装置是一个整机系统，包括 KZS/M-1 型轴温报警仪（即控制显示器）、温度传感器和 KZS/M-I 型轴温数据监测记录仪三个部分，其系统结构如图 7-1 所示。

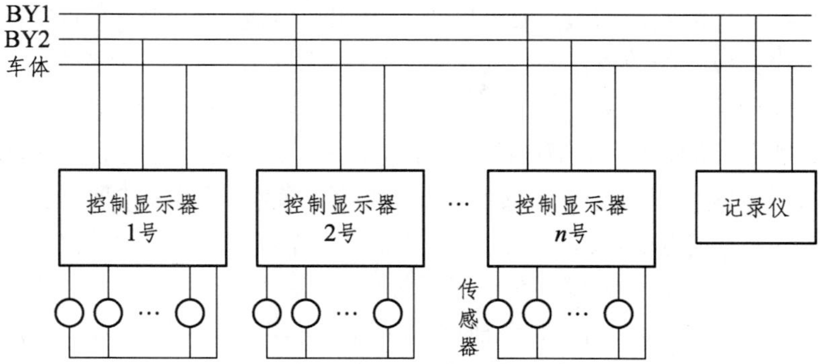

图 7-1　KZS/M-I 型轴温报警装置系统结构图

KZS/M-I 型轴温报警装置摒弃了过去集中报警装置所采用的主从机结构，每一台控制显示器既是主机也是从机，它是通过顺序发送的方式来完成信息交换的。当某一台仪器发送信息时，其他机器都处于接收状态，发送完成后就转变成接收状态。这种方式的优点是所有的信息全部共享，速度快，即使有一台仪器发生故障也不会使网络瘫痪。

（二）KZS/M-I 型轴温报警装置的作用

客车轴温报警装置的作用在于即时监测客车轴温，并能即时准确地报警，最大限度地防止燃轴事故的发生。KZS/M-I 型轴温报警装置的作用如下：

（1）即时显示全列车各轴温和环境温度。

（2）监测全列车各轴位轴温，只要有任一轴位的轴温高于环境温度 40 °C 或轴温达到 90 °C 时，即声光同时报警。

（3）乘务员在列车任一节车厢均可了解全列车任一轴位轴温，实行时钟记录并存储报警记录，以供建立列车维修档案。

（4）自动检测显示轴温传感器线路是否短路或开路。

（三）KZS/M-I 型轴温报警装置的特点

（1）仪器能与数字式传感器和模拟式传感器兼容，能自动识别、自动兼容任意混装数字和模拟传感器。

（2）具有全列车报警功能和单独报警功能。乘务员在列车的任何一节车厢都可以知道整

列列车任何一节车厢任何一个轴位的轴温，这大大减轻了乘务人员的工作量。

（3）仪器采用一体化结构，温度测量、显示、数据信号传输、电源等都在一台机器内，只需接上传感器就可以正常工作。若不连接载波线，则只能当一般的轴报仪单独使用。仪器联网使用时对广播无干扰。

（4）采用先进的模块式开关稳压电源，能在直流 DC 36 ~ 72 V 范围内可靠工作。一体化结构工作可靠，带负载能力和抗干扰能力强，不易损坏，克服了一般逆变电源的缺点。

（5）该仪器采用大规模集成电路、计算机微处理器（CPU）、智能化处理传感信息、模块化结构，因此结构简单，没有需要调节的元件，可靠性较高，仪器达到“免维护”。

（6）采用数字式传感器，可以去除由于线路带来的温度测量误差，仪器的抗干扰能力得以提高。

（7）仪器数据的传输利用两根广播线或两根专用线完成，在原有的 TKZW-1TA 型接线的基础上只加两根线，故接线简单。

（8）仪器的联网采用分布式结构，任意仪器就可构成网络，即使某一台仪器发生故障，也不影响其他仪器的正常使用，如果连接线从中间断开，则系统变为两个独立的网络正常工作。

（9）带传感器智能判断功能，传感器短路不报警。如果环温传感器开路、短路，仪器能自动判断，并自动改为定点 90 °C 报警方式。仪器既可自动检测线路故障又可自动判断由轴温传感器接触不良引起的不正常温度，减小了误报率。

（10）采用高亮度液晶显示屏，8 个轴位的轴温、环温及车厢顺位号一屏同时显示。

（11）仪器带有实时时钟，自带报警数据记录，便于随时查阅。

（四）主要性能指标

1. KZS/M-Ⅰ型轴报器（控制显示器）

测量温度范围：−45 ~ +125 °C（模拟或数据式传感器）。

温度测量精度：±1 °C（20 ~ 90 °C）;

±2 °C（小于 20 °C 或大于 90 °C）。

温度测定路数：8 路轴温，1 路环温。

定点延时：（30±2）s。

报警温度：定点报警 90±2 °C。

跟踪报警（C+40±4）°C（C 为外温）。

报警方式：声光报警，所有仪器同时显示车厢顺位号及超温轴位的轴温。有多个轴位同时超温报警时，循环显示所有报警点的轴温。

车厢数：≤20。

传感器：模拟或数字传感器。

电源电压：DC 36 ~ 72 V。

载波线：两根广播线及车体地线或两根专用线及车体地线。

2. KZS/M-Ⅰ型轴温数据监测记录仪

电源电压：DC 36 ~ 72 V。

工作环境温度：−10 ~ +50 °C。

工作相对湿度：不大于 93%。

平均功率：小于 5 W。

轴温数据记录容量：自动循环记录。按每列 20 节，每小时记录一次，可记录 2 000 组轴温数据和 1 034 组报警数据。

记录间隔：10 min，30 min，1 h 任选。

转存 IC 卡容量：可以转存记录仪内全部数据。

二、KZS/M-Ⅰ型集中式轴温报警装置的工作原理

（一）KZS/M-Ⅰ型轴报器（控制显示器）的工作原理

KZS/M-Ⅰ型轴报器（控制显示器）是轴温报警系统的“心脏”。它主要由单片计算机控制器、液晶显示器、直流开关电源、调制解调器等组成，其原理框图如图 7-2 所示。

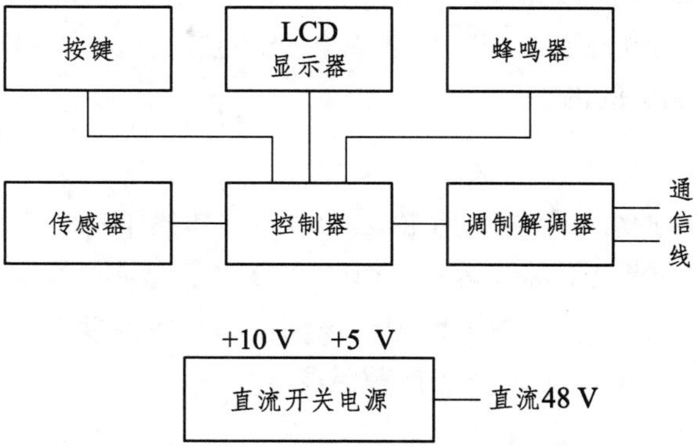

图 7-2　KZS/M-I 型轴报器（控制显示器）原理框图

KZS/M-Ⅰ轴报器采用高性能的微型计算机为核心，完成信号检测处理、温度数据的采集、显示数据及数据的传输与收发。

当使用数字式传感器时，计算机不断地向数字传感器发出温度转换命令，然后检测传感器温度转换是否完成，当温度转换完成后，把读取的温度值进行比较，如果不正确，则重新读取。

当使用模拟式传感器时，由传感器传输来的信号由微型计算机进行处理。首先，模拟式传感器所产生的电压信号通过 A/D 转换为数字信号，计算机读取转换后的数字信号进行数字滤波，对经过数字滤波后的数值进行计算处理，转换为温度值。

仪器把温度值送到显示屏显示，同时对得到的温度进行判断，如达到所规定的报警温度即进行声光报警，并将有关信号通过调制解调器送出使其他车厢也报警，并显示超温的车厢、轴位和轴温，达到集中监测目的。

KZS/M-I 型轴报器单元电路功能如下：

1. 液晶显示器

LCD 显示器采 20×2 点阵字符型、宽视角、带 LED 背光的显示模块，该模块显示信息量

大，能一次显示 8 个轴位的温度，一个环温和车厢号，还可以显示各种符号。显示器的原理如图 7-3 所示。

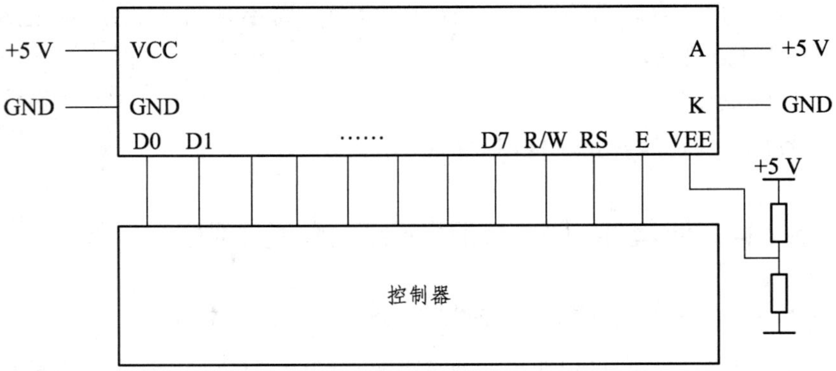

图 7-3　显示器的原理

图中，D0 ~ D7 为 LCD 的数据线，R/W 为读写线，RS 为 LCD 模块寄存器选择线，为片选线。VEE 为液晶显示用电源，A、K 为电源线。控制器通过 D0 ~ D7、R/W、RS、E 这 11 根数据控制线来输出要显示的内容。

2. 时钟

控制显示器自带实时时钟，时钟采用 DS12 887A 或其他兼容芯片。该时钟内部自带电池，可以在控制显示器关闭的情况下继续运行。时钟主要用于记录报警数据。当控制显示器检测到某一轴温超温报警时，在储存器中可以记录该轴位的报警温度、环温，同时记录报警的时间。在报警过程中，每隔 1 min 记录一次报警温度。

3. 直流开关电源

列车直流电源多为 48 V，而控制显示器需要的是 5 V 和 10 V 电源，因此仪器采用了直流开关电源模块。直流开关电源的输入电压工作范围宽，输入输出隔离，并具有过热、过流保护功能。

4. 调制解调器

调制解调器是专门用于特殊线路上（广播线或集控线）发送和接收数据的电路，该调制解调器采用的是频移键控（FSK）方式，中心频率为 132.45 kHz，远远高于音频，因此在工作时与广播互不干扰。具体参数：波特率为 1.2 kHz；高电平为 31.85 kHz；低电平为 133.05 kHz；频率精度由晶体振荡器决定，小于 0.01%，无须人工调整。该晶体振荡器还输出时钟信号到控制器，并提供“看门狗”复位信号。调制解调器的接线如图 7-4 所示。

第 1 脚是 10 V 电源，第 2 脚是载波信号的输入/输出端，第 3 脚是 5 V 电源端，第 4 脚是复位输出，第 5 脚是串行数据接收端，第 6 脚是串行数据发送端，第 8 脚是接收发送数据选择端，第 9 脚是“看门狗”输入端，第 10 脚是振荡器输出端，第 11 脚是电源接地端。

正常工作时，用示波器可以在第 10 脚观察到振荡输出波形，频率为 11.059 2 MHz。当控制显示器接收到其他车厢的控制显示器通过调制解调器发送的信息时，控制显示器面板上的通信指示灯会发出短暂的光，而当自己发送数据时，其通信指示灯发出时间比接收指示长 5 倍的光。以此可知通信的工作状态。

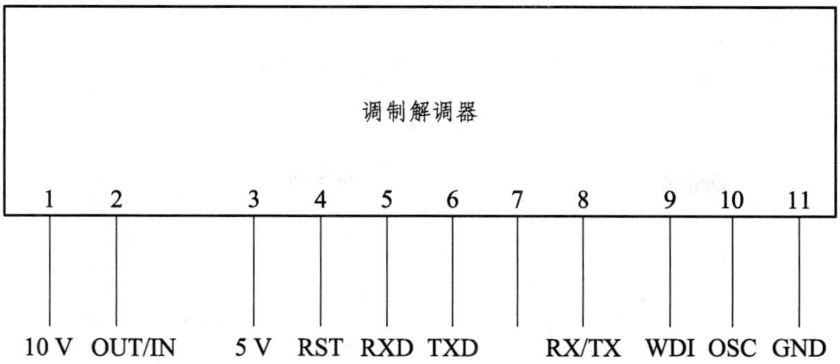

图 7-4　调制解调器的接线图

（二）传感器

传感器是轴温报警系统的敏感元件，由于它处于车辆走行部分，工作环境恶劣，因此它的好坏直接关系到整个系统的可靠与稳定。目前主要使用的是模拟温度传感器和数字温度传感器。

1. 模拟传感器

模拟传感器测试原理如图 7-5 所示。

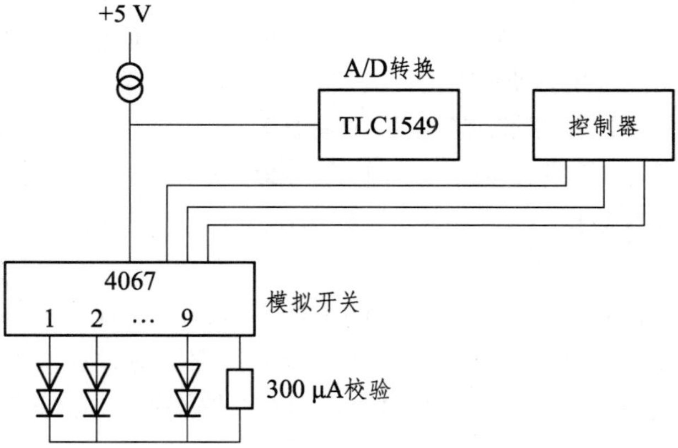

图 7-5　模拟传感器测试原图

模拟传感器需要用 300 μA 恒流工作，仪器采用了集成恒流源，它具有结构简单、精度高、温度系数小、漂移小的特点。当电子开关某一路选通时，300 μA 的恒流加到某一路传感器上，在这一传感器上可以测得与温度对应的电压值。该电压经过 A/D 转换的速率很快，1 s 可达上万次，控制器根据 A/D 转换器送来的数据进行判断，经过处理后，将相应的温度值或开路短路等状态送到 LCD 显示器显示，并根据是否满足报警的条件进行相应的处理。

模拟传感器由于输出的是直流电压信号，并且内阻又比较大（约几千欧），所以当受到干扰和绝缘条件变坏时，会产生误差甚至误报警。模拟传感器串联电阻每增加 14.5 Ω，温度则偏低 1 °C，串联电阻越大，温度值偏离越低。而与模拟传感器并联的电阻将使温度值偏高，并联电阻越小，偏离越大，并联电阻约 80 kΩ 时，约高 1 °C。由于车体分线盒内可能进水，使绝缘变差，这将导致轴温误差偏大过多，形成误报，这是模拟传感器的缺点。

2. 数字温度传感器

数字传感器测试原理如图 7-6 所示。

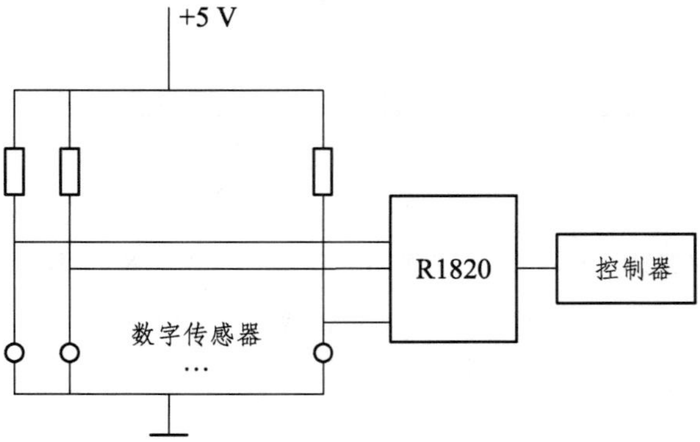

图 7-6　数字传感器测试原理

KZS/M-Ⅰ型轴报器使用的数字传感器采用的是 DS1820 芯片。控制器向 DS1820 发出读取温度的命令，DS1820 把温度值和校验值传送给控制器。如果得到的数据校验正确，则此次温度有效，否则无效。控制器根据温度数据进行判断，经过处理后，将相应的温度值或开路、短路等状态送到 LCD 显示器显示，并根据是否满足报警的条件进行相应的处理。

数字传感器其实并不复杂。DS1820 内部其实也是 PN 结，它采用专用的变换电路把温度转变成数字信号，控制器在读取数字温度传感器的信号时不需要再经过其他转换而直接读取温度的数字信号。为保证温度数据的完整性、准确性，DS1820 在输出温度数据时，附有 CRC（循环冗余校验），这样可以保证控制器读取正确温度。

DS1820 具有独特的单总线数字接口，即 DS1820 与控制器交换数据时，不需要单独供电。其数据线既可以用来读取数据，也可以用于向 DS1820 供电，在轴报中只需要数据线和地线就可以测温。

由于数字传感器和控制显示器之间传输的是数字信号，而不是电压值，且带有校验功能，因此相对于模拟传感器，串联电阻和并联电阻对数字传感器的影响很小。

当数字传感器接线串联电阻小于 300 Ω 时，数字传感器可以正常工作，对温度值没有任何影响，而当串联电阻大于 300 Ω 时，数字传感器无法正常工作，显示开路。当并联电阻大于 1 kΩ 时，数字传感器可以正常工作，对温度值没有任何影响，而当并联电阻小于 1 kΩ 时，数字传感器无法正常工作，显示短路。因此使用数字温度传感器不会产生误报现象。

由于数字传感器传输的是数字信号，如果存在较强的干扰，会引起数据读取错误，经过检验后剔除，表现为开路现象。因此，在使用数字传感器时，车体布线宜采用屏蔽线。

（三）KZS/M-I 型轴温数据监测记录仪的工作原理

KZS/M-I 型轴温数据监测记录仪是和 KZS/M-I 轴报器搭配使用的仪器，每列车（≤20 台轴报）配一台记录仪。轴温数据记录仪通过一根电缆与任一台轴报器相联即可记录整列列车的轴温数据。在运行中它除了可以对各车厢的温度进行定时记录，给安装了 KZS/M-I 型轴报的车辆建立数据库外，还可以查看运行时整列车各个轴位的轴温。此外，该记录仪还可以把数据转存到大容量的 IC 卡上，并通过 IC 卡传给微机，由微机对所有记录的数据进行分析处理。

轴温数据记录仪的原理框图如图 7-7 所示。

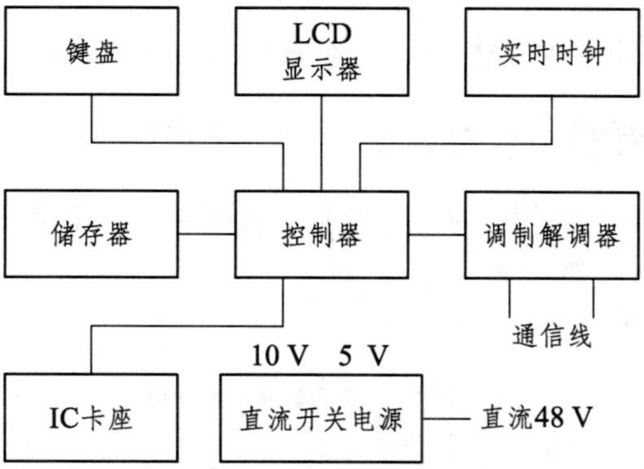

图 7-7 轴温数据记录仪的原理框图

控制器将从调制解调器收到的所有信息按一定的格式储存在储存器内，并将接收状态送入液晶显示屏显示。控制器还将实时时钟信号通过调制解调器发送出去，使每一台轴报的实时时钟与它一致（即可校准轴报内的时钟）。机器内部的储存器和 IC 卡的结构、容量一模一样，当插入 IC 卡后，仪器自动将机器内部储存器上的全部信息转到 IC 卡。记录仪工作时，每 10 min 自动记录一次轴温数据。当有报警时，记录仪能及时记录，记录内容包括报警时间、车种车号、车厢号、轴位、轴温、环温，此后只要此轴位还在报警，每隔 1 min 记录一次。

【任务实施】

一、KZS/M-Ⅰ型轴报器的使用

KZS/M-Ⅰ型轴报器的面板如图 7-8 所示。

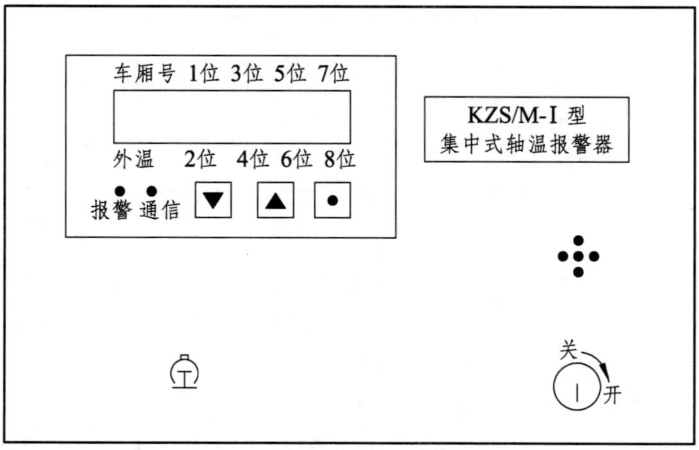

图 7-8 KZS/M-I 型轴报器的面板

（一）功能键

（1）“▲”“▼”（递增、递减键）：用于增、减当前的车厢号，以观察其他车厢的轴温；

在功能选择状态下，用于选择所需要的功能。

（2）“●”（功能键）：用于进入功能选择状态。

（3）关/开锁：用于锁住仪器的操作键，只有在键盘打开时面板上的按键才能起作用。

（二）KZS/M-I 型轴报器的使用方法

按图 7-9 将传感器、载波线和电源线连接好，传感器要注意极性，检查无误后，仪器即可正常工作。

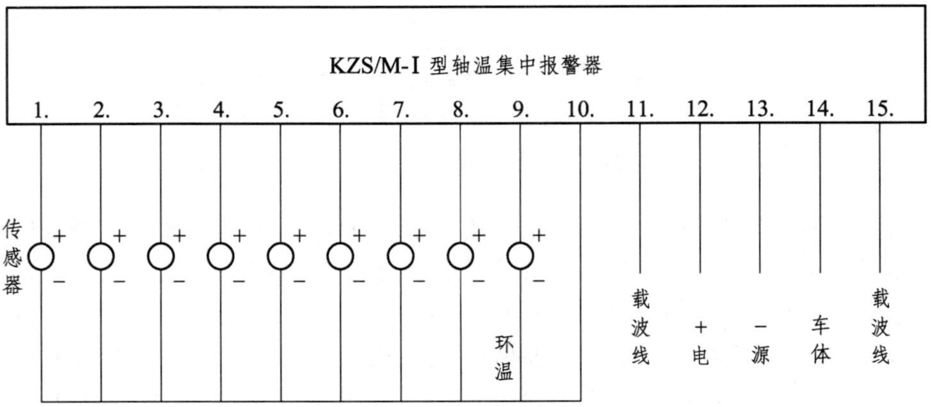

图 7-9　轴报器的连线

仪器通电后首先进入自检，全屏点亮 1 s，然后依次显示仪器电子身份号、产品型号、软件版本号、300 μA 恒流源检测值、车种车号、现在的时间、仪器所接的传感器的类型（数字传感器显示“S”，模拟传感器显示“M”），最后进入本车轴温显示状态。

1. 进入功能选择状态

当按下“●”键后，显示屏将会显示如图 7-10 所示的主菜单。

1.**　　　　2.YZ * * * * *
3.HH:MM

图 7-10　显示屏主菜单

此时“1.”闪烁显示，用“▲”“▼”键选择需要的功能，再按功能键确认。

进入“1.*XX*”车厢顺位号设置状态后，仪器闪烁显示出本车车厢顺位号。用递增或递减键选择本车厢顺位号，设置完毕后，用功能键确认。

进入“2.YZ*****”车种车号设置状态后，仪器闪烁显示车种符合。用递增键选择和改变闪烁显示位的数字或符号，用递减键移动闪烁显示位，设置完毕后，用功能键确认。

进入“3.HH：MM”时钟设置状态后，仪器显示出当前的时间，并在年的第三位闪烁显示。用递增键校时，用递减键移动显示位，设置完毕，用功能键确认后仪器返回主菜单。

进入功能状态，若按下某一键 10 s 内没有再操作任何键，则仪器自动返回到本车厢轴温显示状态。

2. 轴温监测

任意一台仪器在轴温显示状态下，如按下递减或递增键能够显示查阅全列车网络中任意一节车厢的 8 路轴温和环温。网络中没有的车厢，按下递增键显示将不切换。当选择到其他车厢后，不再操作任何键时，仪器进入定点显示状态，30 s 内返回本车监测状态。

3. 报警记录

同时按下递增和功能键，则进入调阅本车报警的历史数据记录状态，并显示最新的报警数据，若没有报警记录，则显示“No Alarm!”。若有报警记录，此时可通过递减或递增键翻阅报警历史数据。若 10 s 内没有操作任何键，仪器自动返回到本车监测状态。

4. 特殊显示

传感器开路时，相应轴位显示“－－－”；传感器短路时，相应轴位显示“+++”；显示本车车厢顺位号时，在车厢号两边加“*”号以示区别；当仪器未收到数据时，显示“XXX”。

5. 查阅电子身份号

同时按下递增键和递减键可查阅仪器的电子身份号，然后显示仪器传感器的类型（数字传感器显示“S”，模拟传感器显示“M”）。

6. 超温报警

当某一车厢某一轴位的轴温超过环境温度 40 °C，或轴温达到 90 °C 时，全列车所有仪器都报警并显示超温的车厢号、轴位和轴温，蜂鸣器鸣叫且超温轴的轴温数据和报警指示灯闪烁。当有多个车厢的轴位报警时，每一台仪器循环显示报警的车厢号、轴位和轴温并声光报警。当发生报警时，除轴温超温车厢的仪器一直发出报警声音外，其他车厢鸣叫 10 s 后停止，但仍显示报警的车厢号、轴位和轴温。超温车厢的仪器上可以通过按功能键消音，但报警灯和超温的轴温数值仍闪烁，消音后其余车厢的仪器恢复正常监测本车状态。当环温传感器出现故障，导致温度非正常时，仪器将自动转换为 90 °C 报警。

7. 300 μA 恒流测试

同时按下递减和功能键，进入测试状态。此时可通过递减或递增键选择任意一轴位进行恒流源测试。测试完毕后，按功能键返回本车监测状态。

8. 传感器的选择

当使用模拟传感器或数字传感器时，仪器能自动判断、自动识别，无须调整仪器。

9. 车厢顺位号重号自动识别

当后开机的仪器所设置的车厢号和先开机的仪器所设置的车厢号重号时，后开机的仪器车厢号闪烁以作提示，但仍可监测本车轴温，不影响网络的工作。

10. 接口

仪器具有外接 IC 卡轴温数据记录仪的接口，接口采用 DB-9 型孔形插座，可将任意一台仪器与 IC 轴温记录仪连接。

二、KZS/M-I 型轴温数据监测记录仪的使用

KZS/M-Ⅰ型轴温数据监测记录仪的面板如图 7-11 所示。

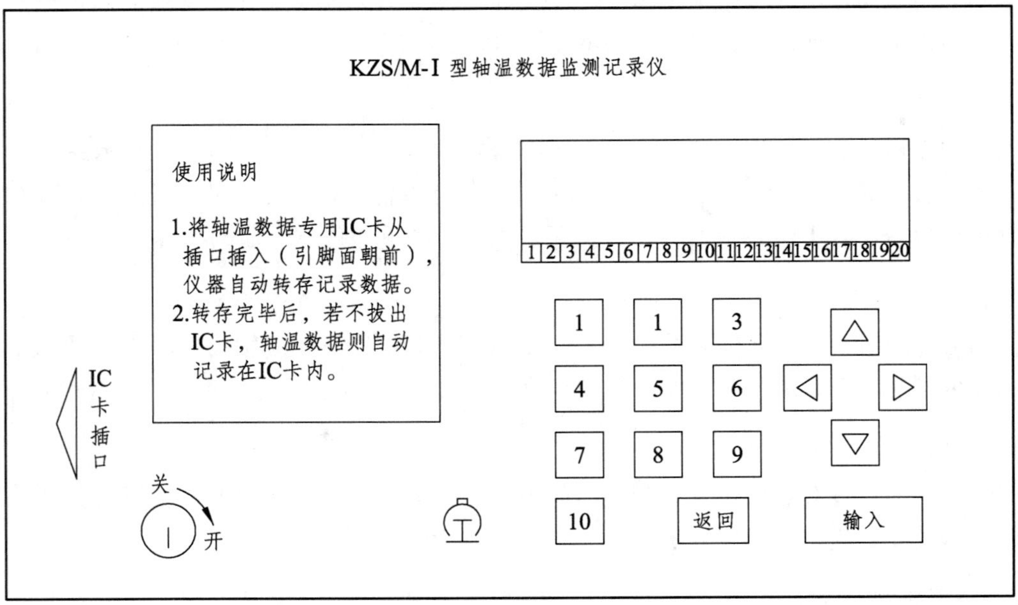

图 7-11　KZS/M-I 型轴温数据监测记录仪的面板

（一）功能键

KZS/M-I 型轴温数据监测记录仪面板上的功能键有输入键、返回键、数字键和方向键，各功能键的功能如下：

输入键：用于调出仪器的对话菜单，确认输入的参数。

返回键：用于中断正在进行的操作，返回主画面。

数字键：10 个数字键（0～9）用于输入数字。

方向键：4 个方向键用于光标移位和画面翻页操作。

（二）轴温数据监测记录仪的使用

把记录仪和 KZS/M-Ⅰ型客车集中式轴温报警器连接好，仪器就可以正常工作。开机后仪器首先进行自检。

仪器正常工作时，在不按动任何键的情况下，仪器显示主画面。主画面第一行显示日期及时钟，第二行显示整列车的每台"集报"（1～20 号车）的联网工作状况。如果某车号的仪器连接在线路上并且正常工作，主画面上该车号的位置显示"O"，如果没有开机或没有该车号的仪器则不显示。

（1）在主画面下按"输入"键，仪器显示如下：

1. WATCH　　2. HH：MM

3. SEND

其中，"1"为进入监测；"2"为时钟设置；"3"为选择是否校准"集报"时钟。

操作时，所选择的功能相应的数字将会闪烁显示，用方向键选择所需要的菜单后按“输入”键或直接按所需功能的数字键，仪器将进入相应的菜单。选择“返回”键，仪器将返回主画面。

（2）在主菜单下选择“监测”功能，仪器进入“监测”状态，例如显示：

（15） 32 35 33 40
21 33 35 38 37

此时可以用方向键来选择需要监测的车厢的轴温。如果不按任何键，仪器将自动切换显示，每 5 s 显示一个车厢的轴温，240 s 后返回。按“返回”键，仪器回到主界面。

（3）“设置时钟”功能。

在主菜单下选择“设置时钟”功能，仪器进入“设置”菜单，例如显示：

2014-10-18 14:12:40

根据光标的提示，按数字键调整时钟，调整完毕后，按输入键结束设置。在进行设置时，如果 10 s 内无任何键被按下，仪器自动返回主画面。

（4）如果选择设置校正发射，仪器将显示：

CLOCK Send 1. On
2. Off

根据光标的提示选择发射（1.On）或不发射（2.Off）。如果选择发射，记录仪发送时钟数据校准轴报。

在进行设置时，如果 10 s 无任何键被按下，仪器自动返回主画面。

（5）在操作时，如果要中断正在进行的操作，按返回键仪器将返回主画面。

（6）在主界面下把 IC 卡插入记录仪，仪器开始自动转存数据，此时如果有新的记录，将自动同时记录在仪器和 IC 卡中。

（7）计算机读取 IC 卡中的数据。把 IC 卡从记录仪中拔出，在 PC 机上通过专用读卡器，运行读卡程序，即可把记录的数据读入计算机。

三、读卡器及读卡软件

读卡器与读卡软件是和 KZS/M-I 型轴温数据记录仪配套使用的。它不但可以高速读取 IC 卡中储存的轴温和报警记录，并能在计算机上显示。该软件还可将一个车辆段内所有安装了 KZS/M-I 型轴温报警器的车辆轴温变化存储数据，建立数据库，以便按车次的出厂编号随时查阅、打印所有轴温数据、报警记录和传感器开路或断路等数据，便于绘制车辆轴温的变化曲线，实现车辆的动态监视，进而进行早期故障诊断。

（一）仪器的构成与安装

仪器由读卡器主机、读卡器和计算机的连接电缆、电源线和读卡软件构成。安装时，把连接电缆的一端（DB9 针）和读卡器背面的 DB9 座（孔）相连接，电缆的另一端（DB9 孔）

和计算机的 COM2 口（DB9 针）相连。接通电源，读卡器红色指示灯亮，表示读卡器电源接通。

（二）读卡软件的安装与使用

读卡软件的文件名为 Rcard.exe，把文件拷贝到计算机上即可正常运行。读卡软件的使用方法如下：

（1）软件运行要求：Win95、Win98 中文版，一般在 800×600 分辨率下使用。计算机要求 Intel 奔腾Ⅱ以上，16 M 内存以上。

（2）运行 Reard.exe，仪器进入读卡软件画面。

（3）把轴温数据记录专用 IC 卡引脚面向上插入读卡器，读卡器绿色指示灯亮。

（4）选择读卡、读温度即可读取 IC 卡中的温度数据。选择读温度后，提示输入读取温度的起始时间，当读完从起始时间到当前的轴温数据后，计算机显示出读取的温度，并将此温度数据存为“wd.rcd”文件。如果需要保存此次读取的温度数据，可以将此文件更换为“wd*.rcd”文件名保存。

（5）选择读卡、读报警即可读取 IC 卡中的报警数据。当读完报警数据后，计算机显示报警温度数据，并将数据存为“am.rcd”文件。如果需要保存此次读取的报警数据，可以将此文件更换“am*.rcd”文件名保存。

（6）保存的以“rcd”为后缀的文件可以在读卡软件中用文件打开菜单显示出来。

任务 2　轴温报警装置专项检修

【任务陈述】

本任务主要进行轴温报警（简称轴报）装置专项检修。维修人员按照维修手册的规范程序进行检查，包括：车辆下部装置检修；车辆上部装置检修；粘贴检修标记。检修后填写维修工单交付检验。工作过程中，应遵循现场工作管理规范。

【任务实施】

1. 作业前准备

清点工具，整理着装等，作业前准备时间不超过 3 min。

（1）检查劳动保护用品的穿戴是否齐备；

（2）检查安全防护是否到位；

（3）检查工、量具的准备是否到位并正确使用。

2. 作业过程

轴报装置专项检修作业指导书	
作业步骤及质量标准	图示
1. 车辆下部装置检修	
（1）目视检查车端轴报通信连接器状态，清洁连接器座插针、连接线插孔（以 AC 380 V 供电 25G 型客车 2 芯广播线为例）。 ▲ ① 连接器座插针无变形，与连接线插孔配合良好，连接线无弯折、破损。 ② 插针、插孔清洁良好。 ③ 连接线无老化、破皮、龟裂，防水密封圈良好	
（2）目视、手摸检查各轴、外温探头。 ▲ ① 各探头安装牢固、无抗磨，紫铜垫片不多于两个，厚度不超过 2 mm。 ② 各探头线长度适中，无抗磨、扭曲，线套无破损	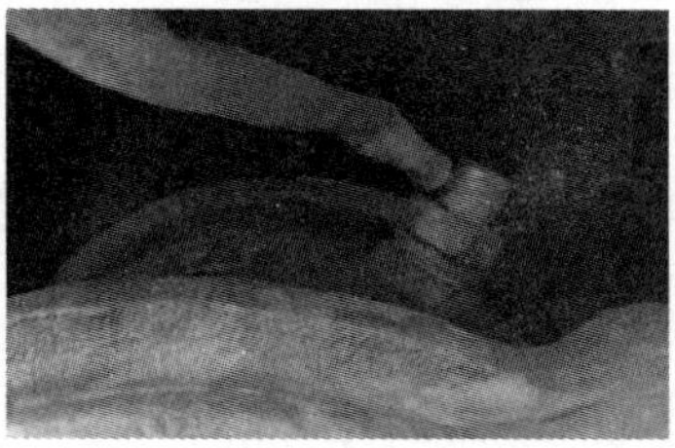
（3）目视、手摸检查各轴报分线盒。 ▲ 各分线盒盖齐全、安装牢固，轴位涂打标记清晰、正确。	
2. 车辆上部装置检修	
（1）打开轴报器安装柜门，目视、手摸检查轴报器接线。 ▲ ① 接线排各接线端子压接可靠、线号清晰，无热损变色，接线一一对应准确。 ② 轴报器 15 芯线安装牢固	 

作业步骤及质量标准	图示
（2）目视检查轴报器定检日期。 ▲ 轴报器定检不过期。 大修：4.5 年；中修 1.5 年；小修 9 个月。 轴报器固定良好，开机检查参数正确。各轴位温度显示正常	
3. 粘贴检修标记	
填写相关专项修记录簿。 ▲字迹工整，内容准确	

任务 3　KZS/M-Ⅰ型集中式轴温报警装置的故障与处理

【任务陈述】

KZS/M-Ⅰ型轴报器因采用高集成度模块化结构，使用过程中一般无须调节任何元件，降低了工作过程中的维修量。在安装和使用过程中，常见故障有：

（1）开机后仪器显示屏无任何显示，显示屏背光也不亮。

（2）温度显示正常，但显示屏没有背光。

（3）温度显示正常，但背光发暗或特别亮。

（4）采用模拟传感器的报警器，其显示的轴温与实际温度相差过大。

（5）报警器显示某一轴位温度偏高或偏低、短路或开路，其余轴位温度显示正常。

（6）报警器显示屏温度显示正常，但有缺笔画、断字符现象。

（7）报警器显示屏上半部显示一长条黑杠且蜂鸣器长鸣。

（8）在线路连接正常的情况下，本机收不到或有时收不到其他报警器轴温数据。

（9）报警器通信指示灯不亮。

（10）报警器有正常报警信号，显示屏能显示报警轴位并闪烁，但无声光报警。

通过分析解决上述常见故障。

KZS/M-Ⅰ型集中式轴温报警装置的故障与处理

【任务实施】

在安装和使用过程中，可能发生的故障及相应的处理方法如下：

（1）开机后仪器显示屏无任何显示，显示屏背光也不亮。

故障原因：48 V 电源没有正确接入报警器；报警器的电源模块输出端+5V 或+10 V 不正

常，误差超过 0.2 V；滤波电感或自恢复保险（0.25 A）损坏；线路板上与电源部分相关的线路断裂开路；DB-15 插座 12 脚（48V+）、13 脚（48 V-）虚焊。

处理方法：正确接入 48 V 电源；更换电源模块；更换滤波电感或自恢复保险；修复线路断裂或插座虚焊部位。

（2）温度显示正常，但显示屏没有背光。

故障原因：显示屏与线路板连接线虚焊；显示屏背面的限流电阻开路或损坏；显示屏 LED 背光板损坏；显示屏损坏。

处理方法：重新焊接连接线；更换限流电阻、背光板或显示屏。

（3）温度显示正常，但背光发暗或特别亮。

故障原因：电源模块+5 V 电源偏低或偏高（误差 0.2 V 以上）；线路板上的降压电阻（200 Ω）变质。

处理方法：更换电源模块或降压电阻。

（4）采用模拟传感器的报警器，其显示的轴温与实际温度相差过大。

故障原因：恒流源误差超过 1%（正常值为 300 μA）；恒流管、104 电容、4.7K 电阻有不良现象；LM336 基准电压（正常值在 2.4 ~ 2.6 V）出差偏差；模拟开关 CD4067 损坏；A/D 转换器 TLC1543（或 TLC1549）损坏；线路板上的数字/模拟路线开关损坏（仅 3.0 版本有）。

处理方法：按报警器的调试方法校准恒流源；更换恒流管、104 电容、4.7K 电阻、LM336、模拟开关 CD4067、A/D 转换器 TLC1543（或 TLC1549）或线路板上的数字/模拟路线开关。

（5）报警器显示某一轴位温度偏高或偏低、短路或开路，其余轴位温度显示正常。

故障原因：线路板反面的贴片电容漏电、短路 DB-15 插座 1-9 位有断针或对应的焊盘线条有短路、开路、无焊现象；报警器外部连接出现断路或短路现象。

处理方法：更换贴片电容、DB-15 插座；更换（修复）焊盘线条或外部连接线。对于采用模拟传感器的报警器，经上述处理无效可更换模拟开关 CD4067。

（6）报警器显示屏温度显示正常，但有缺笔画、断字符现象。

故障原因：显示屏与线路板之间有虚焊现象；显示导电橡胶接触不良或内部线路开路。

处理方法：重新焊接虚焊点或更换显示屏导电橡胶。

（7）报警器显示屏上半部显示一长条黑杠且蜂鸣器长鸣。

故障原因：CPU（IC1）损坏；调制解调器焊点虚焊；调制解调器损坏。

处理方法：更换同版本的 CPU（IC1）；重新焊接虚焊点或更换调制解调器。

（8）在线路连接正常的情况下，本机收不到或有时收不到其他报警器轴温数据。

故障原因：通信变压器损坏；调制解调器有虚焊现象；DB-15 插座 11、14、15 脚及相应连线有虚焊开路现象。

处理方法：更换通信变压器或重新焊接虚焊点。

注：在线路连接正常情况下，其他报警器收不到或有时收不到本机轴温数据的故障原因与处理方法同上。

（9）报警器通信指示灯不亮。

故障原因：报警器联网状态不正常；发光二极管（绿）或 1K 电阻损坏。

处理方法：接好报警器网络连接线；更换发光二极管或 1K 电阻。

（10）报警器有正常报警信号，显示屏能显示报警轴位并闪烁，但无声光报警。

故障原因：蜂鸣器、8850 三极管、IN4148 二极管损坏；发光二极管（红）、5.6K 电阻等相关元件损坏。

处理方法：更换损坏元件。

另外，当 KZS/M-Ⅰ型轴温报警器出现开机自检时一直处于自动复位状态、在检测时间状态时死机、日历时钟停止不走、显示混乱及校准后偏差太大时，可更换时钟集成电路 DS12887。

任务 4　轴温报警装置装车

【任务陈述】

本任务主要进行轴温报警装置装车作业。维修人员按照维修手册的规范程序进行作业，包括装车准备工作；配线检查；传感器安装；轴温报警装置（控制显示器、记录仪）安装；完工检查。工作过程中，应遵循现场工作管理规范。

【任务实施】

1. 作业前准备

工具：红旗（红灯）、检车锤、手电筒、检车锤、对讲机、电钳工具、扳手、毛刷、万用表、兆欧表、轴温报警装置（控制显示器、记录仪、传感器）。

2. 注意事项

（1）作业前插设防护信号。

（2）做好车辆防溜。

（3）按规定穿戴劳保用品，带好作业工具。

（4）配线检查时须断电。

3. 作业条件

作业车辆具备可用电源；轴温报警装置须联网。

4. 作业过程

轴温报警装置装车作业指导书	
作业步骤及质量标准	图示
1. 工长接到值班员作业通知后，组织作业人员做好轴温报警装置装车准备	
（1）设置防护信号。 到号志值班室刷卡上脱，并用对讲机通知值班室作业班组、作业股道等信息，然后通知班组到作业股道作业。 ▲ ① 脱轨器设置在来车方向的左侧。 ② 脱轨器表面为有反光材料的红色警示牌，夜间还须同时设置频闪红色灯光	

续表

作业步骤及质量标准	图示
（2）作业准备。 ① 检查工作服、安全帽穿戴情况。 ★劳保用品穿戴整齐 ② 准备手电筒、检车锤、对讲机、电钳工具、扳手、毛刷、万用表、兆欧表、轴温报警装置（控制显示器、记录仪、传感器）	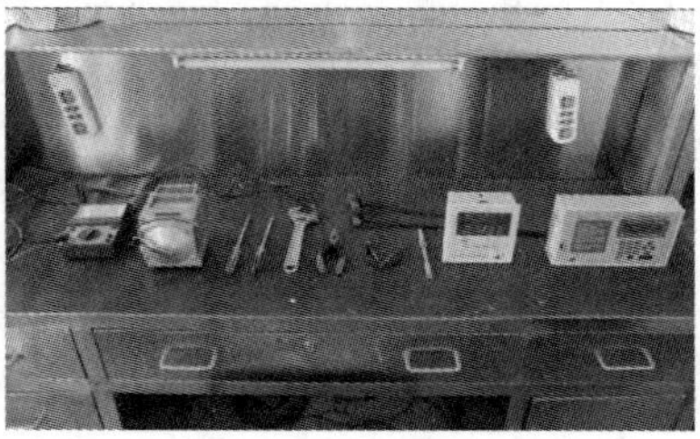
2. 配线检查	
（1）分线盒、接线盒检查。 ▲① 各分线盒、接线盒裂损、老化时须更新，铸铝接线盒可更换为 PVC 材质（须保证同车同部位一致）。接线盒盖用白色油漆涂打轴温标记，标记准确、清晰。 ▲② 分线盒、接线盒须安装牢固，无磨碰、破损	
（2）轴报系统配线检查。 ▲检查轴温报警装置系统可视部分配线外观，配线老化、破损时须更新。对地绝缘阻值不小于 5 MΩ。除接线箱、接插件、接线柱外，电缆线间不得有接头，同一根电缆线的各芯线不得直接通过接线盒	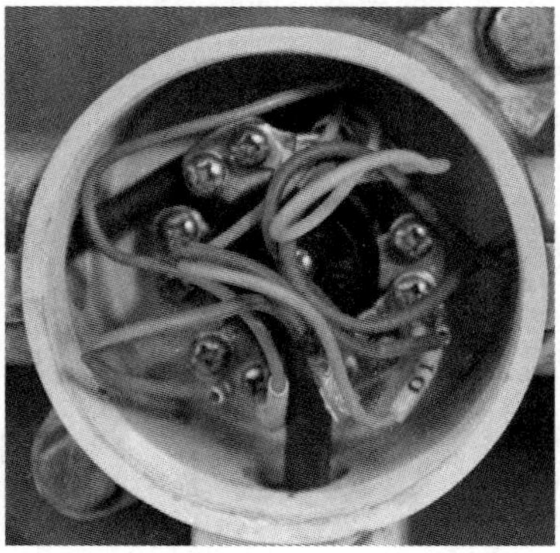
（3）线管检修。 ▲接线管安装紧固，配件齐全，无锈蚀、破损	
3. 传感器安装	
（1）传感器外观检查。 ▲① 传感器测温头、测温头防护套破损及引出线老化、破损时须更新。 ▲② 清洗传感器外部污垢，检查铜头、螺杆及锁母须状态良好，连接紧固，裂纹、破损时更新，螺纹脱丝时更新。 ▲③ 接线端子无脱落，线号完好	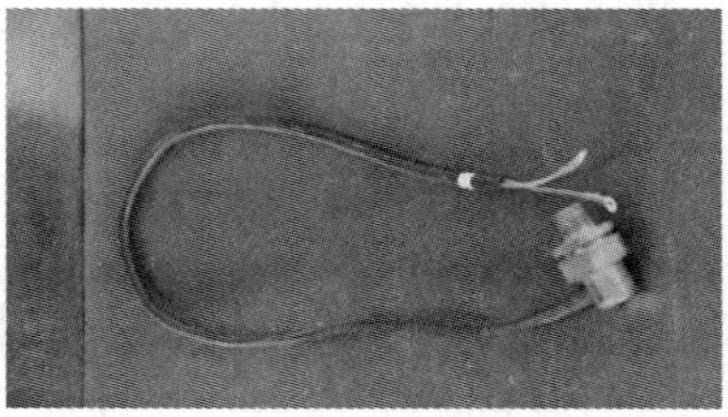

作业步骤及质量标准	图示
（2）测量传感器绝缘。 ▲传感器常态下测量引线端子与外壳间绝缘电阻值大于10 MΩ	
（3）传感器装车。 ▲① 传感器安装牢固，无磨碰、破损。 ▲② 检查传感器安装轴位准确	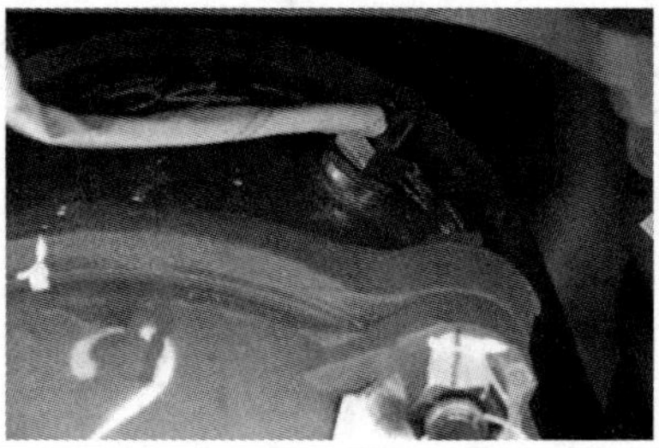
4. 轴温报警装置（控制显示器、记录仪）安装	
（1）控制显示器、记录仪外观检查。 ▲① 外壳变形、破损时调修或更新。面板标示清晰。显示屏安装牢固，破损时更新，操作按钮破损影响使用时更新。钥匙操作开关转动灵活。 ▲② 清扫内部灰尘，检查电路板安装牢固，脱焊、烧损、过热变色时更换。 ▲③ 控制显示器通信接口、记录仪通信接口、数据转存接口及通信连接线状态良好，接插件破损变形时更新，连接线老化、破损时更新，接插件及连接线存在端子虚焊、脱焊、短路、断路等不良现象时更换。 ▲④ 控制显示器、记录仪不过期（距新造或上次大修不超过 8 年）	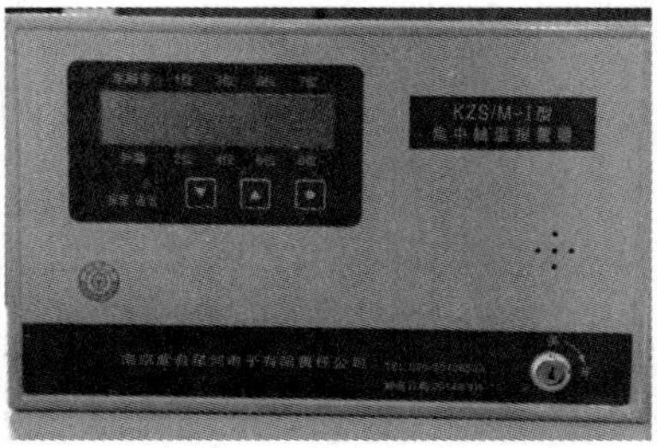
（2）安装架检查。 ▲安装架脱焊、变形时修复或更换，须重新喷塑或喷漆	
（3）控制器显示器、记录仪安装。 ▲控制器显示器、记录仪安装紧固、配件齐全，接线正确	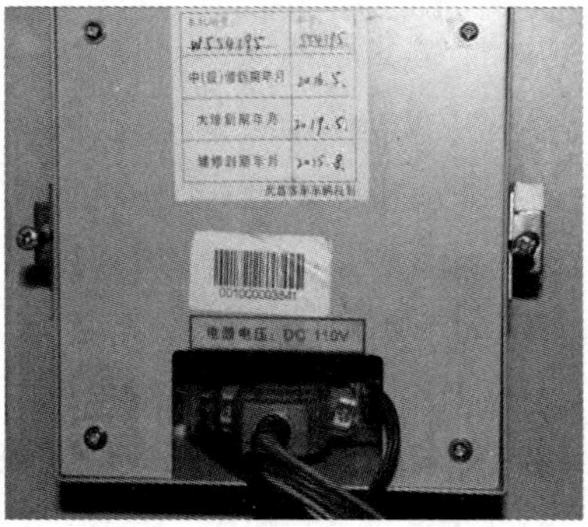

作业步骤及质量标准	图示
（4）控制显示器功能试验。 ▲① 通电后显示器能正常工作，整机显示温度与标准温度表偏差不超过 2 °C。 ▲② 键盘锁作用良好，锁闭状态下，按钮无操作功能；在打开状态下，钥匙不能拔下，同时测试各按键功能正常。 ▲③ 控制显示器车厢号、车号、时钟设置正确。 ▲④ 各轴位传感器位置对应正确。轴温显示正确，同侧温差小于 5 °C。 ▲⑤ 轴温报警器与电气综合控制柜中的 PLC 通信正常，在电气综合柜触摸屏无“故障”信息显示	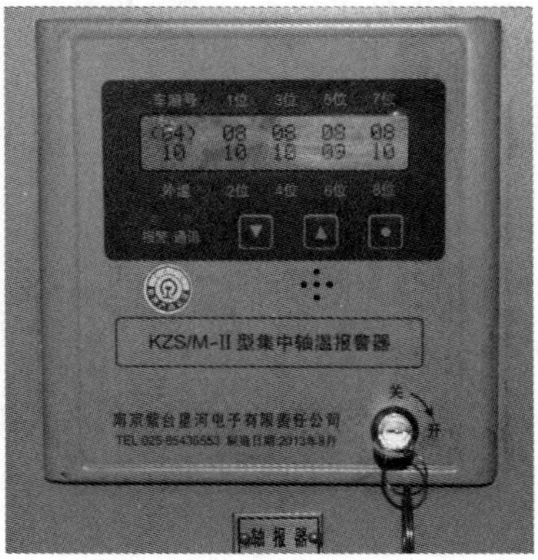
（5）记录仪功能试验。 ▲① 通电后记录仪能正常工作，能观察联网的其他显示器的轴温数据。 ▲② 键盘锁作用良好，锁闭状态下，按钮无操作功能；在打开状态下，钥匙不能拔下，同时测试各按键功能正常。 ▲③ 设置联网的显示器时钟。记录仪时钟、记录时间间隔设定为 10 min	
5. 联网功能检测	
▲（1）识别车厢顺位号重号：待测显示器与网络中任一台显示器设置重号，重新开机时须闪烁显示车厢顺位号，当轴温变化时，显示器、记录仪能够显示相应轴温	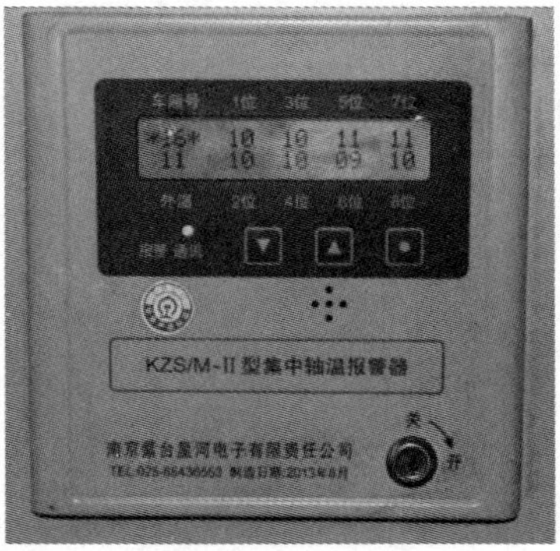
▲（2）待测显示器输入轴温报警信号，模拟报警状态，当该显示器报警时，同时联机的其他显示器均须报警，并显示报警的车厢顺位号、轴位、轴温。其他显示器鸣叫 10 s 后停止报警，但仍须显示报警的车厢顺位号、轴位、轴温，报警指示灯和轴温值仍闪烁	
▲（3）当两台显示器有轴位报警时，每一台显示器循环显示报警的车厢顺位号、轴位、轴温，每次显示时间为 5±1 s	

续表

作业步骤及质量标准	图示
▲（4）记录仪能够记录相应数据，断电后再次开机，通过储存卡转录并调阅，各数据记录间隔为 10 min，报警数据记录间隔为 1 min，每组数据信息齐全（含时间、车厢顺位号、车种车号、轴温、环温）	
6. 完工检查 （1）工具保养。 ■对所使用工具进行擦拭保养。 （2）完工清理。 ■做到“工完料清”，场地清洁	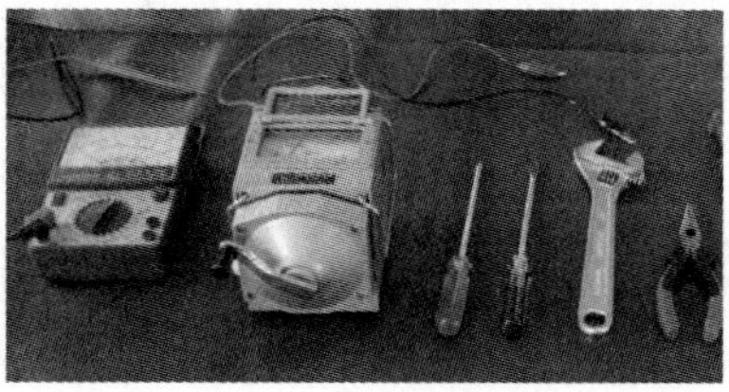
（3）撤除防护信号。 作业完毕到号志值班室刷卡下脱，并通知值班室作业完毕班组、股道。 ★ 确认作业完毕，撤除防护信号	

项目8

TFX1型电子防滑器检修

【学习目标】

知识点：

1. TFX1 型电子防滑器的组成；
2. TFX1 型电子防滑器速度传感器、防滑排风阀、主机、压力继电器的工作原理；
3. TFX1 型电子防滑器的工作原理；
4. TFX1 型电子防滑器的故障代码。

技能点：

1. TFX1 型电子防滑的使用；
2. TFX1 型电子防滑器静态技术检查；
3. TFX1 型电子防滑器动态技术检查；
4. TFX1 型电子防滑器常见故障检修。

【内容概述】

电子防滑器是铁路客车高速制动系统中的重要组成部分，随着微电子技术的高速发展，微处理器控制的电子防滑器已使防滑器通过最大限度地利用黏着，大大加强制动系统的功能，可以解决当车辆加速或制动时轮轨黏着不足带来的问题。另外，诊断技术的提高已使防滑器的功能扩宽，并能降低维修保养费用。

任务1　TFX1 型电子防滑器的操作与使用

【任务陈述】

（1）TFX1 型电子防滑器电源通断操作；
（2）TFX1 型电子防滑器“诊断”功能按钮的使用；

（3）TFX1 型电子防滑器“显示”功能按钮的使用；
（4）TFX1 型电子防滑器“清除”功能按钮的使用；
（5）TFX1 型电子防滑器显示信息说明。

TFX1 型电子防滑器的功能与操作使用

【知识准备】

电子防滑器是高速制动系统中的重要组成部分，微处理器控制的防滑器是当今世界上最先进的防滑器，它主要用于装有盘形制动的四轴客车制动系统中，也可用在机车中作为防空转和防滑装置。

TFX1 型防滑器的主要功能有：

（1）制动时能有效地防止轮对因滑行而造成的踏面擦伤。

（2）制动时能根据轮轨间黏着的变化调节制动缸压力，以充分利用轮轨间的黏着，得到较短的制动距离。

TFX1 型防滑器的主要参数如下：

（1）电源电压：DC 48 V（变化范围为 38 ~ 68 V）。

（2）适应的速度范围：3 ~ 250 km/h。

（3）电磁阀功耗：56 W。

（4）主机功耗：20 W。

（5）环境温度：

主机：−5 ~ +50 °C；

速度传感器：−30 ~ +100 °C；

防滑充排电磁阀：−50 ~ +50 °C。

一、防滑器的组成

该防滑器系统配置如图 8-1 所示。它主要由速度传感器、主机、防滑排风阀和压力继电器（压力开关）四部分组成。TFX1 型防滑器的接线如图 8-2 所示。

1. 速度传感器

它是一个速度脉冲信号发生器，由速度传感器及感应齿轮组成。感应齿轮安装在车轴端部，传感器安装在轴箱盖上，其端部与齿轮顶部保持 1 mm 左右的间隙。感应齿轮与轴承压盖做成一体，齿轮共有 90 个齿，即车轮每转一圈产生 90 个脉冲信号。当齿轮旋转时，齿顶齿谷交替通过传感器，切割磁力线，即在传感器输出线圈上感应出相应的脉冲信号。

2. 防滑器主机

主机是防滑器的控制中心，它接收四路速度传感器的脉冲信号，通过对该信号的处理、计算、比较，作出各种决策，控制各防滑排风阀发生相应的动作，使相应的制动缸排风或充风。

防滑器主机安装在车辆上部乘务员室内，其电源为 DC 48 V，设有极性保护、瞬态干扰滤波网络及自动通断环节。在 34 V 到 62 V 电压变化范围内系统能稳定可靠地工作。

主机面板如图 8-3 所示，设有 3 个功能按钮（即“诊断”“显示”“消除”）、一个电源灯、一个两位数字 LED 显示，在显示器右下还有一个故障小灯。

3. 防滑器排风阀

防滑器排风阀是防滑器的执行机构，采用双电磁铁间接作用的结构原理，安装于空气分配阀与制动缸的连接管路上，根据主机的指令，控制相应制动缸的排风和再充风。

4. 压力继电器

压力继电器是防滑器电源自通断的主要元件，安装于车辆列车制动管上。它由膜板活塞、活塞顶杆、压力调整弹簧及一个微动开关组成，通过调整弹簧的压力调节压力，当列车制动管压力达到要求数值时，膜板上移，通过顶杆推动微动开关，使其常开触点闭合，常闭触点断开，通过主机内部线路使主机电源接通；当列车制动管压力低于弹簧调整值时，微动开关恢复原状，常开触点断开，常闭触点闭合，触发主机，经过一定时间后切断主机电源。

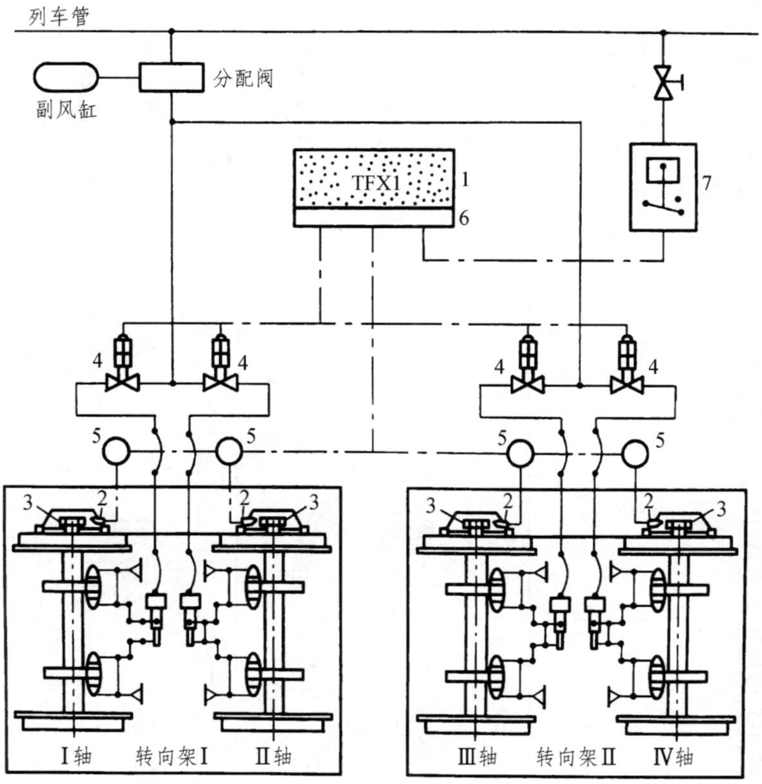

1—TFX1 型防滑器主机；2—速度传感器；3—测速齿轮；4—防滑排风阀；5—接线盒；6—端子排；7—压力开关。

图 8-1　TFX1 型防滑器系统图

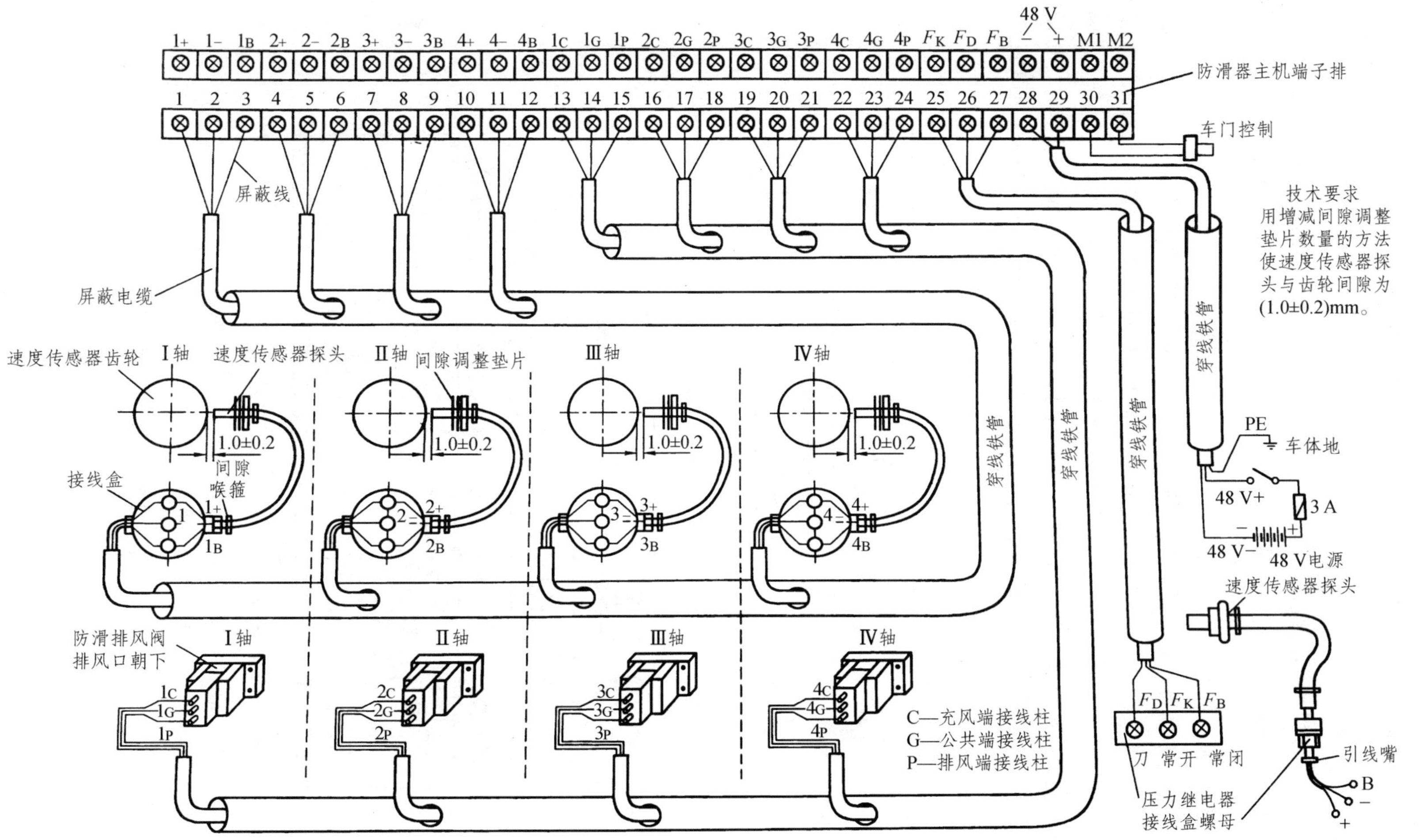

图 8-2　TFX1 型防滑器接线图

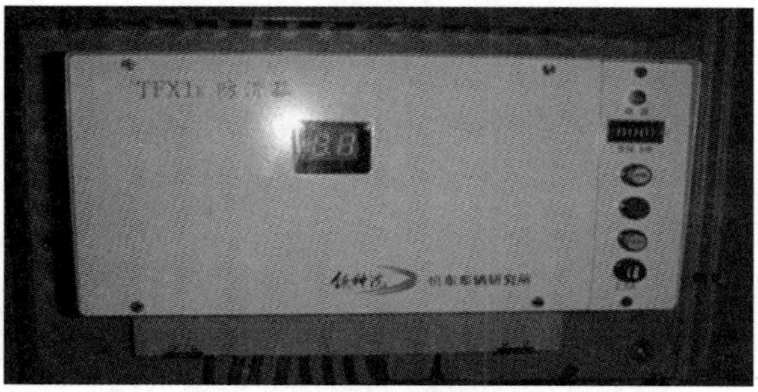

图 8-3　TFX1 防滑器主机面板

二、防滑器的工作原理

TFX1 防滑器系统采用了两种防滑判据，即减速度和速度差。

运行中四路速度传感器的脉冲信号经主机处理后，按照一定的时间间隔采样，分别计算出各轴的速度和减速度，并将各轮对的转动线速度与车辆运行速度进行比较得到相应的速度差，再将各轴的减速度和速度差分别与相应的判据进行比较。制动过程中当某轴的速度差或减速度分别达到有关的判据标准时，主机立即控制该轴的防滑充排电磁阀动作，使相应的制动缸阶段排风或一次排风，从而达到防止轮对滑行，并根据轮轨黏着关系变化而调节制动力的目的。当轮对恢复转动时，根据各轴不同的加速度或速度差可实现各轴制动缸的再充风或一次再充风。

三、防滑器的监视、故障存储和显示及诊断功能

1. 监视功能

防滑器主机对各组成部分不间断地进行监视。

（1）对速度传感器的监视由专门的监督线路和软件来完成，可实现静止状态下的诊断功能和运行状态下不间断的监视。当某速度传感器发生故障时，立即予以切断，该轮对的防滑保护作用立即作相应的切换。

（2）防滑排风阀的监视由软件并加相应的诊断线路来完成。一旦发现某防滑排风阀的电气故障，立即切断该防滑排风阀的工作，该轮对也就失去了防滑保护。

（3）程序运行的监视。采用微处理器的监视定时器对软件运行进行监督。一旦因某些干扰使程序出现问题时，监视定时器能强迫系统复位，程序自动再启动。

2. 故障存储及显示功能

由上述监视功能所发现的各种故障，在防滑作用进行必要的切断或转换的同时，将故障以代码形式显示和存入主机的故障存储器。在断电时该存储器所存故障信息能继续保存，直到故障排除后人工清除存储器内容为止。

为了便于查看故障以利维修，主机面板上设有“显示”按钮和 2 位数字 LED 显示器。各故障预先按顺序编了代码，当按下“显示”按钮 3 s 左右，可根据所显示的故障代码对各故障部件进行修理或更换。

3. 故障信息的清除

有关的故障在进行修理或更换而恢复正常后，应清除存储器中的故障信息，可先按动“显示”按钮，显示“89”后每显示一个故障代码，按动一次“清除”按钮，原故障代码变成“99”，表示该故障代码已被清除。再显示一个故障代码时，再按一次“清除”按钮，以此类推，可把所有的故障信息全部清除。清除了全部故障后，显示器上显示“88”。

4. 自诊断及诊断试验功能

当防滑器电源接通后，主机立即对系统进行诊断，对主机内部的 CPU（中央处理器）、各存储单元例行检查。

“诊断”功能按钮用于对整个防滑系统进行逐项检查和试验，此功能只在静止状态下使用。在施行常用全制动之后进行诊断，可获得直观的试验效果。按下“诊断”按钮约 3 s，主机先对 CPU、ROM（只读存储器）、RAM（随机存取存储器）逐项进行检查，然后对各轮对的速度传感器进行检查，最后对各轮对的防滑阀进行检查和试验，防滑排风阀的试验过程为：

阶段排风：1.0 s；

排风保压：1.0 s；

一次排风：2.0 s；

保压：5.0 s；

充风：1.0 s。

每个轮对经历的试验时间为 12 s，轮对之间的试验间隔时间为 10 s。

诊断过程中若遇到列车起动，当速度高于 3 km/h 时，主机自动停止诊断而转入防滑主程序，并开始对各部分进行运行中的监视。

诊断过程中发现的故障同样以代码形式存入存储器中，并显示故障码，但并不影响防滑器的继续运行，这是由于 TFX1 防滑器具有完善的切断和转换功能。检修人员应根据显示的故障部位及时检修或更换部件。

5. 功能按钮的使用

在防滑器主机面板上设有三个功能按钮，分别为“诊断”“显示”“清除”按钮。“诊断”按钮在车辆处于静止状态时使用，当速度高于 3 m/h 时，该按钮功能无效。而“显示”和“清除”按钮还可用于车辆运行状态下故障码的显示与清除。要想使用某个功能按钮，需按下该按钮约 3 s，当 LED 显示器显示“89”时，该按钮的功能才能执行。

6. 功能代码和故障代码

TFX1 防滑器的功能代码见表 8-1。

表 8-1　TFX1 防滑器的功能代码

显示代码	意义
88	系统各部件功能正常
89	按钮开关已按下，其功能已开始执行
87	CPU 自检
86	RAM 自检

续表

显示代码	意义
85	ROM 自检
83	各速度传感器检查
82	各防滑排风阀检查
81	下面将显示偶然性代码
99	故障代码已被清除

TFX1 防滑器的故障代码见表 8-2。

表 8-2　TFX1 防滑器的故障代码

显示代码	意义
88	系统各部件正常
88.	系统各部件正常，但某些部件有偶然性故障，现已恢复正常，其故障代码将在“81”后显示
1.0	第Ⅰ轴防滑排风阀的充风电磁铁故障
1.1	第Ⅰ轴防滑排风阀的排风电磁铁故障
2.0	第Ⅱ轴防滑排风阀的充风电磁铁故障
2.1	第Ⅱ轴防滑排风阀的排风电磁铁故障
3.0	第Ⅲ轴防滑排风阀的充风电磁铁故障
3.1	第Ⅲ轴防滑排风阀的排风电磁铁故障
4.0	第Ⅳ轴防滑排风阀的充风电磁铁故障
4.1	第Ⅳ轴防滑排风阀的排风电磁铁故障
5.0	有两条轴以上的防滑排风电磁铁故障
7.0	有两条轴以上的速度部件出现固定故障
7.1	第Ⅰ轴速度部件故障
7.2	第Ⅱ轴速度部件故障
7.3	第Ⅲ轴速度部件故障
7.4	第Ⅳ轴速度部件故障
无显示代码	表示系统已全部失去防滑作用
其他	表示系统出现未确定性故障或数码管有问题

四、相邻轴速度部件互补与防滑作用自动切换功能

TFXI 型防滑器具有防滑作用的自动切换功能，当一转向架中某一轮对上的速度传感器发生故障时，在切断该传感器作用的同时，只要该轮对的防滑排风阀良好，则该防滑排风阀的动作由同转向架的另一转对控制，即该轮对的防滑作用与另一轮对同步；当某转向架上两个轮对的速度传感器发生故障时，此转向架的两个防滑排风阀交由另一转向架的相应轮对控制。以此类推，如果一辆车中 4 个防滑排风阀良好，即使只剩下 1 个速度传感器在正常工作，4 个轮对都能得到保护。如果所有速度传感器全部故障，这辆车的防滑功能全部失效，但司机正

常的制动作用不受影响。当某一轮对的防滑排风阀发生电气故障时，该轮对的防滑功能被切断，但不影响正常的制动作用。

五、防滑器电源自动通断功能

TFX1 型防滑器具有电源自动通断功能，正常情况下人工不必干预。

当制动管压力超过 200 kPa 时，通过压力开关的触发，电源自动接通。此时，防滑器面板上的电源指示灯点亮，表示防滑器已进入正常工作状态；当制动管压力低于 160 kPa 后 30 min，电源自动切断，电源指示灯熄灭。

“诊断”和“显示”两按钮除了具有本身的功能外，还具有接通电源 30 min 的功能。在车辆入库后，它既无风压又无速度，防滑器处于断电状态。维护人员若想对防滑器进行检查，可按下“诊断”或“显示”按钮，电源即被接通，并能执行按钮的功能。之后经 30 min，电源又被自动断开。

六、车辆运行里程自动累计与显示功能

这是一个 7 位十进制不可逆机电式计数器，最大累计值为 9 999 999 km。对防滑器主机计算得到的车辆参考速度进行统计，当其统计值达到 1 km 时，主机驱动机电式计数器从最低位计数。

七、轮径自动修正功能

一辆车中轮对的轮径由于多种原因可能不同，TFX1 防滑器所具有的轮径自动修正功能可以经常自动地消除由于轮径的差异造成的减速度、速度差的误差，避免由此引起的防滑器误动作。

【任务实施】

一、电源通断

（1）防滑器外部供电电源为 DC 48 V（启动 40 V，工作范围为 38 ~ 68 V），具有电源自动通断功能。

（2）当车辆处于停车状态，制动管无风压时，按下“诊断”或“显示”按钮，电源即可接通。当松开按钮 30±2 min 后，电源自动关断。

（3）面板上电源灯亮表示防滑器电源接通并接入运行，防滑器主机开始显示固定信息。

二、“诊断”功能按钮的使用

（1）此功能按钮只在车辆停车状态下使用，速度高于 3km/h 时无效。

（2）在执行本功能之前，先施行常用全制动或紧急制动，可直观地确认各轴制动机的制动和缓解状态。

（3）按下此按钮约 3 s，显示器显示“89”之后，开始执行本按钮的功能。

三、“显示”功能按钮的使用

（1）利用此功能按钮显示故障代码，根据故障代码进行相应的维修和更换。
（2）按下本功能按钮约 3 s，显示器先显示“89”，然后每隔 1 s 显示一个固定性故障代码，显示完固定性故障代码后，接着显示“81”，表示后面将要显示偶然性故障代码（曾经发生过的故障，但现已恢复正常的故障代码），随后每隔 1 s 逐一显示偶然性故障代码，直到显示结束。

四、“清除”功能按钮的使用

此功能按钮必须和“显示”按钮联合操作使用。故障部件修复更换后，应使用“清除”按钮和“显示”按钮按如下方法清除故障代码：按下“显示”按钮 3 s 后，将顺序显示各故障代码，当显示器上出现一故障代码后，按动一次“清除”按钮，原故障代码变为“99”，该故障代码也被消除，以此类推。偶然性故障代码的清除也采用同样方法。故障代码清除后显示信息相应改变，若全部故障已被消除，则应显示“88”。

五、防滑器显示信息说明

（1）在未按“显示”按钮的情况下，防滑器只显示一个信息码。
（2）当速度部件和防滑排风阀同时出现故障时，显示器优先显示防滑排风阀的故障代码，在防滑排风阀的充、排风电磁铁同时出现故障时，则优先显示充风电磁铁的故障代码。
（3）当出现防滑排风阀的故障信息或“5.0”“7.0”“··”的故障时必须用“显示”按钮来显示具体的故障代码。

任务 2　DC 600 V 空调客车电子防滑器静态技术检查

【任务陈述】

本任务主要是 DC 600 V 空调客车电子防滑器静态技术检查。维修人员按照维修手册的规范程序进行检查。防滑器静态检查包括防滑器主机、压力继电器、防滑排风阀、速度传感器的静态检查。确认其工作状态正常后，填写维修工单交付检验。工作过程中，应遵循现场工作管理规范。

【任务实施】

1. 作业前准备

清点工具，整理着装等，作业前准备时间不超过 3 min。
（1）检查劳动保护用品的穿戴是否齐备；

（2）检查安全防护是否到位；

（3）检查工、量具的准备是否到位并正确使用。

2. 作业过程

<table>
<tr><th colspan="2">电子防滑器静态技术检查</th></tr>
<tr><th>作业步骤及质量标准</th><th>图示</th></tr>
<tr><td>防滑器静态检查：
▲（1）防滑器主机：检查主机安装牢固、无损坏；各功能按钮齐全、良好。
（2）线管、接线盒：检查线管、接线盒须完整，无断裂或严重腐蚀；接线端子线号清晰、连接牢固。
（3）压力继电器及排风阀：外观检查配件齐全、安装牢固，配件接线无松动。
（4）速度传感器：外观检查配件齐全、安装牢固，传感器配线安装牢固，与车体无磨损，传感器与齿轮顶径向间隙须符合下列规定：
<table>
<tr><th>型号</th><th>间隙/mm</th></tr>
<tr><td>TFX1</td><td>1.0±0.2</td></tr>
<tr><td>SWKP AS 20C</td><td>1.5±0.5</td></tr>
</table>
</td><td>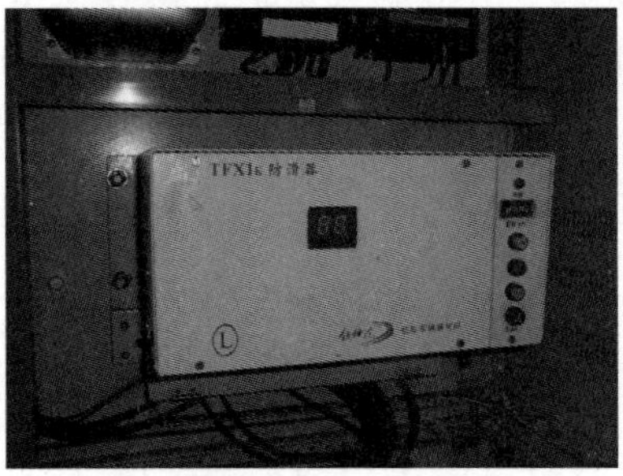

</td></tr>
</table>

任务3　DC 600 V空调客车电子防滑器动态技术检查

【任务陈述】

本任务主要是DC 600 V空调客车电子防滑器动态技术检查。维修人员按照维修手册的规范程序进行检查。防滑器动态检查包括压力继电器漏泄试验、防滑排风阀漏泄车静止试验。确认其工作状态正常后，填写维修工单交付检验。工作过程中，应遵循现场工作管理规范。

【任务实施】

1. 作业前准备

清点工具，整理着装等，作业前准备时间不超过 3 min。

（1）检查劳动保护用品的穿戴是否齐备；

（2）检查安全防护是否到位；

（3）检查工、量具的准备是否到位并正确使用。

2. 作业过程

电子防滑器动态技术检查	
作业步骤及质量标准	图示
防滑器动态检查：结合列车制动机微控试风进行压力开关、排风阀漏泄车静止试验，各部须无漏泄，静止试验须无故障显示。铁科显示“88”正常，萨博显示“99”正常。 ▲（1）压力开关漏泄试验：列车主管压力充至定压 600 kPa 后，检查压力开关及连接管不发生明显漏泄现象。 （2）防滑排风阀漏泄试验，施行紧急制动，检查排风阀排风口及连接管不发生明显漏泄现象。 ■作业时车上、车下同步进行检查，并做好呼唤应答	 

任务 4　TFX1 型电子防滑器的故障与处理

【任务陈述】

TFX1 型防滑器正常运行下完全自动工作，此时将显示“88”或“88.”。当出现“88.”的信息时，表示系统某部件曾经出现过偶然性故障，但现已恢复正常，目前不影响正常使用。应显示并记录其故障代码并予以清除，以便进一步监视观察。故障部件在维修更换后，若故障代码没能及时清除，也将出现“88.”。

当出现某轴速度传感器固定性故障代码时，由于 TFX1 型防滑器具有邻位互补功能，只要相应轴的防滑排风阀无故障，该轴防滑保护作用将与相邻轴相同。其防滑保护功能得到部分补偿。但在停车状态下应及时修复，然后清除代码并通过系统自诊断进行确认。

当出现某轴防滑排风阀固定性故障代码时，该轴的防滑保护功能将失效。在停车状态下及时修复或更换，然后清除故障代码并通过系统自诊断进行确认。

当出现“··”故障信息时，表示全部速度部件或全部防滑排风阀或两者均出现固定性故障，该台防滑器已全部失去防滑保护作用，应切断防滑器 48 V 供电，并及时进行系统检查和维修，正常后重新投入运行。

通过故障代码或故障现象找出故障位置后，按检修步骤逐项检查。更换故障部件前，一定要先关断主机电源，禁止带电操作，以免损坏部件。故障排除后应启动主机电源，清除原来的故障代码，并通过系统诊断试验确认不再有故障为止。本任务主要学习以下内容：

（1）TFX1 型防滑器主机供电系统故障与处理方法；

（2）TFX1 型防滑器速度部件故障与处理方法；

（3）TFX1 型防滑器防滑排风阀故障与处理方法；

（4）其他故障与处理方法。

TFX1 型电子防滑器的常见故障与处理

【任务实施】

在安装和使用过程中，可能发生的故障及相应的处理方法见表 8-3 ~ 表 8-6。

表 8-3　TFX1 型防滑器主机供电系统故障与处理方法

故障原因	检查与处理
制动管风压大于 200 kPa，主机不能自动上电；手动按“诊断”或“显示”按钮也不能上电；电源电压表头指示大于 46 V	1. 检查供电电压直流值是否在 42 ~ 68 V 范围内。 2. 检查供电电压交流有效值是否符合要求。 3. 检查 48 V 供电端与车体间是否因车上供电线路问题而有漏电现象。 4. 检查压力继电器接线端与车体间有无短路现象。 5. 上述 1 ~ 4 项若正常，则更换主机内 PW 卡，更换主机内 PW 卡上 3A 保险管。 6. 上述 1 ~ 4 项任一项有问题，应在检修后按第 5 项处理
制动管风压大于 200 kPa，主机不能自动上电	1. 供电电压小于 42 V。 2. 压力继电器接线端与主机端子排连接错误。 3. 压力继电器内的微动开关触头与顶杆没有对准
制动管风压大于 200 kPa，主机不能自动上电，但手动按“诊断”或“显示”按钮能上电	1. 压力继电器接线端与主机端子排连接错误。 2. 压力继电器内的微动开关触头与顶杆没有对准
主机已经上电，但只有电源指示灯点亮，显示器不显示	1. 检查供电电压是否在 38 ~ 68 V 范围内。 2. 检查供电电压交流有效值是否符合要求。 3. 上述 1 ~ 2 项若不正常，则应检修应急电源。 4. 上述 1 ~ 2 项若正常则更换主机内 PW 卡
主机已经上电，但只有电源指示灯不点亮，显示器显示“··”	1. 检查供电电压是否在 38 ~ 68 V 范围内。 2. 检查供电电压交流有效值是否符合要求。 3. 上述 1 ~ 2 项若不正常，则应检修应急电源。 4. 上述 1 ~ 2 项若正常则更换主机内 PW 卡

表 8-4　TFX1 型防滑器速度部件故障与处理方法

故障原因	检查与处理
出现“7.×”故障代码（×为 0、1、2、3、4）	1. 速度传感器转接盒内，速度传感器屏蔽线 B 与车上连接电缆屏蔽线没有对接。 2. 接线盒内有脱线、碰线、虚线。 3. 接线盒内“+”“-”“B”之间有短路现象。 4. 速度传感器“+”“-”之间电阻值是否在 1～2 kΩ，若不正常，则更换速度传感器。 5. 若上述 4 项正常，则更换主机内 S1 卡或 S2 卡
运行中显示“7.×”，停车变“88.”	1. 按“显示”按钮，显示偶然故障码以确定故障位置。 2. 速度传感器“+”“-”之间是否短路。 3. 检查速度传感器与测速齿轮是否在 0.8～1.2 mm 范围内
运行中显示“88.”，停车变“7.×”	1. 运行中按“显示”按钮，显示偶然故障码，做好记录后并清除该偶然故障码，观察运行过程中该故障码出现的频繁程度。 2. 停车变为 7.×后，检查接线盒内速度传感器屏蔽线 B 是否与车上连接电缆线的屏蔽线对接，或屏蔽线已折断、脱落

表 8-5　TFX1 型防滑器防滑排风阀故障与处理方法

故障原因	检查与处理
一只阀的充风电磁铁和排风电磁铁同时出现故障	1. 检查充风端 C 与公共端 G、排风端 P 与公共端 G 间电阻值是否为 150～300 Ω。 2. 阀的公共端 G、充风端 C、排风端 P 是否与车体短路。 3. 排除上述故障后，更换主机内 VI 卡上的 0.75 A 保险管
一只阀的充风电磁铁或排风电磁铁只出现一个故障码	1. 充风端 C 与公共端 G、排风端 P 与公共端 G 间的电阻值是否为 150～300 Ω。 2. 充风端 C、排风端 P 与车体有无短路。 3. 上述两项无故障，则更换主机内的 V2 卡
停车系统诊断试验时，阀没有保压动作（不停顿排风或不停顿充风）	阀连线错误，C 与 P 颠倒，应将 C 与 P 调换接线位置
停车系统诊断试验时，制动机缓解不良	1. 阀内气路故障，更换防滑排风阀。 2. 制动管路内有异物堵塞，增大了气阻所致。 3. 制动机作用不良

表 8-6　其他故障与处理方法

故障原因	检查与处理
非法码“8.8.”，按“显示”按钮显示“03”	“8.8.”故障码不影响正常防滑保护功能，但有可能影响故障码存储显示功能，应更换主机内 CP 卡
防滑器显示失效故障码“..”，且电源指示灯亮，按“显示”按钮，显示全部防滑排风阀与速度传感器故障码	检查主机端子排，发现未接任何外部部件而上电操作，应禁止此类操作
电源指示灯与显示器时亮时灭	1. 由防滑器主机反复上电、关断所致。供电电压值在 24 V 附近，启动防滑器时由于电压跌落至 38 V 以下，造成防滑器自动关断，关断后电压上升至 42 V 以上，防滑器主机上电。 2. 更换蓄电池；更换应急电源；排除可能的负载过流现象

项目9

KAX-1型客车行车安全监测诊断系统

【学习目标】

知识点：

1. KAX-1 型客车行车安全监控系统特点；
2. KAX-1 型客车行车安全监控系统组成；
3. 车载安全监测诊断系统构成；
4. 列车级通信网络。

技能点：

1. 列车级主机系统操作流程；
2. KAX-1 型客车行车安全监控系统专项检修；
3. KAX-1 型客车行车安全监控系统常见故障检修。

【内容概述】

随着我国旅客列车提速范围越来越大，运行速度越来越高，途中停靠站的减少，确保旅客列车运行安全的任务十分艰巨。在运行中及时发现和防止故障的发生和扩大，并采用相应信息化检修作业，成为目前保障旅客列车运行安全急需解决的问题。

车辆运行中基础制动系统的作用是否良好、车辆转向架的性能是否恶化、车辆供电系统是否处于安全状态、防滑器工作状态是否正常、有无擦伤超限的车轮、空气弹簧工作状态、轴承温度是否超限报警、配电室等重点防火部位有无火灾险情等，这些涉及列车运行中安全的问题都必须在运行状态下及时发现并采取相应对策，才能使旅客列车运行安全得到保证。

客车行车安全监控系统用以对上述危及旅客列车运行安全的主要因素进行实时监测诊断、记录、存储、集中显示和报警及故障定位指导维修。运行中车载监测诊断系统还可以通过无线通信装置同地面数据管理与专家系统双向通信并和局域网联网，实现客车运用状态的信息化监控和运用状态的动态检修与管理。

任务 1　KAX-1 型客车行车安全监控系统专项检修

【任务陈述】

本任务主要进行 KAX-1 型客车行车安全监控系统专项检修。维修人员按照维修手册的规范程序进行检查，包括外观检查、KAX-1 车厢级主机配线及其连接电缆检查、KAX-1 车厢级主机板卡检查及通电试验、在 KAX 报警显示终端上进行调试和功能测试、检查列车网络和校线、检验 KAX-1 列车级组网通信功能、车下转向架监测子系统检查、车下制动监测子系统检查。确认其工作状态正常，填写维修工单交付检验。工作过程中，应遵循现场工作管理规范。

【知识准备】

一、系统的特点与组成

KAX-1 型客车行车
安全监控系统专项检修

（一）系统特点

（1）KAX-1 客车行车安全监测诊断系统是集车载实时监测诊断与记录、无线通信、地面实时监测终端与数据库管理为一体的信息化客车行车安全监测系统。

（2）该系统监测诊断重点主要针对目前客车故障多发部位、发生故障危及运行安全而人工难以检测和判断的部位以及只有在运行工况下才能检测到的部位，即客车的走行部、基础制动系统和车辆供电系统等。

（3）列车级主机以 QNX 多任务实时操作系统为平台。QNX 多任务实时操作系统比目前常用的 Windows 操作系统，在实时性、稳定性、可靠性等方面有很大的提高，并且具有模块化程度高、剪裁自如、易于扩展的特点。

（4）各监测功能级节点在尽量少装传感器的条件下，求得可解耦信息满足基本监测诊断要求，并简化系统以方便现场检修和提高系统功能价格比。

（5）系统各功能级监测单元硬件上为独立模块。系统以基本配置（车辆走行部动力学、基础制动系统、车电、防滑器）为基础，其余功能块（轴温、火警、车门、车厢显示器、无线通信等）为可选件，系统组态灵活。

（6）尽量采用了较为先进、成熟的技术，应用软硬件可靠性设计，功能级监测节点的传感器免标定、免维护。

（7）地面数据库与专家系统的数据存档、查询、诊断、联网功能为车辆应用和管理部门提供了一个车辆应用管理、动态质量控制的信息化技术平台。

（二）系统组成

KAX-1 客车行车安全监测诊断系统由三个分系统组成：车载安全监测诊断系统、无线通信系统和地面数据管理与专家系统。目前 25T 型客车和行邮车上只装车载安全监测诊断系统，其系统结构如图 9-1 所示。

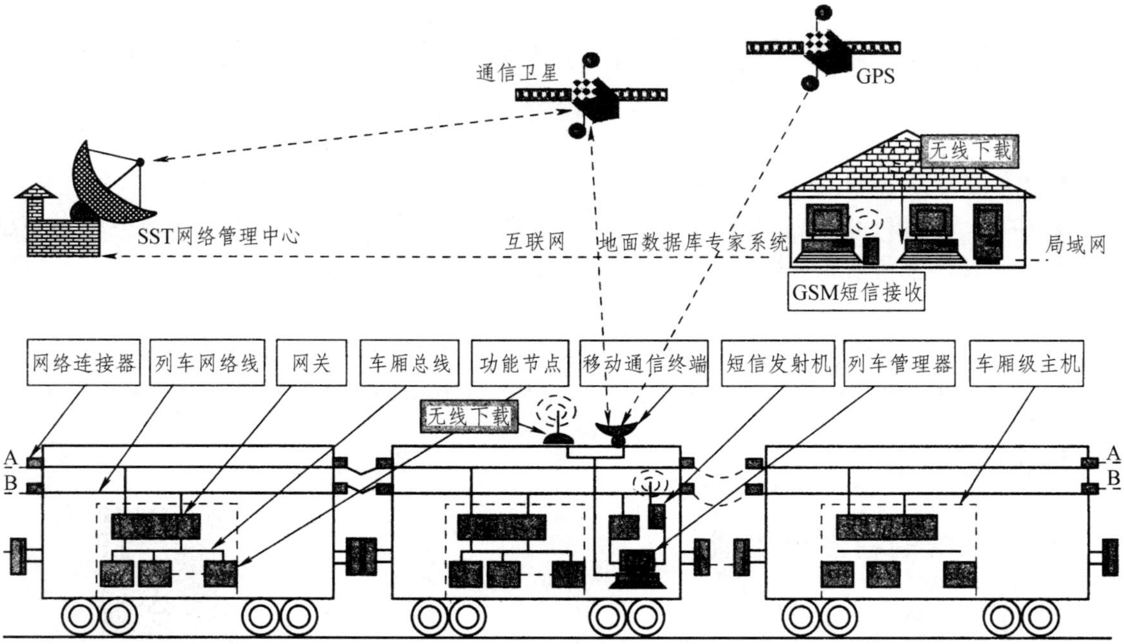

图 9-1　行车安全监测系统组成示意图

车载安全监测诊断系统为两级层次网络结构的 LonWorks 列车通信网络系统，由连接同一列车上不同车厢的列车网络（列车总线）TBUS 和连接同一车厢内不同功能级监测诊断子系统的车厢网（车厢总线）VBUS 所组成。

本系统分为功能级和列车级两级监测诊断，如图 9-2 所示。对于列车级监测诊断系统来说，车厢级功能监测诊断子系统是基本监测诊断单元。车厢里的各功能级监测诊断子系统只担负本车厢某一部件或功能的监测和诊断（如制动系统的监测诊断子系统的任务是监测诊断制动系统的工作状态）。车厢级不能诊断或诊断条件不充分的则通过列车级综合诊断来实现（如关门车、折角塞门关闭等）。

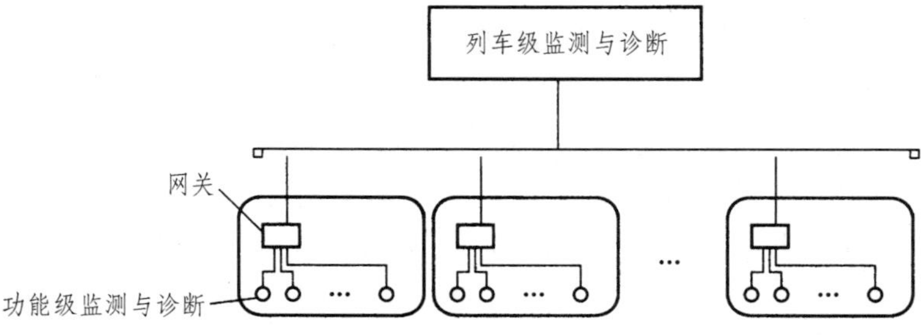

图 9-2　车厢网关示意图

车厢总线上的各功能级监测诊断子系统由车厢网关进行通信管理，它既是车厢网络通信管理器，又是列车网与车厢网的网关。列车总线上的列车网络管理器根据各车厢的监测诊断报告再进行全列车综合诊断，得出本列车各车厢的监测诊断报告（集中显示和报警）。列车网络管理器还担负组网（网络初运行），以适应车辆编组变动时各车厢的车号、车厢号、运行方向的识别任务。

（三）系统技术条件

（1）系统诊断分级：车厢功能级诊断与列车级综合诊断两级。

（2）车厢功能级监测：车辆转向架与车体、制动系统、防滑器、车厢级显示器。

（3）列车通信网络：

结构：车厢级与列车级两级层次结构；

传输介质：屏蔽双绞线（符合 TB/T 1484—2001 标准）；

类型：列车级 LonWorks 现场总线，车厢级 LonWorks 现场总线；

可传输距离：1 000 m。

（4）适应编组数：1 ~ 20 辆。

（5）通信方式：车载移动卫星双向通信；无线通信 GPRS；无线通信 GSM；无线局域网通信。

（6）工作环境温度：−40 ~ +70 °C。

（7）工作环境相对湿度：不大于 95%。

（8）工作电压：DC 110 V/DC 48 V 或 AC 220 V（50 Hz）。

（9）电源功率：

车厢级：约 75 W；

列车级管理器：约 100 W。

二、车厢级网络系统与主机

（一）车厢级网络系统

目前，车载安全监测诊断系统由 4 个功能级监测诊断子系统、1 个显示节点和车厢网关通过 LonWorks 车厢总线组成车厢级网络系统。各功能级子系统诊断报告与过程数据，通过车厢网关和列车总线传送给列车网络管理器，如图 9-3 所示。

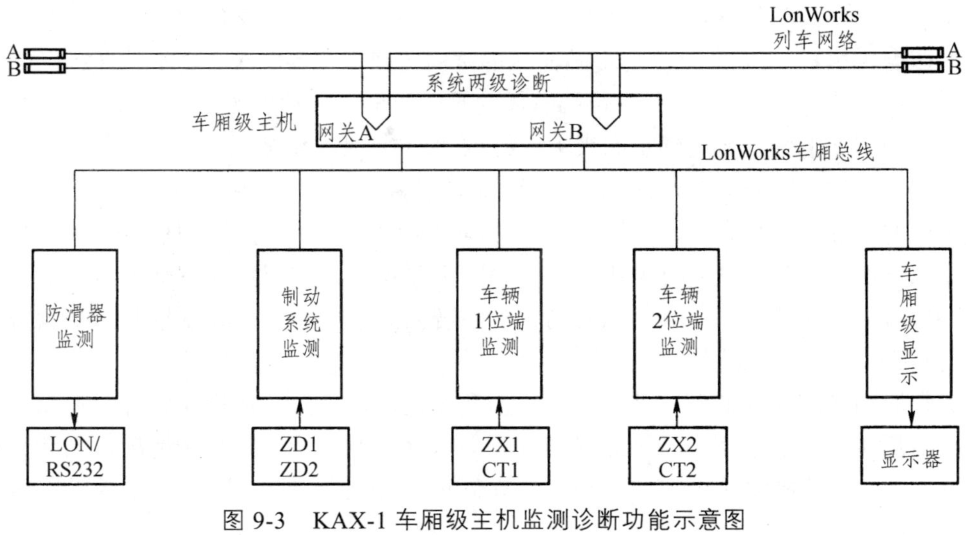

图 9-3　KAX-1 车厢级主机监测诊断功能示意图

车厢级网络采用背板总线方式，车厢级主机的制动节点、车辆节点、防滑器节点、显示节点及代理节点分别以板卡方式与车厢级总线连接。车厢级显示节点除具有显示本车功能节点状态的功能外，还具有修改车顺号和车厢制造号的功能。

车厢级网络系统将防滑器的车辆参考速度变量传送给车门监测节点和车辆转向架状态监测节点，作为两节点的诊断条件；将基础制动监测节点监测的制动/缓解工况变量提供给车辆监测节点、防滑器监测节点，作为诊断输入条件；将防滑器、制动节点的有关变量传送给车辆节点参与系统诊断。

（二）车厢级主机

车厢级各监测诊断子系统集中安装在一台 19 英寸机箱内，机厢内每一个板卡担负某一个独立功能。它通过机箱下面的端子排与外围设备、列车网和传感器连接。

车厢级主机面板布局如图 9-4 所示。

（三）车厢级监测诊断子系统

1. 制动监测诊断子系统

25 型提速客车的制动系统是空气制动系统。本子系统监测列车支管和制动管路的风压，诊断制动机的制动、缓解工况，报告有无制动/缓解作用不良、自然制动、自然缓解故障；为列车级综合诊断是否有折角塞门关闭、关门车事件的发生提供诊断数据；在列车级主机全程记录、存储诊断事件报告、制动管和制动管路风压的过程数据；通过下载到地面数据库专家系统的过程数据与报告，可实现查询、比较、再次诊断和故障确认；在车厢级为防滑器、车辆转向架状态监测诊断子系统提供制动、缓解状态报告。制动监测诊断子系统测点的安装布置如图 9-5 所示。

图中，LC 为制动管压力监测传感器，必须安装在制动支管截断塞门后面的气路上；ZD 为制动管压力监测传感器，必须安装在空重车阀和车辆缓解塞门后面靠近制动缸的气路上。

2. 车辆转向架状态监测诊断子系统

转向架与车体监测传感器的安装布局如图 9-6 所示。图中，ZX1、ZX2 分别为 1、2 位端转向架加速度传感器，监测 1、2 位端转向架的垂向与横向振动状况；CTI、CT2 为 1、2 位端车体监测加速度传感器，监测 1、2 位端车体的垂向与横向振动状况。8 路加速度模拟量信号通过接线盒和车下电缆线传送到车厢级主机的 J6 和 J7 监测诊断板卡。

在车辆 1、2 位端的车体、转向架上安装加速度感器，监测轮轴与一系、二系悬挂系统，并根据车体的信号监测整个车辆系统的状态。通过对车辆动力学系统的加速度输出进行监测，同时计算系统的时间历程的特征数据，并且对车辆系统振动状况进行评估，将此特征数据经列车网络传输到列车级主机，而后通过特定的系统对车辆的状态以及车辆状态变化过程进行进一步的判断。因而，系统的功能分两方面：

（1）车厢功能级实时监测与状态评估：监测车辆转向架及车体横向和垂向振动加速度，报告本车前后转向架、一系与二系的横向和垂向振动情况；转向架失稳情况；判断轮轴系统工作是否正常，车轮踏面是否异常（擦伤、剥离）；一系悬挂故障；空气弹簧系统故障诊断与报警等。

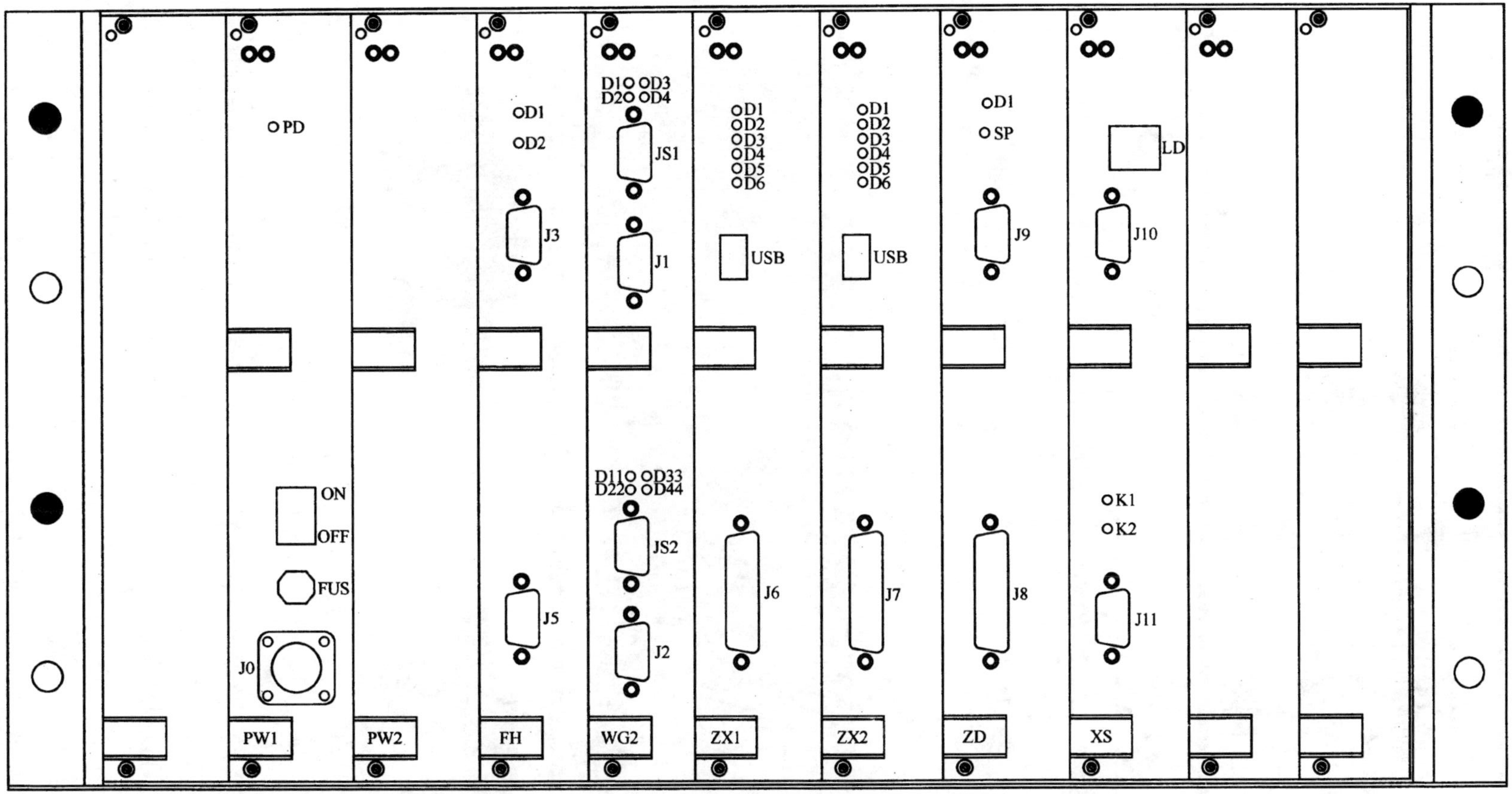

J0—110 V/48 V 电源输入连接器；J1—车辆一、三角列车网络线连接器；J2—车辆二、四角列车网络线连接器；JS1—预设一、三角自动组网线连接器；JS2—预设二、四角自动组网线连接器；J3—国产防滑器联网连接器；J5—进口防滑器通信连接器；J6—1 位端转向架与车体传感器连接器；J7—1、2 位端转向架与车体传感器连接器；J8—制动监测传感器连接器；J11—车厢级调试外接口；PW 卡—车厢级主机电源板卡；WG2 卡—车厢级网关；FH 卡—防滑器接口板卡；ZX1 卡—车辆 1 位端监测诊断板卡；ZX2 卡—车辆 2 位端监测诊断板卡；ZD 卡—制动监测诊断板卡；XS 卡—车厢级调试显示、车号修改板卡。

图 9-4　车厢主机面板布局图

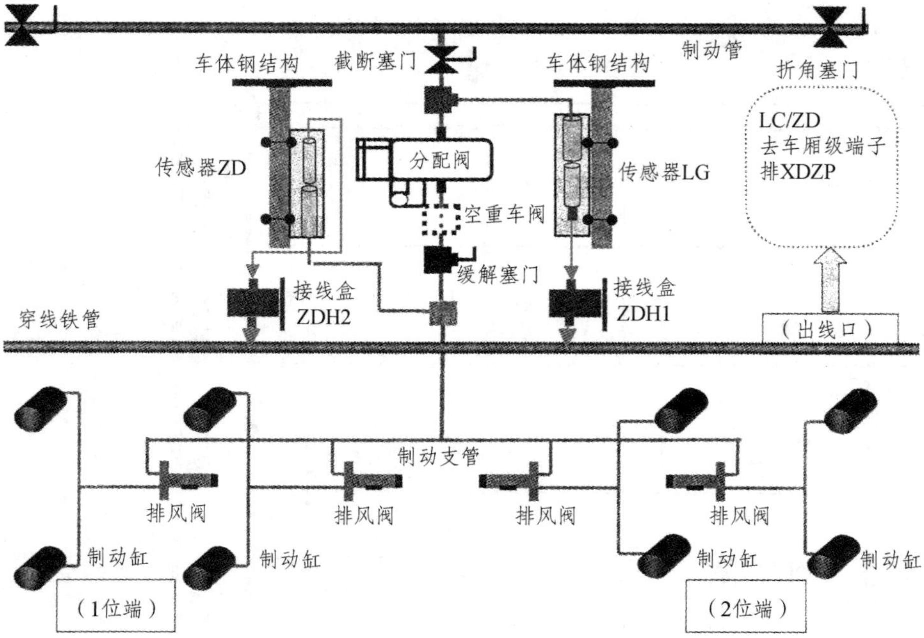

图 9-5　制动监测诊断子系统测点安装布置

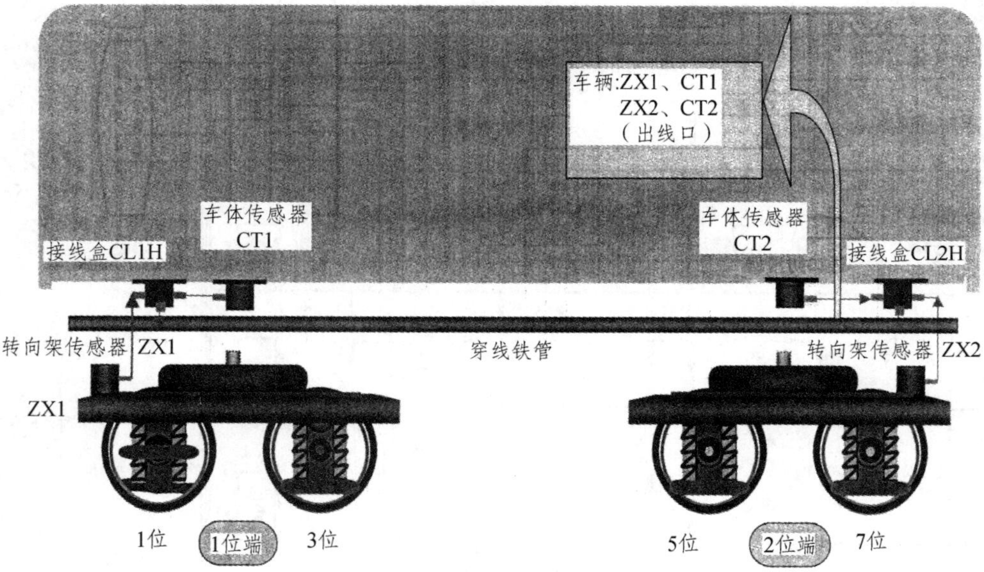

图 9-6　转向架与车体监测传感器的安装布局

（2）车辆维修建议系统：本系统是地面数据管理与专家系统的功能之一，它通过将特定时间段的数据导入地面维修建议系统，系统会自动报告此时间段车辆的状态，并对维修部位给出建议。同时系统也可以根据维修情况为进一步的车辆系统诊断与态势发展预测提供相关的规律。

3. 防滑器工作状态监测子系统

防滑器工作状态监测子系统的基本功能是：通过防滑器与车厢级主机联网，报告防滑器有无故障，若有故障，则指出故障部位，指导维修；报告本车厢防滑器执行防滑保护动作情况；作为车辆转向架节点的诊断输入条件。

防滑器监测子系统的连接如图 9-7 所示。国产防滑器（TFX 型）的主机一方面通过 LonWorks 总线与车厢总线互联（通过 J3 节点）实现网络变量传递；另一方面通过 RS232 与车厢电控 PLC 网关通信，报告本车厢防滑器工作状态和本车参考速度。进口防滑器通过 RS485 同时与车厢电控 PLC 网关和安全系统车厢主机的 J5 节点通信，报告本车厢防滑器工作状态和本车参考速度。

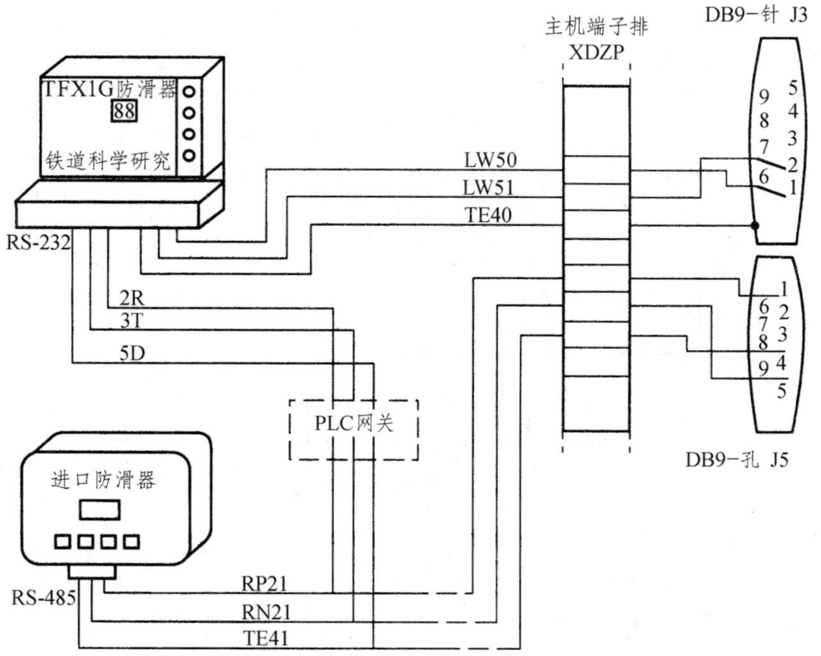

图 9-7　防滑器监测子系统的连接

4. 车厢显示节点

本系统的车厢显示节点配以便携式显示器作为车厢级人机接口，用于车厢级各节点的调试确认，本车厢车辆工厂制造号和车厢顺号也可在车厢显示节点上进行人工设置和修改。板卡上的“LD”显示器显示本车厢顺号。

（四）车厢级主机板卡的功能

车厢级主机各板卡的功能见表 9-1。

三、列车级通信网络与主机

（一）列车级通信网络

KAX-1 客车行车安全监测诊断系统采用 LonWorks 现场总线技术。LonWorks 现场总线技术具有开放性、互操作性，通信介质的多样性，面向对象的设计思想以及总线型的网络拓扑结构，故 LonWorks 作为有变动编组要求的旅客列车列车级网络通信系统是可行的。LonWorks 已经是我国铁路车辆通信网络可选标准之一。

表 9-1　车厢级主机板卡的功能

板卡代号	板卡功能	指示灯代号	意义	正常状态	故障状态
PW1	DC 110 V/48 V 电源转换为 24 V	"ON-OFF" "PD"	"ON-OFF"：来电 "PD"：24 V 正常	"ON-OFF"：亮 "PD"：亮	"ON-OFF"灭：未来电 "PD"灭：无电源输出
FH	进口防滑器联网接口	D1 D2	D1：板卡电源指示 D2：进口防滑器接收数据状态显示	D1：一直点亮 D2 点亮：接收进口防滑器数据有效	D1 熄灭：板卡电源故障 D2 长灭：与进口防滑器通信故障
WG1	网关，实现列车网和车厢网之间的数据交换	D1	电源状态指示灯	开机后常亮	熄灭，板卡电源故障
		D2	运行状态指示灯	开机后连续闪烁	熄灭，板卡通信故障
		D3	列车网 SP 灯	开机后闪烁一下就灭	从未闪烁或连续闪烁
		D4	车厢网 SP 灯	开机后闪烁一下就灭	从未闪烁或连续闪烁
		D11	电源状态指示灯	开机后常亮	熄灭，说明无电源
		D22	运行状态指示灯	开机后连续闪烁	熄灭，板卡通信故障
		D33	列车网 SP 灯	开机后闪烁一下就灭	从未闪烁或连续闪烁
		D44	车厢网 SP 灯	开机后闪烁一下就灭	从未闪烁或连续闪烁
ZX1	1 位端转向架系统监测	D1	电源状态指示灯	主机电源打开后，D1～D6 全部闪烁，然后，D1 点亮，D2～D6 熄灭	D1 熄灭：板卡电源故障 D2～D5 点亮：板卡故障 D6 点亮：传感器故障
		D2	存储区指示灯		
		D3	先进先出存储区指示灯		
		D4	网卡指示灯		
		D5	电子盘指示灯		
		D6	传感器指示灯		

续表

板卡代号	板卡功能	指示灯代号	意义	正常状态	故障状态
ZX2	2 位端转向架系统监测	D1	电源状态指示灯	主机电源打开后，D1 ~ D6 全部闪烁，然后，D1 点亮，D2 ~ D6 熄灭	D1 熄灭：板卡电源故障 D2 ~ D5 点亮：板卡故障 D6 点亮：传感器故障
		D2	存储区指示灯		
		D3	先进先出存储区指示灯		
		D4	网卡指示灯		
		D5	电子盘指示灯		
		D6	传感器指示灯		
ZD	制动系统监测	D1	运行/传感器/诊断报告三功能指示灯	1 s 间隔连续闪烁	（1）0.5 s 间隔连续闪烁为传感器故障； （2）0.2 s 间隔连续闪烁为诊断报警； （3）不亮和长亮不闪烁为板卡故障
XS	车厢级调试用显示模块	LD	显示车厢顺位号	显示车厢顺位号	熄灭无显示或显示非法代码

客车行车安全监测系统为基于 LonWorks 网络的分布式微机监视诊断系统，其拓扑结构采用双绞屏蔽线，传输速率为 78.5 kb/s，传输距离为 2 700 m。

列车级网络采用双绞屏蔽线传输介质，它连接一台列车级主机和多台车厢级主机。列车级总线采用双列车网络动态冗余工作模式，其中车辆 1、3 角为一条列车网（A 网）；车辆 2、4 角为另一条列车网（B 网）。A、B 网在每节车厢的两侧平行布置，组网线也类同。列车网络线布局如图 9-8 所示。

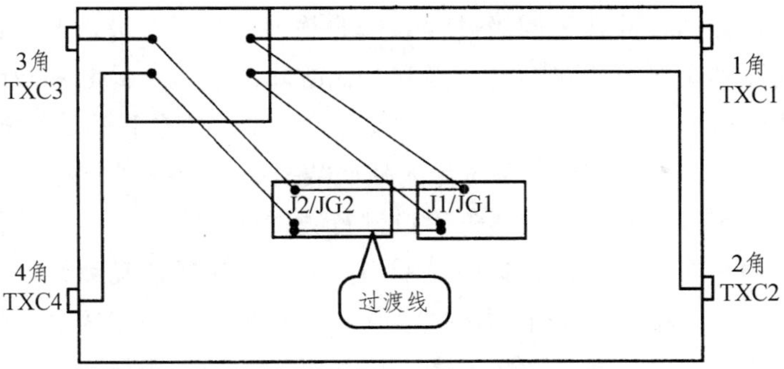

图 9-8　列车网络线布局图

第一条列车网（1、3 角）连接车厢级主机网关卡 J1、列车级主机网络管理卡的 JG1；第二条列车网（2、4 角）连接车厢级主机网关卡 J2、列车级主机网络管理卡的 JG2。

有列车级主机的车厢，1 角和 2 角的列车网先通过车厢级端子排（XDZP）连接到车厢级主机的 J1 和 J2。再通过一一对应的过渡线连接到列车级主机端子排（LDZP）进入列车级主机的 JG1 和 JG2。最后从列车级端子排连接到对应的 3 角和 4 角。无列车级主机的车厢则不用过渡线。

列车网过渡线必须与列车网络线同一种型号，保证连接可靠。车厢与车厢之间的两条列车网络连接电缆必须同时连通，缺一不可，才能保证双列车网动态冗余工作模式。用于车厢之间连接的网络电缆屏蔽线与车厢列车网络线的屏蔽线是不连通的，以保证列车网络屏蔽线以车厢级为单元分别独立接地。

列车级网络采用双网冗余结构使系统具有较强的灵活性和可靠性。首先，它可以保证车厢调头不影响信息传输，同时不需人工干预。其次，单侧网络故障和单一网关设备或单一管理器网卡故障不影响信息传输。另外，列车级网络预留了动态组网端口，在条件成熟的情况下可开通此项功能，从而实现终端电阻自动投入和在列车级启动自动排序功能以减少人工干预（如在车厢级输入车顺号或在列车级调整全列车的车顺号等），使系统更加智能化。

车厢级主机中有两个 LonWorks 网关，均为本车厢的代理节点，它汇总本车厢各节点的信息并通过列车级通信网络向列车级管理器转发，同时接收列车级管理器发送的命令。

列车级主机包含两个 LonWorks 管理网卡，分别管理 A、B 两个列车级网络。列车级 CPU 选择两个网卡中的一个作为管理主节点，它汇总各个车厢代理节点发送的信息并进行存储和分析，CPU 将另外一个网卡作为从节点。当管理主节点所在的网络中有一个或多个车厢级代理节点出现问题时，可以在从节点网络中选取车厢级代理节点发送的信息，保证列车级数据的完整性。

（二）列车级主机

列车级主机是一台壁挂式机箱，外接带电阻式触摸显示屏的工业级专用装置，由五块板卡组成。它担负安全监测诊断系统列车通信网络的运行管理、列车级双向数据通信、列车级综合诊断、集中显示与报警、各功能节点诊断报告和过程数据的记录、“人-机”交互及完成“车-地”双向无线通信功能。

列车级主机具有数据存储功能，它可以将全列制动节点、车辆节点和防滑器节点的事件信息和故障信息进行存储，并在车厢级过程数据的基础上在列车级对全列数据进行进一步的分析和对比，从而在列车级形成对制动故障和车辆故障的进一步诊断和故障报警。故障信息通过串口与主机进行通信，由其发送给地面接收装置。事件信息和故障信息可以通过 USB 口下载到移动存储设备中，供地面专家系统导入地面数据库进行数据分析。

列车级主机和列车级显示器之间通过串口进行数据通信。列车级显示器显示整列车的安全监测诊断信息。列车级显示器可以集中显示当前所有车辆的制动系统、车辆系统和防滑器系统的所有信息，当某一个或多个车厢出现潜在安全隐患时，列车级显示器发出报警提示信息，并给出故障发生的定位信息和故障参数。列车级显示器采用触摸屏方式，可以方便地查阅全列信息、单个车厢信息、分系统信息及故障历史信息。列车级显示器程序采用嵌入操作系统编程，系统在各种条件下开、关机时性能不受影响。

列车级主机的面板布局如图 9-9 所示。图中，PW1 卡为 DC/DC 电源转换卡；PW2 卡为 DC/DC 电源转换卡；CPU 卡为列车级主机的 CPU；LG2 卡为第二条列车网络管理器卡；LG1 卡为第一条列车网络管理器卡；JG0 为 DC 110 V/DC 48 V 电源输入，24 V 输出；JXD 为 DC 24 V 输出给显示器，主机内部 5 V 电源；JX 为外接列车级触摸屏显示器；JT 为网络调试接口；USB 为数据下载接口；JGP 为与 PLC 网关通信接口；JG1 为第一条列车网（A 线）接口；JGS1 为第一条组网线接口；JG2 为第二条列车网（B 线）接口；JGS2 为第二条组网线接口。板卡功能见表 9-2。

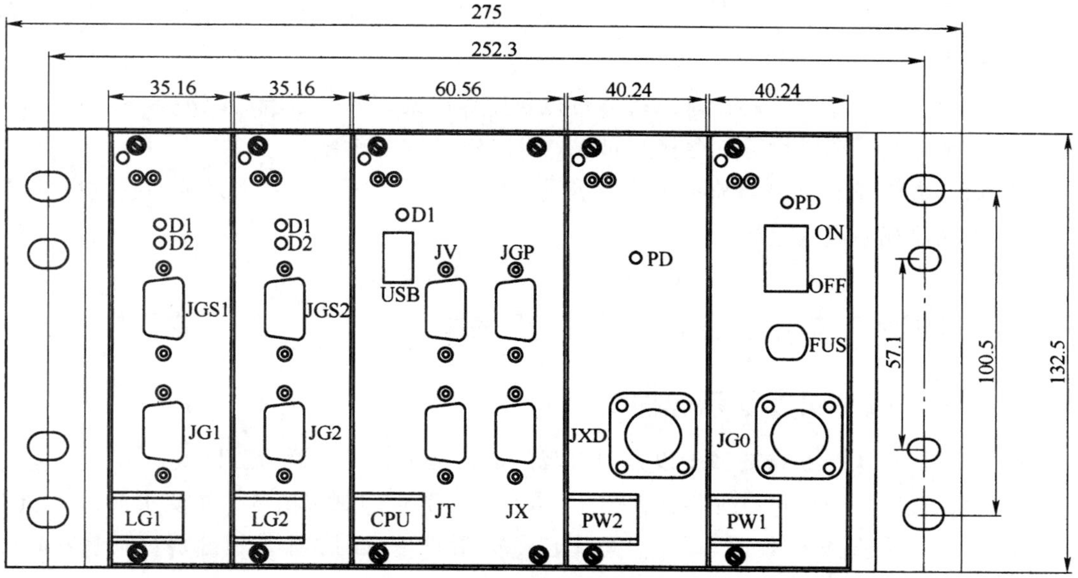

图 9-9　列车级主机的面板布局

表 9-2　列车级主机板卡功能

板卡代号	板卡功能	指示灯代号	意义	正常状态	故障状态
PW1	48 V 转 24 V 和±12 V 110 V 转 24 V 和±12 V	“ON-OFF” “PD”	带来电显示功能的电源开关； 24 V 输出显示灯	亮	“ON-OFF”亮 “PD”灭
PW2	24 V 转 5 V；24 V 输出到列车级显示器	“PD”	5 V 输出显示灯	亮	灭
CPU	中央处理单元，USB 下载与显示器和 PLC 接口通信	D1	电源指示	亮	灭
LG1	网络管理	（PW）D1	电源指示	亮	灭
		（SP）D2	网络状态	灭	常亮或闪烁
LG2	网络管理	（PW）D1	电源指示	亮	灭
		（SP）D2	网络状态	灭	常亮或闪烁

车载安全监测诊断系统的监测与诊断报告，目前通过列车管理器以串口通信方式传送给电控主站 PLC，由 PLC 向地面实时报告安全监测状态。本系统可以通过无线局域网在列车进库的 600 m 范围内与地面实现自动无线下载；通过无线移动 GPRS 实现列车运行中与地面的数据通信；用移动存储器通过 USB 接口实现列车停站数据下载等功能。

KAX-1 安全监测诊断系统的监测数据通过网络传输，网络管理程序接收、归类及存储这些监测数据。人机交互界面对监测数据提供显示、删除及下载等操作。显示器配备串行口及 USB 接口接入通信设备和 USB 移动硬盘。可下载的数据及其作用如下：

（1）列车运行过程各监测子系统采集的大量节点过程数据，对于分析列车运行性能及车辆检修有重大意义。

（2）故障事件记录数据：记录系统运行过程中监测到的各子系统的故障事件，便于检修人员及时准确地发现车辆运行中存在的问题，提供检修解决方法。

（3）通信数据及时地将当前报警故障等重要信息发送到相关联系人及地面接收服务器，可以通过远端监视系统的运行状态。

四、列车级主机的显示界面与操作流程

（一）列车级主机的显示界面

列车级主机将实时获得的数据以方便直观的形式呈现，显示器为触摸式显示屏，通过触摸屏幕相应位置即可完成对系统的各种操作。人机交互界面包括以下 5 个主要页面：“主页面”“车厢监测”“系统监测”“修改车号”“查看记录”。界面下方的 5 个按钮分别对应上述页面，触摸相应按钮，可切换至各页面。

1. 各页面共用功能

此功能在任何页面均存在。界面顶部为列车基本运行信息，包含运行工况、运行速度、运行时间、运行里程、系统当前时间。底部为页面切换按钮，用以切换页面。

2. 主页面

在系统正常启动运行所见的页面为主页面。该页面包含本次列车所有车厢的综合信息，如图 9-10 所示，触摸主页面即显示此页。本页面信息包括：左上方为列车速度表及速度变化曲线；右上方为制动管压力表及头尾车制动管压力变化曲线；中部的左边给出系统的颜色方案定义，右边给出系统的一些重要操作提示或编组信息；下方的表格囊括了所有车厢监测各子系统的状况，横向为车厢号，纵向为监测系统名称，纵横相交的方格以颜色变化的实心圆表示对应车厢相应子系统的状态。

3. 车厢监测页面

如图 9-11 所示，该页面包含单节车厢各子系统的监测数据，包括防滑器、制动系统、转向架。页面上方设有各车厢号按钮，按钮的颜色为红色时表示该车厢有一个以上报警或故障，触摸相应按钮可直接切换至该车厢的监测页。制动系统监测内容包括制动系统工作状态、制动机状态、列车管压力、制动缸压力。防滑器监测内容包括四条轴的传感器、防滑阀状态、

滑行次数；右下方为本车速度、制动管压力、制动缸压力变化曲线。其制动管压力、制动缸压力时间历程曲线在制动或防滑器出现问题时起辅助分析的作用。转向架监测内容包括车辆1位端及2位端转向架横向振动状态、车辆垂向振动状态、二系工作状况、轮对踏面、转向架横向状态以及转向架垂向传感器的监测值。

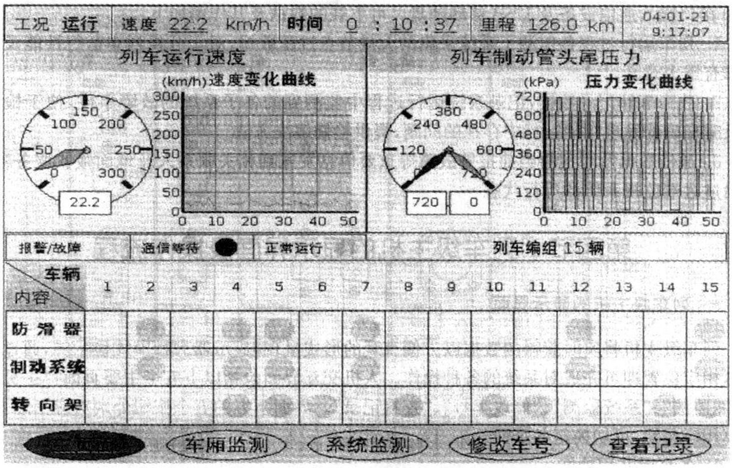

图 9-10 主页面

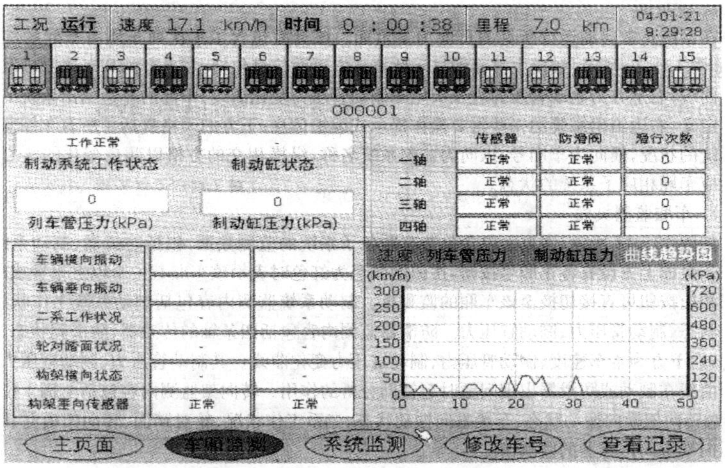

图 9-11 车厢检测页面

4. 系统监测页面

如图 9-12 所示，此页面按各子系统归类显示监测数据，可以在需要查看某子系统在整列车的运行状况时，直观地看到整列车该子系统的状态。系统页面由防滑器、制动系统、转向架三个子页面组成，按下方的切换按钮可切换至相应的子系统监测页面。所有页面的前三项为车厢顺号、车辆制造号及通信状态。

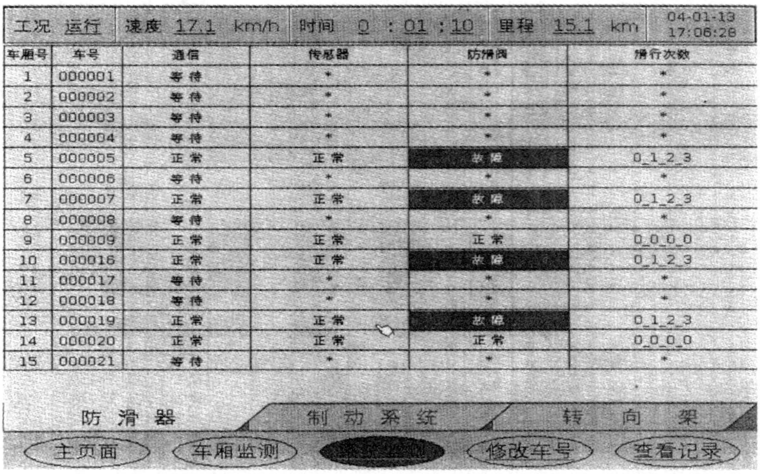

工况 运行	速度 17.1 km/h	时间 0 : 01 : 10	里程 15.1 km	04-01-13 17:06:28	
车厢号	车号	通信	传感器	防滑阀	滑行次数
1	000001	等待	*	*	*
2	000002	等待	*	*	*
3	000003	等待	*	*	*
4	000004	等待	*	*	*
5	000005	正常	正常	故障	0_1_2_3
6	000006	等待	*	*	*
7	000007	正常	正常	故障	0_1_2_3
8	000008	等待	*	*	*
9	000009	正常	正常	正常	0_0_0_0
10	000016	正常	正常	故障	0_1_2_3
11	000017	等待	*	*	*
12	000018	等待	*	*	*
13	000019	正常	正常	故障	0_1_2_3
14	000020	正常	正常	正常	0_0_0_0
15	000021	等待	*	*	*

（a）防滑器

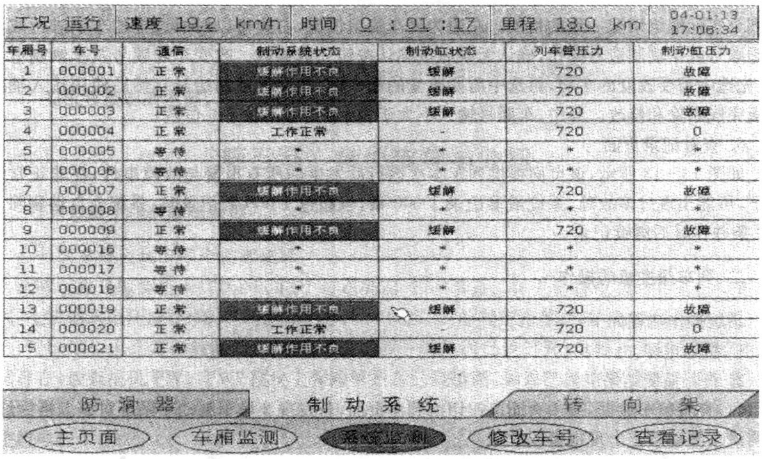

工况 运行	速度 19.2 km/h	时间 0 : 01 : 17	里程 18.0 km	04-01-13 17:06:34		
车厢号	车号	通信	制动系统状态	制动缸状态	列车管压力	制动缸压力
1	000001	正常	缓解作用不良	缓解	720	故障
2	000002	正常	缓解作用不良	缓解	720	故障
3	000003	正常	缓解作用不良	缓解	720	故障
4	000004	正常	工作正常	-	720	0
5	000005	等待	*	*	*	*
6	000006	等待	*	*	*	*
7	000007	正常	缓解作用不良	缓解	720	故障
8	000008	等待	*	*	*	*
9	000009	正常	缓解作用不良	缓解	720	故障
10	000016	等待	*	*	*	*
11	000017	等待	*	*	*	*
12	000018	等待	*	*	*	*
13	000019	正常	缓解作用不良	缓解	720	故障
14	000020	正常	工作正常	-	720	0
15	000021	正常	缓解作用不良	缓解	720	故障

（b）制动系统

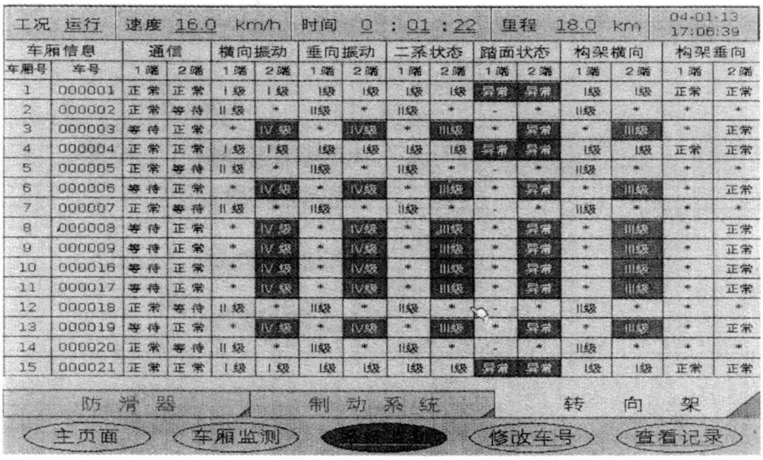

工况 运行	速度 16.0 km/h		时间 0 : 01 : 22				里程 18.0 km				04-01-13 17:06:39				
车厢信息		通信		横向振动		垂向振动		二系状态		踏面状态		构架横向		构架垂向	
车厢号	车号	1端	2端	1端	2端	1端	2端	1端	2端	1端	2端	1端	2端	1端	2端
1	000001	正常	正常	I级	I级	I级	I级	I级	I级	异常	异常	I级	I级	正常	正常
2	000002	正常	等待	II级	*	II级	*	II级	*	-	*	II级	*	*	*
3	000003	等待	正常	*	IV级	*	IV级	*	III级	*	异常	*	III级	*	正常
4	000004	正常	正常	I级	I级	I级	I级	I级	I级	异常	异常	I级	I级	正常	正常
5	000005	正常	等待	II级	*	II级	*	II级	*	-	*	II级	*	*	*
6	000006	等待	正常	*	IV级	*	IV级	*	III级	*	异常	*	III级	*	正常
7	000007	正常	等待	II级	*	II级	*	II级	*	-	*	II级	*	*	*
8	000008	等待	正常	*	IV级	*	IV级	*	III级	*	异常	*	III级	*	正常
9	000009	等待	正常	*	IV级	*	IV级	*	III级	*	异常	*	III级	*	正常
10	000016	等待	正常	*	IV级	*	IV级	*	III级	*	异常	*	III级	*	正常
11	000017	等待	正常	*	IV级	*	IV级	*	III级	*	异常	*	III级	*	正常
12	000018	正常	等待	II级	*	II级	*	II级	*	-	*	II级	*	*	*
13	000019	等待	正常	*	IV级	*	IV级	*	III级	*	异常	*	III级	*	正常
14	000020	正常	等待	II级	*	II级	*	II级	*	-	*	II级	*	*	*
15	000021	正常	正常	I级	I级	I级	I级	I级	I级	异常	异常	I级	I级	正常	正常

（c）转向架

图 9-12　系统监测页面

5. 修改车号

本页面显示列车组网信息（车号与车顺号）。可对网络各节点的车号和车顺号进行修改，达到与实际编组情况一致的目的。左边为列车编组情况，右边可以对所选择的车辆进行改变车厢顺号或车辆制造号操作，确认无误后按“确认”按钮完成修改。改变车厢顺号及车辆制造号时，先选中需要改变的车厢，再选中需要改变的输入框（车厢号或制造号），然后使用输入辅助面板完成删除和修改。其中，车厢号输入不大于 20，制造号不长于 6 位数。

6. 查看记录页面

如图 9-13 所示，该页面提供列车本次运行后发生的所有报警与故障事件，在非正常情况下，可能出现过多故障，系统最多记录 1 000 条，当超过 1 000 条记录时，系统会自动删除前 500 条并在其后继续记录。

图 9-13　查看记录页面

（二）列车级主机的操作

系统操作流程如下：

（1）接通电源。

（2）查看监测结果。

① 查看整车数据：按主页面按钮切换到主页面，若发现 3 号车制动子系统对应表格为红，表明该车制动系统出现报警或故障。

② 通过主页面，发现 3 号车制动子系统出现故障，可以按“车厢监测按钮”切换至详细数据内容页面，以查看制动系统故障的详细信息。

③ 需要了解某监测子系统在整车的工作情况时，可以进入系统监测再切换至对应的子系统。

（3）数据下载。

在需要下载客车安全监测数据时，可在主机箱 CPU 卡的 USB 口中插入符合 USB1.1 标准的 USB 移动硬盘，系统自动将未下载的数据下载。为确保新的数据有足够的空间，系统仅保留 3 天内的数据，并且在下载成功后自动删除系统内部保存的数据。

（4）关机直接切断电源。

【任务实施】

1. 作业前准备

（1）使用工具：数字万用表、常用电工工具、检车锤、绝缘胶带等。

（2）注意事项：

① 确认车列防溜。

② 作业前插设防护信号。

③ 按规定穿戴劳保用品，带好作业工具。

（3）安全提示：雨雪天气时，当心滑倒；地沟作业时，当心碰头。

2. 作业过程

行车安全监控系统专项检修指导书	
作业步骤及质量标准	图示
1. 外观检查 KAX-1 车厢级主机配线及其连接电缆	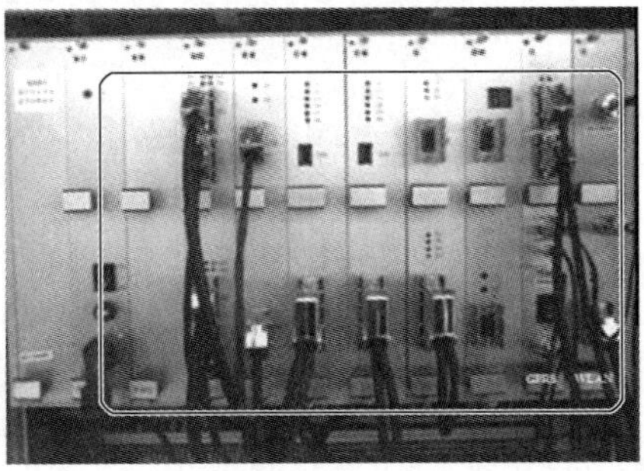
（1）依次检查与 KAX-1 车厢级主机的连接线及接插件。 ▲ ① 连接线无破损，且连接良好、牢固。 ② 连接线老化及接插件作用不良时需处理或更换。 ③ 检查车厢级 KAX-1 主机与列车级 KAX-1 主机各连接电缆需良好，连接牢固	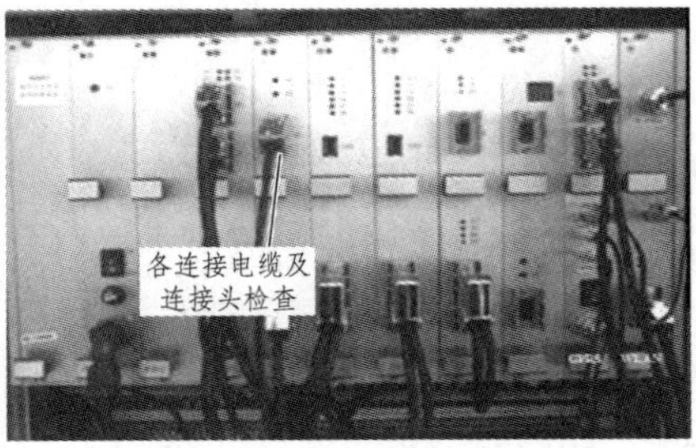
（2)外观检查 KAX-1 车厢级主机接线排及其配线。 ▲ ① 端子排标识清晰，位置正确，连接牢固，配件齐全。 ② 各连接线缆无破损、老化、连接正确；配线线号清晰、排列整齐、接线牢固、作用良好。 ③ 机箱通过 PE 与车体地连接牢固、无松动	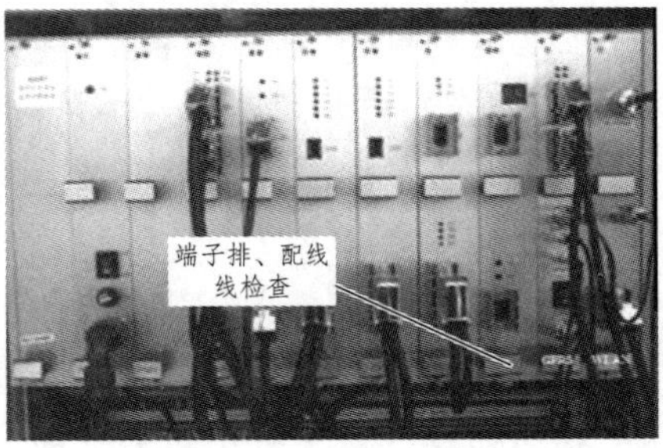

续表

作业步骤及质量标准	图示
2. KAX-1 车厢级主机板卡检查及通电试验	
（1）外观检查各板卡。 ▲ ① 各板卡安装应牢固，标示清晰。 ② 安装螺钉无缺失，配件齐全。 ■ 不得带电插拔板卡	
（2）通电检查各板卡。 ▲ ① 万用表检查主机电源电压应在 DC 110 V 供电电源范围内。 ② “P1C1”板卡上“ON-OFF”上的指示灯点亮。将“ON-OFF”开关拨到“ON”位，此时“P1C1”卡上“PD”灯点亮，表示“P1C1”卡已经正常输出 24 V（主机各板卡供电电压）。 ③ 通电检查各板卡指示灯状态，根据《KAX-1 主机各板卡指示状态表》（见附录 A）。 ④ 检查显示车厢号应与列车实际车厢号一致，否则按“K1 或 K2”按钮调整车厢号。 ■ 不得带电插拔板卡	
3. 在 KAX-1 报警显示终端上进行调试和功能测试 ▲ 新 25T 客车在监控柜门上安装了报警显示终端，检查报警显示终端接线需正确，作用良好。 柜门未安装报警显示终端时，手持报警显示终端，连接网线接至主机显示板卡“J11”插口。 KAX-1 车厢级主机处于上电状态，报警显示终端上电自检，蜂鸣器连续鸣叫两声，报警指示灯闪烁一次，同时显示屏显示硬件版本号和软件版本号，大约 3 s 后自动跳到显示主页面	 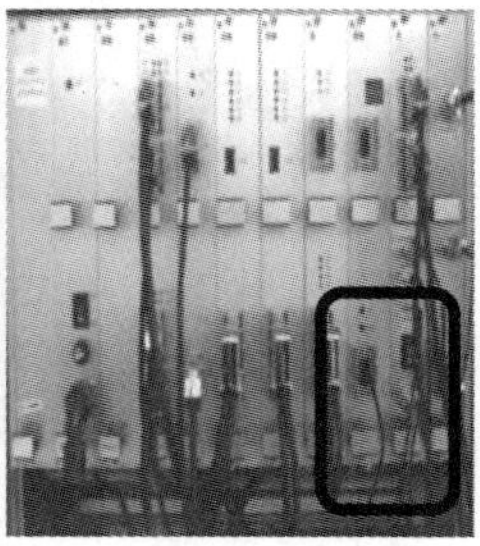

续表

<table>
<tr><th>作业步骤及质量标准</th><th>图示</th></tr>
<tr><td>（1）检查车号、车厢号、车厢类别设置。
▲ ① 查看在主页面上显示车厢通信网关卡存储的车号、车厢号与车类别（首车、尾车、普通车、工程师车）。
② 设置错误时，按《报警显示终端使用说明》(见附录 B）中调节方法重新设置</td><td>
</td></tr>
<tr><td>（2）检查网络通信状态。
▲ ① 在主页面连续按两下“■”键，在显示屏的下方会出现两条通信进展条，分别表示报警显示终端所连接车厢级主机与 KAX-1 列车网络 1 和 KAX-1 列车网络 2 的当前通信状态。
② 如果列车级主机 CPU、列管器、车厢级网关、显示卡软件版本已更新至 3.4 及以上，当网络 1 的通信进展条以每 3 s 一次的速度向前进展时，表示网络 1 通信正常，没有进展条或进展条长期处于不动的状态说明该网络不正常；网络 2 同样如此</td><td>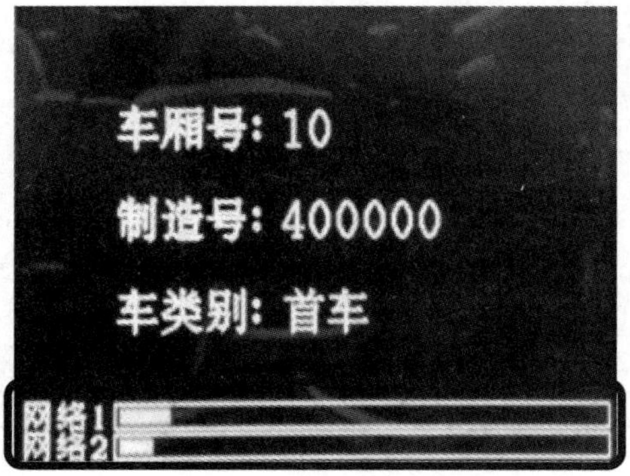
</td></tr>
<tr><td>（3）板卡通信（车厢级监测信息）功能测试。
▲ ① 在显示主页面，长按“▼”键，进入车厢级板卡通信监测页面。
② 该页面显示车厢级防滑器、制动、一端转向架、二端转向架板卡的车厢总线联网通信功能是否正常。通信正常的情况下，相应板卡的通信进展条规律性地向前进展</td><td>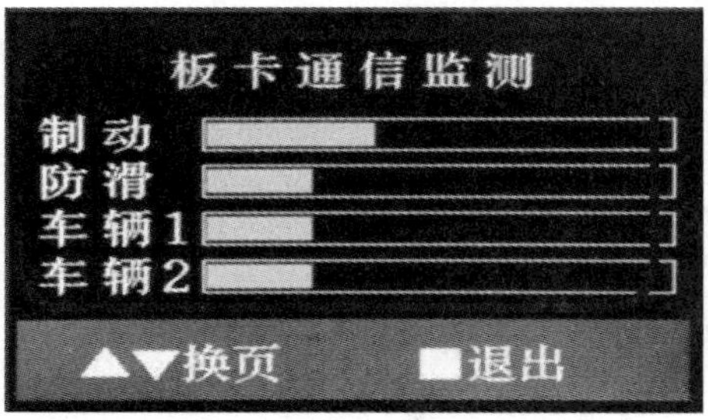
</td></tr>
<tr><td>（4）制动系统监测功能检测。
▲ ① 在板卡通信监测页面按“▼”“▲”键切换到板卡制动系统监测页面，页面上显示列车管、制动缸的当前压力以及制动机的状态。
② 在此页面下，在单车试验器进行制动系统的漏泄试验、制动/缓解试验时，页面上列车管、制动缸压力，制动机的制动/缓解状态应正确显示对应的试验工况。
③ 在制动缸压力与列车管压力为大气压力时，显示值应小于等于 4 kPa</td><td>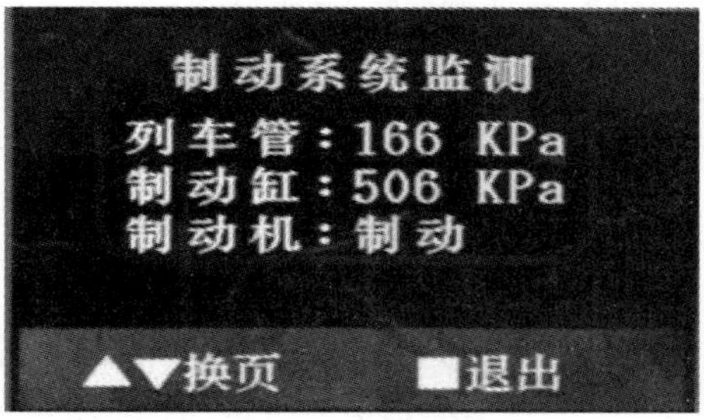
</td></tr>
</table>

作业步骤及质量标准	图示
（5）防滑器监测功能测试。 ▲ ① 在制动系统监测页面按“▼”键切换到防滑器节点监测页面。 ② 此页面显示当前防滑器速度传感器、防滑排风阀有无故障（无故障显示“正常”，有故障则用数字显示发生故障的速度传感器、防滑排风阀的轴位）。监测页面的显示与当前防滑器显示代码的意义一致时，说明车厢级主机防滑器联网监测功能正常	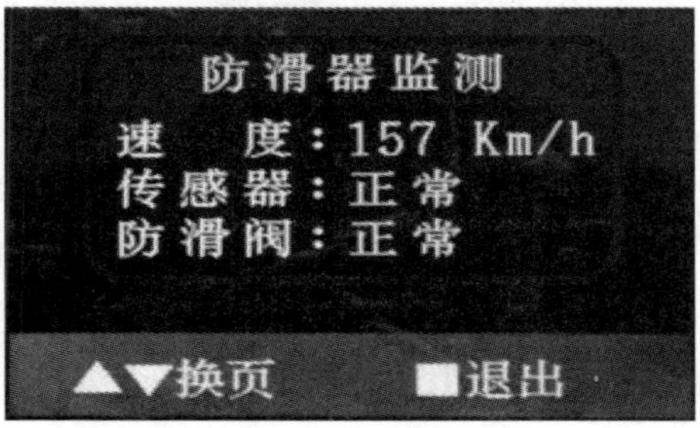
（6）一端转向架监测功能测试。 ▲ ① 按“▼”键切换到一端转向架节点监测页面。 ② C11、C12、Z11 分别表示一端车体横向转、车体垂向、转向架横向测量项。测量项后面是板卡对应通道监测值	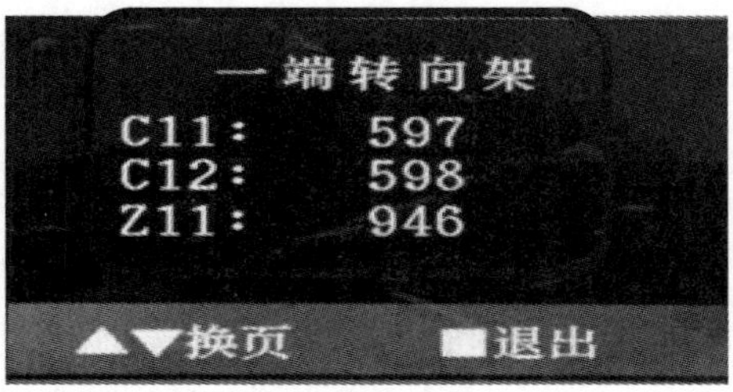
（7）二端转向架监测功能测试。 ▲ ① 按“▼”键切换到一端转向架节点监测页面。 ② C21、C22、Z21 分别表示一端车体横向转、车体垂向、转向架横向测量项。测量项后面是板卡对应通道监测值	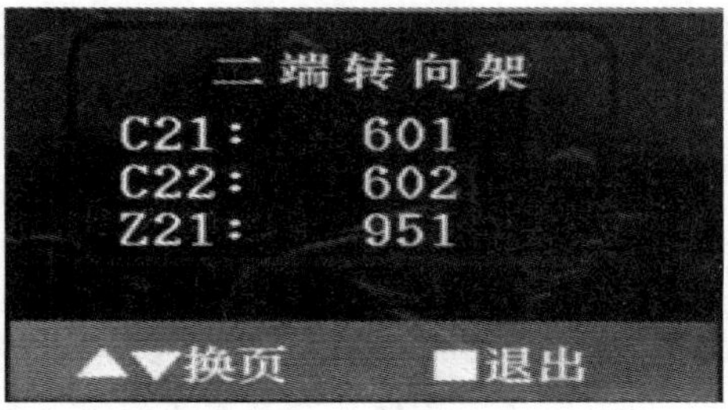
（8）制动声光报警功能测试。 ▲ ① 当列车级主机监测到制动系统有严重制动故障时，全列各车厢报警显示终端发出声光报警，同时显示屏上显示报警车号和报警内容；制动故障消除时，各车厢报警显示终端报警自动停止。 ② 按一下“●”，该蜂鸣报警器立即停止蜂鸣，红灯仍闪烁，显示页面显示报警内容。其他车在 4 s 左右停止鸣叫，红灯仍然闪烁	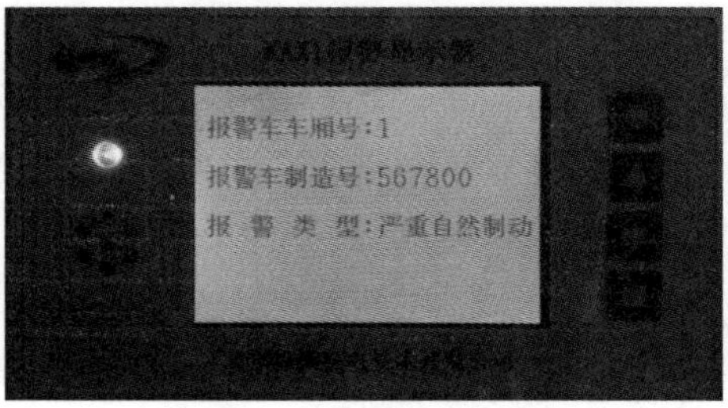

续表

作业步骤及质量标准	图示

4. 检查列车网络和校线

▲ KAX-1 系统采用双列车网络动态冗余工作模式。车辆一/三角为一条列车网（A 网），车辆二/四角为另一条列车网（B 网），组网线相同。

车厢级主机网关板卡 WG2 通过 J1、JS1 插座（列车级主机网络管理板卡 LG1 通过 JG1、JGS1 插座）连接 A 网（一/三角），通过 J2、JS2 插座（列车级主机网络管理卡 LG1 通过 JG2、JGS2 插座）连接 B 网（二/四角）。

按照端子排配线标示及接线图《KAX-1 客车行车安全监测诊断系统接线》（见附录 C），找出列车 2 组网线

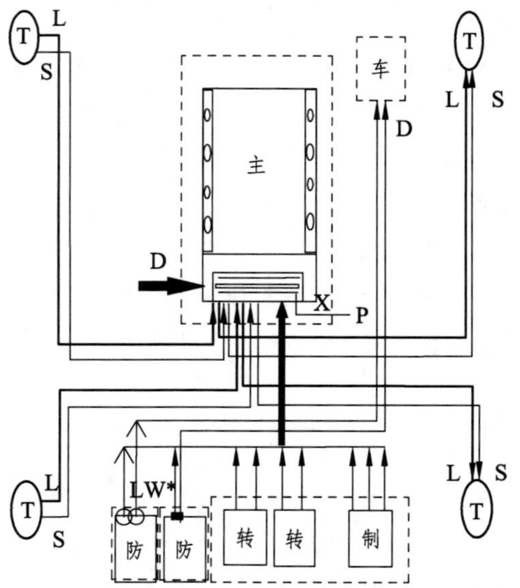

（1）通过网关板卡 WG2 的指示灯判断列车网络状态。

▲ ① 列车端部首尾车厢 KAX-1 车厢级主机 WG2 板卡 D2 或 D22 灯亮应该亮，不亮则是不正确的。

② 列车中间车厢的 KAX-1 车厢级主机的 WG 卡上的 D2 或 D22 灯应不亮，亮则是说明列车网线有故障

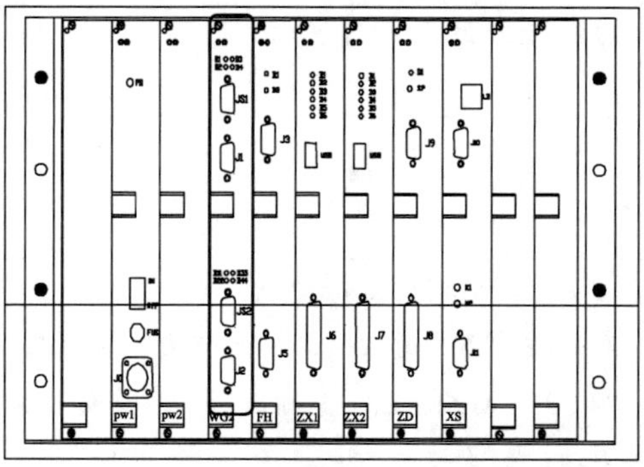

（2）列车网线校线。

▲ ① 按《25T 列车 KAX-1 网络故障解决办法》（见附录 E）的校线方法，在列车头、尾部，用万用表分别对一/三角和二/四角两条列车网做连通检查与线号确认；列车网络故障时，按《25T 列车 KAX-1 网络故障解决办法》（见附录 D）进行处理。

1 角	39 芯连接器	端子排
1（SB11）	36	20
	37	21
	38	22
3（SB21）	36	23
	37	24
	38	25

② 车厢与车厢之间的两条列车网络连接电缆必须同时连通，缺一不可，才能保证双列车网动态冗余工作模式。

③ 车厢与车厢之间的通信网络电缆屏蔽线是不连通的，必须保证列车通信网络电缆屏蔽线以车厢级为独立单元，分别在车厢级主机独立接地

2（SB12）	36	26
	37	27
	38	28
4（SB22）	36	29
	37	30
	38	31

续表

作业步骤及质量标准	图示
5. 在工程师室检验 KAX-1 列车级组网通信功能 ▲ 在确定全列车厢级 KAX-1 主机均已上电，列车网络正常后，打开 KAX-1 列车级主机电源和 KAX-1 系统显示屏电源，列车级主机显示器进入主页面显示，查看列车级组网信息和通信状况	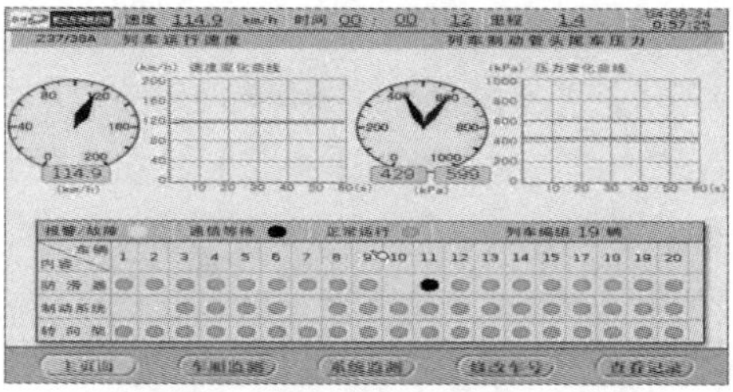
（1）检查 KAX-1 显示屏主页面。 ▲ ① 主页面各项显示功能应正确，显示应清晰、无跳动，无严重干扰波纹，右上角的实时时钟应正确运行。 ② 分别触摸“车厢监测”“系统监测”“查看记录”等软按钮，屏幕应进入相应页面。各页面显示功能正确，显示应清晰、无跳动，无严重干扰波纹	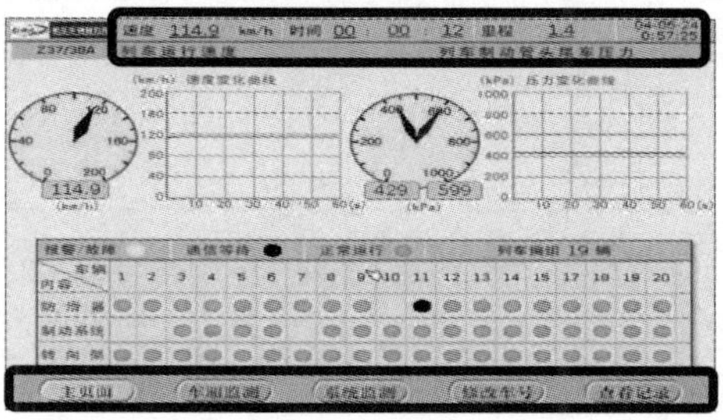
（2）检查 KAX-1 显示车号、车厢号顺序与列车实际编组是否一致。 ▲ ① 触摸“修改车号”功能按钮，显示屏幕进入列车组网信息页面。 ② 显示的列车编组应与列车实际编组一致，否则进行修改。 ③ 改变车厢顺号时，先触摸需要改变的车厢，然后使用输入辅助键盘进行“删除”→输入修改车号→“确认”操作（车厢号输入不大于 20）	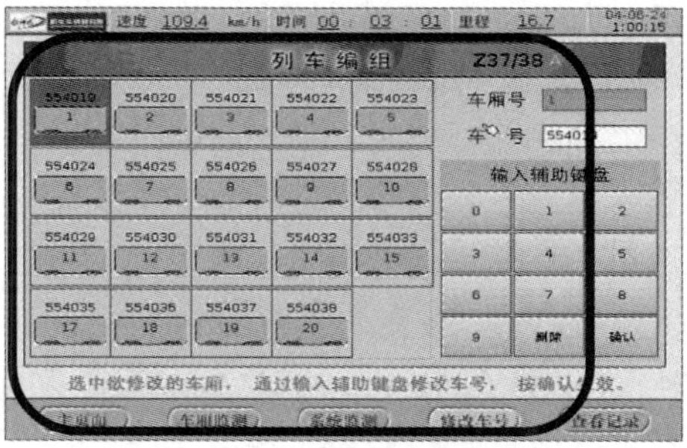
（3）查看车厢监测页面。 ▲ ① 触摸各车厢号按钮，直接切换至该车厢的监测页。按钮的颜色为黄色时表示该车厢有一个或多个报警/故障，可以直接切换至车厢的监测页面。制动系统监测内容包括制动系统工作状态、制动机状态、列车管压力、制动缸压力。防滑器监测内容包括四根轴的速度传感器、防滑排风阀状态，右下方为本车速度、列车管压力、制动缸压力变化曲线。其列车管压力、制动缸压力时间历程曲线在制动或防滑器出现问题时起辅助分析的作用。转向架（一、二端）监测内容包括车辆横向振动状态，车辆垂向振动状态，二系、空簧状态，轮对工作状态，构架横向状态以及构架垂向传感器的监测值。 ② 各车厢制动系统、防滑器、转向架（一、二端）工作状态均应显示正常，故障时至该车厢查找故障原因并处理	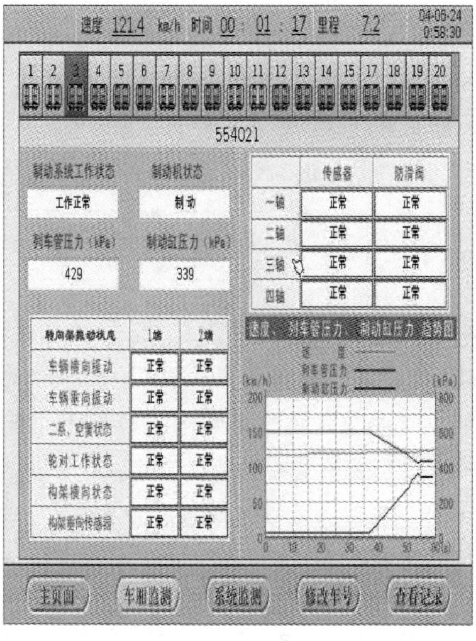

<table>
<tr><th>作业步骤及质量标准</th><th>图示</th></tr>
<tr><td>（4）查看系统监测页面。
▲ ① 此页面按各子系统归类显示监测数据，在需要查看某子系统在整列车的运行状况时直观地看到整列车该子系统的状态。
② 触摸下方防滑器、制动系统、转向架的切换按钮，可切换至相应的子系统监测页面</td><td>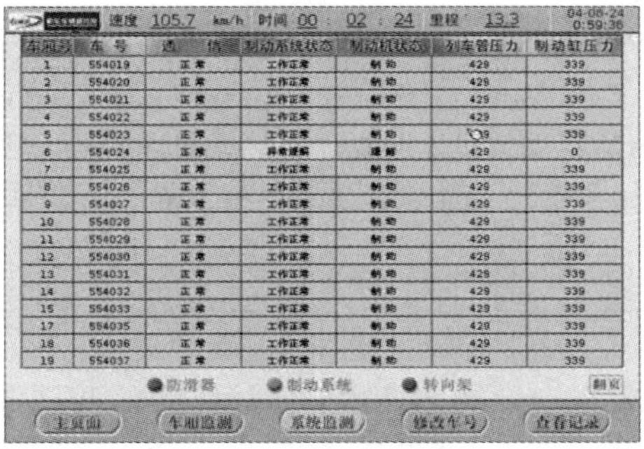
</td></tr>
<tr><td>（5）查看“查看记录”界面。
▲ ①触摸“查看记录”按钮，了解系统运行的最近报警、故障记录。
②检查分析报警、故障记录是否消除，针对报警/故障作出相应的处理措施</td><td>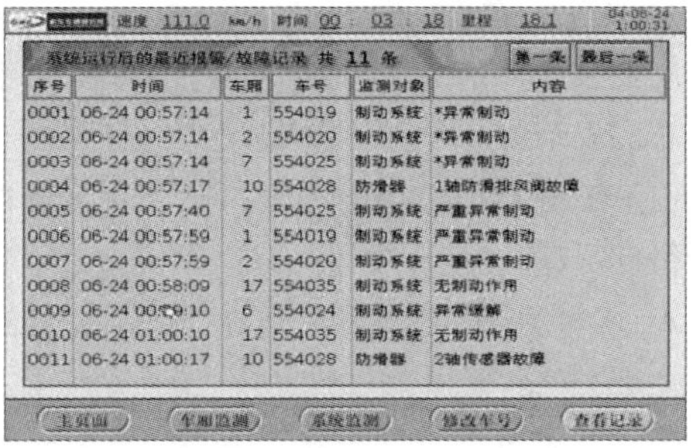
</td></tr>
<tr><td>6. 车下转向架监测子系统检查
▲ 车下转向架监测子系统包括构架加速度传感器和车体加速度传感器及其接线盒、配线。
至车下检查车下转向架监测子系统之前，应先查看该车厢 KAX-1 车厢级主机观察一端转向架板卡“ZX1”和二端转向架板卡“ZX2”面板状态指示灯应处于正常状态。如发现指示灯提示故障状态，通过检查电缆连接、更换板卡或更换传感器，排除故障</td><td>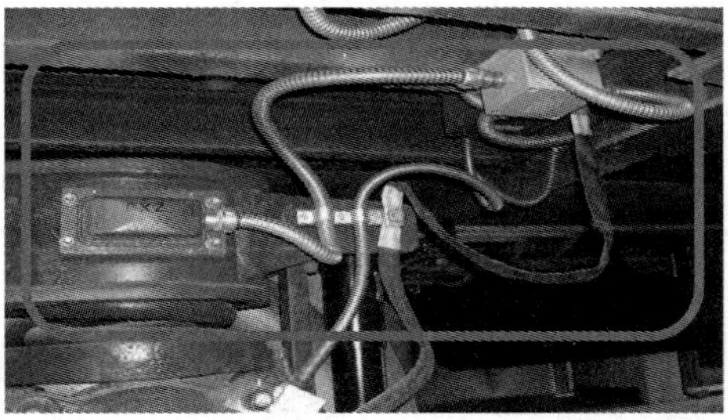</td></tr>
<tr><td>（1）检查一位端转向架加速度传感器（横向、垂向）及其接线盒、配线。
▲ ① 检查传感器安装要紧固，防水良好。螺栓无缺损，配件齐全；开口销无脱落且开尾良好。
② 电缆护管和接线盒的连接需牢固，密封防水良好，电缆护管无破损。破损时更换。
③ 检查接线盒安装要紧固，密封良好，螺栓无缺损，配件齐全</td><td>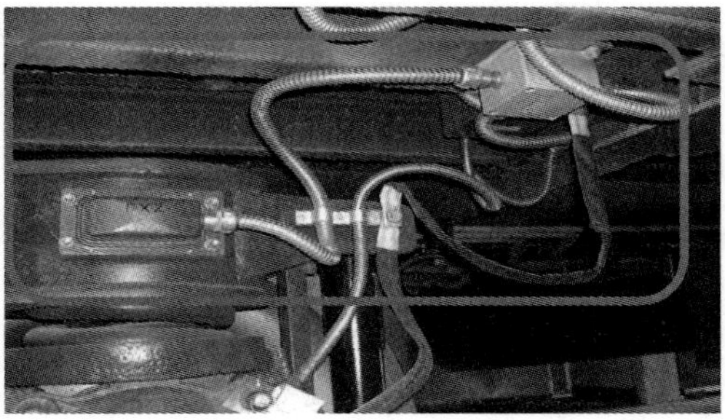</td></tr>
</table>

续表

作业步骤及质量标准	图示
（2）检查一位端车体加速度传感器（横向、垂向）及其接线盒、配线。 ▲①检查传感器安装要紧固，防水良好。螺栓无缺损，配件齐全；开口销无脱落且开尾良好。 ②电缆护管和接线盒的连接需牢固，密封防水良好，电缆护管无破损。破损时更换。 ③检查接线盒安装要紧固，密封良好，螺栓无缺损，配件齐全	
（3）检查二位端转向架加速度传感器（横向、垂向）及其接线盒、配线。 ▲①检查传感器安装要紧固，防水良好。螺栓无缺损，配件齐全；开口销无脱落且开尾良好。 ②电缆护管和接线盒的连接需牢固，密封防水良好，电缆护管无破损。破损时更换。 ③检查接线盒安装要紧固，密封良好，螺栓无缺损，配件齐全	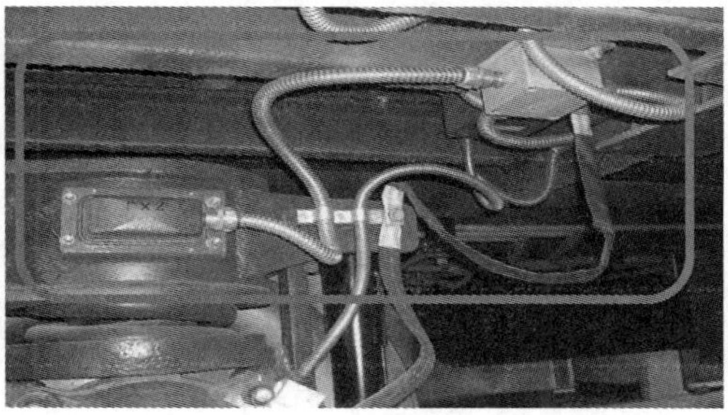
（4）检查二位端车体加速度传感器（横向、垂向）及其接线盒、配线。 ▲①检查传感器安装要紧固，防水良好。螺栓无缺损，配件齐全；开口销无脱落且开尾良好。 ②电缆护管和接线盒的连接需牢固，密封防水良好，电缆护管无破损。破损时更换。 ③检查接线盒安装要紧固，密封良好，螺栓无缺损，配件齐全	
7. 车下制动监测子系统检查 ▲ 车下转向架监测子系统包括列车管、制动缸、总风管压力传感器及其接线盒、配线。总风管压力传感器安装于列车端部车厢。 车下制动监测子系统的检验，应该在车厢级主机通电正常，制动监测板卡上电初始化完成，并在确认制动监测板卡状态指示灯正常后进行。如果出现故障，应排除故障。 如果出现传感器故障，应在更换传感器后做如下检验：装车后，在该测点经受最高气压时，应在气路盒接口处涂抹肥皂水，不得有冒泡后破裂的现象。	

续表

作业步骤及质量标准	图示
传感器装车后，利用单车试验器对车辆制动机进行制动、缓解试验，车厢便携式显示器制动监测页面上的制动、缓解状态与制动机的实际制动、缓解状态应相符合。在单车试验器置于缓解位，制动缸彻底缓解后，制动节点的车厢显示页面上的制动缸压力应大于等于 0、小于等于 4 kPa。在单车试验器置于制动位，且制动缸压力稳定后，制动节点的车厢级显示页面上的列车管压力应大于等于 0、小于等于 4 kPa。 ■ 更换压力传感器需在无风状态下进行，更换后需严格做气密性试验，防止漏风	
（1）检查列车管压力传感器及其接线盒、配线。 ▲ ① 检查传感器安装要紧固，防水良好，气路盒气密性良好，不漏风。螺栓无缺损，配件齐全。 ② 电缆护管和接线盒的连接需牢固，密封防水良好，电缆护管无破损。破损时更换。 ③ 检查接线盒安装要紧固，密封良好，螺栓无缺损，配件齐全。 ■ 车下压力传感器需进行气密性检查，防止漏风；车下列车管压力传感器、制动缸压力传感器配线不能接错，否则会在运行中出现严重制动异常报警	
（2）检查制动缸压力传感器及其接线盒、配线。 ▲ ① 检查传感器安装要紧固，防水良好，气路盒气密性良好，不漏风。螺栓无缺损，配件齐全。 ② 电缆护管和接线盒的连接需牢固，密封防水良好，电缆护管无破损。破损时更换。 ③ 检查接线盒安装要紧固，密封良好，螺栓无缺损，配件齐全。 ■ 车下压力传感器需进行气密性检查，防止漏风；车下压力传感器配线不能接错，否则会在运行中出现严重制动异常报警	
（3）在车上首尾车厢总风表处（25G DC 600 V 供电列车在播音车总风表处），检查总风管压力传感器及其接线盒、配线。 ▲ ① 检查传感器安装要紧固，气密性良好，不漏风。螺栓无缺损，配件齐全。 ② 传感器引出线线的连接需牢固，电缆护管无破损。破损时更换。 ■ 压力传感器需进行气密性检查，防止漏风	

续表

作业步骤及质量标准	图示
8. 完工检查，填写相关检修记录 ▲（1）关闭电源，清点工具，确认状态良好并擦拭干净后放入工具箱内，清扫作业场地。 （2）按规定填写检修记录	

任务 2　KAX-1 客车行车安全监测诊断系统常见故障检修方法

【任务陈述】

客车行车安全监测诊断系统应用于客车运行中的实时监测与诊断，系统设计严格遵守“故障导向安全”和“任何设备故障不影响客车正常运行”的原则。车下传感器安装座采用焊接，紧固螺母采取开口销防松措施，保证安装连接可靠。与列车管、制动管的气路连接应用小通径止回阀结构，监测气路内泄漏不影响制动系统的正常工作。

系统具有自检功能。列车级主机显示器页面可以显示本系统的传感器故障或通信故障。如果传感器出现故障，该传感器信息不作为诊断依据。

车厢级各模块均设有工作状态指示灯。通过各板卡指示灯的状态可以了解各板卡的运行状态，指导故障维修。系统采用现场板卡换修，不进行元器件级更换。

本任务主要学习以下知识：

（1）列车级主机故障检修；

（2）车厢级主机故障检修；

（3）列车级双网通信功能故障处理。

主机、列车及双网通信功能故障与处理

【任务实施】

一、列车级主机故障检修

1. 列车级主机 PW 卡电源故障

故障现象是电源指示灯“ON-OFF”灯点亮而“PD”灯不亮。

检修步骤：

（1）检查电源线是否已经正确接入，主机输入电压应在 48 V（行邮车）或 110 V（25T）的规定范围之内，对应线号为+123B 和−111B。

（2）若以上检查内容正常而故障仍然存在，检查电源开关是否已经打开。

（3）电源开关打开后若故障仍然存在，检查主机 PW1、PW2 模块上保险管是否已经熔断，如果已经熔断就更换保险管，主机保险管规格为 48 V/3 A（行邮车）或 110 V/2 A（25T）。

（4）经上述处理后故障仍然存在，可更换主机电源卡。

2. 列车级主机与显示屏之间通信中断故障

如果在运行过程中突然通信中断，主机显示屏上部中间的时钟不再刷新时间，或在显示屏启动时通信中断，显示屏长时间提示“正在初始化”。出现此现象，表明列车级主机与显示屏之间通信出现中断故障。

检修步骤：

（1）检查显示屏供电，供电电缆是否正确连接，供电电压是否正常（行邮车为 48 V，25T 型车为 24 V）。

（2）应检查主机与显示屏之间的通信线是否正确连接，有无松动。通信电缆的主机侧接在 JX 端口上，显示屏侧接在 COM1 端口上。

（3）检查通信线连接是否正常，通信线为三芯屏蔽线，接线表如下：

插头 A	插头 B
2	3
3	2
5	5

（4）若通信线正常且已经正确连接，而故障仍然存在，检查主机是否已经正常供电（见上面的“列车级主机 PW 卡电源故障”部分）。

（5）主机供电正常而故障仍然存在，可能是主机 CPU 卡的 JX 串口有问题或 CPU 卡自身不能工作，应更换 CPU 卡。

3. 显示屏故障检修方法

故障现象：显示屏不亮。

故障原因：可能是显示屏的电源线未接或电源开关未开。

其他异常可尝试关闭电源重新启动。

二、车厢级主机的故障检修

1. 车厢级主机电源卡故障

故障现象：“PD”灯熄灭。

检修步骤：

（1）检查电源线是否已经正确接入，电源电压是否正常。主机输入电压为 48 V（行邮车）或 110 V（25T），对应线号 110 V+/110 V-（长客厂+123 A/-171）。

（2）若电源线已经接好，检查电源开关是否打开。

（3）若电源开关已打开，检查主机 P1C1（PW1）模块上保险管，若已经熔断请更换保险管，主机保险管规格为 48 V/3 A（行邮车）或 10 V/2 A（25T）。

（4）若故障仍然存在，更换主机电源卡。

2. 其他板卡故障检修方法

故障确认：根据各板卡指示灯状态确定与排除故障。

维修方法：换板卡。

3. 传感器故障

故障现象：相应板卡指示灯报传感器故障，或列车主机显示器报某车传感器故障。

检修方法：检查车下传感器连接、接线盒连接是否正确；检查车上端子排接线是否正确可靠；检查端子排到板卡连接电缆的 DB25 插头连接是否牢固以及连接器的插针有无变形、弯曲、松动；以上如无异常，则检查传感器。

4. 防滑器通信故障

（1）进口防滑器通信中断。

故障现象：列车级主机显示器显示该车防滑器通信中断或车厢级主机 FH 板卡 D2 灯熄灭，或者报警显示终端车厢级板卡通信监测页面防滑器的通信进展条长时间处于无进展的状态。

检修方法：

① 检查板卡是否存在电源故障，若存在，确认主机输入电源是否正确，如果主机供电正常，则更换 FH 板卡。

② 若无电源故障，检查防滑器到车厢级主机的通信电缆连接是否正确可靠，板卡上的 DB9 连接器（J5）连接是否牢固，插针有无变形、弯曲或松动，如无异常则更换 FH 板卡。

③ 如果通信故障仍未消除，则联系厂家协助解决。

（2）国产防滑器通信中断。

故障现象：列车级主机显示器显示该车防滑器通信中断或报警显示终端车厢级板卡通信监测页面防滑器的通信进展条长时间处于无进展的状态。

检修方法：

① 检查 TFX1 防滑器端子排到车厢级主机端子排电缆连接是否正确牢固；车厢级端子排到 FH 板卡 DB9 连接器（J3）的连接是否正确牢固，插针有无变形、弯曲或松动。

② 上述检查如无问题而通信故障仍然存在，则联系厂家协助解决。

三、列车级双网通信功能故障处理

开启全列安全监控系统车厢级主机电源。关闭列车级主机电源，拔掉 LG2 卡上两个 DB9 插头。开启列车级主机电源，使系统单网运行 3 min，观察触摸显示屏主页面显示的车辆数目与实际编组的车辆数目是否相同，如果相同则证明 LG1 网卡所在的列车网络（一/三角）正常。

关闭列车级主机电源，恢复 LG2 卡上的两个 DB9 插头。拔掉 LG1 卡上的两个 DB9 插头，开启列车级主机电源，使系统单网运行 3 min，观察触摸显示屏主页面显示的车辆数目与实际编组的车辆数目是否相同，如果相同则证明 LG2 网卡所在的列车网络（二/四角）通信正常。如果车辆数目与已编组的车辆数目不同，则根据下面所述的故障现象和处理办法进行检修。

也可以通过观察报警显示终端网络 1 和网络 2 的通信进展条来检测列车级双网通信功能是否故障。当网络 1 的通信进展条以每 3 s 一次的速度向前进展时，表示网络 1 通信正常，没有进展条或进展条长期处于不动的状态，则说明该网络不正常。网络 2 亦如此。

故障现象 1：显示屏主页面显示车辆数目少于已编组车辆数目（减少车辆的车顺号不连续）。可能原因：

（1）对应缺少车辆的车厢级主机电源未启动或电源卡损坏。

（2）对应缺少车辆的车厢级主机 WG2 卡上的 DB9（J1、J2）插头松动或端子排上与列车网络相关的 LW*C、LW*D 虚接或脱落。

（3）对应缺少车辆的安全监控系统车厢级主机 WG2 卡故障。

（4）触摸显示屏与列车级主机之间的串口通信线断开或虚接。

故障现象 2：显示屏主页面显示车辆数目少于已编组车辆数目（减少后的车辆车顺号连续）。可能原因：

（1）缺少车辆相应的车厢级主机 WG2 卡上的 DB9 插头（J1、J2）松动或端子排上与列车网络相关的 LW*C、LW*D 虚接或脱落。

（2）已有车辆与缺少车辆之间的通信连接器未连接或与列车网络相关的 15、16 插针变形、损坏。

故障现象 3：显示屏主页面显示某车某子系统通信等待，某车该子系统相应位置显示黑色标志，几秒后恢复，以后不再出现。可能原因：

由于 LonWorks 通信协议自身限制，网络通信存在不确定性，不为系统故障状态，可以不予处理。

故障现象 4：显示屏主页面显示某车某子系统通信等待，某车该系统相应位置显示黑色标记，几秒后恢复，重复出现。可能原因：

（1）由于 LonWorks 通信线或屏蔽线中耦合干扰信号，需增加抗扰措施，需通知厂家解决。

（2）功能节点板卡通信出现故障，需更换对应故障板卡。

故障现象 5：显示屏主页面显示某车某子系统（防滑器、制动、转向架）通信等待，某车该系统相应位置显示黑色标记，始终不恢复。可能原因：

该车相应子系统的通信部分硬件故障，需更换该子系统板卡。

故障现象 6：单独车辆车厢级组网指示灯 D2 或 D22 显示异常（点亮）。

可能原因：

车厢级主机板卡 WG2 到端子排接线脱落或虚接，如果 D2 灯异常，检查 SB11A 与 SB11C 之间有无 24 V 电压。如果 D22 灯异常，检查 SB22A 与 SB22C 之间有无 24 V 电压。如果有正常输入电压 24 V，可能是 WG2 板卡故障，需更换板卡。如果没有正常输入电压，需检查相应的接线有无脱落或虚接。

故障现象 7：本车与相邻车辆车厢级组网指示灯 D2 或 D22 显示都异常（点亮）。

可能原因与检查步骤：

（1）如果本车 D2 灯点亮，需检查 SB11A 与 SB11C 之间有无 24 V 电压。如果 D22 灯点亮，需检查 SB22A 与 SB22C 之间有无 24 V 电压。如果有正常输入电压，而组网指示灯仍然显示不正确（点亮），则更换本车 WG2 网关板卡。

（2）如果本车 SB11A 与 SB11C 和 SB22A 与 SB22C 之间没有正常输入电压，需分别检查与本车一角连接的相邻车的三角和与本车四角连接的相邻车的二角。对于相邻车二角，须检查 SB12A 与 SB12C 之间有无 24 V 电压；对于相邻车三角，需检查 SB21A 与 SB21C 之间有无 24 V 电压。如果无电压，需检查相应的端子排接线，如果接线没有问题，需更换相邻车的 WG2 网关卡。

（3）如果相邻车上述检查有电压，则检查车厢之间 39 芯通信连接器的插针 36、37、38（行邮车 22、27、28）有无损坏、变形，是否有相应的端子排接线虚接或脱落。若列车网络电缆连接有问题，更换车厢间通信连接器。

WG2 指示灯 D2 或 D22 显示异常（点亮）：

检修方法：

（1）如果 D2 灯异常，检查 SB11A 与 SB11C 之间有无 24 V 电压。

（2）如果 D22 灯异常，检查 SB22A 与 SB22C 之间有无 24 V 电压。

（3）如果有正常输入电压 24 V，可能是 WG2 板卡故障，需更换板卡。

（4）如果本车 SB11A 与 SB11C 和 SB22A 与 SB22C 之间没有正常输入电压，需分别检查与本车一角连接的相邻车的三角和与本车四角连接的相邻车的二角。对于相邻车二角，须检查 SB12A 与 SB12C 之间有无 24 V 电压；对于相邻车三角，需检查 SB21A 与 SB21C 之间有无 24 V 电压。

（5）如果无电压，需检查相应的端子排接线，如果接线没有问题，需更换相邻车的 WG2 网关卡。

（6）如果相邻车上述检查有电压，则检查车厢之间 39 芯通信连接器的插针 36、37、38（行邮车 22、27、28）有无损坏、变形，是否有相应的端子排接线虚接或脱落。若列车网络电缆连接有问题，更换车厢间通信连接器。

项目10

真空集便器检修

【学习目标】

知识点：

1. 便器的构成；
2. 真空组件的构成；
3. 污物箱的构成；
4. 真空集便器的工作原理。

技能点：

1. 真空集便器的使用；
2. 真空集便器季度专项检修；
3. 真空集便器的维护和保养；
4. 真空集便器常见故障检修。

【内容概述】

为了减少旅客列车对铁路沿线的环境污染，特别是当速度超过 120 km/h 时，客车由于在高速下运行，厢体内极易形成负压，造成大量杂物飞入。为防止污物、气味返回车内，空气由排污口回流，保证车内的舒适性，安装了客车集便器。目前使用较多的是真空集便器。

任务1　EVAC2000P 真空集便器季度专项检修

【任务陈述】

本任务主要要求技术人员进行 EVAC2000P 真空集便器季度专项检修。维修人员按照维修手册的规范程序进行检查，包括部件静态检查、污物箱检查、电路检查、功能检查。确认其工作状态正常，填写维修工单交付检验。工作过程中，应遵循现场工作管理规范。

【知识准备】

一、真空式集便器的构造

真空集便器检修

1. 集便器

集便器为地面安装式，分蹲式和坐式两种，采用不锈钢便盆。其主要由以下部件组成：便盆 1、冲洗按钮 2、冲水组件盘 3、排泄阀 4 和污物箱等，如图 10-1 所示。

图 10-1 中冲水组件 3 包括控制器（3.5）、水增压器组（3.1）、阀组（3.4）、过滤减压阀（3.2）、水阀（3.3）和主过滤器（3.6）等部件。

该集便器的设计能利用最少水量达到最佳的冲洗效果，水消耗量为 0.45 L/次。便盆排出口的直径比系统其他部分小，并与一个 90°弯管直接连接，这样的便盆排出口能够阻止可能在系统中造成堵塞的物体。

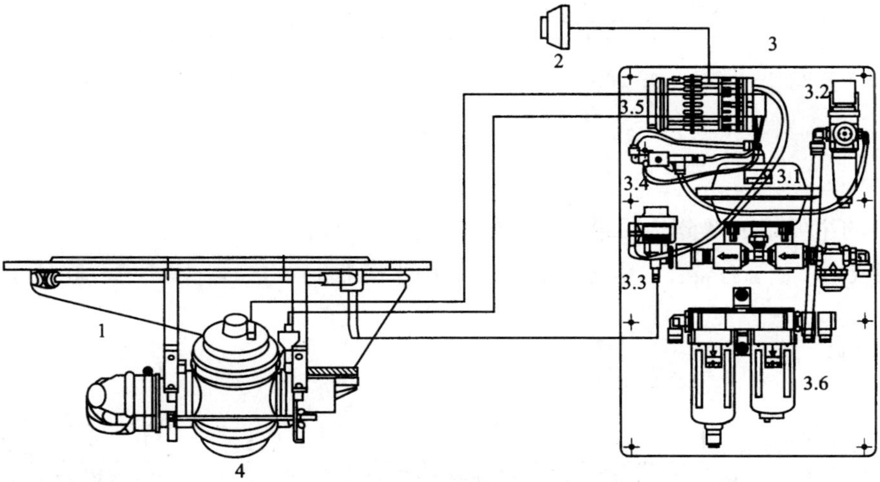

图 10-1　真空保持式集便器

为保证便盆最佳的冲洗效果和最少的耗水量，需要对水加压，加压通过水增压器组（3.1）进行。压缩空气进入水增压器以前，先通过主过滤器（3.6）进行过滤，再通过过滤减压阀（3.2）进行过滤和减压。主过滤器（3.6）对系统的总风源进行过滤。

排泄阀 4 接在便盆出口 90°的弯管之后。排泄阀 4 在关闭位置时，将便盆与系统的其他部分隔离开，该阀的密封能力能满足在污物箱和管路中有−45 kPa 的真空时不泄漏。

控制器（3.5）控制排泄阀 4 打开的时间，阀组（3.4）将压缩空气送到水增压器组成（3.1），水阀（3.3）打开使冲洗水进入便盆。当前的冲洗循环结束以前，控制器（3.5）不执行新的冲洗循环过程。

2. 真空组件

真空组件盘上的部件包括喷射器 1、电磁阀 2、真空表 3、压力开关 4、时间继电器-接线端子 5、臭气过滤器 6，如图 10-2 所示。

如果喷射器工作时间超过时间继电器的预置时间，则时间继电器显示并报警。根据污物箱的大小，该工作时间是个可变的量。对于 400 L 污物箱，时间继电器的预置时间为 1.5 min。

真空组件盘根据客车厂要求装在污物箱上。

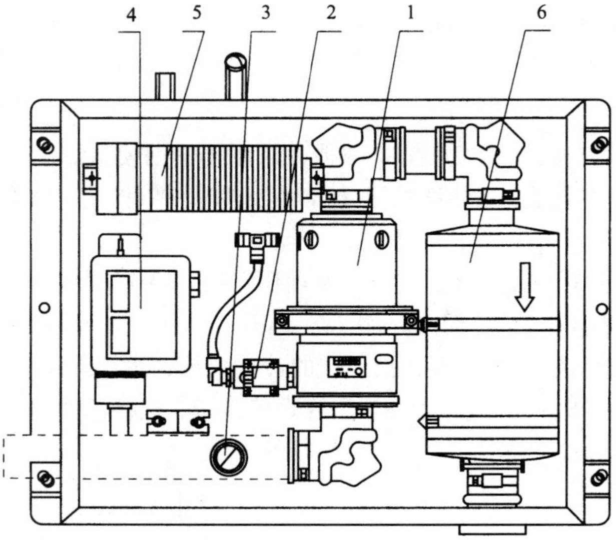

1—喷射器；2—电磁阀；3—真空表；4—压力开关；5—时间继电器-接线端子；6—臭气过滤器。

图 10-2　真空组件

3. 污物箱

污物箱的主要组成部分包括箱体 1、排空装置 2、液位开关 3、溢流气动球阀组件 4、伴热线 5、接线盒 6、温控器 7、电加热管 8、溢流排放箱 9、检查口 10、电控箱 11，如图 10-3 所示。

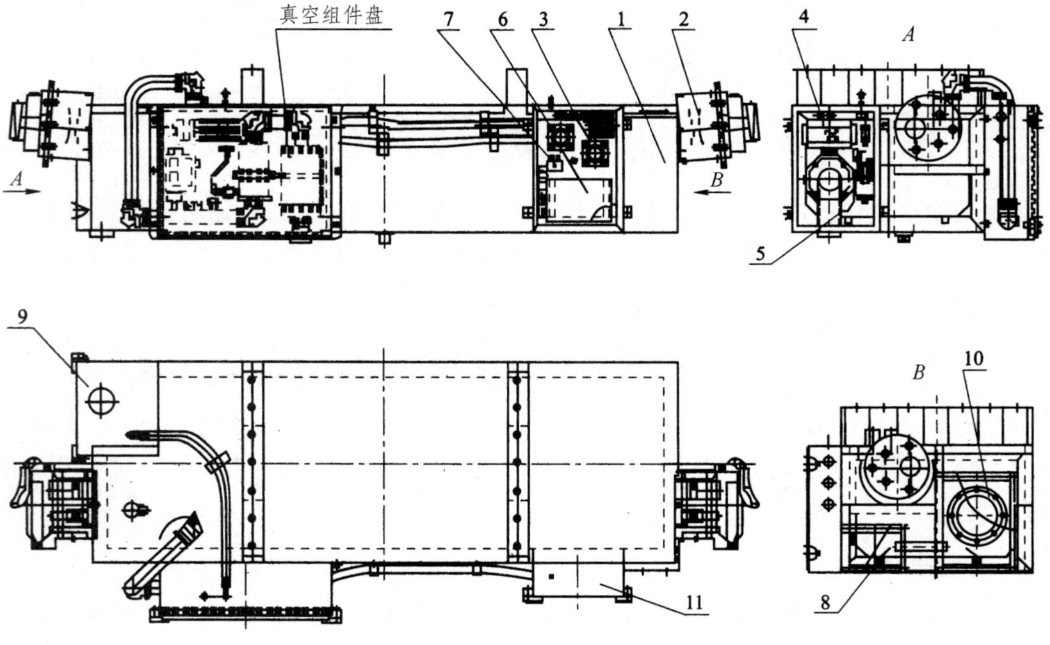

1—箱体；2—排空装置；3—液位开关；4—溢流气动球阀组件；5—伴热线；6—接线盒；
7—温控器；8—电加热管；9—溢流排放箱；10—检查口；11—电控箱。

图 10-3　污物箱的结构

箱体 1 又由内胆、保温层、外部包板三层组成，容积为 400 L。内胆及外部包板采用不锈钢材质，具有良好的抗腐蚀性。

一个污物箱配有两个排空装置 2。排空装置内设有 2.5 英寸排污快速接头，该接头同通到污物箱底部的排污管连接，排污时只需将车站卸污装置接头同该接头相接，进行抽吸，便可将污物箱内污物排空。排空装置内还设有 1 英寸清洗快速接头，连接上压力水可将污物箱冲洗干净。排空装置内还设有一个通气口。

污物箱上还设有两个液位开关，分别控制污物箱的液位 80%和 100%。液位到 80%时，箱满 80%指示灯亮，但系统仍能工作。液位到 100%时，系统报警，禁止工作。

为了解决污物箱液位到 100%后系统禁止工作，从而乘客无法上厕所的问题，可以在污物箱上加装溢流球阀组件 4，它由球阀、摆动气缸、电磁换向阀等组成，列车运行期间若污物箱满 100%，可手动操作控制开关将其打开，排出一部分污物，就可以使便器系统继续正常使用。

所有污物管路外缠有伴热线 5，污物箱的底部设有加热管 8，其目的为以防气温过低时系统被冻影响其正常使用。加热管 8 和管路伴热线 5 的启动受装在污物箱上的温控器 7 控制。温控器设置为箱体温度低于 3 °C 时启动，高于 8 °C 时停止。

污物箱上电控箱内设有接线盒 6，污物箱上的所有接线、电源都通过该接线盒连接。污物箱上所有电气件的电源也由车上下至此盒内。

污物箱上设有检查口 10，以便观察污物箱内部情况和在特殊情况下清理内部。

4. 信号箱

便器系统包含以下显示：当污物箱内液位达到 80%时显示；当污物箱满 100%时显示，同时报警指示灯显示，系统关闭；显示电源为 AC 220 V；显示电源为 DC 24 V；显示系统正在加热；如果喷射器工作 1.5 min 后，系统仍未建立起真空，则喷射器超时指示，系统关闭，若要恢复系统，需按复位按钮；出现喷射器超时和箱满 100%时，除故障指示灯亮，报警指示灯也亮。出现喷射器超时时，若要恢复系统，需按复位按钮；操作该按钮，打开污物箱溢流球阀，排放一部分污物。

二、真空式集便装置的工作原理

EVAC2000P 真空集便器的基本原理是利用污物箱内始终保持的真空将污物从便盆通过排泄阀抽吸到污物箱，如图 10-4 所示。

在图 10-4 中，便盆的冲洗和排空完全靠控制器 3 控制。当冲洗按钮 2 被按下，冲洗按钮内部的气囊被促动，产生一个压力信号，该信号传送控制器 3 时，控制器 3 控制以下动作：

（1）水阀 6 打开，冲洗水进入便盆 1。

（2）排泄阀 4 打开，便盆内污物排入污物箱。

（3）控制器促动阀组 7，将压缩空气接通到水增压器 5。

其中过滤减压阀 8 的作用是将进入的压缩空气调节到正确的压力。主过滤器 9 对系统的总风源进行过滤。

污物箱内的真空由喷射器产生。箱体内保持压力为−35 ~ −45 kPa 的持续真空，真空度由安置在真空组件盘上的真空压力开关控制。

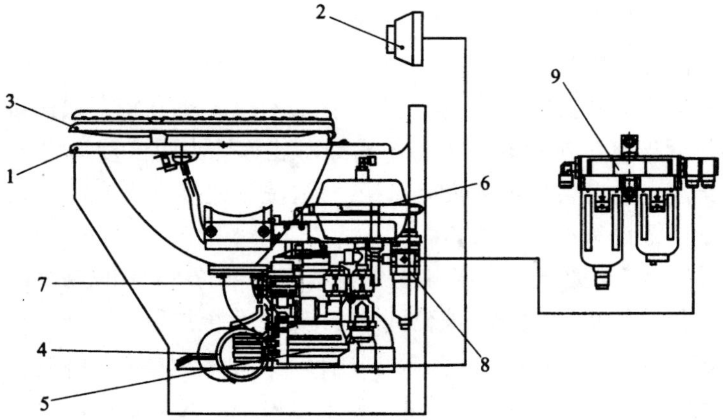

1—坐便盆；2—冲洗按钮；3—控制器；4—排泄阀；5—增压器；6—水阀；7—促动阀；8—过滤减压阀；9—主过滤器。

图 10-4　真空式集便器的工作原理

【任务实施】

一、作业前准备

1. 使用工具

毛刷、钢丝刷、裙板钥匙、内六方扳手、电工工具、万用表、绝缘表（500 V、1 000 V）。

2. 注意事项

（1）所有现场工作应该由合格人员正确执行，并经过现场管理人员的检查。

（2）进行维护或维修时，工作人员必须遵守所有的安全规章，防止“病从口入”。

（3）拆卸管路的任何部分时，应检查是否会有污物溢出的危险。

（4）必须戴橡胶手套，避免污染。

（5）清洗所有接触过污物的地方，并对其消毒。

（6）不得使用氯基清洗剂（侵蚀不锈钢）或丙酮和乙醚基清洗剂（侵蚀塑料和橡胶）。

（7）多数情况下，使用干净水或肥皂水。

（8）管路中有压力时不得断开任何部分。不要拆开水增压器。否则弹簧会突然弹出。

（9）在车下作业时，进出车下注意碰头。

（10）使用兆欧表检测绝缘前，须确认所测线路断电，确保设备和人身安全。禁止带电处理故障，必须带电作业时，须一人防护、一人作业。

3. 安全提示

雨雪天气时，当心滑倒。

登高作业时，防止坠落。

带电作业时，当心触电。

现场作业时，不得侵限。

二、作业过程

<table>
<tr><th colspan="2">EVAC2000P 真空集便器季度专项检修作业指导书</th></tr>
<tr><th>作业步骤及质量标准</th><th>图示</th></tr>
<tr><td>1. 部件静态检查
▲（1）检查排泄阀、冲便阀无破损，作用良好，各管系无漏泄。
（2）检查各空气管路、水管路安装牢固，管系无老化、变形、龟裂、泄漏；清洗气、水过滤器滤网，内部无水垢、杂质；滤网破损时更换。
（3）检查水增压器、过滤减压阀、主过滤器配件齐全，作用良好，管系连接无漏泄。
（4）检查电气控制门锁、门止、折页、插销等配件齐全，作用良好；柜门开闭灵活，关闭严密；电气柜安装螺栓齐全、紧固、无松动。
（5）检查真空发生器、摆门止回阀作用良好。调整设定真空开关设定值：EVAC2000P 关闭点：(−35±2)kPa；开启点：(−45±2)kPa。
（6）用压缩空气清洁过滤调压阀滤芯，过滤调压阀作用良好，调整过滤调压阀压力值：EVAC2000P 为(450±50)kPa。
■ 清洗便器冲洗喷嘴，检查便器冲洗喷嘴清洁、无污物，冲洗作用良好</td><td>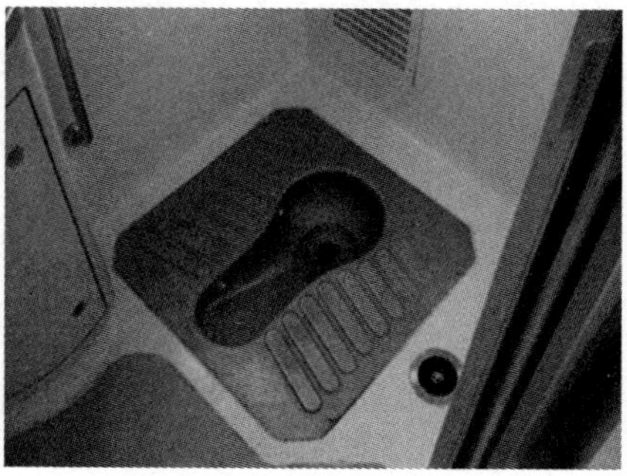

</td></tr>
</table>

续表

作业步骤及质量标准	图示
2. 污物箱检查 ▲（1）检查污物箱无漏泄，外包防护层无破损。 （2）污物箱检查门无污物，垫圈良好、无泄漏。 （3）各球阀开启、关闭正常，球阀、管系无漏泄。 （4）吊装螺栓配件齐全、紧固、无松动。 （5）污物箱液位开关作用不良时清洗或检修	 
3. 电路检查 ▲（1）污物箱电伴热装置冬季使用前进行绝缘测试，使用 500 V 级兆欧表检测，绝缘值冷态>20 MΩ。 （2）冬季环温 EVAC 低于（3±1）°C 电伴热装置工作正常，伴热指示灯显示正确。 （3）检查集便控制箱各指示灯显示正确，无喷射器超时报警、污物箱 80%液位和 100%液位报警。 ★ 绝缘测试必须断电后进行	
4. 功能试验 ▲（1）接通水源、风源和电源，调整空气压力符合规定。检查污物箱各阀处于关闭位，检查水、气路无泄漏。 （2）真空发生器工作正常，无喷射延时现象。 （3）系统功能测试：按压冲洗按钮，进行 1～2 次冲洗循环，冲水须均匀、有力，水不会喷到集便器踏板上，空气阀工作正常，排泄阀开启、关闭正常，冲洗循环状态良好。 ■ 检查污物箱真空度，EVAC2000P 真空度在（−35±2）～（−45±2）kPa，系统真空度符合标准。 ■ 测试污物箱的气密性，要求保压 10 min 压力上升值不大于 5 kPa；测试抽真空时间，不超过 70 s，保证运用客车不超过 90 s	

续表

作业步骤及质量标准	图示
5. 处理故障 ▲ 根据掌握故障历史及惯性故障，对易出现故障的部位或功能实施进行重点检查和试验，对存在的故障进行修复。 ■ 处理故障不得将配件及工具乱扔乱放，避免堵塞集便器。	
6. 作业完毕清理现场 ▲ 清查工具、材料，进行场地清理，做到“工完、料净、场地清”。 ■ 作业完毕，确保集便器内无异物，防止堵塞	

知识拓展　EVAC2000P 真空集便器系统各部件结构

EVAC2000P 真空集便器系统各部件结构如图 10-5 ~ 图 10-15 所示。

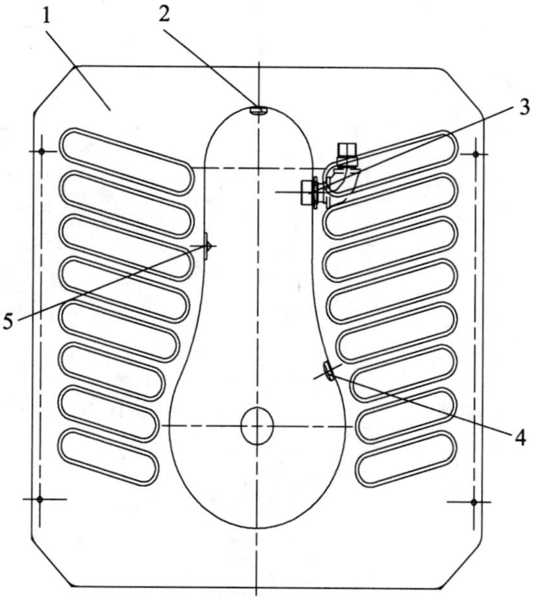

1—便盆；2，4—喷嘴；3—灰水嘴；4—水过滤器；5—高液位传感器 Y6。

图 10-5　蹲式便盆

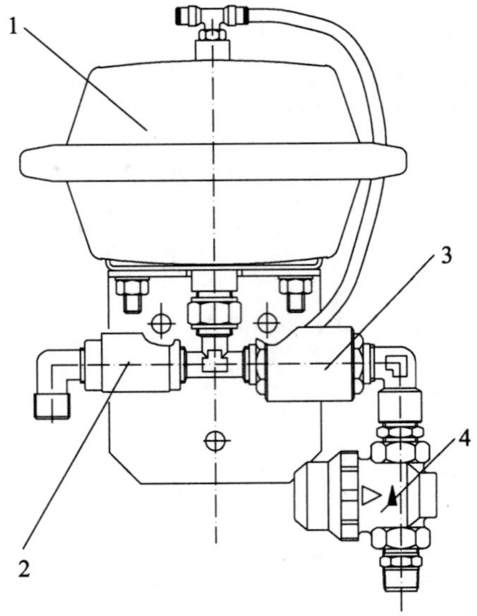

1—水增压器；2—冲洗气控阀；3—止回阀；4—管路水过滤器。

图 10-6　蹲式便器水增压器组成

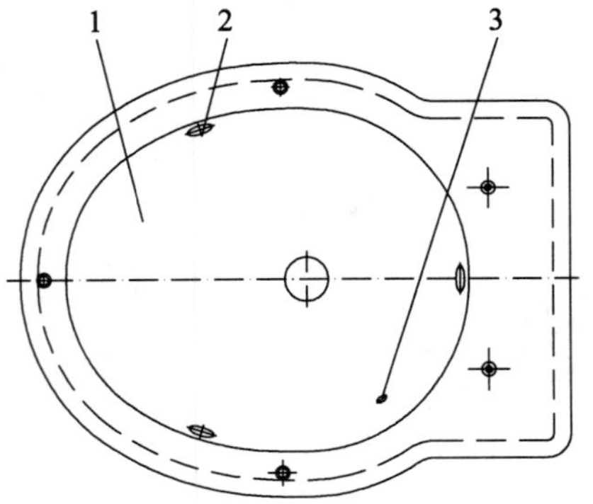

1—便盆组成；2—喷嘴；3—高液位传感器 Y6。

图 10-7　座式便器便盆

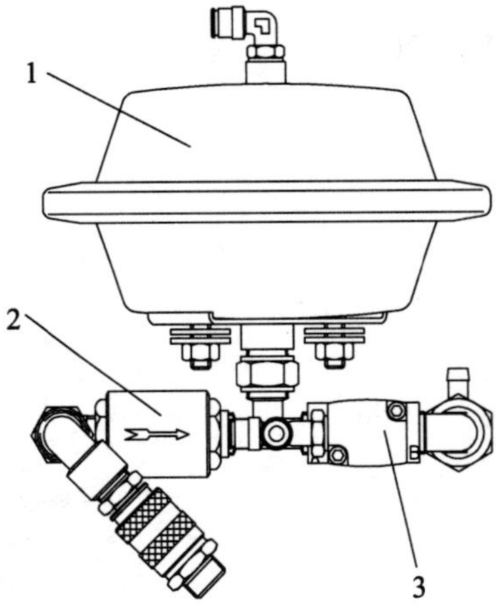

1—水增压器；2—止回阀；3—冲洗气控阀。

图 10-8　坐式便器水增压器总成

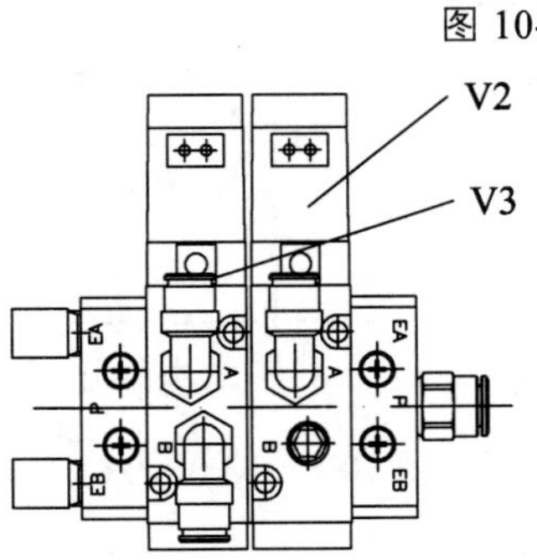

图 10-9　阀组（电磁阀 V3 控制排泄阀的气缸，电磁阀 V2 控制水增压器）

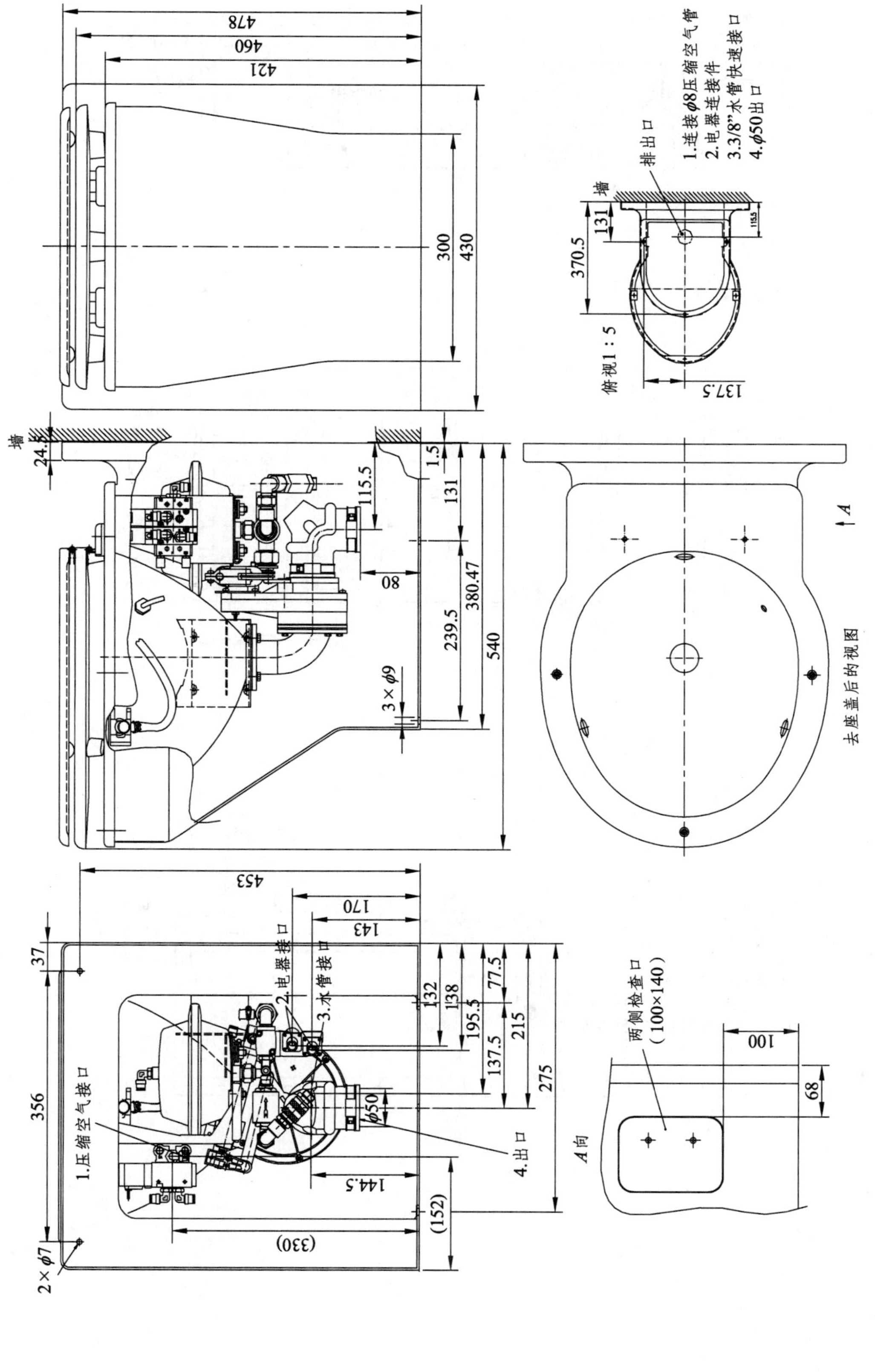

图 10-10 座式便盆组成安装图

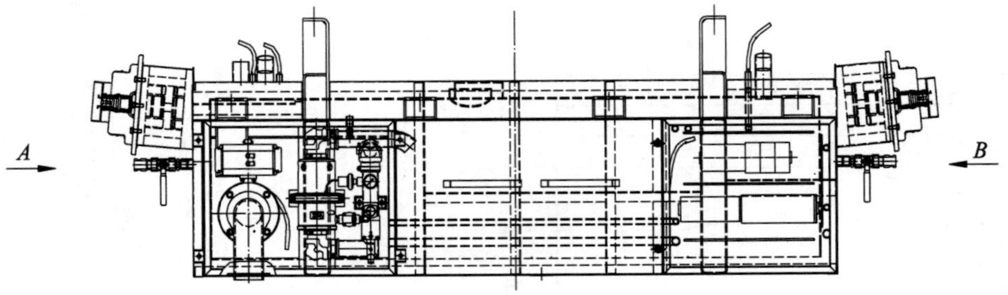
A
B

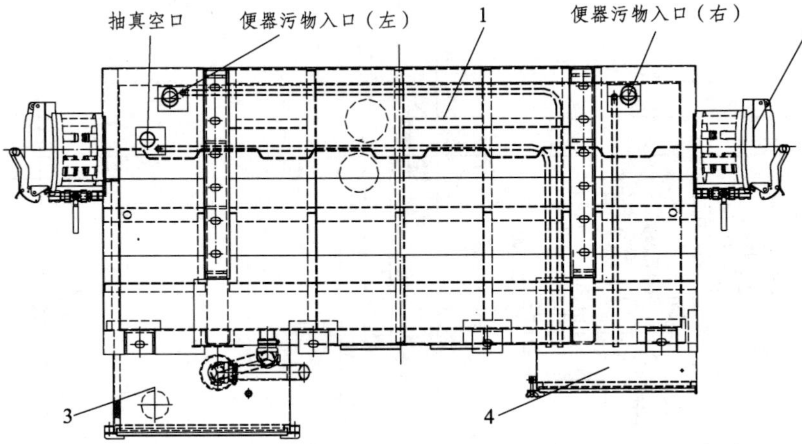
抽真空口
便器污物入口（左）
1
便器污物入口（右）
2
3
4

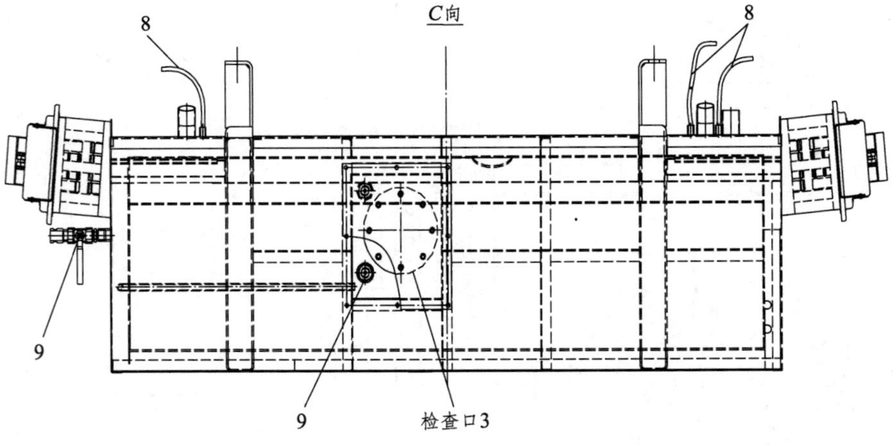
C向
8
8
9
9
检查口3

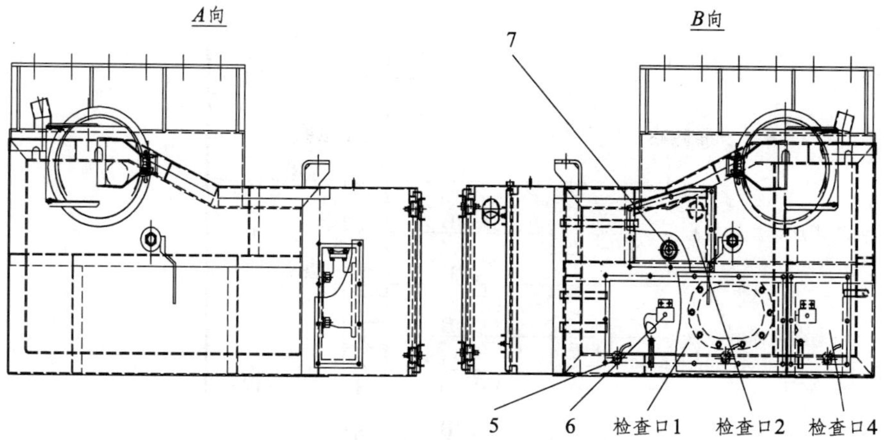

1—污物箱体（数量 1）；2—排空装置（数量 2）；3—紧急排放箱（数量 1）；4—电控箱（数量 1）；
5—加热管（数量 3）；6—温控器（数量 2）；7—液位开关（数量 4）；8—管路伴热线（数量 3）；
9—污物箱（大箱体）冲洗装置（数量 2）。

图 10-11　硬座、硬卧（普通）车污物箱组成图

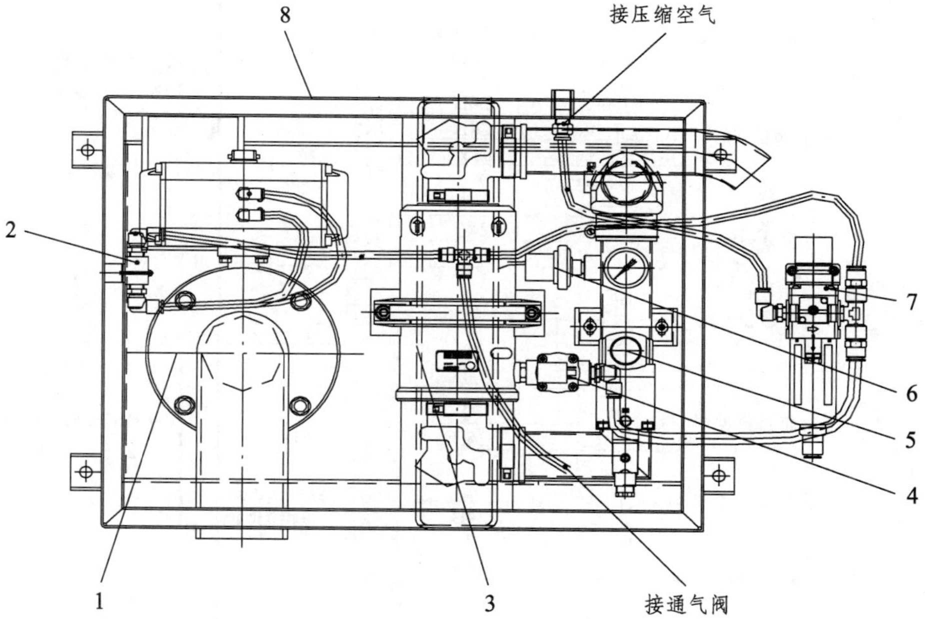

1—溢流球阀组件（包括法兰等）；2—电磁换向阀 V7；3—真空发生器 2；4—电磁阀 V4；
5—电磁阀 V5；6—真空压力开关 S3；7—过滤减压阀。

图 10-12　紧急排放箱

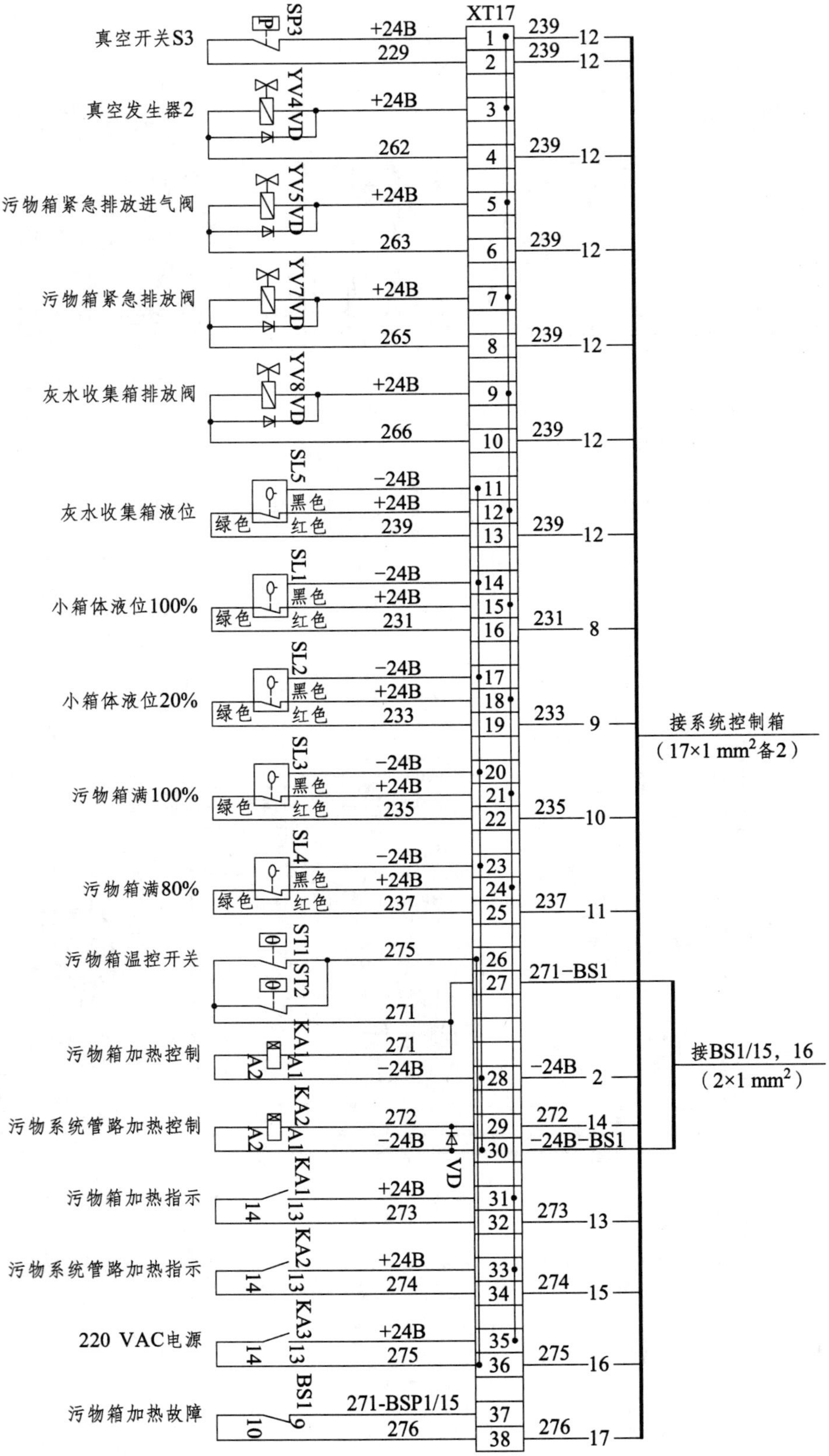

图 10-13　硬卧车用污物箱Ⅱ电气接线图 1

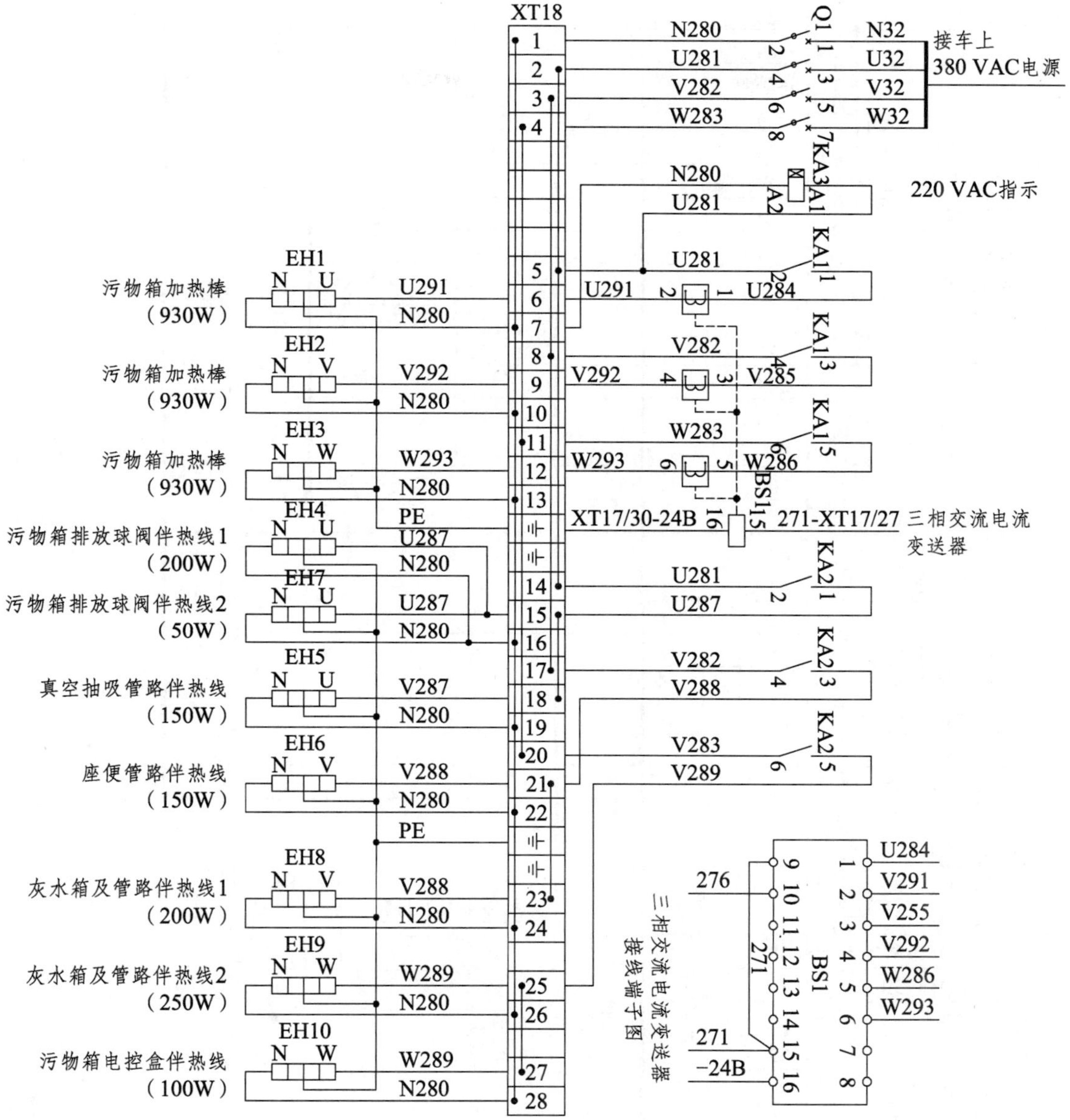

图 10-14　硬卧车用污物箱Ⅱ电气接线图 2

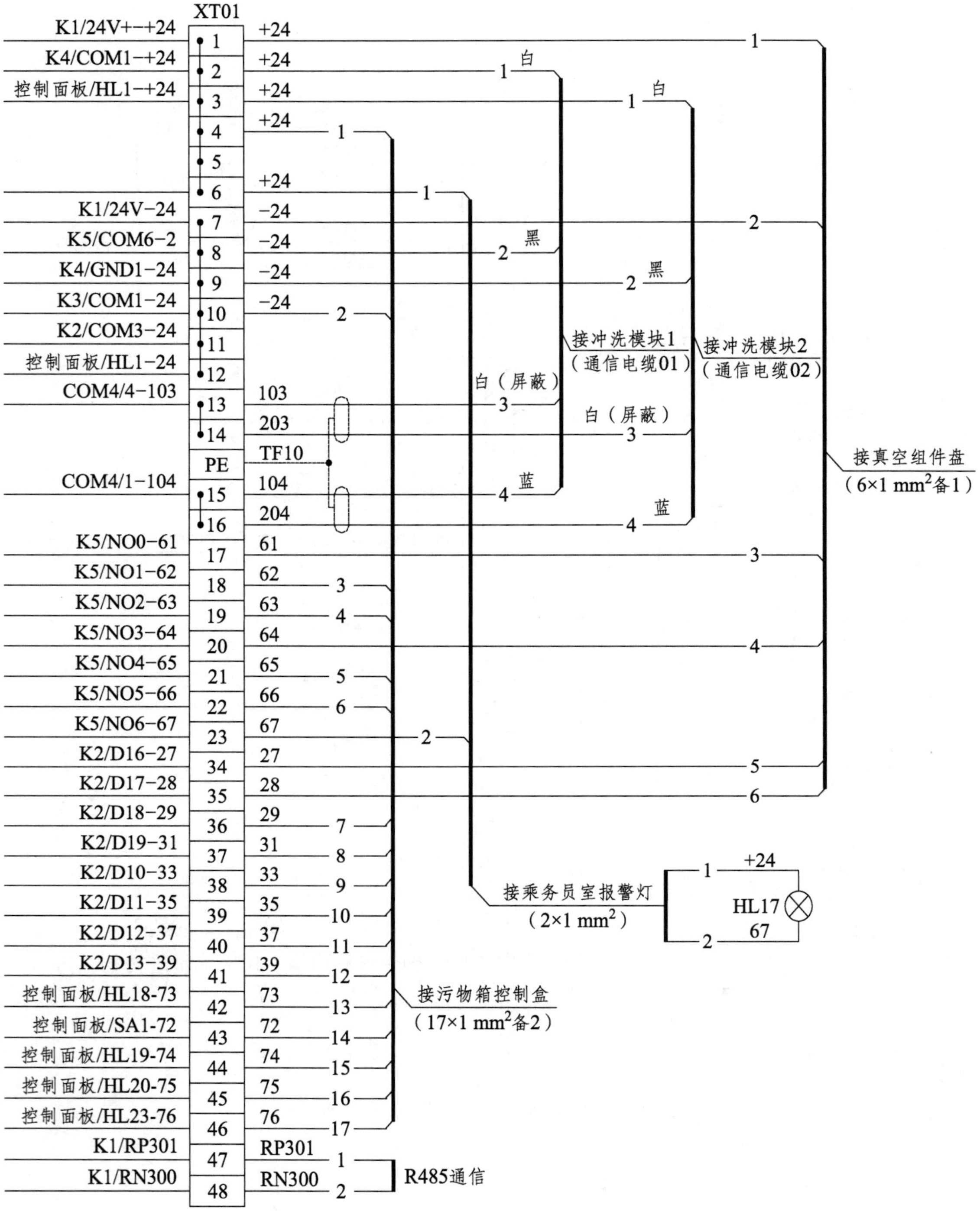

图 10-15　控制箱内端子接线图

任务 2　真空集便器操作、日常维护及常见故障排除

【任务陈述】

1. 真空集便器操作；
2. 真空集便器日常维护；
3. 真空集便器常见故障排除。

【任务实施】

1. 真空集便器操作

（1）准备：集便器正常工作前，应为系统接通水、气和电源，且压力和电压正确。

（2）冲洗：按压冲洗按钮，系统即进行一次正常冲洗循环。系统有记忆功能，即按下按钮后，若系统真空度未达到-35 kPa 时，系统不进行冲洗，真空度达到-35 kPa 时，系统自动进行冲洗循环。

（3）复位：若系统出现喷射器超时故障，解决故障后，需按复位按钮使系统恢复正常待机状态。

（4）手动排污：污物箱满 100%后，可操作手动排污开关，排放一部分污物使系统能继续工作。

2. 日常维护保养

（1）整备：冬季应在列车运行前 1 ~ 2 h 为系统接通水、电源。

每次列车运行结束，应立即排空污物箱，排空车上水箱后操作冲洗按钮 3 ~ 4 次，排空水增压器内的水。

（2）每月：检查是否漏水，检查空气和真空连接，确保没有泄漏，用清水清理污物箱内部。

（3）真空集便器常见故障排除方法见表 10-1。

表 10-1　真空集便器常见故障排除方法

序号	故障现象	可能原因	处理措施
1	按下冲洗按钮没有任何反应	系统中真空度太低或没有	检查系统是否漏气、未供气、供电，同时检查压力开关设置和电磁阀的功能
		排泄阀至污物箱的管路被堵塞	利用压缩空气清除堵塞物
		控制器的止回阀被堵或损坏	拆开并利用压缩空气清理，必要时更换
		冲洗按钮和控制器之间的气管被堵	检查管路是否破损，必要时更换，拆开并利用压缩空气清理
		冲洗按钮内的薄膜损坏	更改冲洗按钮
		物箱满 100%	排空污物箱

续表

序号	故障现象	可能原因	处理措施
2	按下冲洗按钮，便盆排空但没有水冲洗便盆	水箱空了或管路阀门未打开	检查箱内是否有水或打开阀门
		控制器和水阀之间的管路堵塞或者损坏	清理管路堵塞检查是否破损，必要时更换
		水阀内薄膜损坏	拆开并更换
		没有压缩空气进入水增压器	检查进气管路是否泄漏
		水增压器上的止回阀坏或堵塞	拆开并用压缩空气清理，必要时更换
		气动阀组故障	更换阀组件
3	按下冲洗按钮，便盆未排空但便盆被冲洗	控制器和排泄阀之间的管路被堵塞或损坏	拆开并用压缩空气清理
		排泄阀中的上或下薄膜损坏	必要时更换拆开并更换
4	便盆冲洗效果不满意	冲洗喷嘴全部或部分被碳酸钙堵塞	利用尖的物体清理喷嘴，必要时更换喷嘴
		水的压力过低	检查水是否被加压；检查水增压器的工作情况；检查过滤减压阀
		至冲洗喷嘴的软管被堵或损坏	将软管拆下，用压缩空气清理，并检查泄漏，必要时更换
5	正常的冲洗，污物没有从便盆内冲走	排泄阀没有打开	检查真空软管安装是否正确且没有损坏
		便盆被堵塞	检查排泄阀上的上、下橡胶套是否脱落或损坏
		便器与污物箱之间的管路被堵	清理便盆的堵塞物；清理管路内堵塞物
6	喷射器建立的真空很小或没有真空	喷射器的喷嘴堵塞	拆开并清理喷射器
		电磁阀出现故障	检查电磁阀，必要时更换压缩空气
		压缩空气不充分	检查供应
		真空管泄漏	检查连接和管路
7	电磁阀没有打开	接电磁阀的电缆损坏	检查接电磁阀的电缆，需要时更换
		短路	找出短路的原因并纠正
8	便器系统关闭，信号箱上信号报警	污物箱满	清空污物箱（可通过打开溢流阀排放）
		100%液位开关故障	检测液位开关，必要时更换

附录 A　KAX-1 板卡指示灯状态
（车厢级主机板卡指示灯状态）

板卡	板卡功能	代号	意　义	正常状态	故障状态
PIC1/PIC2	DC 110 V/48 V 电源转换为 24 V	ON-OFF	“ON-OFF”：来电点亮	常亮	熄灭：未来电
		PD	“PD”：24 V 输出指示	常亮	熄灭：无 24 V 输出
FH	进口防滑器联网接口（D1/D2 对国产防滑器无效）	D1	D1：板卡电源指示	一直点亮	熄灭：板卡电源故障
		D2	D2:板卡通信与工作状态	2 s 闪一次	常亮：通信或板卡故障
		D3	通信状态显示	闪烁：通信正常	熄灭：通信故障
WG2	网关，实现列车网和车厢网之间的数据交换	D1	电源状态指示	开机后常亮	熄灭：板卡电源故障
		D2	列车网终端指示打	点亮：终端 熄灭：非终端	终端：熄灭 非终端：常亮
		D3	列车网工作状态	常灭	连续闪烁
		D4	车厢网工作状态	常灭	连续闪烁
		D11	电源状态指示	常亮	熄灭：板卡电源故障
		D22	列车网终端指示打	点亮：终端 熄灭：非终端	终端：熄灭 非终端：点亮
		D33	列车网工作状态	常灭	连续闪烁
		D44	车厢网工作状态	常灭	连续闪烁
ZX1	1 端转向架系统监测	D1	电源状态指示灯	常亮	熄灭：板卡电源故障
		D2	板卡工作状态	2 s 闪一次	熄灭：板卡故障
		D3	车体横向传感器故障指示	熄灭：传感器正常	常亮：传感器故障
		D4	车体垂向传感器故障指示	熄灭：传感器正常	常亮：传感器故障
		D5	构架横向传感器故障指示	熄灭：传感器正常	常亮：传感器故障
		D6	构架垂向传感器故障指示	D6 熄灭：传感器正常	常亮：传感器故障

板卡	板卡功能	代号	意　义	正常状态	故障状态
ZX2	2端转向架系统监测	D1	电源状态指示灯	常亮：板卡电源正常	熄灭：板卡电源故障
		D2	板卡工作状态	2 s 闪一次	熄灭：板卡故障
		D3	车体横向传感器故障指示	熄灭：传感器正常	常亮：传感器故障
		D4	车体垂向传感器故障指示	熄灭：传感器正常	常亮：传感器故障
		D5	构架横向传感器故障指示	熄灭：传感器正常	常亮：传感器故障
		D6	构架垂向传感器故障指示	熄灭：传感器正常	常亮：传感器故障
ZD1/ZD2	制动系统监测（ZD1：无总风管监测；ZD2：有总风管监测）	D1	电源指示	常亮：板卡电源正常	熄灭：板卡电源故障
		D2	板卡通信、工作状态	1 s 闪一次	熄灭：板卡故障
		D3	制动/缓解状态指示	红色：制动状态 绿色：缓解状态	
		D4	列车管传感器状态	熄灭：传感器正常	闪亮：传感器故障
		D5	制动缸传感器状态	熄灭：传感器正常	闪亮：传感器故障
		D6	总风管传感器状态	熄灭：传感器正常	闪亮：传感器故障
		D7	制动系统诊断报警	点亮：有故障事件报警	熄灭：无故障事件报警
XS	车厢级调试用显示模块	LED 数码管	显示车厢顺位号	显示车厢顺位号	熄灭无显示或 显示非法代码
	车厢顺位号加1、减1功能	K1、K2	在当前顺位号上加1或减1	按一次“K1”顺位号加1；按一次“K2”顺位号减1；	不能修改顺位号

附录 B　报警显示终端使用说明

根据现场应用需求，在新造 25T 型车上安装的 KAX-1 型客车行车安全监测诊断系统上增加报警显示终端（见附图 B-1），具体功能实现如下：

（1）报警显示终端具备显示屏，正常时显示车号信息，具备修改车号与设置车类型（首车、尾车、普通车、工程师车）的功能。当设置车类型为首车或尾车时，车厢级主机手动投入列车网络终端电阻；当设置车类型为工程师车或普通车时，车厢级主机手动取消列车网络终端电阻。

（2）系统监测到制动系统严重制动报警时全列声光报警，报警红灯闪烁、蜂鸣器鸣叫，显示屏显示报警车号与报警内容。

（3）全列蜂鸣可在任意车通过按键消音，消音后红灯仍闪烁，显示屏显示报警车号与报警内容。

（4）报警故障消除时全列声光报警消除。

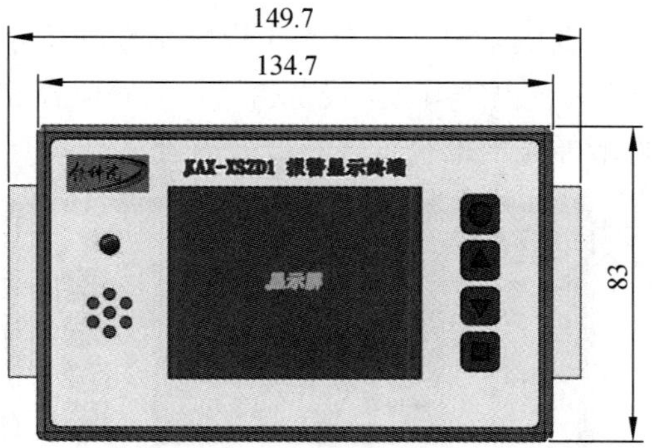

附图 B-1　报警显示终端正视图

一、连　接

在安装 KAX-1 车厢级主机的电气柜门上安装报警显示终端，报警显示终端在柜内走线至车厢级主机端子排，端子排与车厢级主机显示板卡 J11 接口连接，如附图 B-2 和附图 B-3 所示。

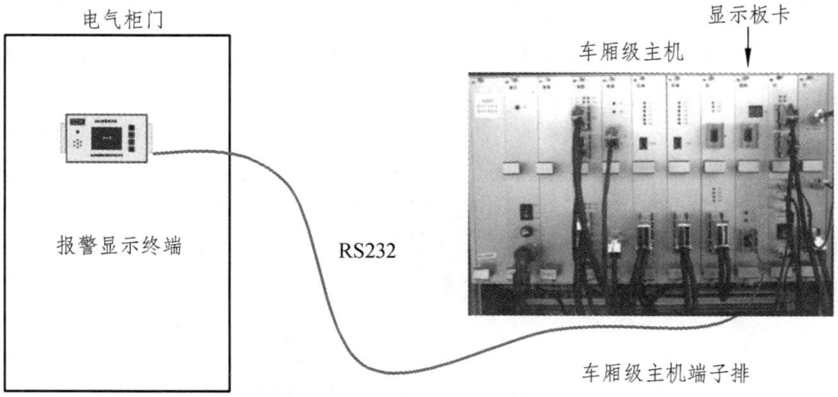

附图 B-2　报警显示器安装连接示意图

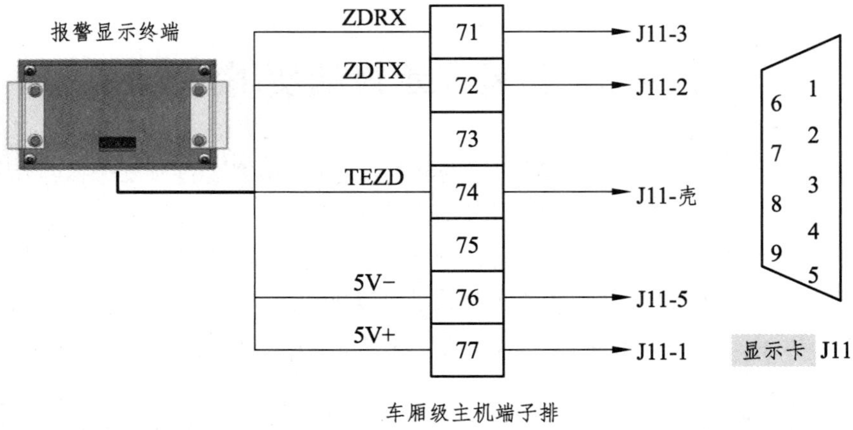

附图 B-3　线号定义

二、操作面板说明

报警显示终端主要由报警指示灯、蜂鸣器、显示屏、按键组成，如附图 B-4 所示。显示屏用于显示本车厢的主要安全监测信息，并可用于设定本车的车号号码、车厢顺位号及车类型（包括首车、尾车、普通车及工程师车）。报警指示灯与蜂鸣器在制动系统发生严重制动故障时发出声光报警，同时显示屏显示报警车号和报警内容。

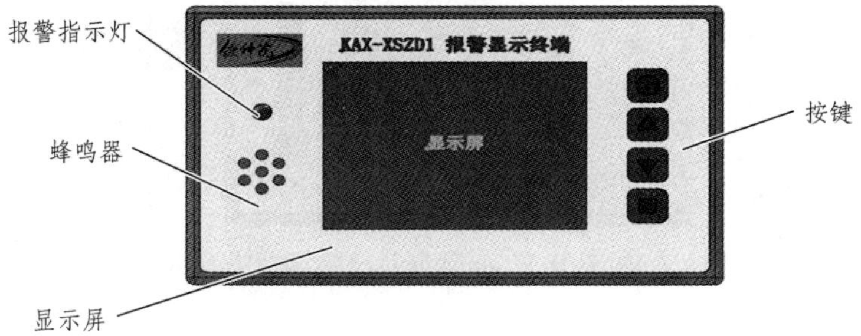

附图 B-4　报警显示终端人机接口

显示界面包括信息显示页面和系统设定页面。信息显示页面有制动系统显示主页面、制动系统异常显示页面、网卡版本信息页面、板卡通信监测页面、制动系统监测页面、防滑器监测页面、一端转向架监测页面和二端转向架监测页面。系统设定页面分别为车辆制造号、车厢顺位号及车类型设置页面。页面的切换和设置通过右边的 4 个按键“▲”“▼”“●”“■”来实现。下面分别介绍各种功能的显示与设置。

1. 上电显示

当报警显示终端的通信电缆与显示卡的 J11 插座联通时，KAX-1 车厢级主机处于上电状态，报警显示终端上电，蜂鸣器连续鸣叫两声，报警指示灯闪烁一次，同时显示屏显示硬件版本号和软件版本号，大约 3 s 后自动跳到显示主页面。

2. 显示主页面

报警显示终端上电显示主页面如附图 B-5 所示（具体数值会有不同）。

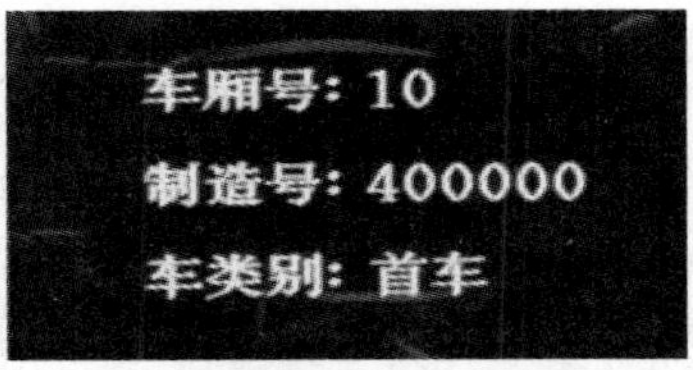

附图 B-5　显示器显示主页面

在主页面上显示车厢通信网关卡存储的车辆制造号、车厢顺位号与车类别。

3. 网络通信状态显示

在主页面连续按两下“■”键，在显示屏的下方会出现两条通信进展条，分别表示报警显示终端所连接车厢级主机与 KAX-1 列车网络 1 和 KAX-1 列车网络 2 的当前通信状态，如附图 B-6 所示。如果列车级主机 CPU、列管器、车厢级网关、显示卡软件版本已更新至 v3.4 及以上，当网络 1 的通信进展条以 1 次/3 s 的速度向前进展时，表示网络 1 通信正常，没有进展条或进展条长期处于不动的状态说明该网络不正常。网络 2 同样如此。

附图 B-6　网络通信显示

按一下“■”键退回到主页面。

4. 车辆信息设置

在显示主页面时长按“●”键，持续 3 s 以上，进入车辆信息设置页面，如附图 B-7 所示。

车辆信息设置页面显示车厢号、制造号及车类别。按“▲”或“▼”来选择需要修改的信息，按“●”进行修改，按“■”退出当前页面。持续 10 s 以上不操作，系统自动退出至上一页面（以下所有操作界面均如此）。

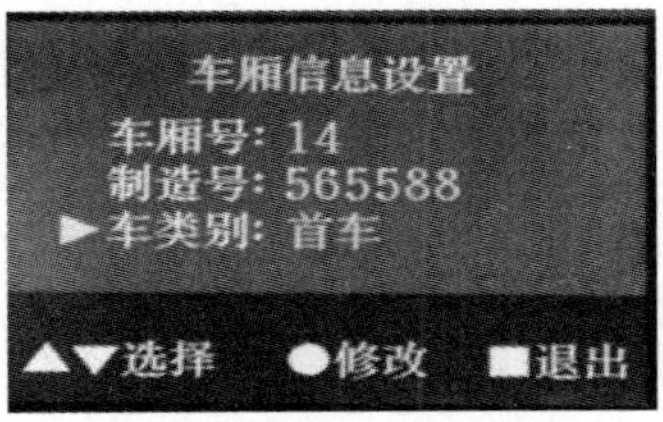

附图 B-7　车厢信息设置页面

设置车厢号：按“▲”或“▼”键使黄色的右三角指向车厢号，按“●”修改，如附图 B-8 所示。

设置车厢顺位号时，每按一下“▲”键可使顺位号加 1，按一下“▼”键则顺位号减 1。

车厢号范围为 1～20。顺位号为“20”时，再按一下“▼”键，从“1”开始循环。设定好顺位号以后，按“●”键确认修改。放弃修改按“■”键。

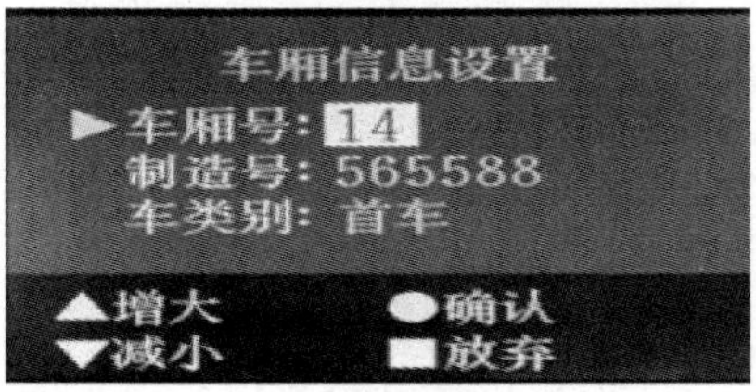

附图 B-8　车厢号设置页面

设置制造号：按“▲”或“▼”键使黄色右三角指向制造号，按“●”修改，如附图 B-9 所示。

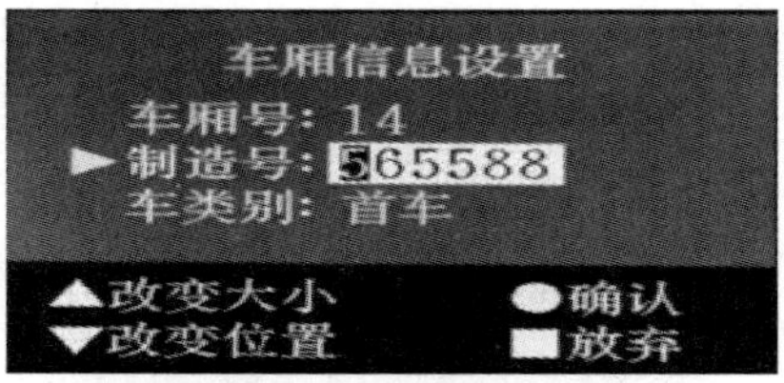

附图 B-9　制造号设置页面

设置制造号时，需要逐位修改，按一下“▼”键可移动光标，按“▲”键可修改光标上面数字，设定好以后，按“●”键确认修改。放弃修改按“■”键。

设置车类别：按“▲”或“▼”键使黄色右三角指向车类别，按“●”修改，如附图 B-10 所示。

附图 B-10　车类别设置页面

设置车类别时，按“▲”或“▼”键来选择“首车”“尾车”“工程师车”或“普通车”，设定好后，按“●”键确认修改。当车类型为“首车”或“尾车”时，网关卡 D2 和 D22 指示灯（列车网终端指示灯）点亮，列车网络终端电阻被手动投入；当车类型为“工程师”或“普通车”时，板卡的 D2 和 D22 灯熄灭，列车网络终端电阻被手动取消。放弃修改按“■”键。

5. 查看网卡版本信息

当列车级主机与车厢级主机的网络通信正常，且 CPU、列管器（LG1/LG2）、车厢级网关（WG2）、显示卡加载 v3.4 及以上程序版本时，在显示主页面长按“▲”键，持续 3 s 以上，可以显示列车级与车厢级各个网卡的版本信息。显示屏显示列车级及车厢级各个网卡的版本号（如附图 B-11 中显示的“3.4”）。如果车厢级板卡故障或者板卡程序没有更新至 v3.4，则该板卡不会显示版本号（如附图 B-11 中车辆 2 所示）。

附图 B-11　网卡版本信息显示页面

若列车级主机与车厢级主机的网络通信不正常，或者列管器 1 和列管器 2 的程序未更新至 v3.4，列管器 1 和列管器 2 的版本号都不会显示，车厢级各个板卡的版本号只会写入车厢级 1 侧，同时显示屏出现“网络号未知”的提示，如附图 B-12 所示。

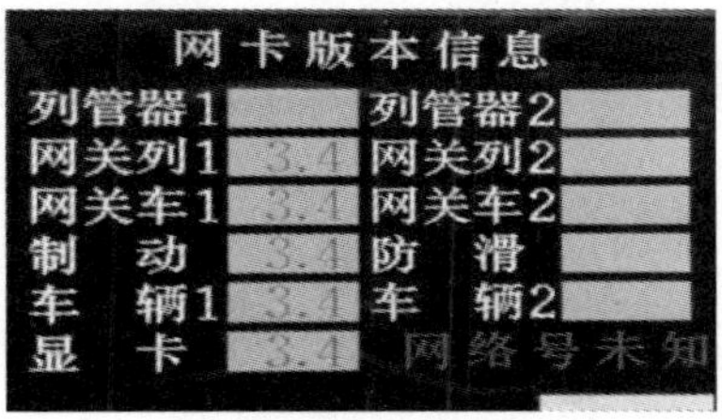

附图 B-12　网卡版本信息显示不正常的页面

若列车级主机 CPU 程序故障或未更新至 v3.4，由于 CPU 没有给车厢级主机发送网络心跳，车厢级主机无法判断出网络号信息，默认将列管器与网关卡版本信息写入左侧列，同时显示屏出现“网络号未知”的提示，如附图 B-13 所示。

显示屏下边黄色横条用来提醒该页面显示的剩余时间，以 1 次/3 s 的速度缩减，横条消失时，系统自动退出该页面。

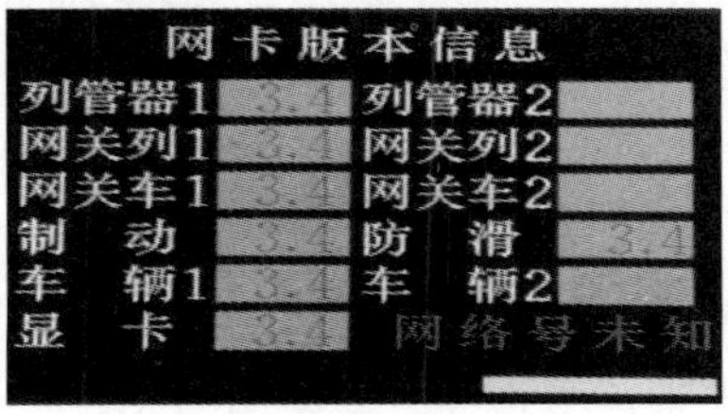

附图 B-13　列车级主机 CPU 不正常时网卡信息

6. 车厢级监测信息

在显示主页面长按“▼”键，进入车厢级板卡通信监测页面，如附图 B-14 所示。该页面显示制动、防滑、车辆 1 和车辆 2 的通信进展条。通信正常的情况下，通信进展条会规律性地向前进展。

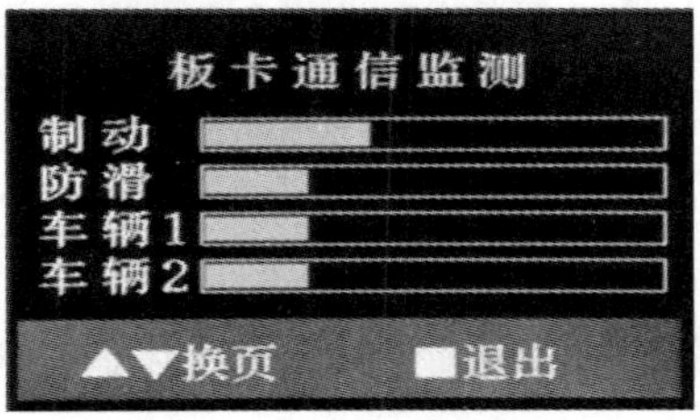

附图 B-14　板卡通信监测页面

在板卡通信监测页面按“▼”“▲”键切换到制动系统监测页面，如附图 B-15 所示。

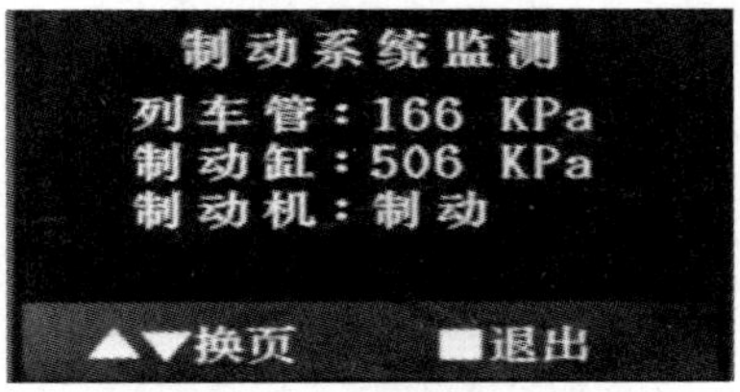

附图 B-15　制动系统监测页面

页面上显示列车管、制动缸的当前压力以及制动机的状态（具体数值会有不同）。

在制动系统监测页面按“▼”键切换到防滑器监测页面，如附图 B-16 所示。

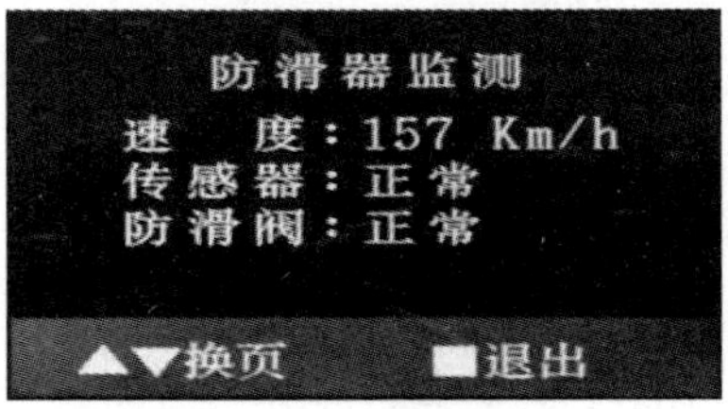

附图 B-16　防滑器监测页面

在该页面上显示当前行车的速度，传感器和防滑阀是否正常。按“▼”键切换到一端转向架监测页面，如附图 B-17 所示。

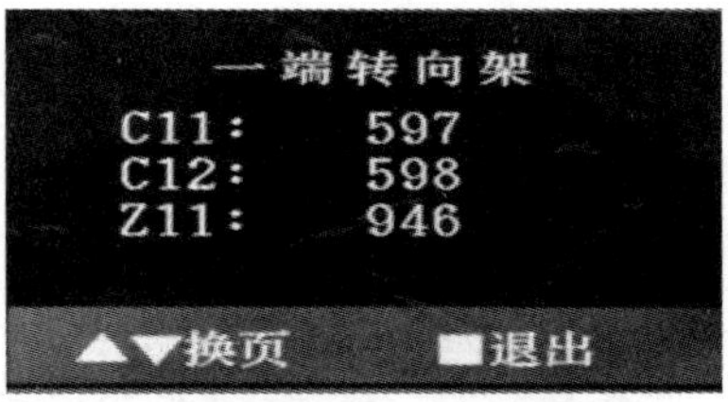

附图 B-17　一端转向架监测页面

按“▼”键切换到二端转向架监测页面，如附图 B-18 所示。

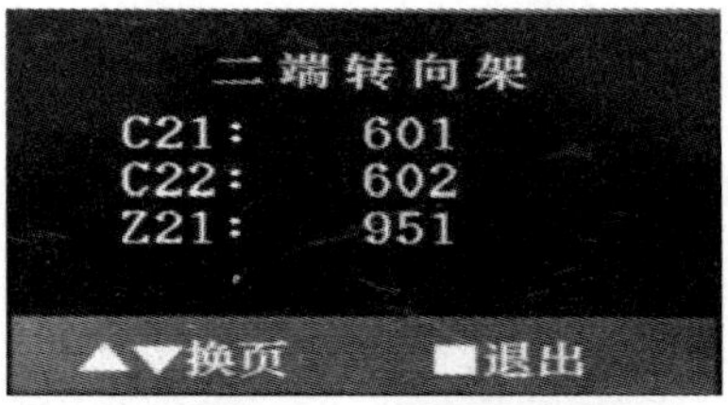

附图 B-18　二端转向架监测页面

7. 制动声光报警

当列车级主机监测到制动系统有严重制动故障时，通知全列各车厢报警显示终端发出声光报警，同时显示屏上显示报警车号和报警内容，如附图 B-19 所示。

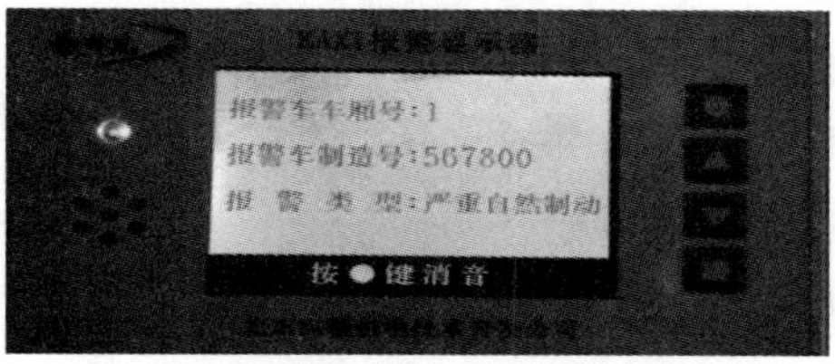

附图 B-19　声光报警状态

按一下“•”，该车的蜂鸣报警装置立即停止蜂鸣，红灯仍然闪烁，显示页面显示报警内容，如附图 B-20 所示。其他车在 4 s 左右停止鸣叫，红灯仍然闪烁。

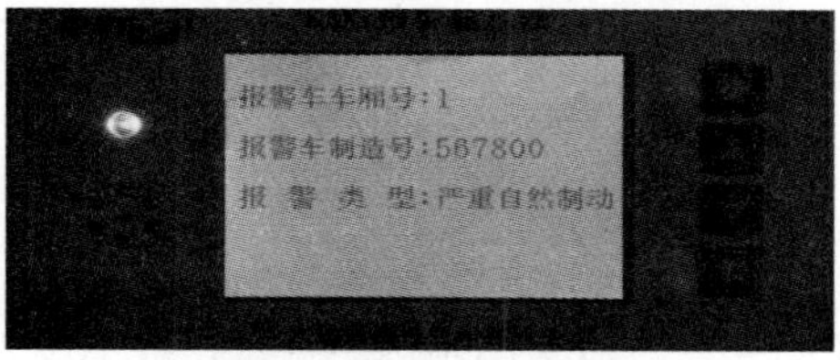

附图 B-20　消音状态

列车级主机诊断严重制动故障消除时，通知各车厢报警显示终端取消报警，恢复到正常显示状态。

附录 C　KAX-1 客车行车安全监测诊断系统接线

一、布线说明

（1）工程师车的列车网通信电缆、组网信号线的连接方法与一般车是不一样，一般车没有列车级主机，而工程师车有列车级主机；无列车级主机的一般车厢，列车网络线从车辆一角（TXC1）到三角（TXC3）通过车厢级主机的端子排 XDZP 直接相连。从车辆二角（TXC2）到四角（TXC4）的列车网络线与一角（TXC1）到三角（TXC3）的连接方法相同；工程师车的车厢，列车网络线从车辆一角（TXC1）到车厢级主机的端子排 XDZP 与车厢级主机网关连接后，通过车厢级主机端子排 XDZP 到列车级主机端子排 LDZP 之间的过渡线（LW31*）与列车级主机网络管理卡连接。最后，从列车级端子排 LDZP 连接到车辆三角（TXC3）。从车辆二角（TXC2）到四角（TXC4）的列车网络线与一角（TXC1）到三角（TXC3）的连接方法相同。过渡线要用同型号线。布线时，车辆一、二角的网络线和组网线拉到车厢级主机端子排，车辆三、四角的网络线和组网线拉到列车级主机端子排，两主机之间用过渡线对应连接。

（2）防滑器与车厢级主机的连接，注意国产防滑器（TFX1 型）和进口防滑器的区别。国产防滑器与车厢级 PLC 网关通过 RS232（RR1/RT1/RG1）连接通信，而安全监测诊断系统则通过 LonWorks 总线（LW50/LW5/TE41）与国产防滑器的连接。进口防滑器通过 RS485 接口线（RP21/RN21/TE41）同时与安全监测诊断系统和车厢级 PLC 网关连接通信。

二、KAX-1 客车行车安全监测诊断系统接线图

列车级主机与列车级 PLC 网关（安全网关）的通信通过 RS232 接口，用三芯屏蔽电缆线（2RRO/2RRTO/2RRGO）连接。列车级主机显示屏通信电缆 JGX 通过 RS232 接口，用三芯屏蔽电缆线连接，如附图 C-1 和附图 C-2 所示。

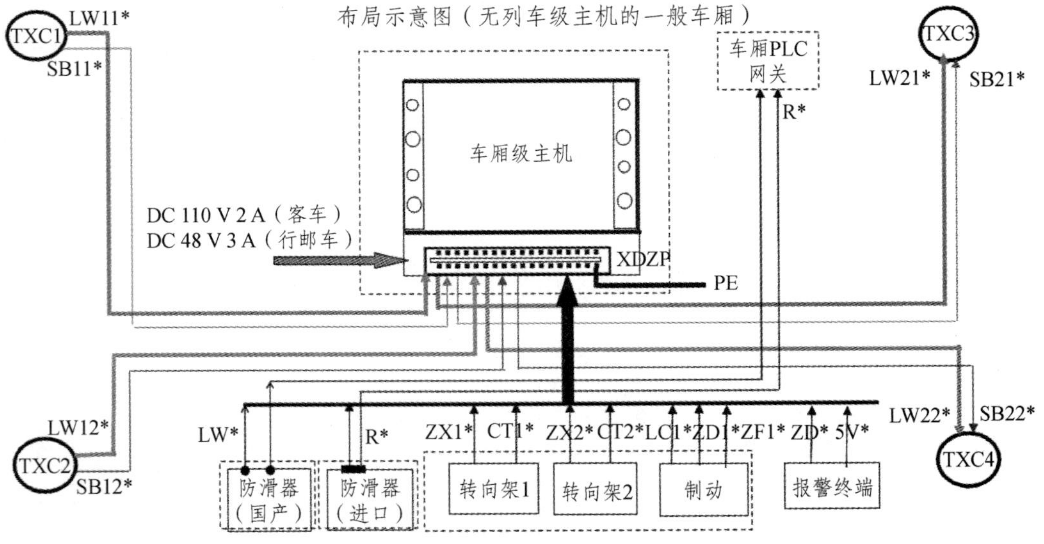

附图 C-1　KAX-1 客车行车安全监测诊断系统安装连接布局示意图（车厢级）

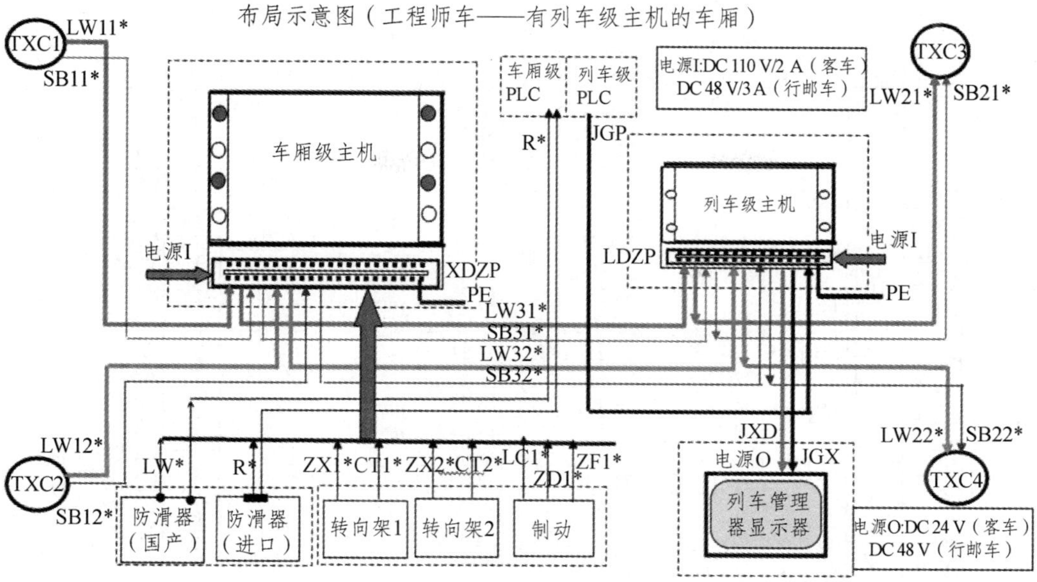

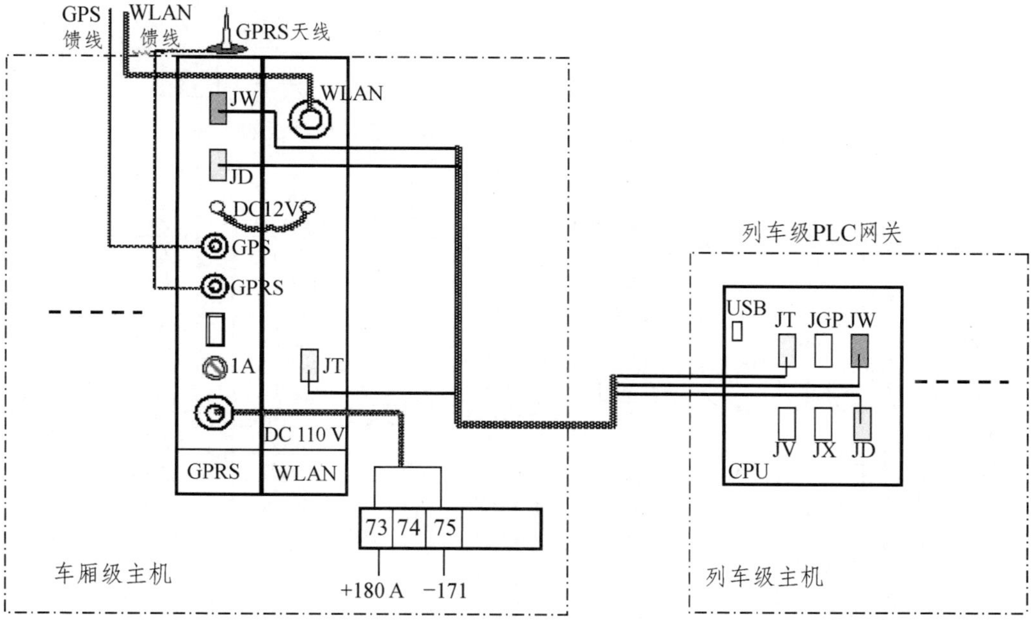

附图 C-2　KAX-1 客车行车安全监测诊断系统安装连接布局示意图（工程师车）

三、车厢级主机的接线图

车厢级主机的接线图如附图 C-3 和附图 C-4 所示，接线列表见附表 C-1 和附表 C-2。

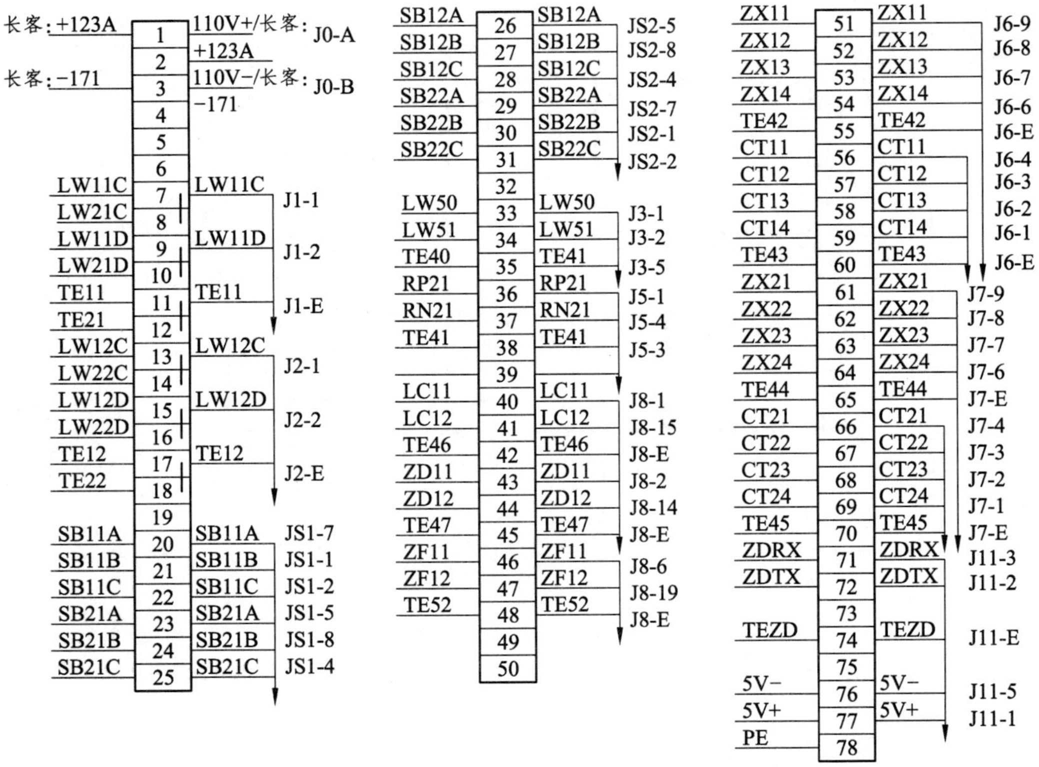

附图 C-3　车厢主机端子排 XDZP 接线表（无列车主机的车厢）

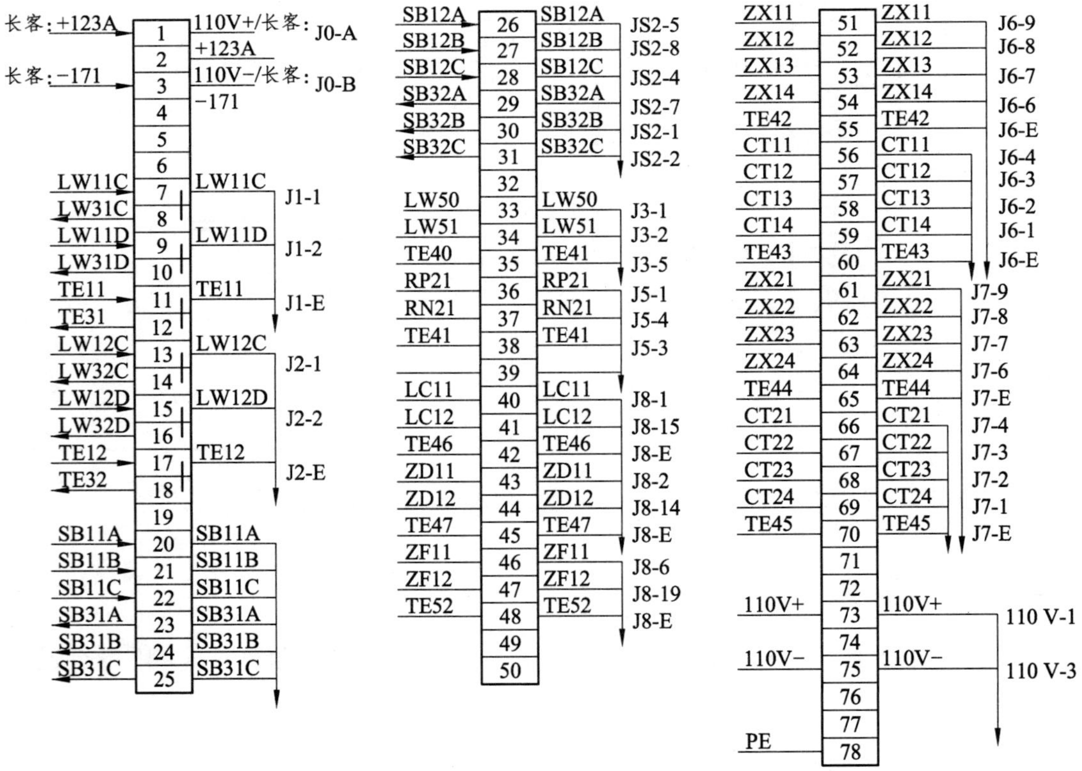

附图 C-4　车厢主机端子排 XDZP 接线表（工程师车车厢）

附表 C-1　车厢主机端子排 XDZP 接线列表（无列车主机的车厢）

端子号	线号	定　义	线型号	备注
1	110 V+（长客：+123A）	DC+110 V 电源	1.0 mm^2×1	红色
2	空			
3	110 V-（长客：-171）	DC-110 V 电源	1.0 mm^2×1	白色
4	空			
5	空			
6	空			
7	LW11C	1 角列车网线 C	LW11C/LW11D/TE11 1 mm^2×2 双绞屏蔽线	红色
8	LW21C	3 角列车网线 C		红色
9	LW11D	1 角列车网线 D		白色
10	LW21D	3 角列车网线 D	LW21C/LW21D/TE21 1 mm^2×2 双绞屏蔽线	白色
11	TE11	1 角列车网屏蔽线		
12	TE21	3 角列车网屏蔽线		
13	LW12C	2 角列车网线 C	LW12C/LW12D/TE12 1 mm^2×2 双绞屏蔽线	红色
14	LW22C	4 角列车网线 C		红色
15	LW12D	2 角列车网线 D		白色
16	LW22D	4 角列车网线 D	LW22C/LW22D/TE22 1 mm^2×2 双绞屏蔽线	白色
17	TE12	2 角列车网屏蔽线		
18	TE22	4 角列车网屏蔽线		
19	空			
20	SB11A	1 角组网线 A	1.0 mm^2×1	白色
21	SB11B	1 角组网线 B	1.0 mm^2×1	红色
22	SB11C	1 角组网线 C	1.0 mm^2×1	蓝色
23	SB21A	3 角组网线 A	1.0 mm^2×1	紫色
24	SB21B	3 角组网线 B	1.0 mm^2×1	绿色
25	SB21C	3 角组网线 C	1.0 mm^2×1	棕色
26	SB12A	2 角组网线 A	1.0 mm^2×1	白色
27	SB12B	2 角组网线 B	1.0 mm^2×1	红色
28	SB12C	2 角组网线 C	1.0 mm^2×1	蓝色
29	SB22A	4 角组网线 A	1.0 mm^2×1	紫色
30	SB22B	4 角组网线 B	1.0 mm^2×1	绿色
31	SB22C	4 角组网线 C	1.0 mm^2×1	棕色
32	空			
33	LW50	国产防滑器车厢总线 Lon A	0.75～1 mm^2×2 屏蔽线	红色

端子号	线号	定　义	线型号	备注
34	LW51	国产防滑器车厢总线 Lon B	0.75～1 mm^2×2 屏蔽线	白色
35	TE41	国产防滑器车厢总线屏蔽线		
36	RP21	进口防滑器串口线 TXD	0.75～1 mm^2×2 屏蔽线	红色
37	RN21	进口防滑器串口线 RXD		白色
38	TE41	进口防滑器串口线屏蔽线		
39	空			
40	LC11	列车管传感器 A	0.75～1 mm^2×2 屏蔽线	红色
41	LC12	列车管传感器 B		蓝色
42	TE46	列车管传感器 E		
43	ZD11	制动缸传感器 A	0.75～1 mm^2×2 屏蔽线	白色
44	ZD12	制动缸传感器 B		棕色
45	TE47	制动缸传感器 E		
46	ZF11	总风管传感器 A	0.75～1 mm^2×2 屏蔽线	绿色
47	ZF12	总风管传感器 B		紫色
48	TE52	总风管传感器屏蔽线		
49	空			
50	空			
51	ZX11	一端转向架传感器 G	0.75～1 mm^2×4 屏蔽线	白色
52	ZX12	一端转向架传感器 D		红色
53	ZX13	一端转向架传感器 C		黄色
54	ZX14	一端转向架传感器 H		绿色
55	TE42	一端转向架屏蔽线		
56	CT11	一端车体传感器 G	0.75～1 mm^2×4 屏蔽线	白色
57	CT12	一端车体传感器 D		红色
58	CT13	一端车体传感器 C		黄色
59	CT14	一端车体传感器 H		绿色
60	TE43	一端车体屏蔽线		
61	ZX21	二端转向架传感器 G	0.75～1 mm^2×4 屏蔽线	白色
62	ZX22	二端转向架传感器 D		红色
63	ZX23	二端转向架传感器 C		黄色
64	ZX24	二端转向架传感器 H		绿色
65	TE44	二端转向架屏蔽线		

端子号	线号	定　义	线型号	备注
66	CT21	二端车体传感器 G	0.75～1 mm^2×4 屏蔽线	白色
67	CT22	二端车体传感器 D		红色
68	CT23	二端车体传感器 C		黄色
69	CT24	二端车体传感器 H		绿色
70	TE45	二端车体屏蔽线		
71	ZDRX	报警显示终端串口发		
72	ZDTX	报警显示终端串口收		
73	空			红色
74	TEZD	报警显示终端屏蔽		
75	空			白色
76	5 V−	报警显示终端电源负		
77	5 V+	报警显示终端电源正		
78	PE	接车体地		黄绿端子

附表 C-2　车厢主机端子排 XDZP 接线列表（工程师车）

端子号	线号	定　义	线型号	备注
1	110 V+（长客：+123 A）	DC+110 V 电源	1.0 mm^2×1	红色
2	空			
3	110 V−（长客：−171）	DC−110 V 电源	1.0 mm^2×1	白色
4	空			
5	空			
6	空			
7	LW11C	1 角列车网线 C	LW11C/LW11D/TE11 1 mm^2×2 双绞屏蔽线 LW31C/LW31D/TE31 1 mm^2×2 双绞屏蔽线	红色
8	LW31C	1 角列车网过渡线 C		红色
9	LW11D	1 角列车网线 D		白色
10	LW31D	1 角列车网过渡线 D		白色
11	TE11	1 角列车网线屏蔽线		
12	TE31	1 角列车网屏蔽线过渡线		
13	LW12C	2 角列车网线 C	LW12C/LW12D/TE12 1 mm^2×2 双绞屏蔽线 LW32C/LW32D/TE32 1 mm^2×2 双绞屏蔽线	红色
14	LW32C	2 角列车网过渡线 C		红色
15	LW12D	2 角列车网线 D		白色
16	LW32D	2 角列车网过渡线 D		白色
17	TE12	2 角列车网线屏蔽线		
18	TE32	2 角列车网过渡线屏蔽线		

端子号	线号	定　义	线型号	备注
19	空			
20	SB11A	1 角组网线 A	1.0 mm^2×1	白色
21	SB11B	1 角组网线 B	1.0 mm^2×1	红色
22	SB11C	1 角组网线 C	1.0 mm^2×1	蓝色
23	SB31A	1 角组网线过渡线 A	1.0 mm^2×1	紫色
24	SB31B	1 角组网线过渡线 B	1.0 mm^2×1	绿色
25	SB31C	1 角组网线过渡线 C	1.0 mm^2×1	棕色
26	SB12A	2 角组网线 A	1.0 mm^2×1	白色
27	SB12B	2 角组网线 B	1.0 mm^2×1	红色
28	SB12C	2 角组网线 C	1.0 mm^2×1	蓝色
29	SB32A	2 角组网线过渡线 A	1.0 mm^2×1	紫色
30	SB32B	2 角组网线过渡线 B	1.0 mm^2×1	绿色
31	SB32C	2 角组网线过渡线 C	1.0 mm^2×1	棕色
32	空			
33	LW50	国产防滑器车厢总线 Lon A	0.75～1 mm^2×2 屏蔽线	红色
34	LW51	国产防滑器车厢总线 Lon B		白色
35	TE41	国产防滑器车厢总线屏蔽线		
36	RP21	进口防滑器串口线 TXD	0.75～1 mm^2×2 屏蔽线	红色
37	RN21	进口防滑器串口线 RXD		白色
38	TE41	进口防滑器串口线屏蔽线		
39	空			
40	LC11	列车管传感器 A	0.75～1 mm^2×2 屏蔽线	红色
41	LC12	列车管传感器 B		蓝色
42	TE46	列车管传感器 E		
43	ZD11	制动缸传感器 A	0.75～1 mm^2×2 屏蔽线	白色
44	ZD12	制动缸传感器 B		棕色
45	TE47	制动缸传感器 E		
46	ZF11	总风管传感器 A	0.75～1 mm^2×2 屏蔽线	绿色
47	ZF12	总风管传感器 B		紫色
48	TE52	总风管传感器屏蔽线		
49	空			
50	空			

续附表

端子号	线号	定　义	线型号	备注
51	ZX11	一端转向架传感器 G	$0.75\sim1\ mm^2\times4$ 屏蔽线	白色
52	ZX12	一端转向架传感器 D		红色
53	ZX13	一端转向架传感器 C		黄色
54	ZX14	一端转向架传感器 H		绿色
55	TE42	一端转向架屏蔽线		
56	CT11	一端车体传感器 G	$0.75\sim1\ mm^2\times4$ 屏蔽线	白色
57	CT12	一端车体传感器 D		红色
58	CT13	一端车体传感器 C		黄色
59	CT14	一端车体传感器 H		绿色
60	TE43	一端车体屏蔽线		
61	ZX21	二端转向架传感器 G	$0.75\sim1\ mm^2\times4$ 屏蔽线	白色
62	ZX22	二端转向架传感器 D		红色
63	ZX23	二端转向架传感器 C		黄色
64	ZX24	二端转向架传感器 H		绿色
65	TE44	二端转向架屏蔽线		
66	CT21	二端车体传感器 G	$0.75\sim1\ mm^2\times4$ 屏蔽线	白色
67	CT22	二端车体传感器 D		红色
68	CT23	二端车体传感器 C		黄色
69	CT24	二端车体传感器 H		绿色
70	TE45	二端车体屏蔽线		
71	空			
72	空			
73	110 V+	TCDS 110 V 电源	$1.0\ mm^2\times1$	红色
74	空			
75	110 V−	TCDS 110 V 电源	$1.0\ mm^2\times1$	白色
76	空			
77	空			
78	PE	接车体地		黄绿端子

四、车厢功能级节点（子系统）的安装连接

1. 防滑器的连接

TFX 型防滑器主机端子排上的（LW50/LW51/TE41）用 $0.75\ mm^2\times2$ 低烟无卤阻燃双绞屏

蔽线连接到车厢级主机端子排 XDZP，再连接到主机 J3 插座与车厢总线 LonWorks 通信。进口防滑器的 RS485 串行口（RP21/RN21/TE41）用 0.75 mm^2×2 低烟无卤阻燃双绞屏蔽线通过端子排 XDZP 连接到主机 J5 插座。进口防滑器的 RS232/RS485 接口同时还与车厢级 PLC 网关通信（一发两收），如附图 C-5 所示。

防滑器联网信号是低电压数字信号。因此，它的电缆线布置应与强电保持 0.2 m 以上距离。

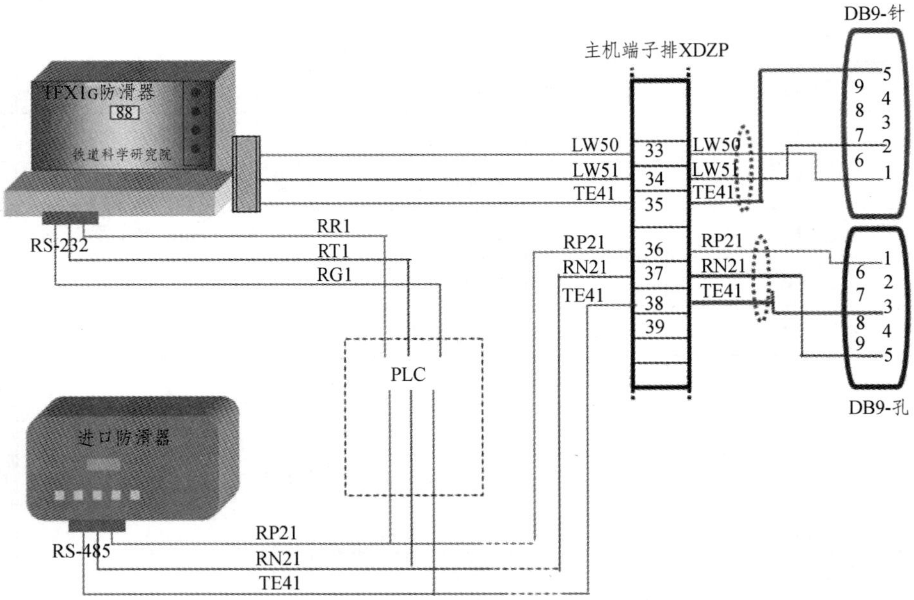

附图 C-5　防滑器监测子系统的连接

2. 制动子系统的安装连接

制动子系统监测压力传感器安装布置如附图 C-6 所示。

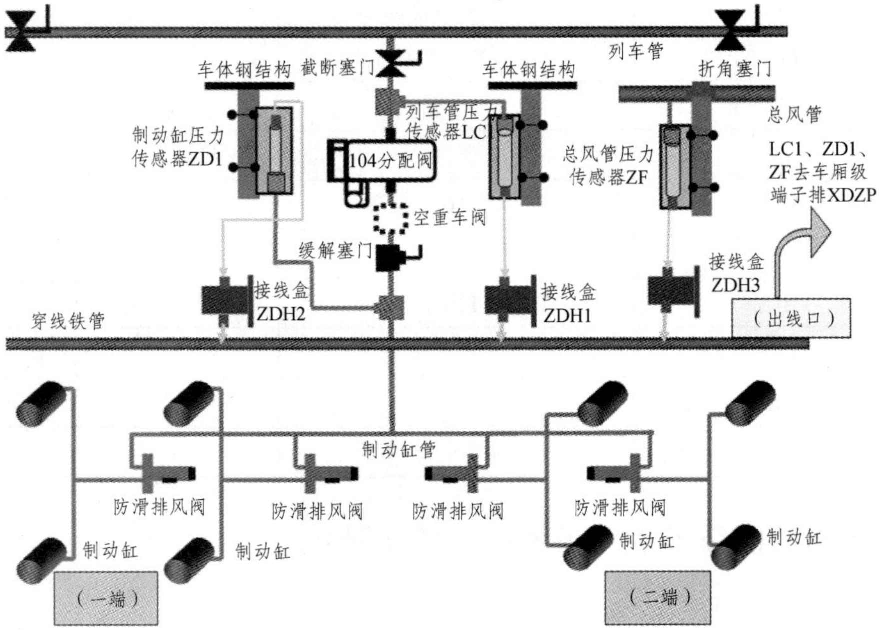

附图 C-6　制动系统监测诊断装车连接布局

（1）每节车厢安装两只压力传感器气路盒，一只是列车管压力传感器气路盒，另一只是制动缸压力传感器气路盒。各盒内装有一个压力传感器，盒侧面有一个 ZG1/2″ 内螺纹进气口，盒内装有单向止回阀。单向止回阀控制着压力传感器的气路通断。当安上压力传感器时，单向止回阀被压力传感器的头部顶开，从而使该压力传感器与被测气路连通，当卸下压力传感器时，单向止回阀靠内部的弹簧力自动关闭了被测气路。列车管压力传感器气路盒进气口接在截断塞门至 104 分配阀间的管路上，用于测试此处列车管压力信号。列车管压力传感器气路盒应安装在车体侧墙下面、离截断塞门至 104 分配阀间的管路较近的地方，盒盖向外，有利于车辆检修人员不用钻车即可对压力传感器气路盒检修。制动缸压力传感器气路盒进气口接在制动缸排气塞门（手柄带锁链）至防滑排风阀间的管路上，用于测试制动缸压力信号。制动缸压力传感器气路盒应安装在车体侧墙下面、离制动缸排气塞门至防滑排风阀间的管路较近的地方，盒盖向外，有利于车辆检修人员不用钻车即可对压力传感器气路盒检修。

（2）两只压力传感器气路盒垂直吊装在车体底架下面，在列车头、尾部车下的列车总风管管上加装压力传感器（ZF），监测列车头、尾部总风管压力。加装总风管压力传感器车厢级主机的 ZD 板卡为 ZD2 型板卡。

具体接线图如附图 C-7 ~ 附图 C-10 所示。

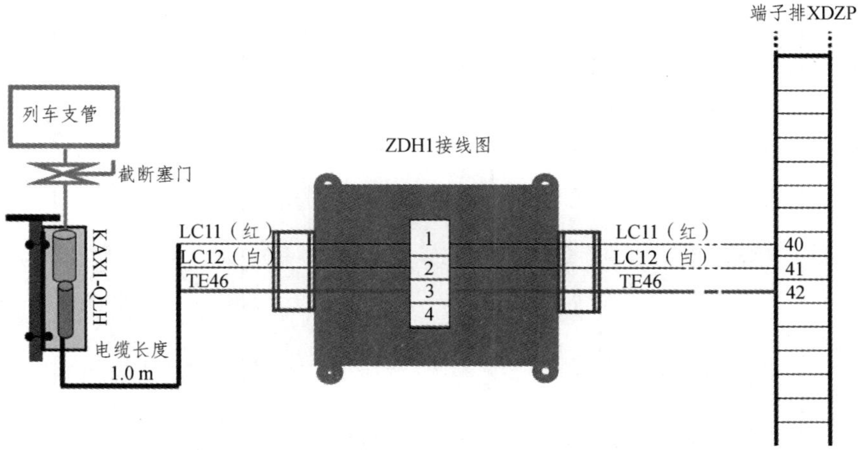

附图 C-7　列车管监测传感器 LC 至接线盒端子排 XDZP 接线图

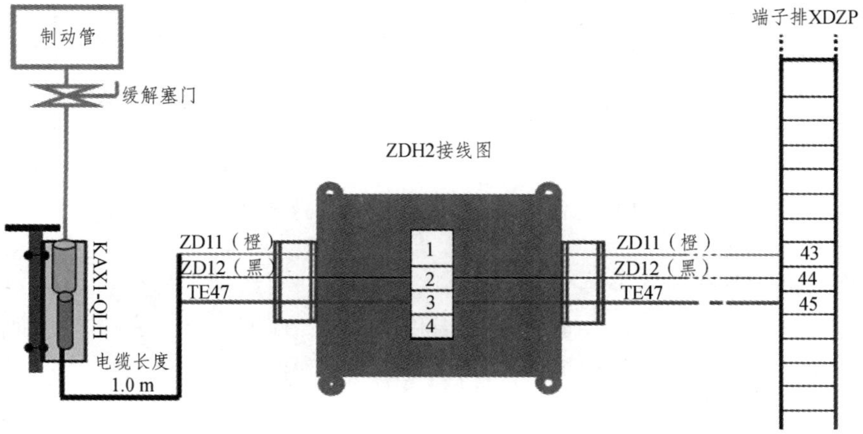

附图 C-8　制动缸监测传感器 ZD 接线盒端子排 XDZP 接线图

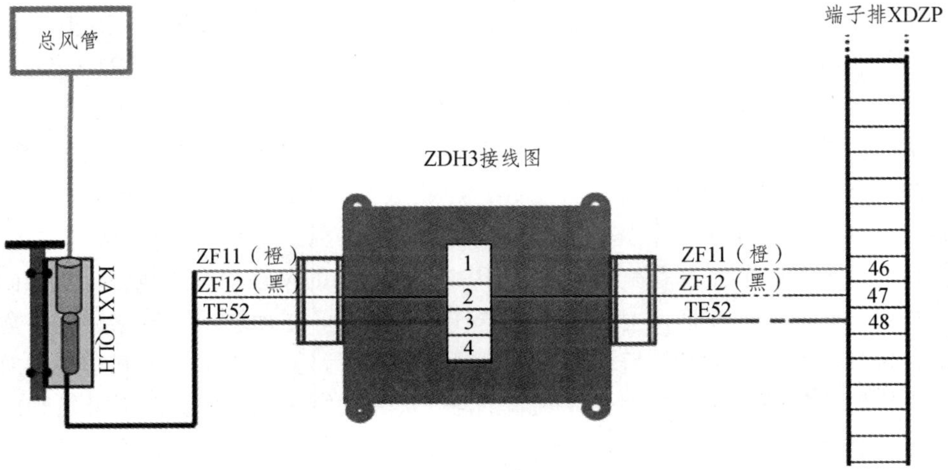

附图 C-9　总风管监测传感器 ZD 接线盒端子排 XDZP 接线图

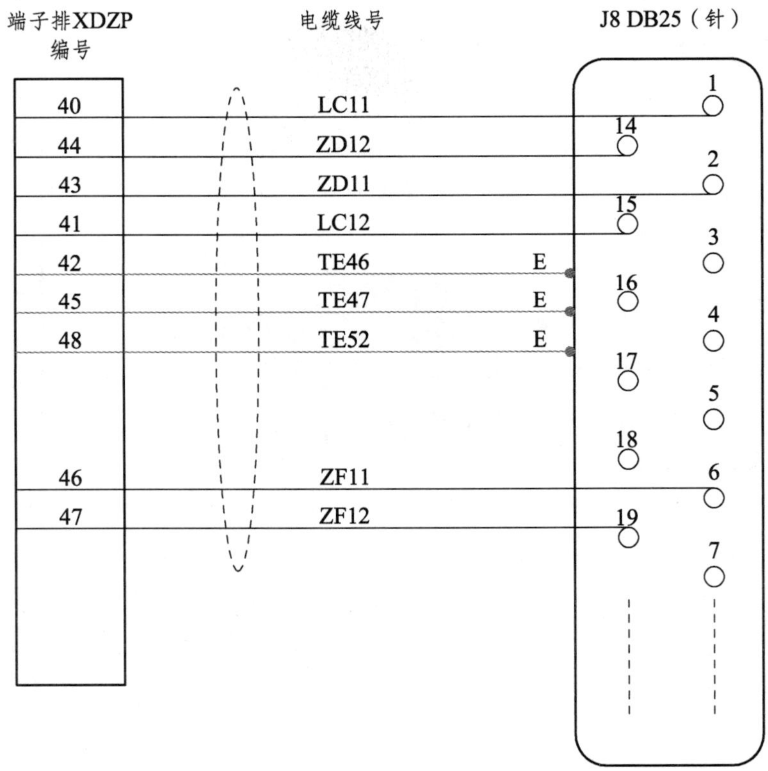

附图 C-10　端子排至制动节点 J8 接线图

3. 转向架与车体振动状态监测子系统

转向架与车体振动状态监测由转向架一端和转向架二端两个节点完成，分别监测转向架垂向、横向振动和车体垂向、横向振动，如附图 C-11 ~ 附图 C-15 所示。

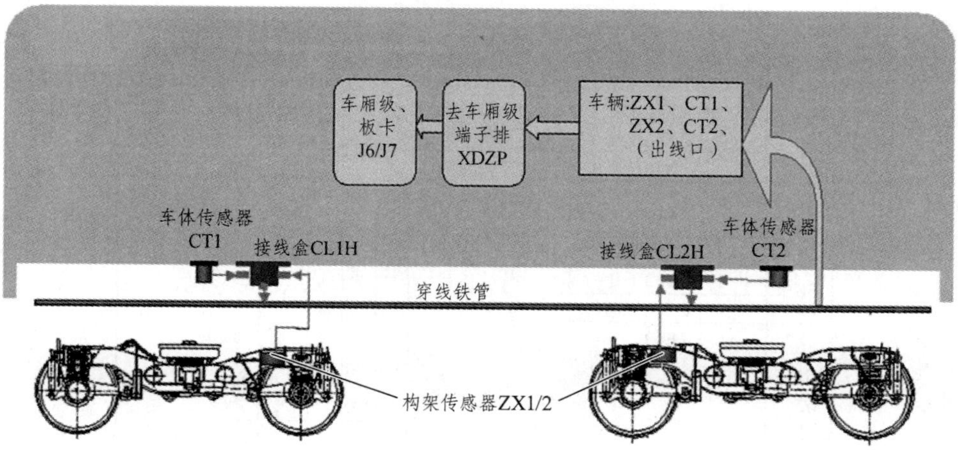

附图 C-11　转向架监测诊断子系统安装连接示意图

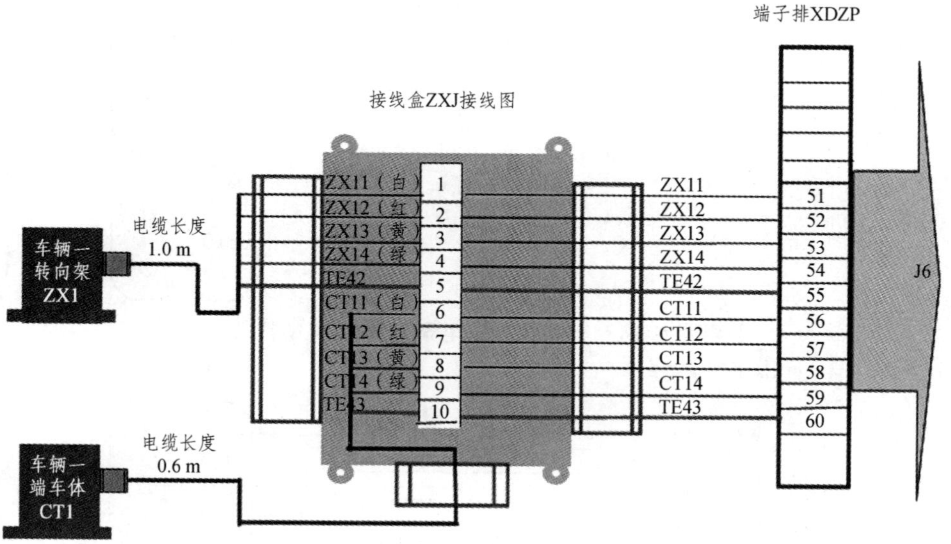

附图 C-12　一端转向架与车体监测传感器接线图

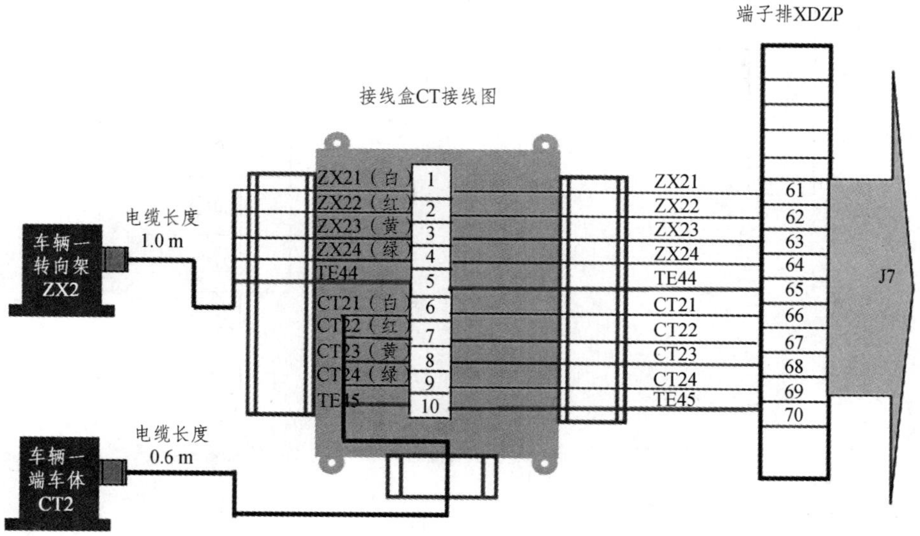

附图 C-13　二端转向架与车体监测传感器接线图

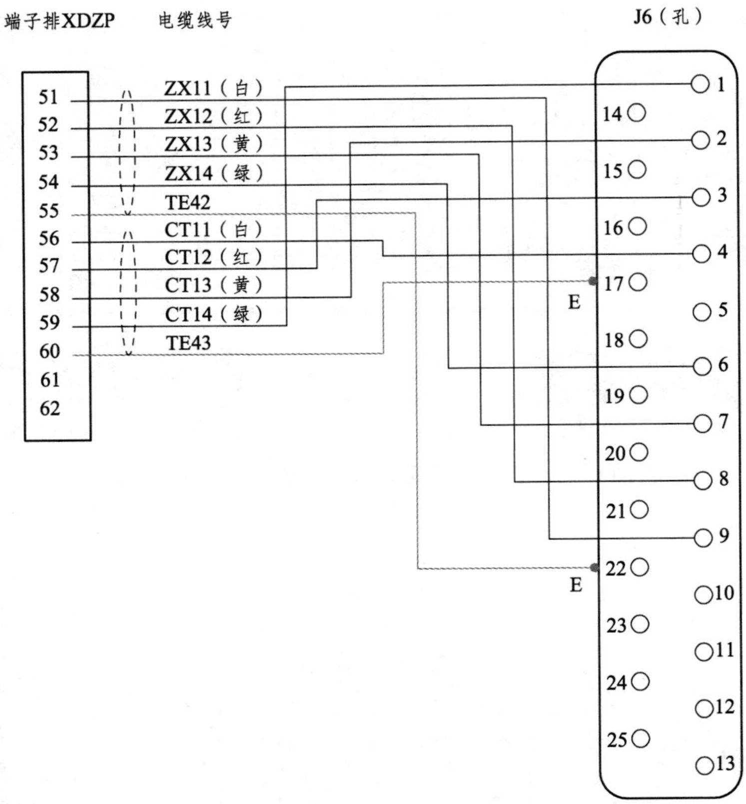

附图 C-14　车厢级主机车辆节点 J6 电缆接线

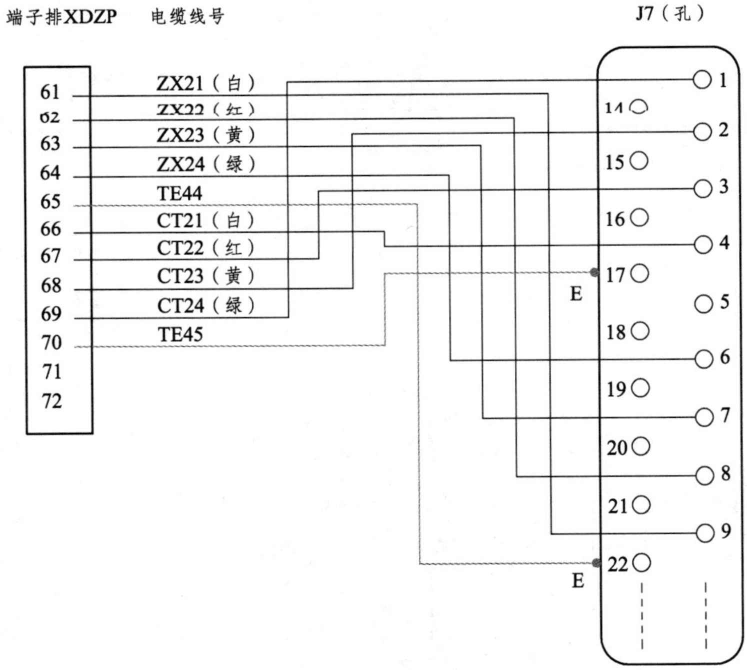

附图 C-15　车厢级主机车辆节点 J7 电缆接线图

4. 列车级主机端子排接线图

接线图如附图 C-16 和附图 C-17 所示，接线列表见附表 C-3。

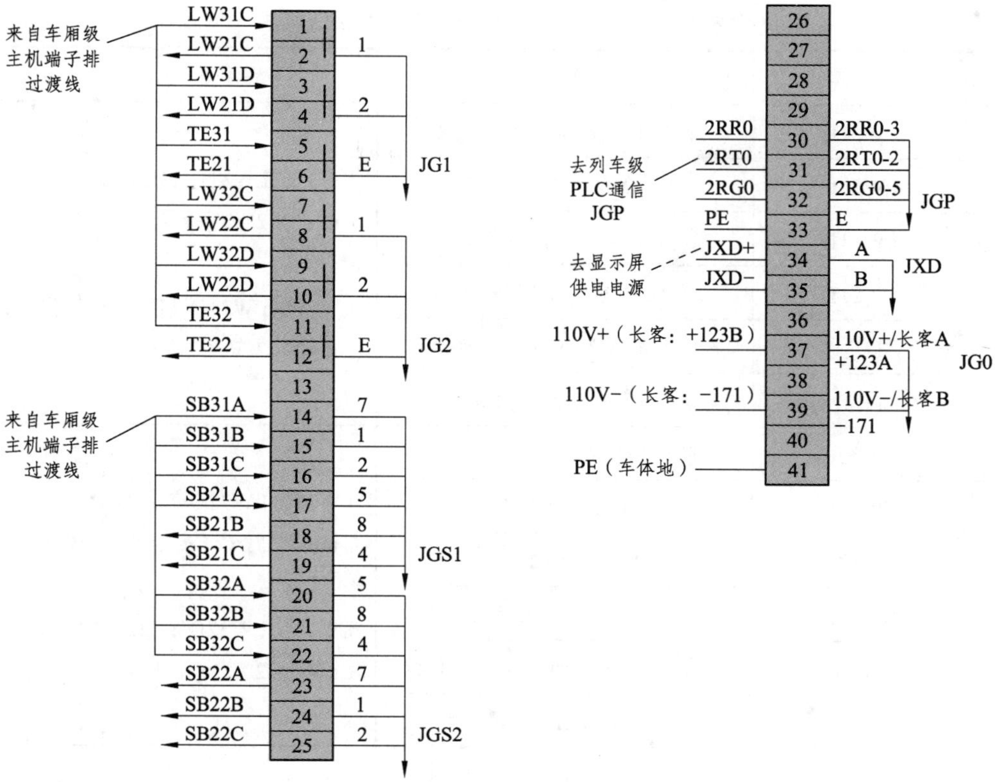

附图 C-16　列车级主机端子排 LDZP 接线图

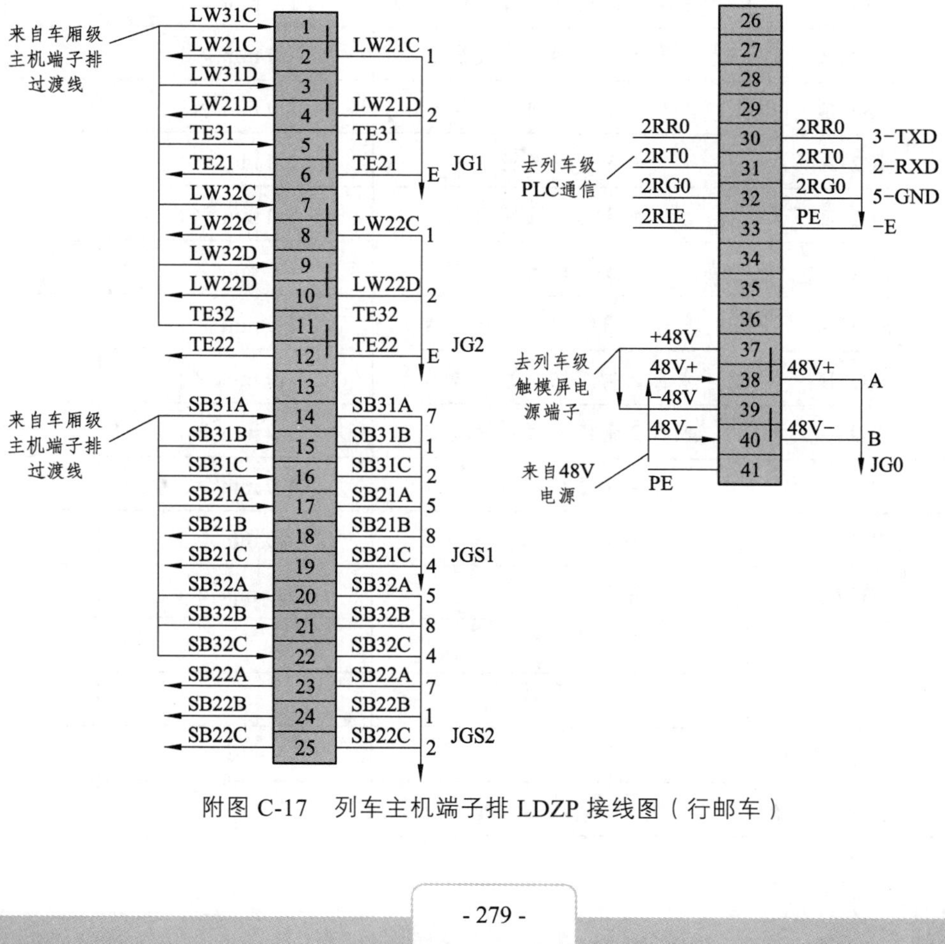

附图 C-17　列车主机端子排 LDZP 接线图（行邮车）

附表 C-3　列车级主机端子排 LDZP 接线列表

端子号	线　号	定　义	导线型号	备　注
1	LW31C	来自 1 角列车网过渡线 C	LW31C/LW31D/TE31 1 mm²×2 双绞屏蔽线 LW21C/LW21D/TE21 1 mm²×2 双绞屏蔽线	输入一对线 输出一对线
2	LW21C	去 3 角列车网线 C		
3	LW31D	来自 1 角列车网过渡线 D		
4	LW21D	去 3 角列车网线 D		
5	TE31	来自 1 角列车网过渡线屏蔽线		
6	TE21	去 3 角列车网线屏蔽线		
7	LW32C	来自 2 角列车网过渡线 C	LW32C/LW32D/TE32 1 mm²×2 双绞屏蔽线 LW22C/LW22D/TE22 1 mm²×2 双绞屏蔽线	输入一对线 输出一对线
8	LW22C	去 4 角列车网线 C		
9	LW32D	来自 2 角列车网过渡线 D		
10	LW22D	去 4 角列车网线 D		
11	TE32	来自 2 角列车网过渡线屏蔽线		
12	TE22	去 4 角列车网线屏蔽线		
13	空			
14	SB31A	来自 1 角组网线过渡线 A	1.0 mm²×1	
15	SB31B	来自 1 角组网线过渡线 B	1.0 mm²×1	
16	SB31C	来自 1 角组网线过渡线 C	1.0 mm²×1	
17	SB21A	去 3 角组网线 A	1.0 mm²×1	
18	SB21B	去 3 角组网线 B	1.0 mm²×1	
19	SB21C	去 3 角组网线 C	1.0 mm²×1	
20	SB32A	来自 2 角组网线过渡线 A	1.0 mm²×1	
21	SB32B	来自 2 角组网线过渡线 B	1.0 mm²×1	
22	SB32C	来自 2 角组网线过渡线 C	1.0 mm²×1	
23	SB22A	去 4 角组网线 A	1.0 mm²×1	
24	SB22B	去 4 角组网线 B	1.0 mm²×1	
25	SB22C	去 4 角组网线 C	1.0 mm²×1	
26	空			
27	空			
28	空			
29	空			

续附表

端子号	线　号	定　义	导线型号	备　注
30	2RR0	与列车级电控 PLC 通信线接收	1 mm^2×3 屏蔽线	
31	2RT0	与列车级电控 PLC 通信线发送		
32	2RG0	与列车级电控 PLC 通信线地		
33	PE	与列车级电控 PLC 通信屏蔽线		
34	JXD+	列车级主机显示器 24 V 电源正极	1 mm^2×2	
35	JXD−	列车级主机显示器 24 V 电源负极		
36	空			
37	110 V+/48 V+	DC+110/+48 V 正极输入线	1 mm^2×1	
38	110 V+（长客：+123B）/48 V+	DC+110/+48 V 正极输入线	1 mm^2×1	
39	110V−（长客：−171）/48 V−	DC+110/+48 V 负极输入线	1 mm^2×1	
40	110V−/48 V−	DC+110/+48 V 负极输入线	1 mm^2×1	
41	PE	车体接地	1.0 ~ 2.0 mm^2×1	黄绿端子

五、列车网络线和组网线连接

（1）对于无列车级主机的车厢，列车网络电缆和组网线采用双侧平行布置，在安装车厢级主机出线口处汇合，通过 J1/J2/JS1/JS2 插头与客车行车安全监测诊断系统车厢级网关“WG2”板卡相连。

（2）对于工程师车的车厢，列车网络电缆和组网线从车辆的一角/二角连接到车厢级主机端子排“XDZP”，经过端子排 XDZP 转接到 J1/J2/JS1/JS2 插头，与客车行车安全监测诊断系统车厢级网关“WG2”板卡连接；从车厢级主机端子排再通过过渡线连接到列车级主机端子排“LDZP”，经过端子排 LDZP 转接到列车级主机 JG1/JG2/JGS1/JGS2 插头，与客车行车安全监测系统列车级的网络管理板卡“LG1”“LG2”相连。最后，列车网络线和组网线从列车级主机端子排连接到车辆的三角/四角。布线时，车辆一、二角的网络线和组网线拉到车厢级主机端子排，车辆三、四角的网络线和组网线拉到列车级主机端子排，两主机之间用过渡线对应连接，如附图 C-18 ~ 附图 C-26 所示。

（3）网络线应在单独钢管内布线。通信电缆与功率电缆分开，铺设应保持相互之间的 0.2 m 最小间距，与控制线要相互屏蔽并留有一定的距离。

（4）车厢网络线电缆的屏蔽线不与车端 39 芯的任何芯线连接，以保证列车网双绞线电缆的屏蔽层车厢与车厢之间不连续。不连接的屏蔽线必须做绝缘处理。

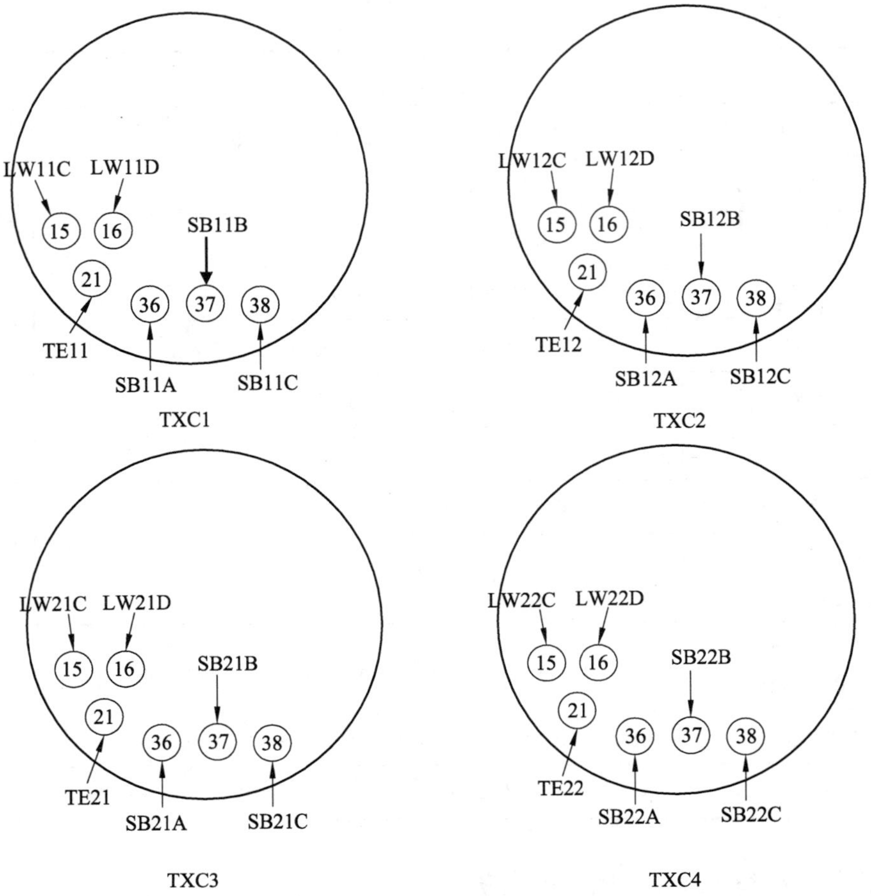

附图 C-18　车端连接列车网络与组网线线号定义器

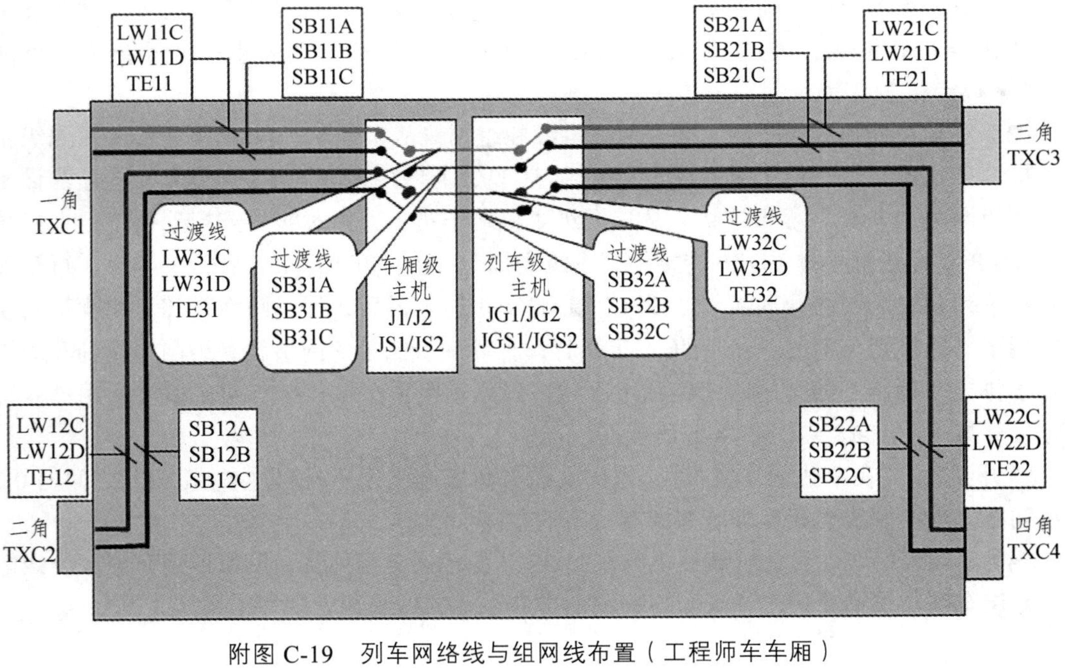

附图 C-19　列车网络线与组网线布置（工程师车车厢）

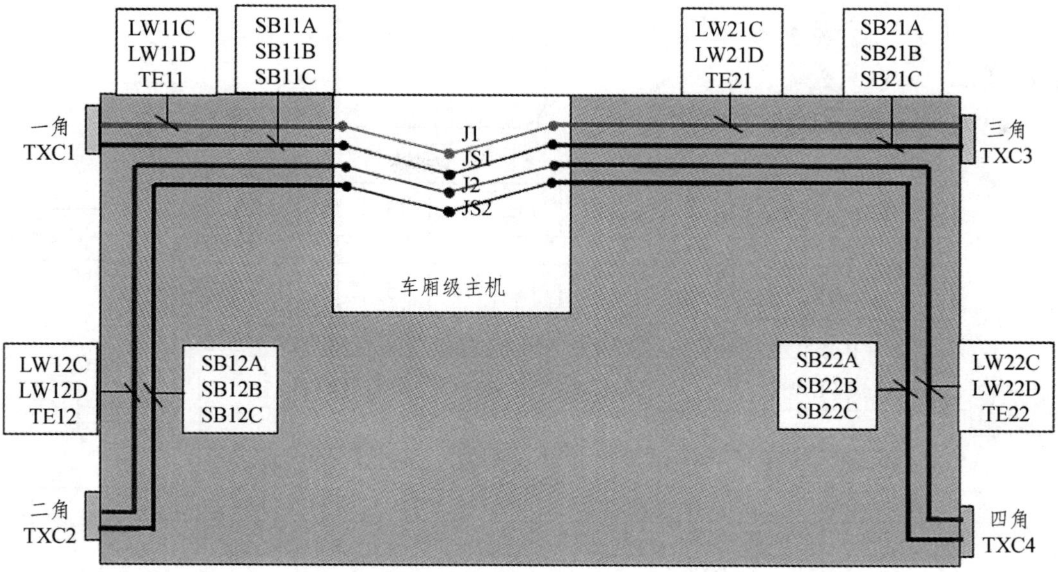

附图 C-20　列车网络线与组网线布置（无列车级主机的车厢）

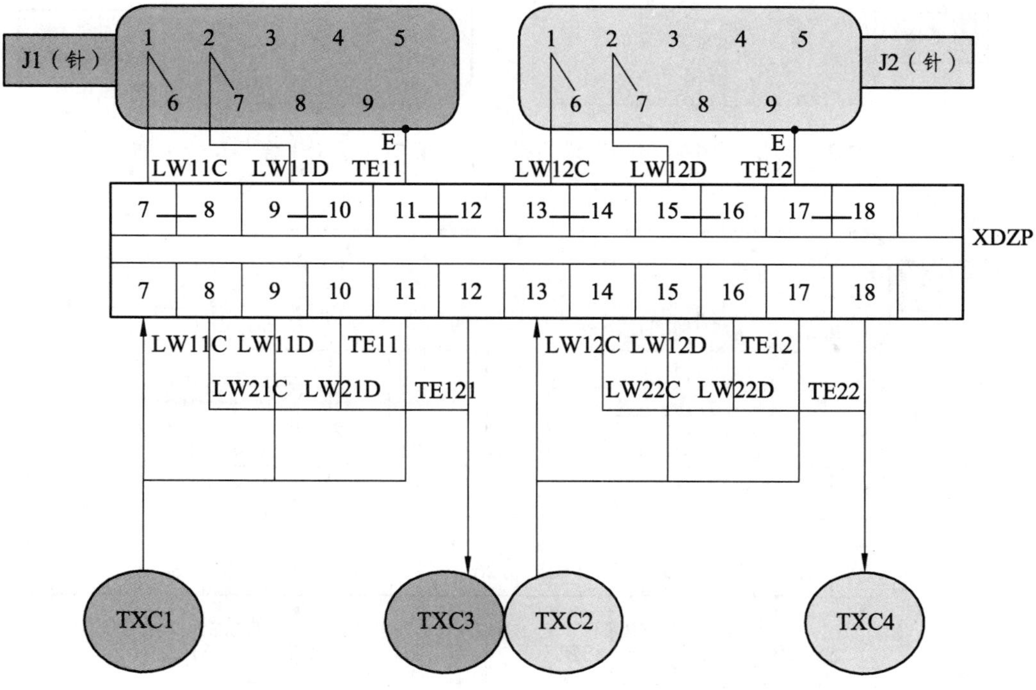

附图 C-21　列车网络线与车厢级主机 J1/J2 接线图（工程师车车厢）

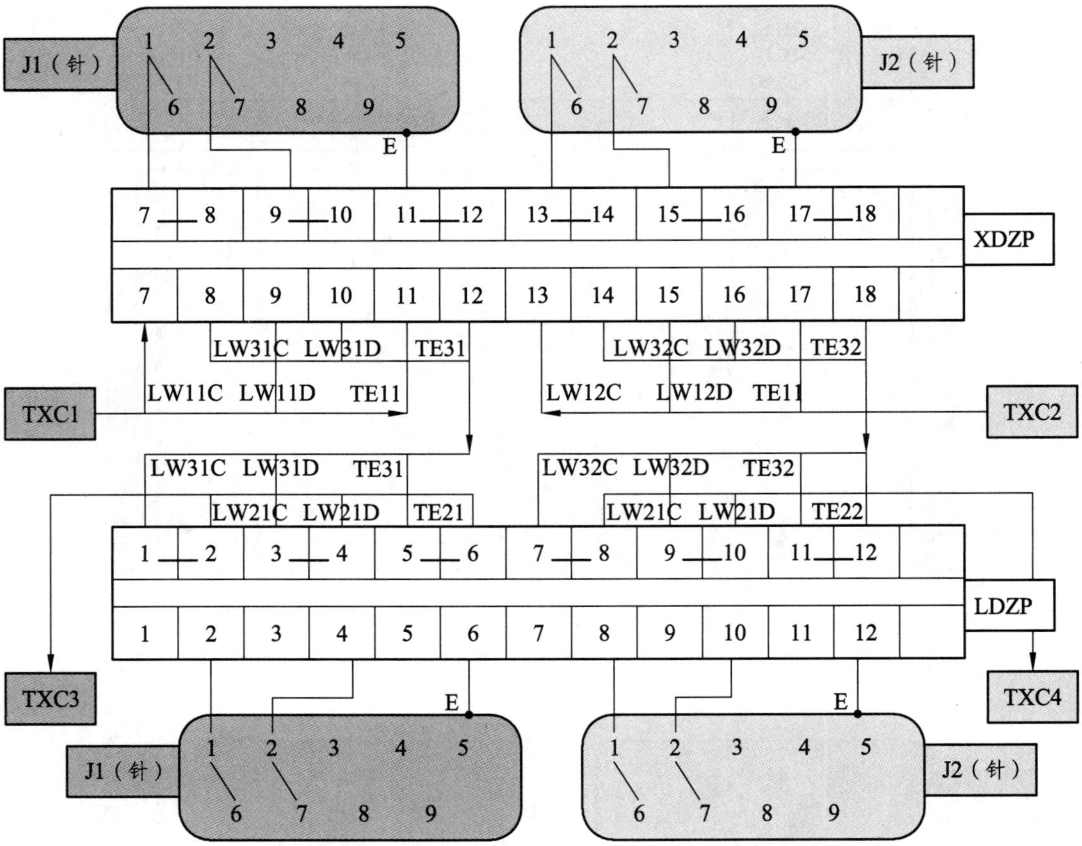

附图 C-22　列车网络线与列车级主机 JG1/JG2 接线图（工程师车的车厢）

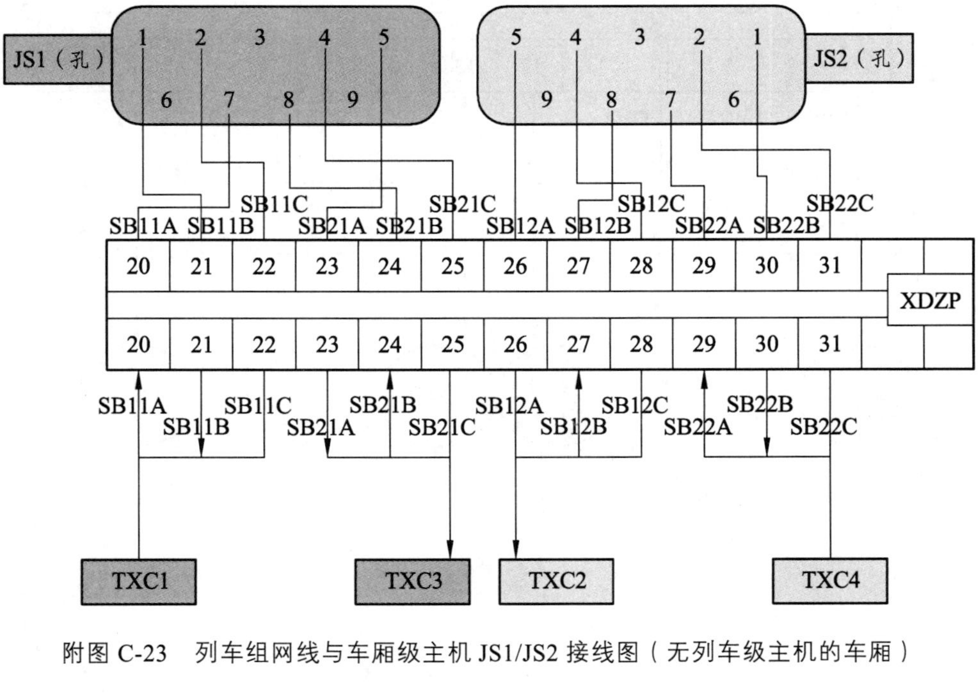

附图 C-23　列车组网线与车厢级主机 JS1/JS2 接线图（无列车级主机的车厢）

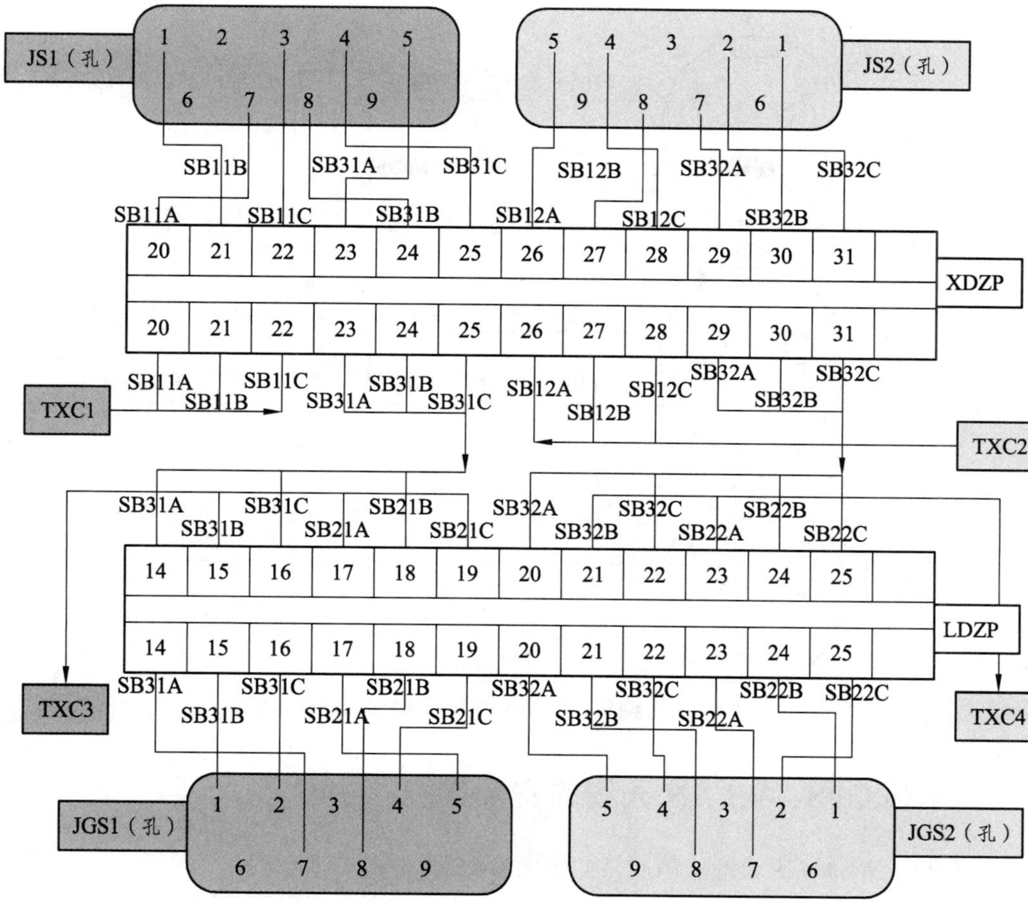

附图 C-24　列车组网与列车级主机 JGS1/ JGS2 接线图

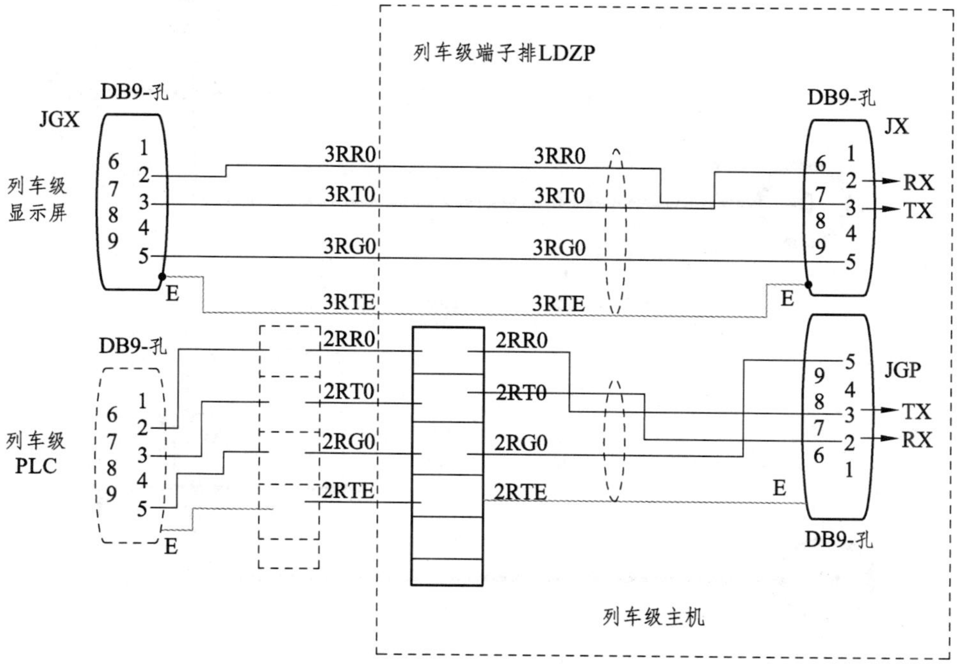

附图 C-25　显示屏、列车级 PLC 与列车级主机 JX、JGP 接线图

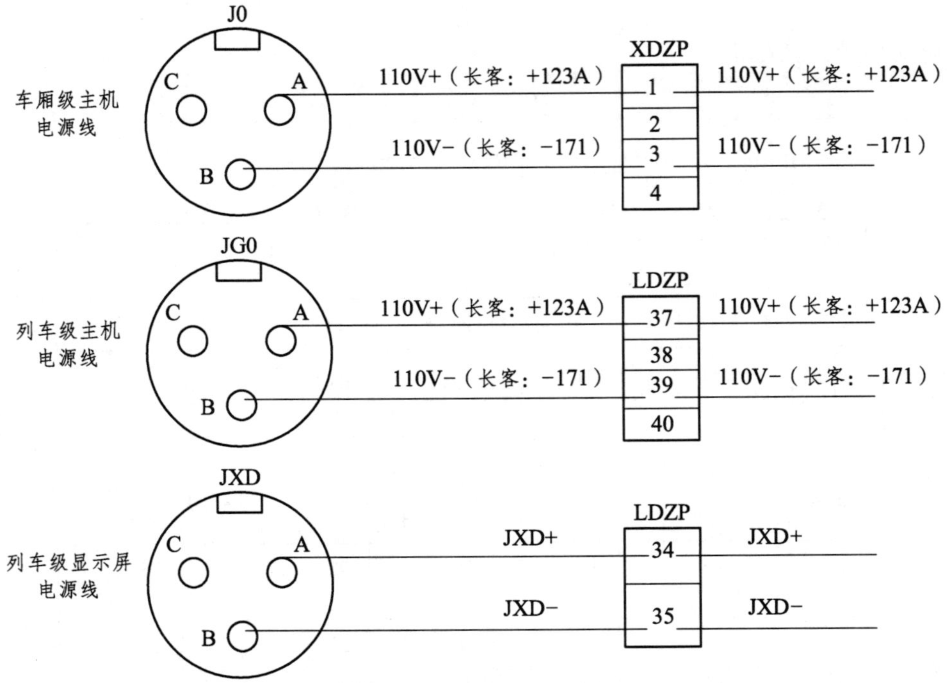

附图 C-26　车厢级、列车级电源电缆线 J0/JG0/JXD

六、车顶 GPS、WLAN 天线的安装连接

车顶 GPS、WLAN 天线的安装连接如附图 C-27 和附图 C-28 所示。

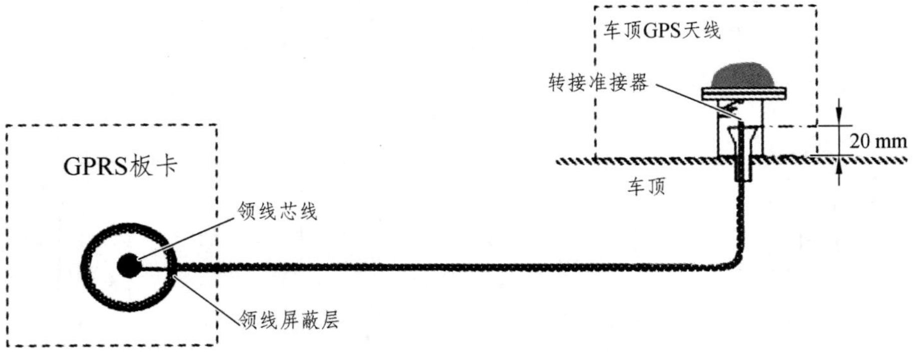

附图 C-27　车顶 GPS 天线的连接

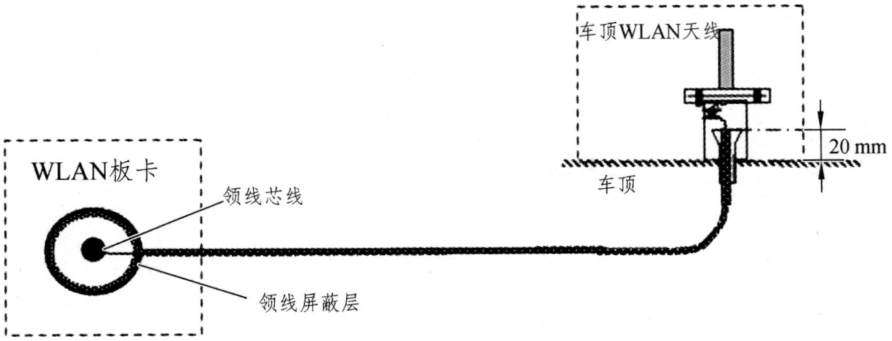

附图 C-28　车顶 WLAN 天线的连接

附录D　25T 车 KAX-1 网络故障解决办法

一、确定故障类型

观察监控车显示屏上车辆在线情况，确定故障类型：零星缺车，如缺第 4、7、8、13 车；首尾连续缺车，如缺第 1 ~ 7 车，缺 16 ~ 18 车。

二、零星缺车解决办法

零星缺车一般是电源或者网关板卡故障，检查车载主机板卡指示灯状态，用更换板卡的办法定位故障。

三、首尾连续缺车解决办法

（1）检查网络数据线：检查缺车端子排的 LW11C、LW11D、TE11、LW12C、LW12D、TE12、LW21C、LW21D、TE21、LW21C、LW21D、TE21、LW22C、LW22D、TE22 插入是否正确。

（2）检查指示灯：从监控车往连续缺车的方向，依次检查每节车 WG2 板卡指示灯，如果 D2 和 D22 灯亮，而该车是中间车，则说明错误投入了终端电阻。其中，D2 表示 1、3 角错误，D22 表示 2、4 角错误。

（3）确定 6 个角：确定附图 D-1 中的本车以及相邻车的车顺、车号以及 6 个角。一端一位为 1 角，一端二位为 2 角，与 1 角同侧的是 3 角，与 2 角同侧的是 4 角。

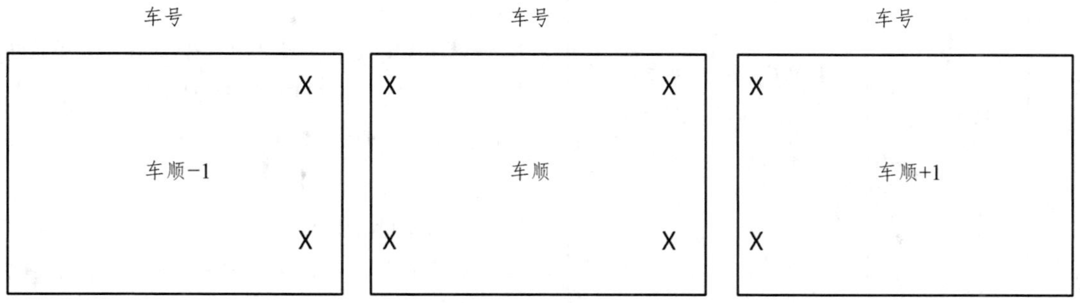

附图 D-1　确定 6 个角

（4）测量电压，定位故障：在车载主机端子排用万用表测量电压，测点有 24 V 电压为正常，否则为故障，见附表 D-1。

四、识别线错误测量校正方法

将从 39 芯连接器进入端子排的错误角识别线起出，断开错误角的 39 芯连接器。

测量 39 芯连接器中针脚与识别线的通断，找出与 36、37、38 芯联通的线号。

根据附表 D-2 更正在端子排上插错的识别线。

附表 D-1　故障原因及解决办法

步骤	测点	故障原因	解决办法
1	11A-11C	1. 角识别线错误。 2. 邻车 WG 板卡故障。 3. 邻车 JS 线缆故障	1. 检查本车 1 角以及与 1 角相连邻车 X 角的 3 根识别线连接，如果错误则校正，重新测量电压。 2. 如果识别线连接正确，测量与 1 角相连的相邻车 X 角是否发出 24 V。如果无 24 V，检查 WG2 板卡 JS 插头的 5 针和 4 针是否发出 24 V，如无则为 WG2 板卡故障，否则为 JS 连接线缆故障
2	12A-12C	1. WG2 板卡故障。 2. JS2 连接线缆故障。 3. 2 角识别线故障	1. 将 JS2 插头从 WG2 面板拔出，测量面板接口 JS2 的 5 针和 4 针是否发出 24 V，如无则为 WG2 板卡故障。 2. 如果 WG2 板卡发出 24 V，将 JS2 插头重新插回面板，将 JS2 的 SB12A 与 SB12C 从端子排拔出，测量两根线之间是否有 24 V，如果无则为 JS2 连接线缆故障。 3. 如果有 24 V，检查本车 2 角以及与 2 角相连邻车 X 角的 3 根识别线连接，如果错误则校正，重新测量电压
3	12B-12C	2 角识别线故障	检查本车 2 角以及与 2 角相连邻车 X 角的 3 根识别线连接，如果错误则校正，重新测量电压
4	21A-21C	1. WG2 板卡故障。 2. JS1 连接线缆故障。 3. 3 角识别线故障	1. 将 JS1 插头从 WG2 面板拔出，测量面板接口 JS1 的 5 针和 4 针是否发出 24 V，如无则为 WG2 板卡故障。 2. 如果 WG2 板卡发出 24 V，将 JS1 插头重新插回面板，将 JS1 的 SB21A 与 SB21C 从端子排拔出，测量两根线之间是否有 24 V，如果无则为 JS1 连接线缆故障。 3. 如果有 24 V，检查本车 3 角以及与 3 角相连邻车 X 角的 3 根识别线连接，如果错误则校正，重新测量电压
5	21B-21C	3 角识别线错误	检查本车 3 角以及与 3 角相连邻车 X 角的 3 根识别线连接，如果错误则校正，重新测量电压
6	22A-22C	1. 4 角识别线错误。 2. 邻车 WG 板卡故障。 3. 邻车 JS 线缆故障	1. 检查本车 4 角以及与 4 角相连邻车 X 角的 3 根识别线连接，如果错误则校正，重新测量电压。 2. 如果识别线连接正确，测量与 4 角相连的邻车 X 角是否发出 24 V。如果无 24 V，则检查 WG2 板卡 JS 插头的 5 针和 4 针是否发出 24 V，如无则为 WG2 板卡故障，否则为 JS 连接线缆故障

附表 D-2 端子排

角	39 芯连接器	端子排
1（SB11）	36	20
	37	21
	38	22
3（SB21）	36	23
	37	24
	38	25
2（SB12）	36	26
	37	27
	38	28
4（SB22）	36	29
	37	30
	38	31

五、常见故障原因

（1）39 芯连接器与端子排之间的识别线连接错误；
（2）39 芯连接器与端子排之间的识别线断开；
（3）39 芯连接器插针缩进；
（4）进入端子排的识别线接触不良；
（5）车端连接线故障；
（6）网络线没有插进端子排；
（7）端子排与 WG2 板卡连接线缆故障；
（8）WG2 板卡故障；
（9）电源板卡故障。

六、列车网线校线方法

列车非端部车厢的 KAX-1 车厢级主机的 WG 卡上的 D2 或 D22 灯亮（列车端部车厢应该亮，不亮则是不正确的），其故障原因主要是列车组网线连接错误。此故障只能通过校核列车组网线进行排除。

如附图 D-2 所示，KAX-1 车厢级主机列车网络线与车端 39 芯插座的插针是点对点连接的，按照图示的对应关系一一校核列车网络线，便可排除故障。

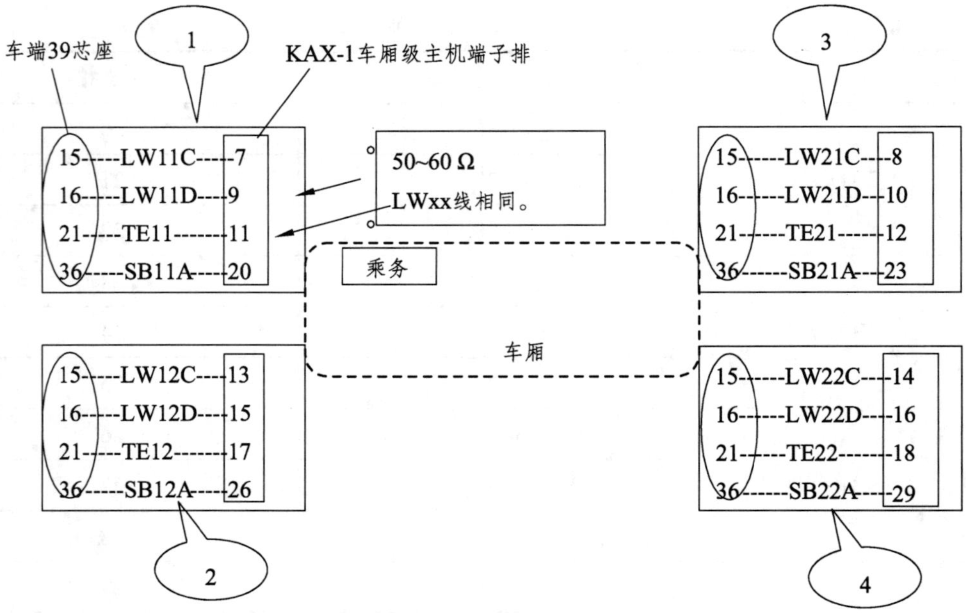

附图 D-2　KAX-1 车厢级主机网络线校线图

（圈内为 39 芯定义；矩形框内为车厢级主机端子排定义）

参考文献

[1] 杨志强. 客车电气装置[M]. 北京：中国铁道出版社，2014.

[2] 何忠韬，朱常琳. 铁道车辆电气装置[M]. 北京：中国铁道出版社，2007.

[3] 叶庆文. 客车电气装置[M]. 北京：中国铁道出版社，1999.

[4] 彭开宙，等. 车辆电工[M]. 北京：中国铁道出版社，2010.

[5] 刘海波. 铁路集中供电客车电气装置[M]. 北京：中国铁道出版社，2004.

[6] 160 动集编委会. 时速 160 公里动力集中型电力动车组原理与操作[M]. 北京：中国铁道出版社，2020.

习题及参考答案